Juridicum – Schriften zum Medien-, Informations- und Datenrecht

Reihe herausgegeben von

Matthias Cornils, Mainz, Deutschland

Louisa Specht-Riemenschneider, Bonn, Deutschland

In der Schriftenreihe erscheinen Forschungsbeiträge zum Kommunikations- und Medienrecht in seiner vollen Breite, vom Äußerungs-, Urheber- und Kunsturheberrecht über das Daten- und Informationsrecht bis zu Fragen öffentlich-rechtlicher Medien- oder Intermediärsregulierung, einschließlich ihrer theoretischen Hintergründe. Erfasst sind insbesondere innovative akademische Qualifikationsschriften, aber auch Abhandlungen und Sammelbände von herausragendem wissenschaftlichen Wert.

Michael Kern

Persönlichkeitsschutz im Metaversum

Die Wirkung ziviler Persönlichkeitsrechte in avatarbasierten virtuellen Welten

Springer

Michael Kern
Bonn, Deutschland

ISSN 2662-9488 ISSN 2662-9496 (electronic)
Juridicum – Schriften zum Medien-, Informations- und Datenrecht
ISBN 978-3-658-50981-1 ISBN 978-3-658-50982-8 (eBook)
https://doi.org/10.1007/978-3-658-50982-8

Die Deutsche Nationalbibliothek verzeichnet diese Publikation in der Deutschen Nationalbibliografie; detaillierte bibliografische Daten sind im Internet über https://portal.dnb.de abrufbar.

Planung/Lektorat: Karina Kowatsch
Springer ist ein Imprint der eingetragenen Gesellschaft Springer Fachmedien Wiesbaden GmbH und ist ein Teil von Springer Nature.
Die Anschrift der Gesellschaft ist: Abraham-Lincoln-Str. 46, 65189 Wiesbaden, Germany

Vorwort

Die vorliegende Arbeit wurde im Wintersemester 2025/2026 von der Rechts- und Staatswissenschaftlichen Fakultät der Rheinischen Friedrich-Wilhelms-Universität Bonn als Inauguraldissertation angenommen. Rechtsprechung, Literatur und Gesetzeslage wurden bis einschließlich August 2024 berücksichtigt.

Mein Dank gilt zunächst meiner Doktormutter *Prof. Dr. Louisa Specht-Riemenschneider*, die mir den Anstoß für diese Arbeit gegeben hat und mir während der Dissertationsphase jederzeit unterstützend zur Seite stand. Sie hat mir zudem die Möglichkeit eröffnet, an ihrem Lehrstuhl in einem einschlägigen Forschungsprojekt mitzuarbeiten. Insofern ist diese Dissertation zugleich ein Beitrag zum Forschungsprojekt „PRiME – Privatheit im Metaversum", das durch das Bundesministerium für Forschung, Technologie und Raumfahrt gefördert wird (Förderkennzeichen: 16KIS1894K).

Herrn Prof. Dr. Mattias Weller, Mag. rer. publ., MAE, danke ich für die Erstellung des Zweitgutachtens. *Frau Prof. Dr. Louisa Specht-Riemenschneider* und *Herrn Prof. Dr. Matthias Cornils* gilt mein Dank für die Aufnahme der Arbeit in diese Schriftenreihe. Der Studienstiftung *ius vivum* danke ich herzlich für die großzügige Gewährung eines Druckkostenzuschusses.

Die erfolgreiche Fertigstellung dieser Dissertation beruht maßgeblich auf der Unterstützung aus meinem persönlichen Umfeld. Es sei daher all jenen Menschen gedankt, die mich auf diesem Weg begleitet, unterstützt und motiviert haben.

Meinen treuen Freunden *Frederic Pohl* und *Tobias Sica* danke ich von Herzen für die wertvollen und klugen Anregungen zu dieser Arbeit sowie für die kritische Durchsicht des Manuskripts. Meinen Eltern *Mona Kern-Schürmann* und *Ludwig Kern* bin ich zutiefst dankbar für die immerwährende und bedingungslose Unterstützung auf meinem bisherigen Lebensweg, womit überhaupt erst die Voraussetzungen zu dieser Dissertation geschaffen wurden. Der größte Dank gilt schließlich meiner Ehefrau *Cira*: Ohne ihren stetigen Zuspruch, ihre liebevolle Fürsorge und ihren unerschütterlichen Beistand wäre diese Arbeit nicht möglich gewesen – ti ringrazio di cuore.

Bonn, im November 2025

Michael Kern

Inhaltsverzeichnis

Abkürzungsverzeichnis

2D	zweidimensional
3D	dreidimensional
a.A.	andere Ansicht
a.F.	alte Fassung
a.M.	am Main
Abl.	Amtsblatt
Abs.	Absatz
Abschn.	Abschnitt
AcP	Archiv füt civilistische Praxis
AEUV	Vertrag über die Arbeitsweise der Europäischen Union
AfP	Zeitschrift für das gesamte Medienrecht
AG	Amtsgericht
Alt.	Alternative
Anh.	Anhang
AöR	Archiv des öffentlichen Rechts
Art.	Artikel
Aufl.	Auflage
BAG	Bundesarbeitsgericht
BayObLG	Bayerisches Oberstes Landesgericht
BeckRS	Beck-Rechtsprechung
Beschl.	Beschluss
BGB	Bürgerliches Gesetzbuch
BGBl.	Bundesgesetzblatt
BGH	Bundesgerichtshof
BT-Drs.	Bundestagsdrucksache
BVerfG	Bundesverfassungsgericht
BVerwG	Bundesverwaltungsgericht
bzw.	beziehungsweise
COM	Kommission
CR	Computer und Recht
DDG	Digitale-Dienste-Gesetz
DGRI	Deutsche Gesellschaft für Recht und Informatik
DNotZ	Deutsche Notar-Zeitschrift
DÖV	Die Öffentliche Verwaltung
Drs.	Drucksache
DSA	Digital Services Act
DSGVO	Datenschutz-Grundverordnung
DuD	Datenschutz und Datensicherheit
EG	Europäische Gemeinschaft
EGMR	Europäischer Gerichtshof für Menschenrechte
Einl.	Einleitung
et al.	et alia

etc.	et ceterea
ErbR	Zeitschrift für die gesamte erbrechtliche Praxis
EU	Europäische Union
EuGH	Gerichtshof der Europäischen Union
EuR	Europarecht
EUV	Vertrag über die Europäische Union
EuZW	Europäische Zeitschrift für Wirtschaftsrecht
f./ff.	folgende
FamRZ	Zeitschrift für das gesamte Familienrecht
FD-ErbR	Fachdienst Erbrecht
Fn.	Fußnote
GbR	Gesellschaft bürgerlichen Rechts
GewA	Gewerbearchiv
GG	Grundgesetz
GmbH	Gesellschaft mit beschränkter Haftung
GRCh	Charta der Grundrechte der Europäischen Union
GRUR	Gewerblicher Rechtsschutz und Urheberrecht
GRUR-PRAX	GRUR: Praxis im Immaterial- und Wettbewerbsrecht
GRUR-RR	GRUR: Rechtsprechungs-Report
GRUR-RS	GRUR: Rechtsprechungssammlung
h.M.	herrschende Meinung
insb.	insbesondere
InTeR	Zeitschrift zum Innovations- und Technikrecht
i.S.d.	im Sinne der/im Sinne des
i.S.v.	im Sinne von
i.V.m.	in Verbindung mit
ITRB	IT-Rechtsberater
JA	Juristische Arbeitsblätter
JMStV	Jugend-Medienstaatsvertrag
JR	Juristische Rundschau
Jura	Juristische Ausbildung
JuS	Juristische Schulung
JZ	JuristenZeitung
K&R	Kommunikation und Recht
Kap.	Kapitel
KG	Kammergericht
KI	Künstliche Intelligenz
KUG	Kunsturhebergesetz
LG	Landgericht
lit.	litera
MarkenG	Markengesetz
MDR	Monatsschrift für Deutschen Recht
MittBayNot	Mitteilungen des Bayerischen Notarvereins
MMR	Multimedia und Recht – Zeitschrift für IT-Recht und Recht der Digitalisierung

MStV	Medienstaatsvertrag
m.w.N.	mit weiteren Nachweisen
n.F.	neue Fassung
NFT	non-fungible Token
NJOZ	Neue Juristische Online Zeitschrift
NJW	Neue Juristische Wochenschrift
NJW-RR	Neue Juristische Wochenschrift – Rechtsprechungs-Report Zivilrecht
Nr.	Nummer
NStZ	Neue Zeitschrift für Strafrecht
NVwZ	Neue Zeitschrift für Verwaltungsrecht
OLG	Oberlandesgericht
RDi	Recht Digital
RG	Reichsgericht
RL	Richtlinie
Rn.	Randnummer
RNotZ	Rheinische Notar-Zeitschrift
S.	Seite/Satz
sog.	sogenannt
SpoPrax	Sportrecht und E-Sportrecht in der Praxis
StGB	Strafgesetzbuch
TDDDG	Telekommunikation-Digitale-Dienste-Datenschutz-Gesetz
u.a.	unter anderem
UrhG	Urheberrechtsgesetz
Urt.	Urteil
v.	van/vom/von
VG	Verwaltungsgericht
vgl.	vergleiche
VR	virtuelle Realität/virtual reality
z.B.	zum Beispiel
ZD	Zeitschrift für Datenschutz
ZEuP	Zeitschrift für Europäisches Privatrecht
ZEV	Zeitschrift für Erbrecht und Vermögensnachfolge
ZfRS	Zeitschrift für Rechtssoziologie
ZfPW	Zeitschrift für die gesamte Privatrechtswissenschaft
ZIP	Zeitschrift für Wirtschaftsrecht
zit.	zitiert (als)
ZRP	Zeitschrift für Rechtspolitik
ZUM	Zeitschrift für Urheber- und Medienrecht
ZUM-RD	ZUM-Rechsprechungsdienst

Einleitung

Kaum etwas schreitet so schnell voran wie die Digitalisierung unserer modernen Gesellschaft. Seit der Erfindung des Internets hat sich das Leben der allermeisten Menschen auf dieser Welt grundlegend verändert. Mit nie dagewesener Geschwindigkeit werden neue Technologien entwickelt, die das soziale, kulturelle und wirtschaftliche Zusammenleben maßgeblich beeinflussen. Das Ende des digitalen Wandels ist dabei noch lange nicht in Sicht. Vielmehr steht die nächste Entwicklungsstufe des Internets bereits vor der Tür: das Metaversum.

Das Konzept des Metaversums verspricht die Konstituierung eines virtuell-simulierten, dreidimensionalen Ökosystems, das mehrere virtuelle Welten miteinander verbindet und mit der realen Welt in ein „immersives" und „interoperables" Erlebnis verschmelzen lässt, in welchem die Nutzer[1] mittels eigener Avatare interagieren können.[2] Durch den allumfassenden Ansatz und die Implementierung verschiedenster „Schlüsseltechnologien" wie Virtuelle Realität (VR) und Künstliche Intelligenz (KI) wird dem Metaversum eine nahezu revolutionäre Wirkung vorhergesagt. Zum einen eröffnen sich im Metaversum zahlreiche neue Geschäftsmodelle, die bisher ungekannte ökonomische Möglichkeiten für Innovation und Wachstum schaffen.[3] Zum anderen – und dies ist für die vorliegende Arbeit der entscheidende Anknüpfungspunkt – wird die avatarbasierte virtuelle Welt auch die Art und Weise der digitalen zwischenmenschlichen Kommunikation nachhaltig verändern. Die Verwendung der VR-Technologie, die das Gefühl vermittelt, köperlich in die virtuelle Umgebung „einzutauchen" (sogenannte Immersion), sowie die Verkörperung der Nutzer durch (humanoide) Avatare machen das Metaversum zu einem immersiven und realitätsnahen Medium, welches es jedem Nutzer ermöglicht, sich mit Anderen zu treffen und „von Angesicht zu Angesicht" zu interagieren.[4] Gleichzeitig geht diese neue Art der internetbasierten Kommunikation auch mit neuartigen Fragen und Problemen einher.

---

[1] Zur Vereinfachung des Leseflusses wird im Folgenden nur das männliche grammatikalische Geschlecht verwendet. Damit sind jedoch stets Personen sämtlicher Geschlechter gemeint.

[2] Steege/Chibanguza-Metaverse/*Broschart/Scheitanov/Gieselmann*, § 1, Rn. 3.

[3] Steege/Chibanguza-Metaverse/*Broschart/Scheitanov/Gieselmann*, § 1, Rn. 59 ff. Zu den potentiellen Geschäftsmodellen vgl. zudem: *Bitkom e.V.*, Wegweiser in das Metaverse, S. 23 ff.

[4] Vgl. zum Potential des Metaversums für die zwischenmenschliche Kommunikation: Steege/Chibanguza-Metaverse/*Broschart/Scheitanov/Gieselmann*, § 1, Rn. 62.

M. Kern, *Persönlichkeitsschutz im Metaversum*, Juridicum – Schriften zum Medien-, Informations- und Datenrecht,
https://doi.org/10.1007/978-3-658-50982-8_1

Schon die Etablierung sozialer Netzwerke und ähnlicher digitaler Kommunkationsplattformen in den 2010er-Jahren hat eine Vielzahl von Herausforderungen für den Schutz der Integrität des gesellschaftlichen Diskurses sowie individueller Persönlichkeitsrechte hervorgebracht. Im Metaversum, wo die Grenzen zwischen realer und virtueller Identität zunehmend verschwimmen, ergeben sich ungleich komplexerer Fragen im Hinblick auf die Rechtsträgerschaft und Wirkung von Persönlichkeitsrechten.
Die Rechtswissenschaft hat in der Vergangenheit oftmals zu spät auf technologische Neuerungen und die damit verbundenen rechtlichen Fragstellungen reagiert. Insbesondere hinsichtlich des Schutzes höchstpersönlicher Rechte hat dies für die Betroffenen nicht selten langwierige und unsichere Rechtsschutzverfahren zur Folge gehabt. Bezüglich der persönlichkeitsrechtlichen Herausforderungen im Metaversum besteht allerdings die Chance, sich frühzeitig an die technische Entwicklung zu adaptieren und vorausschauend auf neue Rechtsproblematiken reagieren zu können. Diese Untersuchung soll einen Beitrag dazu leisten, indem der Verfasser aufzeigt, welche (persönlichkeits-)rechtlichen Fragestellungen sich im Hinblick auf die zwischenmenschliche Kommunikation in der virtuellen Realität des Metaversums ergeben und wie mit diesen umgegangen werden kann.

A. Forschungsfrage(n) und Gang der Untersuchung

Im Zentrum dieser Arbeit steht die Frage, auf welche Art und Weise der rechtliche Persönlichkeitsschutz zwischen Privaten in der virtuellen Realität des Metaversums seine Wirkung entfaltet und ob dieses Schutzniveau zur Gewährleistung der freien Persönlichkeitsentfaltung in der virtuellen Welt ausreichend ist. Anknüpfungspunkt für diese Forschungsfrage ist die Tatsache, dass sich die Wahrnehmung und Durchführung zwischenmenschlicher Interaktion im Metaversum fundamental von derjenigen in „herkömmlichen" digitalen Plattformen unterscheidet. Aufgrund des Einsatzes immersiver VR-Technologie haben Nutzer in der virtuellen Welt das Gefühl, tatsächlich mit anderen Menschen an einem gemeinsamen Ort zu sein. Die Verwendung von Avataren führt dazu, dass die Nutzer nicht nur durch Sprache und Textnachrichten, sondern auch durch nonverbale Signale wie Gestik und Körpersprache miteinander interagieren können. Gleichzeitig können sie ihre tatsächliche Identität „hinter sich lassen" und mit ihren Avataren eigene, virtuelle Identitäten aufbauen, welche im Metaversum als digitale Repräsentaten dienen.

Diese neue Art zwischenmenschlicher Interaktion stellt den Schutz der individuellen Persönlichkeitssphäre eines Menschen vor neue Herausforderungen. Können Avatare Träger von Persönlichkeitsrechte sein? Welche Persönlichkeitsrechte können durch Handlungen im Metaversum vor dem Hintergrund „virtueller Identitäten" überhaupt verletzt werden? Unter welchen Voraussetzungen müssen virtuelle Elemente – z.B. eine virtuelle „Intimsphäre" oder ein virtueller „Rückzugsort" – in die persönlichkeitsrechtlichen Schutzbereiche einbezogen werden? Müssen die „herkömmlichen" Schutzbereiche in der virtuellen Welt eingeschränkt bzw. erweitert werden? Und schließlich: Muss für den Persönlichkeitsschutz im Metaversum gar ein neues, abstraktes Schutzkonzept entwickelt werden?

Auf diese Fragen soll im Folgenden eine Antwort gesucht werden. Dafür erfolgt im ersten Kapitel zunächst eine Darstellung der technischen und taxonomischen Grundlagen von Metaversum (A.), virtueller Realität (B.) und Avatarnutzung (C.), ehe die einzelnen Herausforderungen der neuen Technologie im Hinblick auf den individuellen Persönlichkeitsschutz näher dargestellt werden (D.).

Im zweiten Kapitel werden sodann die verfassungs- und zivilrechtlichen Grundlagen des Allgemeinen Persönlichkeitsrechts sowie der besonderen Persönlichkeitsrechte erläutert (A.) und die Frage nach der Trägerschaft von Persönlichkeitsrechten für Avatare im Metaversum beantwortet (B.). In diesem Rahmen geht die Untersuchung auf die Bedeutung von allgemeiner Rechtsfähigkeit und Grundrechtsträgerschaft (B.I.) und analysiert vor diesem Hintergrund zunächst eine mögliche Rechtsträgerschaft von nutzergesteuerten Avataren (B.II.), ehe auf die Besonderheiten des Einsatzes Künstlicher Intelligenz eingegangen wird (B.III.).

Das dritte Kapitel behandelt daraufhin den Hauptgegenstand dieser Arbeit. Anhand der im ersten Kapitel identifizierten Fragestellungen werden die relevanten Schutzbereiche des Allgemeinen Persönlichkeitsrechts dahingehend untersucht, inwiefern sie sich für den Persönlichkeitsschutz in der virtuellen Realität des Metaversums fruchtbar machen lassen. Dies betrifft den Schutz der persönlichen Ehre (A.), den Schutz vor virtuellen Belästigungen (B.), den Schutz vor virtueller Gewalt (C.), den Schutz einer räumlichen Privatsphäre (D.), das Recht am eigenen Bild (E.), das Namensrecht (F.) sowie Fragen des postmortalen Persönlichkeitsschutzes (G.).

Vor dem Hintergrund der gefundenen Ergebnisse sollen *de lege ferenda* Ideen für die Schaffung eines neuen persönlichkeitsrechtlichen Konzepts für die virtuelle Welt entwickelt werden, Kapitel 4.

In Kapitel 5 erfolgt schließlich eine thesenartige Zusammenfassung der Gesamtergebnisse dieser Arbeit.

B. Begrenzung des Untersuchungsgegenstandes

Angesichts der Fülle der rechtlichen Aspekte, die eine Untersuchung des Persönlichkeitsschutzes im Metaversum bereithält, bedarf es einer Begrenzung des Untersuchungsgegenstandes dieser Arbeit. Die Abhandlung beschränkt sich daher grundsätzlich auf die Darstellung des zivilrechtlichen Persönlichkeitsschutzes zwischen Privaten im Metaversum. In dieser Hinsicht werden die vom Autor identifizierten, durch das Handeln in der virtuellen Realität des Metaversums (potentiell) tangierten Schutzbereiche untersucht. Vereinzelt werden darüber hinaus auch strafrechtliche Aspekte virtuellen Handels dargestellt, die über § 823 Abs. 2 BGB auf den deliktsrechtlichen Persönlichkeitsschutz ausstrahlen.

Explizit nicht Gegenstand dieser Arbeit ist die Frage nach der (persönlichkeits-)rechtlichen Zulässigkeit staatlicher Eingriffe gegenüber privaten Nutzern im Metaversum. Auch Aspekte der Plattformregulierung, darunter u.a. die Regelungen des Digital Services Act sowie nationaler Mediengesetze (DDG, MStV, JMStV), sollen – wenn überhaupt – nur am Rande und nur, sofern es für den individuellen zivilrechtlichen Persönlichkeitsschutz von Bedeutung ist, dargestellt werden. Gleiches gilt für Fragen des Datenschutzes im Metaversum.[5]

Die für die Praxis äußert relevanten Fragen der internationalen Zuständigkeit sowie des anwendbaren Rechts im Metaversum sind bereits von einigen Autoren[6] beleuchtet worden und sollen daher ebenfalls nicht zum Gegenstand dieser Arbeit gemacht werden. Gleiches gilt für die Grundlagen des Marken-, Patent-

[5] Vgl. dazu ausführlich: Steege/Chibanguza-Metaverse/*Benedikt*, § 11, Rn. 2 ff.

[6] Vgl.: Wagner/Holm-Hadulla/Ruttloff-Metaverse und Recht/*Wagner/Jörges*, § 2, Rn. 56 ff.; Steege/Chibanguza-Metaverse/*Wendelstein*, § 9, Rn. 5 ff.

und Urheberrechts im Metaversum,[7] die zwar auch persönlichkeitsrechtliche Aspekte enthalten, deren Darstellung in ihrer (erforderlichen) Gesamtheit jedoch den Rahmen der hiesigen Abhandlung sprengen würde.

[7] Vgl. dazu ausführlich: Wagner/Holm-Hadulla/Ruttloff-Metaverse und Recht/*Weidert/Molle/von Werder*, § 6, Rn. 336 ff.; Steege/Chibanguza-Metaverse/*Hetmark/Lauber-Rönsberg*, § 13, Rn. 5 ff.; Steege/Chibanguza-Metaverse/*Tann*, § 14, Rn. 4 ff.

KAPITEL 1 – Metaversum, virtuelle Realität und Avatare: Neue Herausforderungen für den Persönlichkeitsschutz

Metaversum, virtuelle Realität und Avatare – diese Begriffe haben sich in jüngster Vergangenheit zunehmend zu Schlagwörtern entwickelt, die nicht mehr nur Nischenkonzepte beschreiben, sondern für das „Internet der Zukunft" stehen sollen. Trotz ihrer zunehmenden Bedeutung bleiben sie jedoch oft vage und konturlos, was nicht selten zu Unklarheiten oder Missverständnissen führt. Juristische Analysen benötigen aber gerade eine gewisse terminologische Klarheit. Für die rechtswissenschaftliche Untersuchung des Persönlichkeitsschutzes im Metaversum ist es daher erforderlich, die genannten Begriffe genauer zu beleuchten und die mit ihnen einhergehenden persönlichkeitsrechtlichen Herausforderungen zu identifizieren.

A. Das Konzept des Metaversums

Das Metaversum – kaum ein Begriff hat in jüngster Zeit für so viel Aufsehen gesorgt. Spätestens seit der Umbenennung des Facebook-Konzerns in *Meta* ist die Idee des Metaversums in der Öffentlichkeit angekommen. Dabei stellt das Metaversum keinesfalls das Produkt eines einzelnen Unternehmens dar, sondern muss als Konzept für die nächste Entwicklungsstufe des Internets verstanden werden.[8] Da sich das Metaversum gerade erst in der Entwicklung befindet, können seine exakte Ausgestaltung und Reichweite noch nicht bestimmt werden. Eine abschließende, allgemeingültige Definition des Begriffes existiert daher bislang noch nicht.

Für die Zwecke dieser Untersuchung bedarf das Konzept des Metaversums gleichwohl einer gewissen Eingrenzung. Im Folgenden soll deshalb zunächst eine Phänomenalisierung des Begriffs vorgenommen werden, ehe eine überblicksartige Darstellung der wesentlichen Merkmale des Metaversums erfolgt (I.). Im Anschluss soll anhand dreier Beispiele gezeigt werden, welche Formen virtueller Welten bereits heute existieren und wie diese funktionieren (II.). Erst auf dieser Grundlage können die rechtlichen Fragestellungen hinsichtlich des Persönlichkeitsschutzes im Metaversum überhaupt aufgeworfen und identifiziert werden.

---

[8] *Kaulartz/Schmid/Müller-Eising*, RDi 2022, 521 (522).

M. Kern, *Persönlichkeitsschutz im Metaversum*, Juridicum – Schriften zum Medien-, Informations- und Datenrecht,
https://doi.org/10.1007/978-3-658-50982-8_2

I. Was ist das Metaversum?

1. Phänomenalisierung

Das Wort „Metaversum“ setzt sich zusammen aus der Vorsilbe *meta-* (griechisch für „jenseits“ bzw. „auf höherer Stufe“)[9] und *Universum*. Der Begriff wurde erstmals im Jahre 1992 in dem dystopischen Science-Fiction Roman „Snow Crash“ von *Neal Stephenson* aufgegriffen, welcher damit eine globale virtuelle Realität schilderte, in der sich Menschen als Avatare bewegen.[10] Heutzutage steht das Metaversum nicht mehr für eine fiktive Romanvorstellung, sondern ganz konkret für die nächste Stufe des Internets. Daher wird der Begriff mittlerweile mehrheitlich technisch definiert: Die Online-Enzyklopädie *Wikipedia*, die oftmals valide Anhaltspunkte für eine Art „Allgemeinverständnis“ liefern kann, definiert das Metaversum als einen *„konsistente[n] und persistente[n] digitale[n] Raum, der durch die Konvergenz virtueller, erweiterter und physischer Realität entsteht – einschließlich der Summe aller virtuellen Welten, der erweiterten Realität und des Internets*“[11]. Ähnlich sieht es der kanadische Digitalisierungsexperte *Matthew Ball*, der als einer der führenden Theoretiker im Bereich des Metaversums gelten dürfte. Er definiert das Metaversum wie folgt: *„[Es ist] ein massiv skaliertes und interoperables Netzwerk von in Echtzeit gerenderten[12] virtuellen 3D-Welten, die synchron und dauerhaft von einer praktisch unbegrenzten Anzahl von Nutzern mit einem individuellen Gefühl der Präsenz und mit einer Kontinuität der Daten wie Identität, Geschichte, Berechtigungen, Objekte, Kommunikation und Zahlungen erlebt werden können.*“[13] Auch der deutsche Branchenverband *Bitkom* hat sich bereits an einer Definition versucht: Danach stellt das Metaversum ein dreidimensionales, persistentes und jederzeit verfügbares Internet dar, dessen Räume komplett virtuell existieren und immersiv sind, zugleich jedoch weiter mit der analogen Welt verschmelzen, z.B. durch die Verwendung erweiterter Realität.[14]

---

9 „Meta“ auf Duden-Online, abrufbar unter: https://www.duden.de/rechtschreibung/meta_, abgerufen am 20.06.2024.

10 Steege/Chibanguza-Metaverse/*Broschart/Seitanov/Gieselmann*, § 1, Rn. 3.

11 „Metaversum“ auf Wikipedia, abrufbar unter: https://de.wikipedia.org/wiki/Metaversum, abgerufen am 20.06.2024.

12 „Rendering“ beschreibt den Prozess der Erzeugung digitaler Inhalte mittels eines Computerprogrammes.

13 *Ball*, S. 43.

14 *Bitkom e.V.*, Wegweiser in das Metaverse, S. 9.

Diese drei beispielhaft dargestellten Definitionsversuche zeigen, dass im Einzelnen zwar noch Uneinigkeit hinsichtlich einzelner Eigenschaften des Metaversums besteht. Es tun sich jedoch gleichzeitig gewisse Aspekte auf, über die weitgehend Einigkeit herrscht. Eine Definition des Metaversums sollte daher anhand folgender Merkmale erfolgen:

1. Virtualität:[15] Das Metaversum stellt eine Form der virtuellen Welt dar. Durch die VR-Technologie, die als Zugang zum Metaversum dient, erhält das Metaversum einen immersiven Charakter. Dies wird etwa durch die ergänzende Anwendung erweiterter Realität unterstützt.
2. Persistenz:[16] Das Metaversum besteht dauerhaft. Das heißt, es ist kein einzelner Dienst, der begründet oder beendet wird, sondern es existiert jederzeit und unabhängig davon auf einer übergeordneten Ebene und wird stetig fortentwickelt.
3. Interoperabilität:[17] Zwischen den jeweiligen Diensten und Plattformen im Metaversum sowie zwischen virtueller und physischer Welt bestehen Schnittstellen, die eine übergreifende Nutzung ermöglichen.
4. Interaktivität:[18] Innerhalb der virtuellen Welt des Metaversums kann eine unbegrenzte Zahl von Nutzern in Echtzeit miteinander interagieren.
5. Verschmelzung mit der analogen Welt:[19] Das Metaversum stellt keine virtuelle Parallelwelt dar, sondern enthält vielfältige Überschneidungen mit der realen Welt.

[15] Vgl. u.a.: *Ball*, S. 43 ff.; *Bitkom e.V.*, Wegweiser in das Metaverse, S. 6; Steege/Chibanguza-Metaverse/*Broschart/Scheitanov/Gieselmann*, § 1, Rn. 19; Gerecke-SocialMedia/*Gerecke*, Kap. 1, Rn. 28; *Reinholz*, GRUR-Prax 2023, 478, Rn. 1; *Kaulartz/Schmid/Müller-Eising*, RDi 2022, 521 (522).

[16] Vgl. u.a.: *Ball*, S. 57 ff.; *Bosch*, S. 36; *Bitkom e.V.*, Wegweiser in das Metaverse, S. 9.

[17] Vgl. u.a.: *Ball*, S. 50 ff.; Steege/Chibanguza-Metaverse/*Broschart/Scheitanov/Gieselmann*, § 1, Rn. 5; *Kaulartz/Schmid/Müller-Eising*, RDi 2022, 521 (523 f.); Gerecke-SocialMedia/*Gerecke*, Kap. 1, Rn. 28.

[18] Vgl. u.a.: *Ball*, S. 66 ff.; *Bitkom e.V.*, Wegweiser in das Metaverse, S. 11 f.; Steege/Chibanguza-Metaverse/*Broschart/Scheitanov/Gieselmann*, § 1, Rn. 62; *Reinholz*, GRUR-Prax 2023, 478, Rn. 8; *Kaulartz/Schmid/Müller-Eising*, RDi 2022, 521 (524).

[19] Vgl. u.a.: *Bitkom e.V.*, Wegweiser in das Metaverse, S. 9; *Kaulartz/Schmid/Müller-Eising*, RDi 2022, 521 (524).

2. Wesentliche Merkmale des Metaversums

Die herausgearbeiteten Begriffsmerkmale des Metaversums sind in ihrer Stichwortartigkeit auf den ersten Blick durchaus nicht für jeden Rezipienten verständlich. Im Folgenden sollen die einzelnen Eigenschaften daher näher beleuchtet werden.

a) Das Metaversum als virtuelle Welt

Wenn es einen Aspekt gibt, über den sich nahezu alle Autoren einig sind, dann ist es die Tatsache, dass das Metaversum überwiegend auf virtuellen, dreidimensionalen Welten basiert.[20] Virtuelle Welten sind künstliche Umgebungen, die nach dem Zweck ihres Bestehens beliebig ausgestaltet werden können.[21] Die genaue Darstellung der virtuellen Räume wird dabei von Fall zu Fall unterschiedlich sein. In bestimmten Bereichen des Metaversums sind besonders originalgetreue Nachbildungen der echten Welt zu erwarten, etwa wenn es um virtuelle Besichtigungen realer Orte oder die Teilnahme an virtuellen Veranstaltungen geht.[22] An anderen Stellen werden wiederum bereits abstrakte virtuelle Darstellungen ausreichend sein – beispielsweise in Räumen, in denen der spielerische oder wirtschaftliche Aspekt im Vordergrund steht.[23]

Ein wesentlicher Teil der virtuellen Welten im Metaversum werden sogenannte soziale Welten sein.[24] Anders als in Spielwelten werden in sozialen Welten keine übergeordneten Ziele verfolgt, sondern im Vordergrund steht die Teilnahme an (virtuell-)gesellschaftlichen Ereignissen sowie kreativen und gestalterischen Handlungen.[25] Dabei spielen real-gesellschaftliche Einflüsse eine große Rolle, etwa indem Unternehmen im Metaversum ihre (realen oder virtuellen) Produkte bewerben, politische Parteien ihren Wahlkampf durchführen oder gesellschaftliche Gruppen virtuelle Veranstaltungen abhalten.[26] Dies sorgt dafür, dass soziale Welten von ihren Nutzer zunehmend realer wahrgenommen werden und immer mehr mit der echten Welt verschmelzen.

---

[20] *Ball*, S. 43.
[21] *Bosch*, S. 27.
[22] *Kaulartz/Schmid/Müller-Eising*, RDi 2022, 521 (523 f.).
[23] *Kaulartz/Schmid/Müller-Eising*, RDi 2022, 521 (523 f.).
[24] Zur Begrifflichkeit vgl.: *Bosch*, S. 28.
[25] *Bosch*, S. 28.
[26] *Bosch*, S. 28.

Der Zugang zu den virtuellen, dreidimensionalen Welten des Metaversums erfolgt hauptsächlich über die Soft- und Hardware der VR-Technologie.[27] Erst dadurch wird den Nutzer die Möglichkeit eröffnet, in die virtuelle Erfahrung einzutauchen, sodass sie das Gefühl bekommen, sich tatsächlich körperlich in der virtuellen Welt zu befinden.

b) Das Metaversum als persistenter Raum

Persistenz ist ebenfalls eines der zentralen Merkmale des Metaversums. Anders als herkömmliche Computerspiele ist die persistente virtuelle Welt des Metaversums ständig „online" und wird kontinuierlich fortentwickelt, egal ob ein Nutzer gerade aktiv ist oder nicht.[28] Dabei haben virtuelle Handlungen im Metaversum dauerhafte Folgen. Wird etwa ein virtuelles Gebäude „abgerissen", ist dieses für alle Nutzer endgültig verschwunden. Ein „Re-Start" in der Form, dass die virtuellen Räume des Metaversums – ähnlich wie herkömmliche Computerspiele – regelmäßig zurückgesetzt werden, ist für den Großteil des Metaversums nicht zu erwarten.[29] Wer nicht am virtuellen Geschehen teilnimmt, verpasst also etwas – genau wie dies im echten Leben der Fall ist. Dabei wird das Metaversum nicht durch *einen* virtuellen Raum, sondern durch die Gesamtheit aller virtuellen Räume im Internet geformt. Es ist also nicht auf den Bestand einer einzelnen Plattform bzw. eines einzelnen Dienstes beschränkt, sondern existiert davon unabhängig auf einer höheren Ebene.

c) Das Metaversum als interoperables Netz

Zwischen den einzelnen virtuellen Räumen werden im Metaversum Schnittstellen entstehen, welche die Interoperabilität aller im Metaversum verfügbaren Inhalte garantieren.[30] So kann es beispielsweise möglich sein, virtuelle Inhalte wie den eigenen Avatar oder sonstige Objekte von einem virtuellen Raum in den anderen mitzunehmen, wo dieselben Inhalte wiederum frei verwendbar sind.[31] Darüber hinaus umfasst die Vision des interoperablen Metaversums auch

---

[27] Steege/Chibanguza-Metaverse/*Broschart/Scheitanov/Gieselmann*, § 1, Rn. 19 ff.; *Kaulartz/Schmid/Müller-Eising*, RDi 2022, 521 (523). Vereinzelt wird es virtuelle Welten geben, die weiterhin auf 2D-Darstellungen beschränkt sind und über einen Bildschirm aufgerufen werden können, vgl.: *Kaulartz/Schmid/Müller-Eising*, RDi 2022, 521 (523).

[28] *Bosch*, S. 36.

[29] *Ball*, S. 58.

[30] *Kaulartz/Schmid/Müller-Eising*, RDi 2022, 521 (523 f.); *Ball*, S. 50 ff.

[31] *Ball*, S. 50 f.

Schnittstellen zwischen virtueller und physischer Welt. Dies könnte etwa dergestalt erfolgen, dass die finanziellen Umstände oder die staatlichen Identifikationsmerkmale des jeweiligen Nutzers in die virtuelle Welt übertragen und dort anerkannt werden.[32]

Damit es zu einer solchen umfassenden Interoperabilität kommt, ist es jedoch erforderlich, dass sich die einzelnen Akteure innerhalb des Metaversums auf einheitliche Standards (z.B. Dateiformate, Kommunikationssysteme, Gestaltungsformen etc.) einigen.[33] Hierin liegt wohl die größte und gleichzeitig drängendste Herausforderung bei der Entwicklung des Metaversums. Gelingt es nicht, eine umfassende Interoperabilität virtueller Inhalte herzustellen, wird das Metaversum in der Form, wie es heutzutage verstanden wird, wohl nie existieren. Es ist jedoch davon auszugehen, dass das nahezu unbegrenzte wirtschaftliche Potential des Metaversums die einzelnen Akteure dazu motivieren wird, einheitliche globale Standards für das Metaversum zu schaffen und dadurch den Weg für eine umfassende Interoperabilität zu ebnen.[34]

d) Das Metaversum als interaktiver und synchroner Ort

Das Metaversum wird nur dann die grenzenlose virtuelle Welt sein, von der man nach dem jetzigen Verständnis ausgeht, wenn es einer großen – vielleicht sogar unbeschränkten – Anzahl von Nutzern erlaubt, dasselbe Ereignis am selben virtuellen Ort zur selben Zeit zu erleben.[35] Anders als in der physischen Welt könnten mithilfe der VR-Technologie so etwa Millionen Menschen gleichzeitig das Konzert einer Band oder eine Debatte im Deutschen Bundestag live und immersiv verfolgen, als wären sie tatsächlich vor Ort. Auf diese Weise birgt das Metaversum zudem unbegrenztes Potential für die zwischenmenschliche Interaktion: Dort, wo mehrere Nutzer an einem virtuellen Ort zusammenkommen, vermittelt die VR-Technologie das Gefühl von gleichzeitiger „körperlicher" Anwesenheit – egal wo die jeweiligen Nutzer sich tatsächlich physisch befinden. Dabei wird es möglich sein, via „Voice-Chat" andere Nutzer wahllos anzusprechen, sich mit

[32] *Ball*, S. 51.
[33] Dazu ausführlich: *Ball*, S. 50 ff.
[34] *Ball*, S. 55.
[35] *Ball*, S. 69.

diesen zu unterhalten und seinen Avatar non-verbale Gesten durchführen zu lassen, die auch andere Nutzer in der virtuellen Umgebung wahrnehmen können.[36] Diese umfassende Interaktionsmöglichkeit dürfte dazu führen, dass sich in der virtuellen Welt des Metaversum zahlreiche Treffpunkte herausbilden, an denen sich Nutzer gleicher oder unterschiedlicher Couleur regelmäßig zusammenfinden und austauschen können – ganz ohne Personenbeschränkung.[37]

Diese neue Art der zwischenmenschlichen Kommunikation vermittelt dank der VR-Technologie das Gefühl, mit dem jeweiligen Gegenüber wie „im echten Leben" sprechen zu können. Dies birgt die Chance zu einem grenzenlosen, niedrigschwelligen menschlichen Dialog über Staats- und Kulturgrenzen hinaus. Allerdings ist stark zu bezweifeln, dass dabei die Kommunikationsstandards der realen Welt eingehalten werden. Die Anonymität des Internets sowie die Möglichkeit, das Gespräch in der virtuellen Welt jederzeit zu verlassen, lassen darauf schließen, dass Hassrede und Falschinformation sowie verbale Belästigungen im Metaversum ein neues Niveau erreichen könnten. Die unbegrenzten Interaktions- und Kommunikationsmöglichkeiten sind daher Fluch und Segen zugleich.

e) Metaversum als Verschmelzung von virtueller und physischer Welt

Für das Verständnis des Metaversums fundamental ist schließlich die Tatsache, dass das Metaversum keine virtuelle Parallelwelt darstellen soll, die völlig unabhängig von der physischen Welt existiert. Vielmehr wird es zwischen virtueller und „echter" Welt zahlreiche Querverbindungen geben, die die Attraktivität des Metaversums für Wirtschaft und Gesellschaft begründen.[38] Besonders deutlich wird dies im Hinblick auf das wirtschaftliche Potential des Metaversums: sogenannte *non-fungible Tokens* (NFT) ermöglichen eine Verknüpfung von virtueller und realer Wertschöpfung. NFT sind mithilfe der *Blockchain*-Technologie hergestellte Vermögenswerte,[39] die einen einzigartigen virtuellen Wert repräsentieren.[40] Mit ihrer Hilfe können digitale Inhalte eindeutig einem Eigentümer bzw. Schöpfer zugeordnet und Kopien als solche enttarnt werden.[41] Die NFT-Technologie ebnet damit den Weg für grenzenlosen Handel mit virtuellen

---

[36] *Bosch*, S. 35.
[37] Vgl.: *Bosch*, S. 35.
[38] *Bitkom e.V.*, Wegweiser in das Metaverse, S. 7.
[39] Zur Diskussion um die zivilrechtliche Einordnung von NFT vgl.: *Guntermann*, RDi 2022, 200.
[40] *Rauer/Bibi*, ZUM 2022, 20 (21).
[41] *Rauer/Bibi*, ZUM 2022, 20 (21).

Gegenständen. Die wirtschaftliche Verwertung der virtuellen Objekte kann dabei sowohl innerhalb der Metaversum-Plattformen als auch in der physischen Welt, etwa an NFT-Börsen, verwirklicht werden. Das Potential ist enorm: Allein im Jahre 2021 wurden bereits rund 45 Milliarden US-Dollar für NFT in einer Vielzahl von Kategorien ausgegeben – von Sammelkarten bis hin zu virtuellen Grundstücken.[42]

3. Ausblick

Die vorstehenden Darstellungen sollen für die Zwecke dieser Untersuchung eine Eingrenzung dessen ermöglichen, was das Metaversum zukünftig sein kann bzw. sein wird. Gleichzeitig muss man sich jedoch darüber im Klaren sein, dass die finale Erscheinungsform des Metaversums zum jetzigen Zeitpunkt noch nicht absehbar ist – selbst in Fachkreisen besteht große Uneinigkeit über die Schlüsselelemente des Metaversums.[43]

Bei all der Unsicherheit scheint eines jedoch sicher: Die Grenzen unserer heutigen Welt werden sich erweitern.[44] Unser Leben wird sich zukünftig vermehrt in virtuellen, synchron gerenderten 3D-Welten abspielen, die mithilfe der VR-Technologie immersiv erlebt werden können. Dabei wird das Konzept eines zusammenhängenden Metaversums in näherer Zukunft – in welcher Erscheinungsform auch immer – Wirklichkeit werden und unsere Welt auf eine Weise verändern, die sowohl vorhergesagt als auch nie in Betracht gezogen wurde.[45]

II. Bereits existierende Formen virtueller Welten

Zwar befindet sich das Metaversums gerade erst am Beginn seiner technischen Entwicklung. Bereits heute existieren jedoch erste virtuelle 3D-Welten, die einen Vorgeschmack auf einen Teil des virtuellen Lebens im Metaversum bieten können. Dabei handelt es sich um Plattformen, die das Konzept der sozialen Netzwerke aufgreifen und zu einer sozialen virtuellen Welt[46] weiterentwickeln. Es werden virtuelle Umgebungen erschaffen, in denen die Nutzer verschiedenste Aktivitäten ausüben können, während sie über ihre Avatare mit anderen Nutzern

[42] *Ball*, S. 222.
[43] Vgl.: *Ball*, S. 33 ff.
[44] *Bitkom e.V.*, Wegweiser in das Metaverse, S. 7.
[45] *Ball*, S. 309.
[46] Zur Begrifflichkeit siehe oben I.2.a).

(und der virtuellen Umgebung) interagieren können, wodurch die Intensität und Körperlichkeit des virtuellen Erlebnisses verstärkt wahrgenommen wird.[47]
Schon seit 2003 existiert die Plattform *Second Life,* die eine Vorreiterrolle auf dem Gebiet der vrituellen Welten eingenommen hat. In jüngster Zeit sind zudem zwei Plattformen auf den Markt getreten, die als Prototyp des Metaversums gesehen werden können und daher größtes Entwicklungspotential aufweisen: *Horizon Worlds* und *Decentraland.* Im Folgenden sollen die wesentlichen Merkmale dieser virtuellen Welten kurz dargestellt werden.

1. *Second Life* – die „Mutter“ aller virtuellen Welten

Der Plattform *Second Life* kann ohne Zweifel eine Pionierrolle auf dem Weg zum Metaversum zugesprochen werden. Sie wurde bereits im Jahre 2003 mit dem erklärten Ziel veröffentlicht, eine virtuelle Welt zu erschaffen, die dem von Neal Stephenson beschriebenen Metaversum ähnelt.[48] Seitdem hat sich *Second Life* stetig weiterentwickelt und neue technische Möglichkeiten adaptiert.
In *Second Life* existieren zahlreiche virtuelle Welten, die von den Nutzer erstellt und gestaltet werden. Innerhalb dieser Welten können sich die Nutzer mit ihren Avataren frei bewegen, mit anderen Nutzer interagieren und verschiedenste Aktivitäten ausüben, etwa Spiele spielen, Kunstwerke erstellen oder Veranstaltungen besuchen. Mithilfe interne Währung von *Second Life*, die gegen „echtes Geld“ erhältlich ist, – dem sogenannten „Linden Dollar“ – können die Nutzer innerhalb der virtuellen Welt Waren und Dienstleistungen handeln und einen eigenen Wirtschaftsmarkt erschaffen. Die Avatare in *Second Life* können individuell gestaltet werden, wobei nicht nur menschenähnliche Figuren, sondern auch fiktionale Wesen erschaffen werden können. Im Laufe der Jahre hat sich die technische Darstellung der Avatare zunehmend verbessert, wodurch realistischere und detailreichere Erscheinungsbilder möglich sind.
Während die Plattform lange Zeit nur in herkömmlicher Weise mittels Bildschirm, Maus und Tastatur genutzt werden konnte, besteht seit 2017 die Möglichkeit, die virtuellen Welten von *Second Life* auch per VR-Brille zu „betreten“.

---

[47] *Kind et al.*, in: Büro für Technikfolgen-Abschätzung beim Deutschen Bundestag, Arbeitsbericht Nr. 180, S. 37.
[48] Vgl.: *Hamann*, „Die nächste Kolonie des Kapitalismus“, abrufbar unter: https://www.zeit.de/2007/02/Second-Life, abgerufen am 20.06.2024.

2. *Horizon Worlds* – die Vision eines virtuellen Universums

Der Meta-Konzern, welcher den Hype um das Metaversums erst richtig ausgelöst hat, betreibt seit 2020 mit der Plattform *Horizon Worlds* seine erste immersive virtuelle Welt. Der Zugang zur virtuellen Welt erfolgt mittels des von Meta hergestellten VR-Headsets, welches mit selbst-trackenden Hand-Controllern kombiniert wird. Mit diesen Controllern werden die Arm- und Handbewegungen des jeweiligen Nutzers in die virtuelle Realität übertragen. Zusätzlich verfügen die Controller über einen Joystick, mit welchem die räumliche Bewegung des Avatars gesteuert werden kann, sowie über verschiedene Tasten, mit denen die allgemeine Steuerung vorgenommen werden kann.

In der virtuellen Welt wird jeder Nutzer durch einen Avatar repräsentiert, der innerhalb eines vorgegebenen Rahmens individuell erstellt werden kann. Die Avatare sind in ihrem allgemeinen Aussehen dem menschlichen Körper nachgebildet. Wurden sie zum Start der Plattform nur bis zu Hüfte – also ohne Unterkörper – dargestellt, verfügen sie mittlerweile auch über Beine, die mit entsprechender Hardware bewegt werden können. Darüber hinaus sollen mithilfe neuerer VR-Brillen auch die Mimik und sogar das Blinzeln der Nutzer auf die Avatare übertragen werden können.[49]

Innerhalb der virtuellen Umgebung können sich die Nutzer mit ihren Avataren frei bewegen und zahlreiche Aktivitäten ausüben. Neben der Möglichkeit, andere Nutzer zu treffen und mit diesen zu interagieren, beinhaltet *Horizon Worlds* verschiedenste Events, an denen man in Echtzeit virtuell teilhaben kann, u.a. Musikveranstaltungen, Comedy-Auftritte, Sportereignisse oder Filmvorführungen. Darüber hinaus können die Nutzer – alleine oder im Team – eigene Inhalte entwickeln und ganze virtuelle Welten neu erschaffen, etwa indem sie Veranstaltungen ausrichten oder virtuelle Gebäude bauen. Diese selbst entwickelten Welten können dann wiederum von anderen Nutzern besucht werden, wodurch die virtuelle Landschaft in *Horizon Worlds* stetig wächst.

---

[49] *Erl*, „Meta Avatare bekommen Beine und bessere Grafik“, abrufbar unter: https://mixed.de/meta-avatare-bekommen-beine-und-bessere-grafik/, abgerufen am 20.06.2024.

3. *Decentraland* – der virtuelle Grundstücksmarkt

Decentraland ist eine dreidimensionale virtuelle Welt, die vornehmlich dem Handel mit virtuellen Grundstücken sowie sonstigen digitalen Vermögenswerten dient. Der Handel auf der Plattform erfolgt mittels der durch Blockchain-Technologie generierten virtuellen Währung „MANA“, während der digitale Besitz über NFT dem jeweiligen Erwerber zugeordnet wird. Sobald eine virtuelle Parzelle erworben wurde, kann der Nutzer (wirtschaftlich) damit nach Belieben umgehen,[50] etwa indem er das digitale Land bebaut, weiterverkauft und/oder vermietet. Sowohl der Inhaber der Parzelle als auch Dritte können das Grundstück dabei virtuell besuchen oder anderweitig damit interagieren.[51] So errichten etwa Unternehmen virtuelle Niederlassungen, in welchen die Nutzer einkaufen gehen oder Produkte erleben können.[52] Privatleute können sich indes ein virtuelles „Eigenheim“ schaffen und die virtuelle Umgebung nach ihren Vorstellungen gestalten. Durch den Ankauf mehrere Parzellen ist es zudem möglich, ganze virtuelle Landschaften individuell zu erschaffen. Darüber hinaus ermöglicht *Decentraland* neben dem wirtschaftlichen Aspekt auch die soziale Interaktion mit anderen Nutzern bei einer Vielzahl von virtuellen Aktivitäten sowie die freie Erkundung der virtuellen Landschaft – ähnlich wie bei *Horizon Worlds*.

Während *Decentraland* lange nur über den Internetbrowser als Bildschirm-Anwendung geöffnet werden konnte, ist die Plattform mittlerweile auch mittels VR-Technologie abrufbar. Der Zugang zu *Decentraland* erfordert die Erstellung einen menschenähnlichen Avatar, den jeder Nutzer individuell gestalten kann, etwa indem die Körperstruktur oder der Kleidungsstil nach den eigenen Wünschen angepasst wird. Dabei werden die Avatare mit ihrem gesamten Körper abgebildet. Ein weiterer Unterschied zur virtuellen Welt des Meta-Konzerns besteht darin, dass sich *Decentraland* vollständig im Besitz seiner Nutzer befindet. Innerhalb der Plattform existiert ein Entscheidungsgremium, in welchem die Besitzer von Decentraland-NFT organisiert sind. Sie entscheiden gemeinschaftlich

---

[50] Der Grundstücksinhaber kann durch den Plattformbetreiber nicht in seiner Verfügungsgewalt gestört oder eingeschränkt werden, vgl.: *Kaulartz/Schmid/Müller-Eising*, RDi 2022, 521 (528).

[51] *Kaulartz/Schmid/Müller-Eising*, RDi 2022, 521 (528).

[52] So hat etwa das britische Auktionshaus *Sotheby´s* sein Gebäude im *Decentraland* nachgebaut, um dort Kunst auszustellen und zu verkaufen, vgl.: *Jhala*, „Crypto-crazed Sotheby´s launches first virtual gallery in digital metaverse Decentraland“, abrufbar unter: https://www.theartnewspaper.com/2021/06/07/crypto-crazed-sothebys-launches-first-virtual-gallery-in-digital-metaverse-decentraland, abgerufen am 20.06.2024.

u.a. über neue Richtlinien, bewilligen Grundstücksauktionen und können virtuelle Orte auf eine Verbotsliste setzen.[53]

4. Fazit

Die dargestellten Plattformen weisen allesamt eine Gemeinsamkeit auf: Sie konstituieren eine virtuelle, dreidimensionale Welt, in der die Nutzer – dargestellt durch ihre selbstgewählten Avatare – miteinander interagieren und verschiedenste virtuelle Aktivitäten durchführen können. Die Kommunikation zwischen den Nutzern ist dabei nicht nur auf Text- oder Audionachrichten begrenzt, sondern kann auch nonverbal durch die Gestik und Mimik bzw. das Verhalten des jeweiligen Avatars im virtuellen Raum gestaltet werden. Auf allen Plattformen kommt dem Avatar damit die zentrale Rolle als Kommunikationsobjekt zu, während der „dahinterstehende" Mensch in den Hintergrund rückt. Es kann also festgehalten werden: Die Grenzen der Kommunikation in virtuellen Welten verschieben sich.

B. Virtuelle Realität - Funktionsweise und Wahrnehmung

Ein Aspekt, der die Kommunikation im Metaversum grundlegend verändert, ist der Einsatz der VR-Technologie. Wie gezeigt, bieten Betreiber virtueller Welten ihren Nutzer bereits heutzutage die Möglichkeit, den digitalen Raum mittels eines VR-Headsets zu betreten. Im Metaversum wird die VR-Technologie demgegenüber nicht nur eine Technologie unter vielen, sondern das maßgebliche Zugangsmedium zum virtuellen Raum darstellen.[54]

Im Gegensatz zu der „herkömmlichen", bildschirmbasierten Kommunikation im Internet ermöglicht die VR-Technologie ihren Nutzer ein „Eintauchen" in die virtuelle Umgebung, wodurch ein Gefühl physischer Präsenz vermittelt wird. Dabei beeinflusst die VR-Technologie die individuelle Wahrnehmung: Virtuelles Verhalten fühlt sich (nahezu) echt an und ist in der Lage, Emotionen auszulösen, die sonst nur im analogen Umfeld erlebt werden können. Dies führt dazu, dass die individuelle Lebensführung in der virtuellen Welt immer realistischere

[53] *Becher*, „What Is Decentraland?", abrufbar unter: https://builtin.com/articles/what-is-decentraland, abgerufen am 20.06.2024.

[54] Steege/Chibanguza-Metaverse/*Broschart/Scheitanov/Gieselmann*, § 1, Rn. 19 ff.; *Kaulartz/Schmid/Müller-Eising*, RDi 2022, 521 (523).

Züge annimmt. Virtuelle Handlungen können dabei einschneidende Auswirkungen auf die individuelle Persönlichkeitsenfaltung der jeweiligen Nutzer sowohl in der virtuellen als auch in der echten Welt haben.
Um die Herausforderungen für den Persönlichkeitsschutz im Metaversum identifizieren und untersuchen zu können, ist es daher essentiell, die Funktionsweise der VR-Technologie sowie insbesondere die damit verbundenen Auswirkungen auf das menschliche Verhalten in der virtuellen Welt zu verstehen. In diesem Sinne soll der folgende Abschnitt die grundlegenden technischen Konzepte der VR-Technologie erläutern und die damit verbundenen Folgen für die psychische Wahrnehmung des Menschen darstellen.

I. Begriffsbestimmung

Der Begriff „virtuelle Realität" wurde erstmals in den Achtzigerjahren aufgegriffen und seitdem für verschiedenste Formen digital erzeugter künstlicher Welten verwendet.[55] Heutzutage versteht man unter dem Terminus hauptsächlich eine Technologie, welche dreidimensionale, vollständig computergenerierte virtuelle Umgebungen simuliert, in die die jeweiligen Nutzer mithilfe spezieller Hardware gänzlich eintauchen können.[56] Dabei wird das Gesamtverhalten des Nutzers – also etwa seine Lage im Raum, sein Blickfeld, seine Bewegungen, die Körperhaltung, die Gestik und Mimik sowie seine Sprache – in die künstliche Umgebung übernommen, sodass der Mensch mit seinem Körper und seiner Psyche in die virtuelle Welt eingebettet wird und das Gefühl bekommt, sich physisch tatsächlich in der virtuellen Umgebung zu befinden – die sogenannte „Immersion".[57] Daneben lassen sich mit *Ovtcharova* zwei weitere Eigenschaften von VR definieren: Zum einen wird in der virtuellen Welt mithilfe realitätsgetreuer Darstellung ein tatsächliches Abbild der Wirklichkeit mit ihren physikalischen Eigenschaften geschaffen („Imagination").[58] Zum anderen ermöglicht die VR-Technologie die Interaktion des jeweiligen Nutzers mit seiner virtuellen Umgebung, sei es mit Gegenständen oder mit anderen Nutzern („Interaktion").[59] Diese drei Eigenschaften – Immersion, Imagination und Interaktion – begründen das

[55] Leupold/Wiebe/Glossner-ITR/*Ovtcharova*, Teil 14.3, Rn. 5.
[56] *Bitkom e.V.*, Augmented und Virtual Reality, S. 11.
[57] Leupold/Wiebe/Glossner-ITR/*Ovtcharova*, Teil 14.3, Rn. 6.
[58] Leupold/Wiebe/Glossner-ITR/*Ovtcharova*, Teil 14.3, Rn. 7.
[59] Leupold/Wiebe/Glossner-ITR/*Ovtcharova*, Teil 14.3, Rn. 7.

heutige Verständnis von virtueller Realität und grenzen es gleichzeitig gegenüber anderen Erscheinungsformen von Virtualität ab.
Mit der virtuellen Realität oft in einem Atemzug genannt wird die sogenannte „erweiterte Realität" (englisch: *augmented reality - AR*).[60] Der große Unterschied zwischen den beiden Technologien liegt darin, dass AR keine neue (virtuelle) Realität erschafft, sondern die bestehende Realität lediglich „erweitert", etwa indem mithilfe technischer Geräte (z.B. Smartphone) visuelle oder auditive Zusatzinformationen über die reale Umgebung eingeblendet werden.[61] Dabei beinhaltet AR zwar die realitätsnahe Darstellung der Umgebung sowie die Interaktion mit Gegenständen – man denke dabei nur an das populäre AR-Spiel „Pokémon Go", bei welchem virtuelle Figuren in einem realen Straßenplan angezeigt und eingefangen werden können. Ein körperliches „Eintauchen" – und damit ein immersives Erlebnis – kann (und soll) AR hingegen jedoch nicht ermöglichen. Hier verläuft die Trennlinie zur VR-Technologie.
Darüber hinaus werden bisweilen noch weitere Formen von Virtualität differenziert, die sich teilweise gegenseitig überschneiden oder nur stärkere bzw. schwächere Formen von AR und VR darstellen.[62] Für die Zwecke dieser Untersuchung hat eine weitergehende Differenzierung jedoch keine Bewandtnis, sodass es daher bei der Abgrenzung von virtueller Realität und erweiterter Realität verbleiben kann.

II. Technische Grundlagen und Entwicklungspotential

Zu Beginn der technischen Entwicklung wurde VR hauptsächlich über mehrere Großbildleinwände realisiert. Der jeweilige Nutzer wurde dabei in der Mitte positioniert und konnte mithilfe einer 3D-Brille sowie eines Trackings der Kopfbewegungen die projizierten Inhalte auf den ihn umgebenden Leinwänden dreidimensional und perspektivisch korrekt wahrnehmen (sogenanntes „Cave Automatic Virtual Environment").[63] Wegen dieser sehr aufwändigen und kostspieligen Vorgehensweise mangelte es der VR-Technologie jedoch lange Zeit an der Massentauglichkeit. Dies hat sich durch den technischen Fortschritt grundlegend geändert: Den Kern der Technologie bildet nunmehr eine Datenbrille (VR-

[60] Vgl. ausführlich: *Gaff*, S. 16 ff.
[61] *Bitkom e.V.*, Augmented und Virtual Reality, S. 12.
[62] Zur weiteren Differenzierung vgl.: *Bitkom e.V.*, Augmented und Virtual Reality, S. 11 ff.
[63] *Bitkom e.V.*, Augmented und Virtual Reality, S. 12.

Brille), die mit eingebauter Sensorik zur Erfassung von Lage und Position des Kopfes ausgestattet ist und mithilfe hochauflösender Displays künstlich dreidimensionale Bilder erzeugen kann.[64] Durch die Brille wird das gesamte Sichtfeld ausgefüllt, sodass der Nutzer seine echte Umgebung nicht mehr wahrnimmt, sondern vollständig in die virtuelle Welt eintauchen kann. Die eingebaute Sensorik ermöglicht dabei das sogenannte *Head Tracking*: Bewegt man seinen Kopf, wird diese Bewegung in die Bilddarstellung der VR-Brille übertragen, wodurch der Nutzer ein Blickfeld von 360 Grad erhält.[65] Für das auditive Erlebnis sind die VR-Brillen ferner mit Kopfhörern ausgestattet, die – je nach Stand der Technik – ein räumliches Hörerlebnis gewährleisten können.[66] Neuere Datenbrillen bieten darüber hinaus die Möglichkeit, mit Hand- oder Fußelementen verbunden zu werden, sodass man seine eigenen virtuellen Extremitäten sehen und diese benutzen kann.[67] Dabei kann die Fortbewegung im virtuellen Raum entweder durch die kalibrierte Ortung der Fußelemente oder „klassisch" mittels bedienbaren Steuerungselementen (z.B. Joysticks) erfolgen. Ferner existieren bereits sogenannte „Haptikanzüge", die dem jeweiligen Nutzer ein haptisches Erlebnis ermöglichen und seine Bewegungen und biometrischen Daten erfassen können.[68]

Auch wenn diese Hardwarekomponenten sicherlich noch nicht vollends ausgereift sind, lässt sich doch bereits jetzt erkennen, dass das immersive Erlebnis der virtuellen Realität durch die Stimulation fast aller menschlichen Sinne immer größer und intensiver werden wird. Diesbezüglich spielt auch die Software eine entscheidende Rolle, da VR-Brillen mit leistungsstarken Prozessoren betrieben werden müssen, um die anspruchsvolle Sensorik fehlerfrei verarbeiten zu können. Je weiter die Softwareentwicklung voranschreitet, desto detaillierter und realer werden virtuelle Umgebungen ausgestaltet, sodass zukünftig mit bloßem Auge kaum mehr zwischen virtueller und realer Welt unterschieden werden

---

[64] *Zukunftsinstitut GmbH*, „Virtual Reality: Die Erschaffung neuer Welten", abrufbar unter: https://www.zukunftsinstitut.de/zukunftsthemen/virtual-reality-die-erschaffung-neuer-welten, abgerufen am 20.06.2024.

[65] *Janssen*, „Was Sie über Virtual Reality wissen müssen", abrufbar unter: https://www.heise.de/ct/artikel/Was-Sie-ueber-Virtual-Reality-wissen-muessen-3112792.html, abgerufen am 20.06.2024.

[66] *Kind et al.*, in: Büro für Technikfolgen-Abschätzung beim Deutschen Bundestag, Arbeitsbericht Nr. 180, S. 27.

[67] *Kreienbrink*, „Wie das Metaverse unser Leben verändern könnte", abrufbar unter: https://t3n.de/magazin/metaverse-was-ist-moeglich-leben-veraendern-251455/, abgerufen am 20.06.2024.

[68] *Kaulartz/Schmid/Müller-Eising*, RDi 2022, 521 (523).

kann. Dies wird durch die künftigen Internetverbindungsformen (5G, 6G etc.) verstärkt, die eine virtuelle Vernetzung in Echtzeit ganz ohne Verzögerungen ermöglichen. Durch den technischen Fortschritt sind schließlich zunehmend auch mobile Endgeräte wie Smartphones oder Tablets in der Lage, die VR-Technik zu realisieren.[69] Mit ihnen dürfte das immersive Erlebnis jedoch – verglichen zu einer prozessorbetriebenen VR-Brille – nicht annähernd so intensiv sein. Zusammenfassend lässt sich feststellen, dass sich die technische Umsetzung der VR-Technologie bereits jetzt schon auf einem hohen Niveau befindet, jedoch noch nicht gänzlich ausgereift ist. Es ist davon auszugehen, dass der technische Fortschritt in den kommenden Jahren bzw. Jahrzehnten weiter voranschreiten und noch realitätsnähere VR-Systeme hervorbringen wird. Zudem wird der zunehmend zu erwartende Preisfall der entsprechenden Hard- und Software die virtuelle Realität in Zukunft für ein breites Publikum niedrigschwellig zugänglich machen.

III. Psychische Wahrnehmung der virtuellen Realität

Die Besonderheit der virtuellen Realität liegt im Vergleich zu anderen Technologien zweifelsohne in der Tatsache, dass die Nutzer durch den immersiven Charakter von VR das Gefühl bekommen, sich körperlich tatsächlich in der virtuellen Umgebung zu befinden. Dieses – in Fachkreisen auch *Presence* genannte – Phänomen wurde in den vergangenen Jahren insbesondere in der Psychologie vielseitig erforscht. Der britische Forscher *Mel Slater* beschreibt die menschliche Wahrnehmung dabei wie folgt: *„Es handelt sich um eine wahrnehmungsbezogene, nicht um eine kognitive Illusion, bei der das Wahrnehmungssystem zum Beispiel eine Bedrohung [...] erkennt und das Gehirn-Körper-System automatisch und schnell reagiert [...], während das kognitive System relativ langsam aufholt und zu dem Schluss kommt: ‚Aber ich weiß, dass das nicht real ist'. Dann ist es jedoch zu spät, denn die Reaktionen sind bereits erfolgt.“*[70] Durch die Vortäuschung einer in Wahrheit nicht existierenden Realität ist die VR-Technologie also in der Lage, das menschliche Gehirn zu „überlisten“ und ihm echte, situationsbezogene Emotionen und Gefühle zu entlocken. Diese These wird durch

[69] *Brill*, in: Oberreuter Staatslexikon, Band 5, Virtuelle Realität.
[70] Aus dem Englischen: *Slater*, British Journal of Psychology (2018), 431 (432).

zahlreiche Studien belegt: So haben Psychologen anhand der „virtuellen Armillusion“ herausgefunden, dass virtuelle Körperteile unter gewissen Voraussetzungen als Teile des eigenen Körpers wahrgenommen werden und sogar tatsächliche Muskelaktivität in den entsprechenden Körperregionen verursachen können.[71] Tiefergehende Untersuchungen deuten zudem an, dass dies nicht nur für einzelne Körperteile, sondern auch für einen gesamten virtuellen Körper gelten kann.[72] Dabei hat die Verkörperung virtueller Gliedmaßen derart intensive psychologische Auswirkungen, dass selbst die Schmerzwahrnehmung des jeweiligen VR-Nutzers beeinflusst werden kann.[73] Darüber hinaus löst der immersive Charakter der VR-Technologie auch starke emotionale Verhaltensweisen aus: So können etwa angsteinflößende virtuelle Szenarien dazu führen, dass die jeweiligen Nutzer laut schreien, versuchen wegzurennen oder sonstige unreflektierte Reaktionen an den Tag legen, obwohl sie sich tatsächlich in einer völlig gefahrlosen Umgebung befinden.[74]

Wie intensiv die virtuelle Welt als „zweite Realität“ wahrgenommen wird, hängt maßgeblich vom Entwicklungsstand der eingesetzten Hard- und Software ab: Je leistungsfähiger und komplexer das VR-System, desto größer ist das Gefühl von *Presence*.[75] Des Weiteren kann auch die Art der erzeugten Emotionen Einfluss auf die Wahrnehmungsintensität haben. Studien deuten darauf hin, dass *Presence* bei starken Emotionen (z.B. Angst, Beklemmung) intensiver erlebt wird als bei lediglich „neutralen“ Gefühlslagen.[76] Daneben stellt der Einsatz verschiedener Wahrnehmungsmodalitäten eine zusätzliche Möglichkeit zur Intensivierung des immersiven Erlebnisses dar. So haben audio-visuelle Darstellungen einen deutlich größeren Einfluss auf die jeweiligen Nutzer, sobald sie mit taktilen Reizen kombiniert werden.[77]

---

[71] *Slater/Perez-Marcos/Ehrsson/Sanchez-Vives*, Frontiers in Human Neuroscience (2008), Vol. 2 Art. 6.

[72] Sog. „full-body transfer illusion", vgl.: *Slater/Spanlang/Sanchez-Vives/Blanke*, PLoS ONE (2010), Vol. 5 Issue 5, e10564.

[73] *Matamala-Gomez et al.*, Frontiers in Human Neuroscience (2019), Vol. 13 Art. 279.

[74] *Dao/Muresan/Hornbaek/Knibbe*, Bad Breakdowns, Useful Seams, and Face Slapping: Analysis of VR Fails on YouTube, in: Proceedings of the 2021 CHI Conference on Human Factors in Computing Systems, Art. 526.

[75] *Diemer et al.*, Frontiers in Psychology (2015), Vol. 6 Art. 26.

[76] *Diemer et al.*, Frontiers in Psychology (2015), Vol. 6 Art. 26.

[77] *Diemer et al.*, Frontiers in Psychology (2015), Vol. 6 Art. 26.

Die bisherigen Ergebnisse der psychologischen Forschung zeigen eindrücklich, wie stark die VR-Technologie die menschliche Psyche beeinflussen kann. Virtuelle Szenarien können Emotionen und Reaktionen erzeugen, die bisher nur durch das „echte Leben" ausgelöst werden konnten. Dies bietet einerseits großes Potential für Forschung und Praxis. Psychologie und Medizin können etwa mithilfe von VR die menschliche Emotionswahrnehmung sowie die ihr zugrundeliegenden neuronalen Aktivitäten effektiver erforschen und darauf aufbauend neue Behandlungsmöglichkeiten entwickeln – etwa VR-Schmerztherapien[78] für chronisch kranke Patienten. Hinsichtlich wirtschaftlicher und gesellschaftlicher Aspekte kann die VR-Technologie dort Teilhabe schaffen, wo Menschen aufgrund gesundheitlicher oder monetärer Gründe nicht in der Lage sind, an realen Aktivitäten teilzunehmen. Andererseits birgt die immersive Wahrnehmung der virtuellen Realität auch Risiken und Gefahren. So häufen sich die Berichte über sogenannte „VR-Fails", bei denen die jeweiligen Nutzer sich oder ihre Mitmenschen in der realen Umgebung verletzen, indem sie ihre Handlungen nach der virtuellen Realität ausrichten.[79] Darüber hinaus lässt sich zum jetzigen Zeitpunkt nur erahnen, welches Missbrauchspotential VR für die internetbasierte zwischenmenschliche Kommunikation birgt. Die potentiellen psychischen Auswirkungen, etwa im Falle von Hassrede oder virtueller Belästigung bzw. Gewalt, dürften kaum zu überschätzen sein.

IV. Fazit

Fiktive Gegebenheiten lassen sich mithilfe der VR-Technologie maximal realitätsnah simulieren lassen. Die menschliche internetbasierte Kommunikation findet dadurch nicht mehr nur über Text- oder Audionachrichten auf einem Bildschirm statt, sondern entfaltet sich durch die gleichzeitige Anwesenheit verschiedener Nutzer in einem virtuellen Raum, die sich mit ihren Avataren „von Angesicht zu Angesicht" gegenüberstehen und miteinander sowie mit ihrer Umgebung interagieren können. Die VR-Technologie überwindet damit die Schranke der Distanz, die dem Menschen seit jeher Grenzen gesetzt hat, ohne dabei Einbußen in der psychischen Wahrnehmung des Erlebten zu verzeichnen. Dadurch

[78] Dazu: *Jones/Moore/Choo*, PLoS ONE (2016), Volume 11 Issue 12, e0167523.

[79] Vgl.: *Dao/Muresan/Hornbaek/Knibbe*, Bad Breakdowns, Useful Seams, and Face Slapping: Analysis of VR Fails on YouTube, in: Proceedings of the 2021 CHI Conference on Human Factors in Computing Systems, Art. 526.

werden jedoch gleichzeitig neue „Angriffsflächen" für die ungestörte Persönlichkeitsentfaltung im virtuellen Raum eröffnet.

C. Die Bedeutung von Avataren in der virtuellen Realität des Metaversums

Neben dem Metaversum sowie der virtuellen Realität existiert noch ein drittes Element, dessen Verständnis für die Untersuchung des Persönlichkeitsschutzes in der virtuellen Welt von entscheidender Bedeutung ist: der Avatar. Ein Avatar dient als grafische visuelle Repräsentation des Nutzers und versetzt diesen in die Lage, den virtuellen dreidimensionalen Raum zu erfahren und in enge Interaktion mit anderen Nutzer bzw. mit der virtuellen Umgebung zu treten.[80] *Matthew Ball* verdeutlicht dies mit folgenden Worten: „*Soweit es ein gemeinsames Verständnis des Metaverse gibt, könnte man es wie folgt beschreiben: eine nicht enden wollende virtuelle Welt, in der sich alle als komische Avatare verkleiden und in immersiven VR-Spielen um Punkte kämpfen, in ihre Lieblings-Franchises eintauchen und ihre unmöglichsten Fantasien ausleben.*"[81]

Avatare stellen also die „Hülle" dar, mit welcher die virtuelle Realität des Metaversums betreten werden kann. Oftmals werden sie daher auch als „digitale Zwillinge" der Nutzer bezeichnet.[82] Als solche stellen sie das maßgebliche Handlungs- und Interaktionsobjekt im virtuellen Raum dar, wobei die Person des Nutzers in den Hintergrund rückt. Für die hiesige Untersuchung bedeutet dies, dass Angriffe gegen individuelle Persönlichkeitsrechte in der virtuellen Welt des Metaversums stets über den Avatar vermittelt werden bzw. dass der Avatar selbst (z.B. sein Aussehen) erst den Anstoß für bestimmte Persönlichkeitsverletzungen darstellt.

Bevor in die rechtliche Analyse des Persönlichkeitsschutzes im Metaversum eingestiegen werden kann, ist es daher erforderlich, sich über die grundlegenden Aspekte der Avatarnutzung sowie die damit verbundenen Folgen im Klaren zu sein. Im Folgenden sollen daher einige Aspekte der Avatarnutzung, die für den Gegenstand dieser Arbeit relevant sind, näher beleuchtet werden.

---

[80] Steege/Chibanguza-Metaverse/*Meder/Theissen*, § 19, Rn. 5.
[81] *Ball*, S. 36.
[82] Vgl.: Steege/Chibanguza-Metaverse/*Meder/Theissen*, § 19, Rn. 5; *Kaulartz/Schmid/Müller-Eising*, RDi 2022, 521 (523).

I. Technisch-tatsächliche Aspekte

Avatare im Metaversum werden zwar gewisse gemeinsame Kernelemente aufweisen, darüber hinaus wird sich ihre Gestaltung jedoch nach den jeweiligen technischen Gegebenheiten und Erforderlichkeiten der einzelnen Plattformen unterscheiden. Die Gemeinsamkeit aller Avatare besteht sicherlich darin, dass sie im modernen Metaversum als dreidimensionale virtuelle Figuren dargestellt werden, die mit ihrer virtuellen Umgebung interagieren können. Ihr Design ist jedoch nicht vorgegeben, sodass sie jegliche (Phantasie-)Formen annehmen können, die Entwickler und/oder Nutzer ihnen geben wollen. In der Regel werden sie in humanoider Form dargestellt, um einen größeren Realismus zu erzeugen. Dabei ist es abhängig von der Komplexität der jeweiligen Plattform, ob der Avatar mit seinem gesamten Körper oder, wie ursprünglich bei *Horizon Worlds*, nur mit einigen Körperteilen abgebildet wird. Bei der Verwendung der VR-Technologie besteht zusätzlich die Besonderheit, dass der einzelne Nutzer seinen eigenen Avatar regelmäßig nur aus der Ich-Perspektive sieht. Je nach Entwicklungsstand der Technik kann er dabei an seinem Avatar „herunterschauen" und die virtuellen Gliedmaßen steuern.

Avatare im Metaversum zeichnen sich maßgeblich durch drei Eigenschaften aus. Als Bestandteil des Metaversums sind sie zum einen interoperabel: Es ist davon auszugehen, dass ein einmal entworfener Avatar nicht nur auf einer einzelnen Plattform, sondern innerhalb des Metaversums für viele verschiedene Dienste und auf unterschiedlichen Plattformen genutzt werden kann. Zum anderen zeichnen sich Avatare durch ihre Flexibilität aus: Sie können durch ihre Nutzer jederzeit verändert werden und sind dadurch in der Lage, sich den ggf. divergierenden Anforderungen einzelner Plattformen anzupassen. Schließlich stellen Avatare über die NFT-Technologie auch ein Wirtschaftsgut dar, welches verkauft, übertragen und exklusiv nutzbar gemacht werden kann.

II. (Persönlichkeits-)Rechtliche Aspekte

1. Avatare als virtuelle Identität der jeweiligen Nutzer

Im oben genannten Zitat bezeichnet *Ball* die Nutzung eines Avatars als „Verkleidung", womit er direkt eine wichtige Eigenschaft von Avataren im Metaversum beschreibt: Sie geben dem jeweiligen Nutzer die Möglichkeit, dem echten

Leben zu „entfliehen" und in der virtuellen Welt eine neue, eigenständige Identität aufzubauen. Ist der Nutzer im echten Leben vielleicht ein übergewichtiger, älterer weißer Mann, so kann er in der virtuellen Welt mit seinem Avatar als junge, sportlich-schlanke dunkelhäutige Frau auftreten und von anderen Nutzern auch als solche wahrgenommen werden. Zwar ist eine solche Identitätsalternation bereits im „herkömmlichen" Internet möglich – als Negativbeispiel dürfte man sicherlich an die vielen „Fake Accounts" auf Datingportalen denken. Aufgrund der durch den Avatar und die immersive VR-Technologie vermittelten Körperlichkeit dürfte die psychische Wahrnehmung des Identitätstausches im Metaversum jedoch ungleich stärker wirken – sowohl auf Seiten des jeweiligen Nutzers als auch auf Seiten der Rezipienten.

Man muss zum jetzigen Zeitpunkt davon ausgehen, dass die Möglichkeit der Identitätsalternation im Metaversum – verbunden mit dessen immer größer werdenden Durchdringung des alltäglichen Lebens – dazu führen wird, dass sich manche Nutzer in der virtuellen Welt verlieren werden, da diese für sie attraktiver erscheinen mag als die reale Welt. In gesamtgesellschaftlicher Hinsicht sind dadurch eine zunehmende soziale Isolation sowie die Entfremdung mancher Nutzer von der physischen Welt zu befürchten.[83] Im Hinblick auf rechtliche Belange des jeweiligen Nutzers stellt sich die Frage, ob die virtuelle Identität ebenso wie die tatsächliche Identität vom Persönlichkeitsschutz erfasst werden kann bzw. muss.

2. Avatare als zentrale Zurechnungsobjekte

Die Tatsache, dass die Nutzer nur noch durch ihre Avatare handeln, wird des Weiteren dazu führen, dass Avatare im Metaversum zum zentralen Zurechnungsobjekt zwischenmenschlicher Interaktion werden.[84] Zwar ist jedem Nutzer bewusst, dass hinter dem Avatar oftmals (nicht immer, dazu später mehr) ein Mensch sitzt, der die virtuelle Figur steuert und sie mit Leben füllt; die unmittelbare Kommunikation erfolgt jedoch über die Avatare. Man denke an folgendes Beispiel: Der 50-jährige Sachbearbeiter Max Mustermann hat sich mit sei-

[83] Vgl.: *Kind et al.*, in: Büro für Technikfolgen-Abschätzung beim Deutschen Bundestag, Arbeitsbericht Nr. 180, S. 89.

[84] Steege/Chibanguza-Metaverse/*Meder/Theissen*, § 19, Rn. 6; *Kaulartz/Schmid/Müller-Eising*, RDi 2022, 521 (524).

nem weiblichen Avatar „powerwoman2000“ einen Namen im virtuellen Bogenschießen gemacht. Sprechen anderen Nutzer den Avatar an, wollen sie regelmäßig nicht mit Max Mustermann, sondern mit der erfolgreichen Bogenschützin „powerwoman2000“ interagieren. Dies kann zu Schwierigkeiten bei der rechtlichen Beurteilung des Persönlichkeitsschutzes führen, etwa bei der Frage, wann eine Beleidung die Ehre des dahinterstehenden Nutzers verletzt, wenn sie vordergründig „nur“ an dessen Avatar gerichtet ist.

3. Avatare und künstliche Intelligenz

Die fortschreitende Entwicklung im Bereich der künstlichen Intelligenz wird die Nutzung von Avataren im Metaversum nachhaltig beeinflussen. Dies gilt zum einen hinsichtlich des Einsatzes KI-gesteuerter Avatare, sogenannter „Social Bots“, die in der Lage sind, menschliches Kommunikationsverhalten zu imitieren. Zum anderen ermöglicht künstliche Intelligenz die Erstellung fotorealistischer Avatare, die von ihren realen Vorbildern kaum noch zu unterscheiden sind.

a) Einsatz KI-gesteuerter Avatare („Social Bots“)

Von einem KI-gesteuerten Avatar kann gesprochen werden, wenn der Avatar nicht mehr unmitelbar von einem dahinterstehenden Menschen, sondern von einem vorprogrammierten, selbstlernenden Computerprogramm – einer künstlichen Intelligenz – gesteuert wird. Werden solche Avatare genutzt, um unter der Vortäuschung einer menschlichen Identität am virtuellen Kommunikationsprozess teilzunehmen, sind sie als „Social Bots“ zu qualifizieren.[85]

Das Anwendungspotential solcher Avatare ist – bei allen berechtigten Bedenken hinsichtlich der Risiken für die öffentliche Meinungsbildung[86] – enorm: KI-gesteuerte Avatare können etwa von Wirtschaftsunternehmen für die Bewerbung ihrer Produkte oder von politischen Parteien für die Verbreitung ihrer Programme im Wahlkampf eingesetzt werden, ohne dass der jeweilige Interaktionspartner auf den ersten Blick erkennen könnte, ob hinter dem Avatar ein echter Mensch steht, der seine eigenen Erfahrungen und Meinungen wiedergibt, oder

---

[85] Vgl. u.a.: Chibanguza/Kuß/Steege-KI/*Roos*, § 11 D., Rn. 1; BeckOK-InfoMedienR/*Lent*, MStV § 18, Rn. 13; *Löber/Roßnagel*, MMR 2019, 493 (494); *Milker*, ZUM 2017, 216.

[86] Dazu eingehend: *Löber/Roßnagel*, MMR 2019, 493 (494). Diesbezüglich stellt sich insbesondere die Frage, wie der Einsatz von Social Bots *de lege lata* reguliert wird bzw. *de lege ferenda* weiterentwickelt werden sollte. Als Aspekte der Plattformregulierung sollen diese Fragen jedoch nicht zum Gegenstand der hiesigen Untersuchung gemacht werden.

ob es sich um eine kommerziell programmierte „Maschine" handelt.[87] Bereits seit einigen Jahren kann in den „herkömmlichen" sozialen Medien ein solcher Einsatz von Social Bots beobachtet werden.[88] In der virtuellen Realität des Metaversums dürfte das Anwendungspotential KI-gesteuerter Avatare gleichwohl um einiges größer sein, da das Metaversum eine viel interaktivere und immersive Umgebung bieten wird als „herkömmliche" soziale Medien. Durch die Verwendung menschenähnlicher Avatare könnten Nutzer dazu neigen, ein höheres Maß an Vertrauen in KI-gesteuerte Avatare zu haben. Dies ermöglicht eine tiefere und persönlichere Interaktion zwischen Nutzern und Avataren, was wiederum die Wirksamkeit von Social Bots bei der Beeinflussung von Meinungen und (wirtschaftlichen) Handlungen erhöhen dürfte. Darüber hinaus sind die denkbaren Anwendungsbereiche von Social Bots durch die umfassenden Nutzungsmöglichkeiten des Metaversums nahezu unbegrenzt – durch die zu erwartende Verschmelzung von virtueller und analoger Welt könnten sie in fast allen Bereichen des wirtschaftlichen, gesellschaftlichen und politischen Lebens Wirkung erzielen.

Aus der Sicht der Verwender von Social Bots besteht daher ein Interesse daran, ihre Avatare möglichst frei von „Imageschäden" oder sonstigen negativen Einflüssen zu halten. Aus rechtlicher Perspektive führt dies unweigerlich zu der Frage, ob KI-gesteuerte Avatare eigene Rechtspositionen geltend machen können oder nur über die Rechtssphäre ihrer Verwender geschützt sind.

b) Gestaltung fotorealistischer Avatare mithilfe KI

Neben dem Einsatz von Avataren kann die künstliche Intelligenz auch bei deren Gestaltung neue Maßstäbe setzen. Durch die Erstellung fotorealistischer Avatare ist die KI in der Lage, anhand eines Fotos virtuelle Ebenbilder realer Personen zu erschaffen. Dies dürfte einerseits dazu genutzt werden, den eigenen Avatar als „virtuellen Zwilling" zu gestalten, wodurch die Erfahrung im Metaversum noch realistischer werden kann. Andererseits ist davon auszugehen, dass auch Fotos anderer Menschen unbefugterweise für die Erstellung des eigenen Avatars herangezogen werden, etwa Bilder von berühmten Persönlichkeiten. Aus rechtlicher Sicht ergeben sich in diesem Falle Problemstellungen hinsichtlich des

[87] *Kind et al.*, Social Bots, S. 8 ff.
[88] *Libertus*, ZUM 2018, 20 m.w.N.

Rechts am eigenen Bild sowie des Schutzes der persönlichen Identität des Abgebildeten.

D. Neuartige Problemstellungen für den Persönlichkeitsschutz

Die vorstehenden Ausführungen lassen bereits erkennen, dass die nahezu unbegrenzten Möglichkeiten des Metaversums, der Einsatz der VR-Technologie sowie die Verwendung von Avataren neue „Angriffsflächen“ für die individuelle Persönlichkeitssphäre der jeweiligen Nutzer mit sich bringen. Auf dieser Grundlage sollen im Folgenden die einzelnen (persönlichkeits-)rechtlichen Fragestellungen, die sich im Hinblick auf die virtuelle Welt ergeben, überblicksartig dargestellt werden. Dies dient als Arbeitsgrundlage für die darauffolgende rechtliche Untersuchung.

I. Rechtsträgerschaft

Durch die Nutzung von Avataren begegnen sich Menschen in der virtuellen Welt des Metaversums nicht mehr mit ihren „natürlichen“ Identitäten, sondern interagieren ausschließlich über ihre digitialen Alter Egos. Avatare werden dadurch zu den maßgeblichen Zuordnungs- und Interaktionsobjekten im virtuellen Raum, wobei die virtuellen Figuren nicht nur mit einem anderen Aussehen als ihre Schöper, sondern auch mit eigenständigen virtuellen Identitäten ausgestattet werden können.[89] Es drängt sich daher die Frage auf, ob neben den „herkömmlichen“ Rechtsträgern auch Avatare eigenständige Träger von (Persönlichkeits-)Rechten sein können.[90] Dies gilt zum einen im Hinblick auf Avatare, die unmittelbar durch einen menschlichen Nutzer gesteuert werden. Zum anderen stellt sich die Frage nach der Rechträgerschaft jedoch insbesondere bei KI-gesteuerten Avatare, die nicht unmittelbar menschlichen Einflusses unterliegen, sondern ein gewisses Eigenleben für sich verzeichnen können.

---

[89] Vgl.: Steege/Chibanguza-Metaverse/*Busch*, § 16, Rn. 5.

[90] Zu dieser Diskussion vgl.: Redeker-ITR /*Redeker*, D. Rechtsprobleme von Internet und Telekommunikation, Rn. 1454; Hornung/Müller-Terpitz-HdbSocialMedia/*Hornung*, Kap. 7, Rn. 13; *Krasemann*, DuD 2008, 194 (195); *Geis/Geis*, CR 2007, 721 (724); *Schulz/Heilmann*, S. 26 ff.

II. Wirkung der persönlichkeitsrechtlichen Schutzbereiche

Ist die Frage der Rechtsträgerschaft beantwortet, muss – quasi „auf zweiter Stufe“ – untersucht werden, welche Schutzwirkung das Allgemeine Persönlichkeitsrecht sowie die besonderen Persönlichkeitsrechte im Metaversum zwischen Privaten entfalten können. Dabei sind abermals die Besonderheiten in den Blick zu nehmen, die Metaversum, VR-Technologie und Avatarnutzung für die Begehung bzw. Wahrnehmung (potentieller) Persönlichkeitsverletzungen mit sich bringen.

1. Virtuelle Belästigungen und Ehrverletzungen

Zwar sind virtuelle Realität und Metaversum vergleichsweise junge Technologien, allerdings gibt es bereits jetzt zahlreiche Berichte von Nutzern, die in virtuellen Räumen Opfer von sexueller Belästigung und virtueller Gewalt geworden sind.[91] Untersuchungen konnten zeigen, dass derartige Übergriffe in der virtuellen Realität deutlich traumatischer wahrgenommen werden als auf „herkömmlichen“ Plattformen.[92] Je komplexer und immersiver die VR-Technologie wird, umso mehr fühlen sich die Übergriffe an, als seien sie tatsächlich physisch geschehen. Die Nutzung von Avataren intensiviert diese Wahrnehmung zusätzlich, denn durch die Verkörperung aus der Ego-Perspektive können Hass und Gewalt stärker wirken.[93] Dies kann so weit führen, dass Betroffene unter sogenannten *Freeze-Zuständen*[94] oder psychosomatische Beschwerden sowie Angstzustände leiden.[95] Dabei stellt sich die Frage, wie diesen Vorfällen rechtlich zu begegnen ist. Erleidet ein Nutzer nach einem Übergriff psychische (oder sogar physische) Beeinträchtigungen, die eine Gesundheitsschädigung begründen,

---

[91] Vgl.: *Wolfnagel*, „Digitaler Grapscher“, abrufbar unter: https://www.zeit.de/2016/38/virtual-reality-sexuelle-uebergriffe-internet-social-vr, abgerufen am 20.06.2024.

[92] *Franks*, The Desert of the Unreal: Inequality in Virtual and Augmented Reality, 51 U.C.D. L. Rev. 499.

[93] *Langschwager*, „Virtual sexual harassment raises concerns about emerging metaverse“, abrufbar unter: https://www.nzz.ch/english/virtual-sexual-harassment-raises-concerns-about-metaverse-ld.1669132, abgerufen am 20.06.2024.

[94] „Freeze“-Zustand beschreibt die Schockstarre nach einem traumatischen Erlebnis.

[95] *Langschwager*, „Virtual sexual harassment raises concerns about emerging metaverse“, abrufbar unter: https://www.nzz.ch/english/virtual-sexual-harassment-raises-concerns-about-metaverse-ld.1669132, abgerufen am 20.06.2024.

können zivilrechtliche Schadensersatzansprüche gegen den Schädiger in Betracht kommen, sofern diesem der Schaden zurechenbar ist.[96] Hinterlassen solche Belästigungen in der virtuellen Realität keine pathologischen Schäden, könnten den Opfern wohlmöglich (nur) Ansprüche wegen Verletzung des Allgemeinen Persönlichkeitsrechts zustehen.[97] Dies setzt freilich voraus, dass in der virtuellen Aggression eine Verletzung des Persönlichkeitsrechts gesehen werden kann. Darüber hinaus muss untersucht werden, ob solche Übergriffe in der virtuellen Welt auch strafrechtliche Relevanz entfalten können.
Weitergehend stellt sich die Frage nach den Wirkungen des Ehrschutzes. Beleidigungen oder herabsetzende Behauptungen richten sich in der virtuellen Realität des Metaversums regelmäßig unmittelbar nur an die jeweiligen Avatare, wobei die dahinterstehenden Nutzer unerkannt bleiben. Hier muss beurteilt werden, wann eine gegen den Avatar gerichtete Ehrverletzung auf das Persönlichkeitsrecht des jeweiligen Nutzers durchschlägt. Dies betrifft auch die Frage, wie es zu bewerten ist, wenn sich Nutzer in der virtuellen Realität eine andere Identität geben. So kann zum Beispiel ein weißer Mann mit seinem Avatar als schwarze Frau auftreten. Erlebt er als diese rassistische oder sexuelle Übergriffe, muss man sich damit auseinandersetzen, ob und ggf. wie sich der Betroffene gegen solche Erlebnisse mit persönlichkeitsrechtlichen Mitteln wehren kann.

2. Schutz einer virtuellen Privat- und Intimsphäre

Betrachtet man den persönlichkeitsrechtrechtlichen Schutz in der virtuellen Welt, stellt sich zwangsläufig auch die Frage nach der Existenz bzw. dem etwaigen Schutz einer virtuell-räumlichen Privat- und Intimsphäre. Bereits jetzt werden auf Plattformen wir *Decentraland* jeden Monat immense Summen in Grundstücke und andere Gegenstände im Metaversum investiert.[98] Wenn jeder Nutzer sein persönliches Haus bauen, dies ggf. sogar nach seinem Geschmack mit (privaten) Gegenständen einrichten und als virtuelles „Zuhause“ für seinen Avatar nutzen kann, wird regelmäßig auch das Interesse der Nutzer bestehen, Dritte von

[96] Insofern können im Rahmen des § 823 Abs. 1 BGB auch psychische Schäden geltend gemacht werden, vgl.: BGH, Urt. v. 02.10.1990 - VI ZR 353/89, NJW 1991, 747 (748).

[97] Ein solcher Anspruch ist st.Rspr seit BGH, Urt. v. 15.11.1994 – VI ZR 56/94, NJW 1995, 861. Ebenso überwiegend anerkannt in der Literatur, vgl. für viele: MüKo-BGB/*Wagner*, § 823, Rn. 421.

[98] *Petereit*, „Grundstücke für 100 Millionen Dollar im Metaverse gekauft – allein letzte Woche“, abrufbar unter: https://t3n.de/news/grundstuecke-fuer-100-millionen-1434087/, abgerufen am 20.06.2024.

dem Betreten bzw. der Kennntisnahme dieser Räume abzuhalten. Aus persönlichkeitsrechtlicher Sicht stellt sich damit die Frage, ob im Metaversum – ähnlich wie in der realen Welt – gewisse höchstpersönliche (Rückzugs-)Räume existieren (können), die der Privat- bzw. Intimsphäre eines Nutzers zuzuordnen sind und daher den räumlichen Schutz des Allgemeinen Persönlichkeitsrechts genießen.

Nimmt man an, dass beispielsweise das eigene Haus im Metaversum einer solchen Sphäre zuzuordnen ist, dürfte der unbefugte Zugang durch Dritte besonders zu rechtfertigen bzw. sogar gänzlich unzulässig sein.

Von dem persönlichkeitsrechtlichen Schutz virtueller Rückzugsorte zu trennen ist die Frage nach dem Bestehen bzw. der Ausübung des sogenannten virtuellen Hausrechts im Metaversum, welches auf sachenrechtlichen Wertungen beruht.[99] Diesbezüglich kommt es insbesondere darauf an, ob an virtuellen Gegenständen, die durch NFT verköpert sind, Eigentum oder Besitz begründet werden kann.[100] Diese (komplexe) Fragestellung ist alleine in der Lage, umfangreiche rechtswissenschaftliche Abhandlungen auszufüllen. Daher soll das virtuelle Hausrecht im Rahmen der hiesigen Untersuchung des virtuell-räumlichen Rechtsschutzes nur überblicksartig behandelt werden.

3. Recht am eigenen Bild und Namensrecht

Auch das Recht am eigenen Bild wirft im Rahmen der virtuellen Realität des Metaversums neue Fragestellungen auf. Fotorealistische Avatare, die dem Abbild des Nutzers bis ins kleinste Detail ähneln, können Gegenstand von unbefugten Bild- oder Videoaufnahmen werden. Dabei stellt sich die Frage, ob bzw. inwiefern die Abbildung eines Avatars unter den bildnisrechtlichen Schutz des Kunsturhebergesetzes fällt und welche Konsequenzen sich daraus für die (unbefugte) Herstellung, Verwendung oder Reproduktion des Avatars ergeben.[101] Darüber hinaus muss untersucht werden, ob und mit welchen (Rechts-)Folgen

---

[99] Zum virtuellen Hausrecht vgl. grundlegend: LG Bonn, Urt. v. 16.11.1999 – 10 O 457/99, MMR 2000, 109; *Maume*, MMR 2007, 620.

[100] Vgl. dazu: *Guntermann*, RDi 2022, 200.

[101] Vgl. zu dieser Frage: *Meyer*, S. 98; Maties-SWK eSportR/*Rauda*, Avatar, Rn. 26 f.; *Geis/Geis*, CR 2007, 721 (724).

Betroffenen außerhalb des spezialgesetzlichen Bildnisschutzes auf die Grundsätze des Datenschutzes bzw. des Allgemeinen Persönlichkeitsrechts zurückgreifen können.

Neben dem Recht am eigenen Bild ist auch das Namensrecht Gefährdungen neuer Qualität ausgesetzt. Ein Avatar kann nämlich nicht nur unbefugterweise dem Aussehen einer anderen Person nachgebildet sein, sondern auch deren (Nutzer-)Namen verwenden. Aufgrund der zentralen Bedeutung, die Avatare für die Kommunikation im Metaversum einnehmen, können böswillige Nutzer anderen Menschen damit eine fremde Identität vortäuschen und unter diesem „Deckmantel" wirtschaftlichen oder ideellen Schaden sowohl für Dritte als auch für den Namensträger selbst verursachen. Die Folgen einer Namensanmaßung dürften daher deutlich größer sein als im „herkömmlichen" Internet. Gleichzeitig wird auch der rechtliche Rahmen des Namensschutzes mit neuen Fragen konfrontiert.[102] Dies gilt insbesondere im Hinblick auf die Reichweite und Grenzen des Schutzes von pseudonymisierten Nutzernamen sowie die Modalitäten der Namensrechtsverletzung im Zusammenspiel mehrerer offener, interoperabler virtueller Welten.

4. Postmortaler Persönlichkeitsschutz im digitalen Nachlass

Die zunehmende Verschmelzung von realer und virtueller Welt führt dazu, dass man sich noch intensiver mit der Frage des digitalen Nachlasses auseinandersetzen muss.[103] Dabei wird im Metaversum das Erbe eines Nutzers nicht mehr nur aus Dateien, Dokumenten oder virtuellen Vermögensgütern bestehen, sondern auch Informationen über private oder intime Aktivitäten bzw. Beziehungen des Verstorbenen umfassen, die aufgrund der spezifischen Immersion sowie der nahezu unbegrenzten Handlungsmöglichkeiten im Metaversum vermehrt zu erwarten sind.[104]

Auf erster Stufe stellt sich daher die Frage, ob und, wenn ja, in welchem Umfang die Erben mit dem Erbfall Zugriff auf das Nutzerkonto des Erblassers inklusive der darin enthaltenen (höchstpersönlichen) Informationen und Vermögensgüter

---

[102] Vgl. dazu: *Meyer*, S. 68 ff.; Maties-SWK eSportR/*Rauda*, Avatar, Rn. 28; Frey-eSportR/*Frey/van Baal*, § 10, Rn. 13 ff.; *Kaulartz/Schmid/Müller-Eising*, RDi 2022, 521 (525); *Geis/Geis*, CR 2007, 721 (724).

[103] Vgl.: *Thiele/Ehrenberg-Silies*, Digitale Nachlassverwaltung, S. 1.

[104] Vgl.: Steege/Chibanguza-Metaverse/*Meder/Theissen*, § 19, Rn. 8.

erlangen.[105] Auf zweiter Stufe muss daraufhin untersucht werden, ob das postmortale Persönlichkeitsrecht des Verstorbenen oder (Persönlichkeits-)Rechte Dritter den Erben im Umgang mit den erhaltenen Informationen und Zugangsrechten gewisse Schranken setzen.[106]

III. Handlungsbedarf *de lege ferenda*?

Die Fragen nach der Rechtsträgerschaft sowie nach der Wirkung der persönlichkeitsrechtlichen Schutzbereiche im Metaversum werden vor dem Hintergrund der bestehenden (persönlichkeits-)rechtlichen Konzepte aufgeworfen. Die neuartigen Gefährdungen für die freie Persönlichkeitsentfaltung in der virtuellen Welt können jedoch die Erforderlichkeit hervorbringen, *de lege ferenda* gänzlich neue und speziell angepasste Schutzkonzepte zu entwickeln. Das Allgemeine Persönlichkeitsrecht ist in seiner Funktion als „Auffanggrundrecht" insofern in der Lage, auf neuartige Gefährdungen für die Persönlichkeitsentfaltung zu reagieren.[107] Auf dieser Grundlage hat die Rechtsprechung erst in jüngerer Vergangenheit als Reaktion auf die massenhafte Nutzung von Informationstechnik ein Recht auf Gewährleistung der Vertraulichkeit und Integrität informationstechnischer Systeme („Computergrundrecht") entwickelt.[108]

Die Problemstellungen für den individuellen Persönlichkeitsschutz in der virtuellen Welt erfordern es daher, sich mit der Frage auseinanderzusetzen, ob der bestehende Rechtsrahmen auf die Gefährdungen für die freie Persönlichkeitsentfaltung im Metaversum ausreichend reagieren kann oder ob ein effektiver Persönlichkeitsschutz im Metaversum nur durch eine Fortentwicklung des Allgemeinen Persönlichkeitsrechts *de lege ferenda* gelingen kann.

E. Ausblick

Metaversum, virtuelle Realität und Avatarnutzung – diese drei Aspekte des „neuen" Internets werden in naher Zukunft das Leben unzähliger Menschen verändern. Die Möglichkeiten, die damit verbunden sind, scheinen zum jetzigen Zeitpunkt nahezu grenzenlos. Im Metaversum können die Nutzer Sport treiben, sich mit Freunden treffen, arbeiten, einkaufen, handeln und sogar an fremde Orte

[105] Vgl.: Steege/Chibanguza-Metaverse/*Meder/Theissen*, § 19, Rn. 11 ff.
[106] Vgl.: Steege/Chibanguza-Metaverse/*Meder/Theissen*, § 19, Rn. 16 ff.
[107] Staat vieler: Sachs-GG/*Rixen*, Art. 2, Rn. 66 m.w.N.
[108] Vgl.: BVerfG, Urt. v. 27.2.2008 – 1 BvR 370, 595/07, NJW 2008, 822.

reisen. Je besser und komplexer die VR-Technologie wird, desto mehr fühlen sich diese Aktivitäten an, als befinde man sich körperlich tatsächlich „vor Ort". Durch ihre Avatare können die Nutzer dabei ihre Rollen im „echten" Leben verlassen und sich eine vollkommen neue, selbst gewählte virtuelle Identität geben, die innerhalb des Metaversums als unmittelbares Interaktions- und Zurechnungsobjekt fungiert.

Wie gezeigt, gehen diese bislang ungekannten Möglichkeiten jedoch gleichzeitig mit neuen „Angriffsflächen" für die freie und ungestörte Persönlichkeitsentfaltung einher. In den folgenden Kapiteln wird sich der Verfasser im Detail mit den diesbezüglich aufgeworfenen Problemstellungen auseinandersetzen und Lösungskonzepte für einen effektiven Persönlichkeitsschutz im Metaversum entwickeln.

KAPITEL 2 – Persönlichkeitsrechte und deren Rechtsträger in der virtuellen Welt

Es ist deutlich geworden, dass das „Leben“ im Metaversum maßgeblich durch die soziale Interaktion der beteiligten Nutzer mittels ihrer jeweiligen Avatare bestimmt wird. Als virtuelle Repräsentanten der dahinterstehenden Menschen nehmen Avatare daher die Rolle des primären Zuordnungsobjekts zwischenmenschlicher Kommunikation ein. Ohne die Nutzung von Avataren wäre das Metaversum in seiner heutigen Perzeption undenkbar.

Bei der rechtlichen Untersuchung des Persönlichkeitsschutzes in der virtuellen Realität des Metaversums muss dieser besonderen Rolle der Avatare Rechnung getragen werden. Dies betrifft zum einen die Frage, wie sich eine virtuelle Handlung, die unmittelbar an den Avatar als digitales Interaktionssubjekt gerichtet ist, auf das Persönlichkeitsrecht des dahinterstehenden Nutzers auswirkt. Zum anderen muss jedoch auch erörtert werden, ob Avatare durch ihre zentrale Bedeutung selbst zu Rechtsträgern und damit zu Inhabern von Persönlichkeitsrechten werden können.

Im folgenden Kapitel soll daher – quasi auf „erster Stufe“ – die mögliche Rechtsträgerschaft von Avatare im Hinblick auf zivilrechtliche Persönlichkeitsrechte untersucht werden. Dazu erfolgt zunächst eine überblicksartige Darstellung der dogmatischen Grundlagen des Allgemeinen Persönlichkeitsrechts sowie der besonderen Persönlichkeitsrechte, ehe auf die Frage eingegangen wird, ob Avatare diesbezüglich als Rechtssubjekte fungieren können.

A. Das Allgemeine Persönlichkeitsrecht und die besonderen Persönlichkeitsrechte

Um die Schutzwirkung sowie die Rechtsträgerschaft von Persönlichkeitsrechten in der virtuellen Realität des Metaversums zu untersuchen, sollte man sich zunächst der Grundlagen des (zivilrechtlichen) Persönlichkeitsschutzes vergewissern. Dies umfasst nicht nur das Allgemeine Persönlichkeitsrecht in seinen richterrechtlichen Ausprägungen, sondern auch gesetzlich vorgenommene Kodifikationen des Persönlichkeitsschutzes, die sogenannten besonderen Persönlichkeitsrechte.

M. Kern, *Persönlichkeitsschutz im Metaversum*, Juridicum – Schriften zum Medien-, Informations- und Datenrecht,
https://doi.org/10.1007/978-3-658-50982-8_3

I. Das Allgemeine Persönlichkeitsrecht als Grundrecht

Hatte das Reichsgericht die Anerkennung eines Allgemeinen Persönlichkeitsrechts noch ausdrücklich abgelehnt,[109] entwickelte der Bundesgerichtshof bereits wenige Jahre nach Inkrafttreten des Grundgesetzes auf Grundlage der Menschenwürdegarantie (Art. 1 Abs. 1 GG) sowie des Rechts auf freie Persönlichkeitsentfaltung (Art. 2 Abs. 1 GG) ein eben solches Persönlichkeitsrecht und erkannte darin ein „verfassungsmäßig gewährleistetes Grundrecht".[110] Das Bundesverfassungsgericht bestätigte daraufhin zunächst einen punktuellen Persönlichkeitsschutz,[111] ehe es schließlich das Allgemeine Persönlichkeitsrecht als Freiheitsrecht verfassungsrechtlich anerkannte.[112] Seitdem nehmen die verfassungsrechtlichen Urteile ihrerseits Einfluss auf die zivilgerichtliche Judikatur.[113] Die dogmatische Grundlage des Allgemeinen Persönlichkeitsrechts wird – damals wie heute – in Art. 1 Abs. 1 i.V.m. Art. 2 Abs. 1 GG gesehen.[114] Dies bedeutet jedoch nicht, dass es sich um zwei selbstständige Grundrechtstatbestände handelt, die jeweils eigenständiger Prüfungsmaßstab sind. Ansonsten wären Eingriffe im Hinblick auf die schrankenlos gewährte Menschenwürdegarantie unmöglich.[115] Vielmehr handelt es sich um ein einheitliches Grundrecht, das seine subjektive Gewährleistung aus Art. 2 Abs. 1 GG bezieht und für welches Art. 1 Abs. 1 GG lediglich als Auslegungsmaßstab für Umfang und Inhalt des Schutzbereiches herangezogen wird.[116] Dies zeigt, dass es sich keineswegs um ungeschriebenes Verfassungsrecht handelt, sondern das Allgemeine Persönlichkeitsrecht, wenn auch unvollkommen, bereits im Gewährleistungsgehalt des

[109] So etwa: RG, Urt. v. 8.6.1912 – I 382/11.

[110] BGH, Urt. v. 25.5.1954 – I ZR 211/53, NJW 1954, 1404 (1405). Ebenso u.a.: BGH, Urt. v. 2.4.1957 – VI ZR 9/56, NJW 1957, 1146 (1146); Urt. v. 14.2.1958 – I ZR 151/56, NJW 1958, 408 (409).

[111] BVerfG, Urt. v. 16.1.1957 – 1 BvR 253/56, NJW 1957, 297.

[112] Erstmals: BVerfG, Beschl. v. 16.7.1969 – 1 BvL 19/63, NJW 1969, 1707. Bezeichnet als „Allgemeines Persönlichkeitsrecht" seit: BVerfG, Beschl. v. 3.6.1980 – 1 BvR 185/77, NJW 1980, 2070.

[113] V. Münch/Kunig-GG/*Kunig/Kämmerer*, Art. 2, Rn. 54 m.w.N.

[114] Vgl. zuletzt: BVerfG, Beschl. v. 19.12.2021 – 1 BvR 1073/20, NJW 2022, 680, Rn. 20. Ebenso u.a.: Dürig/Herzog/Scholz-GG/*Di Fabio*, Art. 2 Abs. 1, Rn. 128; v. Münch/Kunig-GG/*Kunig/Kämmerer*, Art. 2, Rn. 51; Sachs-GG/*Rixen*, Art. 2, Rn. 60.

[115] Dürig/Herzog/Scholz-GG/*Di Fabio*, Art. 2 Abs. 1, Rn. 128.

[116] Dürig/Herzog/Scholz-GG/*Di Fabio*, Art. 2 Abs. 1, Rn. 128; v. Münch/Kunig-GG/*Kunig/Kämmerer*, Art. 2, Rn. 52; Sachs-GG/*Rixen*, Art. 2, Rn. 62; Huber/Voßkuhle-GG/*Eichberger*, Art. 2, Rn. 17; BeckOK-GG/*Lang*, Art. 2, Rn. 33.

Art 2 Abs. 1 GG angelegt ist[117] – trotz der allgemeinen Umschreibung als „unbenanntes Freiheitsrecht".[118]

Im System der Grundrechte gilt das Allgemeine Persönlichkeitsrecht nicht etwa subsidiär, sondern es steht grundsätzlich gleichberechtigt neben den anderen speziellen Freiheitsrechten.[119] Es kann gegenüber Grundrechten mit ähnlicher Schutzwirkung das Speziellere sein oder auch beizeiten als subsidiär zurücktreten.[120] Nach der Rechtsprechung des Bundesverfassungsgerichts wird das Allgemeine Persönlichkeitsrecht aber jedenfalls dort nicht verdrängt, „*wo sich der Schutzbereich dieses Grundrechts mit demjenigen eines speziellen Freiheitsrechts nur partiell überschneidet oder in den Fällen, in denen ein eigenständiger Freiheitsbereich mit festen Konturen erwachsen ist*"[121].

1. Sachlicher Schutzbereich

Der sachliche Schutzbereich des Allgemeinen Persönlichkeitsrechts wird in der Rechtsprechung des Bundesverfassungsgerichts ausdrücklich nicht allgemein und abschließend definiert.[122] Im Schrifttum wird beim Versuch einer übergeordneten Beschreibung des Gewährleistungsgehalts zwar teilweise vom Recht auf „*einen autonomen Bereich der eigenen Lebensgestaltung*"[123] oder vom Recht auf „*Wahrung personaler Individualität, Identität und Integrität*"[124] gesprochen. Solche allgemeinen Umschreibungen können den grundrechtlichen Schutzbereich jedoch nicht vollständig erfassen, da unter dem Begriff des Allgemeinen Persönlichkeitsrechts im Laufe der Zeit verschiedenste, voneinander unabhängige Freiheitsrechte entwickelt wurden. Darüber hinaus hat der Gesetzgeber einige Aspekte des Persönlichkeitsschutzes in unterschiedlichen Rechtsgebieten spezialgesetzlich kodifiziert (besondere Persönlichkeitsrechte).

Es bietet sich daher an, den sachlichen Schutzbereich des Allgemeinen Persönlichkeitsrechts nach Fallgruppen zu bestimmen; diese sind allerdings nicht als starre Grenzen zu verstehen, sondern können sich gegenseitig überschneiden

---

[117] Dürig/Herzog/Scholz-GG/*Di Fabio*, Art. 2 Abs. 1, Rn. 128.

[118] Vgl.: BVerfG, Beschl. v. 26.02.1997 – 1 BvR 2172/96, NJW 1997, 1841 (1843); Sachs-GG/*Rixen*, Art. 2, Rn. 64; Huber/Voßkuhle-GG/*Eichberger*, Art. 2, Rn. 148.

[119] BeckOK-GG/*Lang*, Art. 2, Rn. 54; Sachs-GG/*Rixen*, Art. 2, Rn. 138.

[120] Sachs-GG/*Rixen*, Art. 2, Rn. 138.

[121] BVerfG, Urt. v. 2.6.2006 – 2 BvR 2099/04, NJW 2006, 976, Rn. 83.

[122] BVerfG, Urt. v. 31.1989 – 1 BvL 17/87, NJW 1989, 891; Beschl. v. 3.6.1980 – 1 BvR 185/77, NJW 1980, 2070 (2071).

[123] BeckOGK-BGB/*Specht-Riemenschneider*, § 823, Rn. 1175.

[124] Huber/Voßkuhle-GG/*Eichberger*, Art. 2, Rn. 148.

bzw. ineinander übergehen. Mit *Di Fabio* sind folgende Fallgruppen zu identifizieren: Schutz der engeren persönlichen Lebensphäre als Privat- und Intimsphäre; Schutz der Selbstdarstellung in der Öffentlichkeit unter Einschluss des Schutzes der persönlichen Ehre; sonstiger Autonomieschutz und zuletzt Schutz der Grundbedingungen der Persönlichkeitsentfaltung und -entwicklung.[125] Innerhalb dieser Fallgruppen können sodann die einzelnen, durch Kasuistik und Rechtssetzung geprägten, Persönlichkeitsrechte ausdifferenziert werden. Eine detaillierte Auseinandersetzung mit den für die hiesige Forschungsfrage relevanten Einzeltatbeständen erfolgt in Kapitel 3.

Das Allgemeine Persönlichkeitsrecht soll als „unbenanntes" Freiheitsrecht die „benannten", speziellen Grundrechte ergänzen und den Grundrechtsträger vor solchen Persönlichkeitsgefährdungen schützen, die sich durch diese „benannten" Freiheitsgarantien nicht vollständig erfassen lassen.[126] Dem Persönlichkeitsrecht kommt dadurch eine gewisse Entwicklungsoffenheit zu, die dazu führt, dass der grundrechtliche Schutzbereich an aktuelle Entwicklungen – z.B. an die Gefährdungspotentiale moderner Technologien – angepasst werden kann.[127] So entstehen auch heutzutage immer wieder neue Fallgruppen, die als Antwort auf neue Rechtsprobleme oder veränderte Moralvorstellungen gesehen werden können.[128] Dadurch bietet das Allgemeine Persönlichkeitsrecht wie kein anderes Grundrecht die Möglichkeit, innerhalb kurzer Zeit neuen gesellschaftlichen oder rechtlichen Realitäten Herr zu werden und effektiven grundrechtlichen Schutz zu gewährleisten.

2. Grundrechtsträger

Schon aus dem Wortlaut von Art. 2 Abs. 1 i.V.m. Art. 1 Abs. 1 GG ergibt sich, dass das Allgemeine Persönlichkeitsrecht als sogenanntes „Jedermann-Grundrecht" allen natürlichen Personen kraft ihres Menschseins zusteht, ungeachtet

---

[125] Dürig/Herzog/Scholz-GG/*Di Fabio*, GG Art. 2 Abs. 1, Rn. 148.

[126] BVerfG, Urt. v. 27.2.2008 – 1 BvR 370/07 u.a., NJW 2008, 822, Rn. 169; Beschl. v. 25.10.2005 – 1 BvR 1696/98, NJW 2006, 207, Rn. 25; Beschl. v. 3.6.1980 – 1 BvR 185/77, NJW 1980, 2070 (2070).

[127] Dürig/Herzog/Scholz-GG/*Di Fabio*, GG Art. 2 Abs. 1, Rn. 147; Dreier-GG/*Barczak*, Art. 2 Abs. 1, Rn. 30.

[128] So hat das BVerfG zuletzt ein „Recht auf selbstbestimmtes Sterben" entwickelt: BVerfG, Urt. v. 26.2.2020 – 2 BvR 2347/15 u.a., NJW 2020, 905.

ihrer Staatsangehörigkeit oder sonstigen Merkmalen.[129] Einigkeit besteht weiterhin darüber, dass nach dem Tod des Grundrechtsträgers mangels (Fort-)Existenz einer Person kein Persönlichkeitsschutz mehr aus Art. 2 Abs. 1 i.V.m. Art. 1 Abs. 1 GG hergeleitet werden kann.[130] Es ist jedoch allgemein anerkannt, dass über Art. 1 Abs. 1 GG ein postmortales Persönlichkeitsrecht gewährt wird, welches den Verstorbenen vor schweren posthumen Persönlichkeitsverletzungen schützt.[131]

Im Hinblick auf juristische Personen und sonstige Organisationen muss der personale Schutzbereich differenzierter betrachtet werden, da sie als solche nicht Träger der Menschenwürde sein können.[132] Nach dem Gedanken des Art. 19 Abs. 3 GG können nicht-menschliche Entitäten nur an denjenigen Komponenten des Allgemeinen Persönlichkeitsrechts teilhaben, die nicht allein im Interesse des Menschenwürdegehalts geschützt werden, sondern auch korporativ ausgeübt werden können.[133] Demnach können sich Organisationen im Einzelfall u.a. auf das Recht auf informationelle Selbstbestimmung[134], das Recht am gesprochenen Wort[135] oder den Schutz des sozialen Geltungsanspruchs[136] berufen.[137] Keine Grundrechtsträgerschaft besteht hingegen beim Schutz der Intimsphäre oder bei sonstigen Angelegenheiten, die natürlichen Personen wesenseigen sind.[138] Soweit der Persönlichkeitsschutz für nicht-menschliche Akteure

---

[129] BeckOK-GG/*Lang*, Art. 2, Rn. 47; Dürig/Herzog/Scholz-GG/*Di Fabio*, Art. 2 Abs. 1, Rn. 223; v. Münch/Kunig-GG/*Kunig/Kämmerer*, Art. 2, Rn. 83; Jarass/Pieroth-GG/*Jarass*, Art. 2, Rn. 56.

[130] BVerfG, Beschl. v. 25.8.2000 – 1 BvR 2707/95, NJW 2001, 594 (594); Beschl. v. 24.2.1971 – 1 BvR 435/68, NJW 1971, 1645 (1647); BGH, Beschl. v. 29.10.2014 – XII ZB 20/14, NJW 2014, 3786 (3788); BeckOK-GG/*Lang*, Art. 2, Rn. 48; Dürig/Herzog/Scholz-GG/*Di Fabio*, Art. 2 Abs. 1, Rn. 226; Sachs-GG/*Rixen*, Art. 2, Rn. 78; Jarass/Pieroth-GG/*Jarass*, Art. 2, Rn. 56. Differenzierend: v. Münch/Kunig-GG/*Kunig/Kämmerer*, Art. 2, Rn. 85.

[131] Vgl. u.a.: BVerfG, Beschl. v. 24.10.2022 – 1 BvR 19/22, NJW 2023, 755, Rn. 28 ff; BGH, Beschl. v. 29.10.2014 – XII ZB 20/14, NJW 2014, 3786 (3788); BeckOK-GG/*Lang*, Art. 2, Rn. 48; Dürig/Herzog/Scholz-GG/*Di Fabio*, Art. 2 Abs. 1, Rn. 226; Sachs-GG/*Rixen*, Art. 2, Rn. 78; Jarass/Pieroth-GG/*Jarass*, Art. 1, Rn. 10.

[132] Zuletzt: BVerfG, Beschl. v. 13.7.2018 – 1 BvR 1474/12 u.a., NVwZ 2018, 1788, Rn. 92. Ebenso die Literatur, vgl. für alle: BeckOK-GG/*Hillgruber*, Art. 1, Rn. 6.

[133] BVerfG, Beschl. v. 13.6.2007 – 1 BvR 1550/03 u.a., NJW 2007, 2464, Rn. 151; BGH, Urt. v. 3.6.1986 – VI ZR 102/85, NJW 1986, 2951 (2951); BeckOK-GG/*Lang*, Art. 2, Rn. 50; Dürig/Herzog/Scholz-GG/*Di Fabio*, Art. 2 Abs. 1, Rn. 224; v. Münch/Kunig-GG/*Kunig/Kämmerer*, Art. 2, Rn. 84; Sachs-GG/*Rixen*, Art. 2, Rn. 76 f.; Jarass/Pieroth-GG/*Jarass*, Art. 2, Rn. 57.

[134] BVerfG, Beschl. v. 13.6.2007 – 1 BvR 1550/03 u.a., NJW 2007, 2464, Rn. 153 ff.

[135] BVerfG, Beschl. v. 9.10.2002 – 1 BvR 1611/96 u.a., NJW 2002, 3619 (3622).

[136] BGH, Urt. v. 28.7.2015 – VI ZR 340/14, NJW 2016, 56, Rn. 27 ff.

[137] Für die Literatur zusammenfassend vgl.: Jarass/Pieroth-GG/*Jarass*, Art. 2, Rn. 57; v. Münch/Kunig-GG/*Kunig/Kämmerer*, Art. 2, Rn. 84.

[138] BVerfG, Beschl. v. 13.6.2007 – 1 BvR 1550/03 u.a., NJW 2007, 2464, Rn. 151; Jarass/Pieroth-GG/*Jarass*, Art. 2, Rn. 57; v. Münch/Kunig-GG/*Kunig/Kämmerer*, Art. 2, Rn. 84.

greift, beruht er allein auf Art. 2 Abs. 1 GG und nicht auf Art. 1 Abs. 1 GG.[139] Dabei ist jedoch zu beachten, dass die Ausprägungen des Allgemeinen Persönlichkeitsrechts häufig bereits über speziellere Grundrechtsgewährleistungen – insbesondere Art. 12 sowie Art. 14 GG – vermittelt werden.[140]

3. Schutzwirkung

Neben der klassischen Wirkung als Abwehrrecht, welches dem Grundrechtsträger einen Schutz vor staatlichen Eingriffen gewährt, kann das Allgemeine Persönlichkeitsrecht unmittelbar auch als Anspruchsgrundlage dienen.[141] Dies betrifft insbesondere Auskunftsansprüche hinsichtlich solcher Informationen, die für die individuelle Persönlichkeitsentfaltung von besonderer Bedeutung sind.[142] Darüber hinaus konstituiert das Allgemeine Persönlichkeitsrecht einen staatlichen Schutzpflichtauftrag. In dieser Ausprägung verpflichtet das Grundrecht die staatliche Gewalt, Persönlichkeitsrechtsverletzungen durch Dritte zu verhindern.[143] Diese Pflicht trifft zum einen den Gesetzgeber, der – innerhalb eines weiten Gestaltungsspielraums – durch legislative Maßnahmen Schutzvorkehrungen gegen Persönlichkeitsverletzungen treffen muss, was etwa durch Schaffung zivilrechtlicher Regelungen sowie durch das Strafrecht erfolgt.[144] Zum anderen muss der Staat auch auf Ebene der Normanwendung dem Allgemeinen Persönlichkeitsrecht gerecht werden, insbesondere bei der Auslegung einfachen Rechts im Spannungsverhältnis kollidierender Interessen.[145] Dabei ist es Aufgabe der jeweils zuständigen staatlichen Organe, zwischen den konkurrierenden Grundrechtspositionen abzuwägen und negative Folgen für die jeweiligen Seiten

---

Für das Recht am Bild offengelassen: BVerfG, Beschl. v. 18.11.2004 – 1 BvR 2252/04, NJW 2005, 883.

[139] BVerfG, Beschl. v. 9.10.2002 – 1 BvR 1611/96 u.a., NJW 2002, 3619 (3622); Sachs-GG/*Rixen*, Art. 2, Rn. 78; Huber/Voßkuhle-GG/*Eichberger*, Art. 2, Rn. 48; Jarass/Pieroth-GG/*Jarass*, Art. 2, Rn. 57.

[140] Dürig/Herzog/Scholz-GG/*Di Fabio*, Art. 2 Abs. 1, Rn. 225; Jarass/Pieroth-GG/*Jarass*, Art. 2, Rn. 57.

[141] V. Münch/Kunig-GG/*Kunig/Kämmerer*, Art. 2, Rn. 57.

[142] So garantiert das Allgemeine Persönlichkeitsrecht anerkanntermaßen einen Anspruch auf Benennung des leiblichen Vaters und auf Kenntnis der eigenen Abstammung, vgl.: BVerfG, Beschl. v. 6.5.1997 – 1 BvR 409/90, NJW 1997, 1769; Urt. v. 31.1.1989 – 1 BvL 17/87, NJW 1989, 891 (892); v. Münch/Kunig-GG/*Kunig/Kämmerer*, Art. 2, Rn. 57 m.w.N.

[143] BVerfG, Beschl. v. 6.5.1997 – 1 BvR 409/90, NJW 1997, 1769 (1770); v. Münch/Kunig-GG/*Kunig/Kämmerer*, Art. 2, Rn. 57; Dürig/Herzog/Scholz-GG/*Di Fabio*, Art. 2 Abs. 1, Rn. 135; Jarass/Pieroth-GG/*Jarass*, Art. 2, Rn. 63

[144] Dürig/Herzog/Scholz-GG/*Di Fabio*, Art. 2 Abs. 1, Rn. 135; v. Münch/Kunig-GG/*Kunig/Kämmerer*, Art. 2, Rn. 57.

[145] Dürig/Herzog/Scholz-GG/*Di Fabio*, Art. 2 Abs. 1, Rn. 136.

zu berücksichtigen.[146] Diesbezüglich gilt: Je eher eine konkrete Ausprägung des Allgemeinen Persönlichkeitsrechts in einen Bereich fällt, der dem Art. 1 Abs. 1 GG zuzuordnen ist, desto intensiver können Grundrechtspositionen Dritter zugunsten einer persönlichkeitsrechtlichen Grundrechtsgewährleistung eingeschränkt werden.[147]
Der staatlichen Schutzpflicht kommt gerade in der heutigen Zeit große Bedeutung zu, da mithilfe der modernen Kommunikationsmittel Persönlichkeitsbeeinträchtigungen durch Private immer öfter und intensiver erfolgen. Besonders dort, wo sich der Staat zurückzieht, private Akteure walten lässt und sich nur noch auf reine Aufsicht beschränkt, ist das Erfordernis einer effektiven Wahrnehmung der Schutzpflicht groß.[148]

II. Das Allgemeine Persönlichkeitsrecht im Zivilrecht

Der verfassungsrechtliche Schutzauftrag verpflichtet den Staat dazu, Gefährdungen der freien Persönlichkeitsentfaltung, die von Privaten ausgehen, mit angemessenen zivilrechtlichen Schutzmöglichkeiten zu begegnen.[149] Dies kann vor allem durch den Erlass persönlichkeitsschützender Normen erfolgen; dort, wo der Gesetzgeber nicht (ausreichend) tätig wird, müssen jedoch auch Gerichte und Behörden für einen effektiven Grundrechtsschutz sorgen (vgl. Art. 1 Abs. 3 GG). Doch nicht nur der Staat ist an das Allgemeine Persönlichkeitsrecht gebunden, sondern es muss im Wege der mittelbaren Drittwirkung[150] auch in Rechtsverhältnissen zwischen Privaten geachtet werden.[151] Die grundrechtlichen Garantien bilden insofern eine „objektive Werteordnung“, die im Rahmen der bürgerlichen Privatautonomie zu beachten ist.[152]

146 BVerfG, Beschl. v. 6.5.1997 – 1 BvR 409/90, NJW 1997, 1769 (1770). Vgl. ebenso: Dürig/Herzog/Scholz-GG/*Di Fabio*, Art. 2 Abs. 1, Rn. 135.
147 BVerfG, Beschl. v. 19.5.2020 – 1 BvR 362/18, NJW 2020, 2636, Rn. 15 ff.; BeckOK-GG/*Lang*, Art. 2, Rn. 53a.
148 Dürig/Herzog/Scholz-GG/*Di Fabio*, Art. 2 Abs. 1, Rn. 135.
149 MüKo-BGB/*Rixecker*, Anh. § 12, Rn. 2.
150 Grundlegend: BVerfG, Urt. v. 15.1.1958 – 1 BvR 400/51, GRUR 1958, 254.
151 BVerfG, Urt. v. 5.6.1973 – 1 BvR 536/72, NJW 1973, 1226 (1228); Dürig/Herzog/Scholz-GG/*Di Fabio*, Art. 2 Abs. 1, Rn. 138; Sachs-GG/*Rixen*, Art. 2, Rn. 59; v. Münch/Kunig-GG/*Kunig/Kämmerer*, Art. 2, Rn. 57; MüKo-BGB/*Rixecker*, Anh. § 12, Rn. 2; BeckOK-BGB/*Förster*, § 12, Rn. 125.
152 Grundlegend: BVerfG, Urt. v. 15.1.1958 – 1 BvR 400/51, GRUR 1958, 254 (255).

1. Normative Anknüpfungspunkte und Rechtsfolgen einer Persönlichkeitsverletzung

Ausdrücklich ist der Persönlichkeitsschutz im Zivilrecht nur in Einzelaspekten durch besondere Persönlichkeitsrechte garantiert.[153] Darüber hinaus findet der privatrechtliche Persönlichkeitsschutz durch entsprechende Interpretation der unbestimmten Rechtsbegriffe und Generalklauseln statt.[154] Im Rahmen vertraglicher Beziehungen dienen hierfür insbesondere die §§ 138, 242 BGB als „Einfallstore“: Während § 138 BGB Vereinbarungen unterbinden soll, die infolge ungleicher Machtverhältnisse oder Zwangslage eingegangen wurden und die Persönlichkeitsentfaltung des Vertragspartners unzumutbar beeinträchtigen, lassen sich aus § 242 BGB persönlichkeitsschützende vertragliche Nebenrechte und -pflichten ableiten, etwa Auskunfts- und Duldungsrechte oder Beteiligungs- und Schweigepflichten.[155]

Darüber hinaus hat der Bundesgerichtshof das Allgemeine Persönlichkeitsrecht frühzeitig als „sonstiges Recht“ im Sinne des § 823 Abs. 1 BGB anerkannt[156] und diese Rechtsprechung im Laufe der Zeit parallel zur verfassungsrechtlichen Judikatur weiterentwickelt.[157] Auf dieser Grundlage kann eine schuldhafte Verletzung des Persönlichkeitsrechts entsprechend der allgemeinen Grundsätze des Schadensrechts (§§ 249 ff. BGB) Ersatzansprüche für einen erlittenen Vermögensschaden begründen.[158] Zudem hat der Bundesgerichtshof unter Hinweis auf die besondere Schutzwürdigkeit der freien Persönlichkeitsentfaltung einen An-

[153] Etwa das Namensrecht (§ 12 BGB) oder das Recht am eigenen Bild (§§ 22 f. KUG), vgl.: Sachs-GG/*Rixen*, Art. 2, Rn. 67.
[154] Dürig/Herzog/Scholz-GG/*Di Fabio*, Art. 2 Abs. 1, Rn. 138.
[155] *Baston-Vogt*, S. 77 f. m.w.N.
[156] Erstmals: BGH, Urt. v. 2.4.1957 – VI ZR 9/56, NJW 1957, 1146.
[157] Zur Rechtsprechungsentwicklung vgl.: v. Münch/Kunig-GG/*Kunig/Kämmerer*, Art. 2, Rn. 54 m.w.N.
[158] BeckOK-InfoMedienR/*Söder*, BGB § 823, Rn. 303.

spruch auf Ausgleich von immateriellen Schäden anerkannt. Dieser wurde zunächst auf eine Analogie zu § 847 BGB a.F. gestützt,[159] später jedoch unmittelbar aus Art. 1 Abs. 1 i.V.m. Art. 2 Abs. 1 GG hergeleitet.[160] Das Bundesverfassungsgericht[161] billigte die zivilrichterliche Rechtsfortbildung, welche mittlerweile auch im Schrifttum[162] großenteils Anerkennung findet. Um der ausufernden Geltendmachung immaterieller Schäden aufgrund des weiten Gewährleistungsbereiches des Allgemeinen Persönlichkeitsrechts entgegenzutreten, kann ein Anspruch auf Geldentschädigung allerdings nur dann geltend gemacht werden, wenn es sich um eine schwerwiegende Persönlichkeitsverletzung handelt und die Beeinträchtigung nicht in anderer Weise – etwa durch Unterlassung oder Beseitigung[163] – befriedigend aufgefangen werden kann.[164]

Neben den Zahlungsansprüchen kommt auch den Unterlassungs- und Beseitigungsansprüchen zentrale Bedeutung zu. Die normative Grundlage dafür bietet § 1004 Abs. 1 BGB, der nach allgemeiner Ansicht auf die absoluten Rechte des § 823 Abs. 1 BGB, und damit auf das Allgemeine Persönlichkeitsrecht, analoge Anwendung findet und im Falle der Persönlichkeitsrechtsverletzung verschuldensunabhängige quasinegatorische Ansprüche gewährt.[165] Der Unterlassungsanspruch (§ 1004 Abs. 1 S. 2 analog i.V.m. § 823 Abs. 1 BGB) ist dabei in der zivilrechtlichen Praxis der relevanteste Anspruch; er kann nicht nur bei einem bereits erfolgten rechtswidrigen Persönlichkeitseingriff zur Verhinderung einer erneuten Rechtsverletzung, sondern auch bei einem konkret zu befürchtenden

[159] BGH, Urt. v. 10.11.1961 – I ZR 78/60, GRUR 1962, 211 (213); Urt. v. 14.2.1958 – I ZR 151/56, GRUR 1958, 408.

[160] Zuletzt etwa: BGH, Urt. v. 17.12.2013 – VI ZR 211/12, NJW 2014, 2029, Rn. 38. Ebenso u.a.: BGH, Urt. v. 15.11.1994 – VI ZR 56/94, NJW 1995, 861 (864); Urt. v. 5.3.1963 – VI ZR 55/62, GRUR 1963, 490 (492).

[161] BVerfG, Beschl. v. 14.2.1973 – 1 BvR 112/65, NJW 1973, 1221.

[162] Anerkennend u.a.: Jarass/Pieroth-GG/*Jarass*, Art. 2, Rn. 88; BeckOK-InfoMedienR/*Söder*, BGB § 823, Rn. 306; MüKo-BGB/*Wagner*, § 823, Rn. 420 ff.; Spindler/Schuster-eMedienR/*Mann*, BGB § 823, Rn. 101; *Zentai*, ZUM 2003, 363; *Brost/Hassel*, NJW 2020, 2214. Kritisch: Sachs-GG/*Rixen*, Art. 2, Rn. 67 m.w.N.

[163] BeckOK-InfoMedienR/*Söder*, BGB § 823 Rn. 306.1 m.w.N.

[164] So die st.Rspr. des BGH, vgl. etwa: BGH, Urt. v. 17.12.2013 – VI ZR 211/12, NJW 2014, 2029, Rn. 38. Zu den Anspruchsvoraussetzungen vgl. ausführlich: *Brost/Hassel*, NJW 2020, 2214 (2216 ff.).

[165] Vgl. u.a.: BVerfG, Beschl. v. 11.12.2013 – 1 BvR 194/13, NJW 2014, 764, Rn. 18; BGH, Urt. v. 28.7.2015 – VI ZR 340/14, NJW 2016, 56, Rn. 13; BeckOK-BGB/*Förster*, § 12, Rn. 339; MüKo-BGB/*Rixecker*, Anh. § 12, Rn. 325, 333; Spindler/Schuster-eMedienR/*Volkmann*, BGB § 1004, Rn. 1. Teilweise wird auch eine Gesamtanalogie der §§ 1004, 12, 862 BGB angenommen, vgl.: BGH, Urt. v. 18.9.1959 – IV ZR 182/58, NJW 1959, 1269 (1271); BeckOK-InfoMedienR/*Söder*, BGB § 823, Rn. 270; Staudinger-BGB/*Hager*, § 823, Rn. C.258 m.w.N.

erstmaligen Eingriff präventiv eingesetzt werden.[166] Der Beseitigungsanspruch (§ 1004 Abs. 1 S. 1 analog i.V.m. § 823 Abs. 1 BGB) verpflichtet den Störer demgegenüber zur Korrektur der Folgen bereits eingetretener Persönlichkeitseingriffe, etwa durch Berichtigung bzw. Widerruf von unwahren Tatsachenbehauptungen oder Unkenntlichmachung von Namen sowie anderen Identifizierungsmerkmalen.[167]

Schließlich kann das Allgemeine Persönlichkeitsrecht auch kondiktionsrechtliche Relevanz entfalten: So hat der Bundesgerichtshof einen Anspruch auf Zahlung eines Bereicherungsausgleichs nach § 812 Abs. 1 S. 1 BGB für solche Fälle anerkannt, in denen ein fremdes Persönlichkeitsrecht in unbefugter Weise zu wirtschaftlichen Zwecken genutzt wird.[168]

2. Erforderlichkeit einer Interessenabwägung

Da sich in zivilrechtlichen Streitigkeiten – anders als im Staat-Bürger-Verhältnis – zwei oder mehr grundrechtsberechtigte Akteure gegenüberstehen, müssen neben den Grundrechten des Angegriffenen auch die grundrechtlich geschützten Interessen des Angreifers berücksichtigt werden, auf dessen Seite regelmäßig die Kommunikationsfreiheiten des Art. 5 GG stehen. Ob das Persönlichkeitsrecht des Angegriffenen tatsächlich verletzt ist, ist daher erst nach einer umfassenden, einzelfallbezogenen Güter- und Interessenabwägung festzustellen.[169] Dabei müssen die gegenseitigen Interessen und Rechte gewichtet und gegeneinander abgewogen werden, wobei allen Grundrechtspositionen grundsätzlich die größtmögliche Geltung erhalten bleiben muss (praktische Konkordanz).[170] Da das Allgemeine Persönlichkeitsrecht in Inhalt und Reichweite keine starren Grenzen kennt, muss seine Bedeutung für die Autonomie des Einzelnen stets

166 Zu den Anspruchsvoraussetzungen im Einzelnen vgl.: BeckOK-InfoMedienR/*Söder*, BGB § 823, Rn. 273 ff.

167 Im Einzelnen vgl.: MüKo-BGB/*Rixecker*, Anh.§ 12, Rn. 333 ff.

168 Für die Nutzung eines Bildes als „Klickköder": BGH, Urt. v. 21.1.2021 – I ZR 120/19, NJW 2021, 1303, Rn. 24 ff. Für die Nutzung eines fremden Namens zu Werbezwecken: BGH, Urt. v. 26.6.1981 – I ZR 73/79, GRUR 1981, 846. Im Einzelnen vgl.: MüKo-BGB/*Rixecker*, Anh. § 12, Rn. 376 ff.

169 Dazu ausführlich: MüKo-BGB/*Rixecker*, § 12, Rn. 204 ff.

170 BVerfG, Beschl. v. 6.11.2019 – 1 BvR 16/13, NJW 2020, 306, Rn. 76 m.w.N.; Dürig/Herzog/Scholz-GG/*Di Fabio*, Art. 2 Abs. 1, Rn. 145 m.w.N.

nach den Begleitumständen des konkreten Falles sowie dem Gewicht der betroffenen Persönlichkeitsaspekte beurteilt werden.[171] Erst wenn die Abwägung ergibt, dass das Persönlichkeitsrecht des Betroffenen gewichtiger ist als die Interessen des Schädigers, kann von einer Persönlichkeitsverletzung ausgegangen werden, sodass zivilrechtliche Ansprüche in Betracht kommen.[172]

Bei besonders gravierenden Persönlichkeitsbeeinträchtigungen wird der Persönlichkeitsschutz ausnahmsweise auch ohne vorherige Güter- und Interessenabwägung gewährt. Dies betrifft hauptsächlich diejenigen Fälle, in denen der absolut geschützte „Menschenwürdekern" des Allgemeinen Persönlichkeitsrechts berührt wird. So ist die vorherige Abwägung etwa bei einem Eingriff in die menschliche Intimsphäre[173] oder im Falle von Formalbeleidigungen und Schmähkritik[174] entbehrlich.

III. Besondere Persönlichkeitsrechte im Zivilrecht

1. Verhältnis des Allgemeinen Persönlichkeitsrechts zu den besonderen Persönlichkeitsrechten

Während die Ausgestaltung des zivilrechtlichen Persönlichkeitsschutzes großenteils der richterrechtlichen Rechtsfortbildung sowie der juristischen Wissenschaft überlassen wurde, ist der Gesetzgeber vereinzelt tätig geworden und hat sogenannte „besondere Persönlichkeitsrechte" kodifiziert. Als solche sind für die Zwecke dieser Arbeit insbesondere das Namensrecht (§ 12 BGB)[175] sowie das Recht am eigenen Bild (§§ 22 ff. KUG)[176] in den Blick zu nehmen. Trotz

---

[171] Statt vieler: MüKo-BGB/*Rixecker*, Anh. § 12, Rn. 206. Für die Rspr. vgl.: BVerfG, Beschl. v. 6.11.2019 – 1 BvR 16/13, NJW 2020, 306, Rn. 77 m.w.N.

[172] Vgl. u.a.: BGH, Urt. v. 19.12.1978 – VI ZR 137/77; BGH, Urt. v. 20.3.1968 – I ZR 44/66. Zusammenfassend: BeckOK-GG/*Lang*, Art. 2, Rn. 53a.

[173] Vgl. u.a.: BVerfG, Beschl. v. 10.6.2006 – 1 BvR 1107/09, NJW 2009, 3357, Rn. 25 m.w.N.; BGH, Urt. v. 13.10.2015 – VI ZR 271/14, NJW 2016, 1094, Rn. 29; Urt. v. 25.10.2011 – VI ZR 332/09, NJW 2012, 767, Rn. 11.

[174] Für beide Formen des Ehrschutzes vgl.: BVerfG, Beschl. v. 10.10.1995 – 1 BvR 1476/91 u.a., NJW 1995, 3303 (3304); BGH, Urt. v. 30.5.2000 – VI ZR 276/99, NJW 2000, 3421 (3422). Dazu ausführlich: MüKo-BGB/*Rixecker*, Anh. § 12, Rn. 226 ff.

[175] Vgl. u.a.:BGH, Urt. v. 24.2.2022 – I ZR 2/21, NJW 2022, 1676, Rn. 85; Urt. v. 1.12.1999 – I ZR 49/97, NJW 2000, 2195 (2197); BeckOK-BGB/*Förster*, § 12, Rn. 4; Jauernig-BGB/*Mansel*, § 12, Rn. 1; Schulze-BGB/*Dörner*, § 12, Rn. 1; BeckOK-InfoMedienR/*Leyendecker-Langner*, BGB § 12, Rn. 2. Differenzierend: MüKo-BGB/*Säcker*, § 12, Rn. 2.

[176] Vgl. u.a.: BVerfG, Urt. v. 5.6.1973 – 1 BvR 536/72, NJW 1973, 1226 (1229); BGH, Urt. v. 24.2.2022 – I ZR 2/21, NJW 2022, 1676, Rn. 8; Urt. v. 14.4.1992 – VI ZR 285/91, GRUR 1992, 557 (557); BeckOK-InfoMedienR/*Herrmann*, KUG § 22, Rn. 3; Dreier/Schulze-UrhG/*Specht-Riemenschneider*, KUG Vor § 22, Rn. 3; Schricker/Loewenheim-UrhR/*Götting*, KUG § 22, Rn. 7.

der Tatsache, dass diese besonderen Persönlichkeitsrechte vorwiegend natürliche Personen schützen, können sich auf das Namensrecht sowie das Recht am eigenen Bild unter gewissen Voraussetzungen auch juristische Personen berufen.[177]

Zwar soll auf die einzelnen Schutzbereiche erst zu einem späteren Zeitpunkt eingegangen werden, allgemein stellt sich jedoch bereits an dieser Stelle die Frage, in welchem Verhältnis die besonderen Persönlichkeitsrechte zum Allgemeinen Persönlichkeitsrecht stehen. Dabei kann die rein rechtstheoretische – und bereits umfassend geführte – Diskussion, ob die besonderen Persönlichkeitsrechte nur eine normierte Ausprägung des Allgemeinen Persönlichkeitsrechts als „Quellrecht" darstellen oder – neben diesem – einen eigenständigen Teil des zivilrechtlichen Persönlichkeitsschutzes bilden,[178] dahinstehen. Für die Zwecke dieser Arbeit ist lediglich relevant, ob die besonderen Persönlichkeitsrechte in ihrem Anwendungsbereich das Allgemeine Persönlichkeitsrecht sperren oder eine (subsidiäre) Anwendbarkeit desselben erlauben. Die Rechtsprechung agiert in dieser Frage nicht eindeutig. So hat der Bundesgerichtshof einerseits im Hinblick auf Spezialregelungen des Bundesdatenschutzgesetzes Zweifel an der subsidiären Anwendbarkeit des Allgemeinen Persönlichkeitsrechts geäußert.[179] Andererseits hat das Gericht sowohl für das Namensrecht als auch für den Bildnisschutz den Rückgriff auf das Allgemeine Persönlichkeitsrecht ausdrücklich zugelassen.[180] Auch im Schrifttum wird überwiegend angenommen, dass das Allgemeine Persönlichkeitsrecht nicht von den eingangs genannten besonderen Persönlichkeitsrechten verdrängt wird, sondern subsidiären ergänzenden Schutz bietet.[181]

[177] Für das Namensrecht u.a.: MüKo-BGB/*Säcker*, § 12, Rn. 2. Für das Recht am eigenen Bild u.a.: Dreier/Schulze-UrhG/*Specht-Riemenschneider*, KUG Vor § 22, Rn. 3. Dahingegen kann Urheber nur eine natürliche Person sein, vgl. für viele: Dreier/Schulze-UrhG/*Dreier*, UrhG § 7, Rn. 2.

[178] Dazu ausführlich: *Baston-Vogt*, S. 110 ff. m.w.N.

[179] BGH, Urt. v. 22.5.1984 – VI ZR 105/82, NJW 1984, 1886 (1887); Urt. v. 19.5.1981 – VI ZR 273/79, NJW 1981, 1738 (1739). Dazu kritisch: Staudinger-BGB/*Hager*, § 823, Rn. C.149 m.w.N.

[180] Für das Namensrecht: BGH, Urt. v. 24.2.2022 – I ZR 2/21, NJW 2022, 1676, Rn. 85; Urt. v. 18.3.1959 – IV ZR 182/58, NJW 1959, 1269 (1270). Für das Recht am Bild: BGH, Urt. v. 13.10.2015 – VI ZR 271/14, NJW 2016, 1094, Rn. 31; Urt. v. 25.4.1995 – VI ZR 272/94, NJW 1995, 1955 (1956); Urt. v. 2.7.1974 – VI ZR 121/73, NJW 1974, 1947 (1948).

[181] Für das Namensrecht: MüKo-BGB/*Säcker*, § 12, Rn. 5; BeckOK-BGB/*Förster*, § 12, Rn. 4; Staudinger-BGB/*Fritzsche*, § 12, Rn. 22.1. Für das Recht am Bild: Wandtke/Bullinger/*Fricke*, KUG § 22, Rn. 3; Dreier/Schulze-UrhG/*Specht-Riemenschneider*, KUG Vor §§ 22 ff., Rn. 3. Allgemein: Erman-BGB/*Klass*, Anh. § 12, Rn. 12; Staudinger-BGB/*Hager*, § 823, Rn. C.149; Götting/Schertz/Seitz-HdbPersR/*Götting*, § 11, Rn. 14. Nach Zweck und Anwendungsbereich der Spezialnorm differenzierend: *Baston-Vogt*, S. 112 ff.

Dem ist grundsätzlich zuzustimmen: Die Stärke des zivilrechtlichen Allgemeinen Persönlichkeitsrechts liegt gerade darin begründet, dass es durch seine überwiegend kasuistisch geprägte Ausgestaltung vergleichsweise schnell auf neue Entwicklungen und die damit einhergehenden – vorher unbekannten – Gefährdungen für die freie Persönlichkeitsentfaltung „reagieren" kann. Würde man in Anwendungsbereichen der zumeist vor Jahrzehnten kodifizierten Spezialregelungen einen Rückgriff auf das Allgemeine Persönlichkeitsrecht pauschal ausschließen, könnte man auf neuartige Herausforderungen für den Persönlichkeitsschutz nur begrenzt im Rahmen der Gesetzesauslegung reagieren und müsste für eine rechtssichere Gestaltung im Zweifelsfall auf eine gesetzliche Neuregelung warten. Dies würde den effektiven Persönlichkeitsschutz, zu dem der Staat verfassungsrechtlich verpflichtet ist (vgl. Art. 1 Abs. 3 GG), massiv erschweren. Eine den allgemeinen Persönlichkeitsschutz ausschließende Wirkung der besonderen Persönlichkeitsrechte kann daher nicht im Sinne des grundrechtlichen Schutzauftrages sein und ist somit abzulehnen. Das Allgemeine Persönlichkeitsrecht muss aus Gründen der Legalität indes ausnahmsweise dann unanwendbar bleiben, wenn und soweit sich aus dem Zweck der Spezialnorm eindeutig ergibt, dass der Gesetzgeber damit eine abschließende Regelung treffen will.[182]

2. Rechtsfolgen der Verletzung besonderer Persönlichkeitsrechte

Die besonderen Persönlichkeitsrechte sind in verschiedenem Umfang mit speziellen Rechtsfolgen ausgestattet, welche aufgrund des allgemeinen Spezialitätsgrundsatzes vorrangig anzuwenden sind. Bei einer Verletzung des Urheberpersönlichkeitsrechts kann sich der Geschädigte etwa auf den umfassenden Katalog der §§ 97 ff. UrhG berufen,[183] die nicht nur Unterlassung-, Beseitigungs- und Auskunftsansprüche gewährleisten, sondern auch materiellen sowie immateriellen Schadensersatz ermöglichen. Damit sind regelmäßig alle Interessen des Geschädigten abgedeckt. Anders verhält es sich im Hinblick auf die weiteren besonderen Persönlichkeitsrechte: So ist für das Namensrecht in § 12 BGB lediglich ein spezieller Beseitigungs- und Unterlassungsanspruch vorgesehen, wäh-

---

[182] *Meyer*, S. 67; *Baston-Vogt*, S. 112 f.; BeckOGK-BGB/*Specht-Riemenschneider*, § 823, Rn. 1181; Götting/Schertz/Seitz-HdbPersR/*Götting*, § 1, Rn. 1.

[183] Schricker/Loewenheim-UrhR/*Peukert*, UrhG Vor §§ 12 ff., Rn. 28.

rend das Recht am eigenen Bild nach §§ 22 ff. KUG nur die besonderen Vernichtungsansprüche der §§ 37 ff. KUG[184] enthält. Hier können jedoch weitergehend die spezifischen Rechtsfolgenregelungen der Verletzung des Allgemeinen Persönlichkeitsrechts herangezogen werden. Das Namensrecht sowie das Recht am eigenen Bild sind anerkanntermaßen als absolute Rechtsgüter im Sinne von § 823 Abs. 1 BGB geschützt und können im Falle ihrer rechtswidrigen Verletzung daher materielle Schadensersatzansprüche begründen.[185] Aufgrund des deliktsrechtlichen Schutzes können auch die allgemeinen Unterlassungs- und Beseitigungsansprüche analog § 1004 Abs. 1 BGB bestehen, sofern sie über die speziell normierten Rechtsfolgen hinausgehen. Schließlich kann sich der Geschädigte auch auf den immateriellen Schadensersatzanspruch nach Art. 2 Abs. 1 i.V.m. Art. 1 Abs. 1 GG berufen.[186]

B. Avatare als Rechtsträger in der virtuellen Welt?

Eine hinter dem Avatar stehende natürliche Person kann sich umfassend sowohl auf die besonderen Persönlichkeitsrechte als auch auf das Allgemeine Persönlichkeitsrecht berufen.[187] Ebenso können juristische Personen, die mit einem Avatar in der virtuellen Welt auftreten, gewisse persönlichkeitsrechtliche Garantien für sich beanspruchen.[188] Das Eingreifen des zivilrechtlichen Persönlichkeitsschutzes für diese Personengruppen setzt jedoch voraus, dass der hinter dem Avatar stehende Nutzer auch tatsächlich in einem seiner Persönlichkeitsrechte betroffen ist. Dadurch, dass Avatare in der virtuellen Realität regelmäßig das unmittelbare Bezugsobjekt für jegliche Form der Interaktion darstellen, ist es – wie später aufzuzeigen ist – jedoch nicht immer eindeutig, ob bzw. unter wel-

[184] Im Einzelnen: Dreier/Schulze-UrhG/*Specht-Riemenschneider*, KUG §§ 33-50, Rn. 10.

[185] MüKo-BGB/*Wagner*, § 823, Rn. 416; BeckOK-BGB/*Förster*, § 823, Rn. 159 ff.; Jauernig-BGB/*Teichmann*, § 823, Rn. 12 ff.; Schulze-BGB/*Staudinger*, § 823, Rn. 39 f.

[186] Für das Recht am Bild: BGH, Urt. v. 5.10.2004 – VI ZR 255/03, GRUR 2005, 179 (180); Urt. v. 15.1.1965 – Ib ZR 44/63, GRUR 1965, 495 (497); Urt. v. 10.11.1961 – I ZR 78/60, GRUR 1962, 211 (213); Wandtke/Bullinger/*Fricke*, KUG § 22, Rn. 30; Staudinger-BGB/*Hager*, § 823, Rn. C.149. Für das Namensrecht: BGH, Urt. v. 25.11.1966 – 11 U 41/65, GRUR 1967, 319 (323); Urt. v. 18.3.1959 – IV ZR 182/58, NJW 1959, 1269 (1272); MüKo-BGB/*Säcker*, § 12, Rn. 172; BeckOK-BGB/*Förster*, § 12, Rn. 340; Staudinger-BGB/*Hager*, § 823, Rn. C.149. Ausführlich: *Meyer*, S. 64 f.

[187] Für das Allg. Persönlichkeitsrecht siehe oben B. I. 1. b). Für die bes. Persönlichkeitsrechte siehe oben B. I. 2. a).

[188] Für das Allg. Persönlichkeitsrecht siehe oben B. I. 1. b). Für die bes. Persönlichkeitsrechte siehe oben B. I. 2. a).

chen Voraussetzungen der jeweilige Nutzer von einem (potentiell) persönlichkeitsrechtsverletzenden Angriff tatsächlich betroffen ist. Zudem ist davon auszugehen, dass in Zukunft auch KI-gesteuerte Avatare in der virtuellen Welt auftreten, die einen unmittelbar dahinterstehenden, grundrechtsberechtigten Nutzer gänzlich vermissen lassen.

Will man also die Wirkung der Persönlichkeitsrechte in der virtuellen Realität des Metaversums untersuchen, stellt sich zwangsläufig die (Vor-)Frage, ob Avatare „an sich" – also losgelöst von einem ggf. dahinterstehenden Nutzer – selbst Träger von Persönlichkeitsrechten sein können. Diese Fragestellung soll – nach einer kurzen Einführung in die allgemeine Bedeutung von Rechts- und Grundrechtsfähigkeit – anhand der Differenzierung von nutzer- und KI-gesteuerten Avataren beantwortet werden.

I. Bedeutung von allgemeiner Rechtsfähigkeit und Grundrechtsfähigkeit

Damit ein Avatar den zivilrechtlichen Persönlichkeitsschutz genießen kann, muss er einerseits als eigenständiges Rechtssubjekt am Rechtsverkehr teilnehmen können; andererseits muss er sich auf das Allgemeine Persönlichkeitsrecht berufen können. Die Geltendmachung eigener Persönlichkeitsrechte im Rahmen des Zivilrechtsverkehrs setzt daher dem Grunde nach zwei Dinge voraus: die (allgemeine) Rechtsfähigkeit sowie die Trägerschaft des grundrechtlichen Persönlichkeitsrechts (Grundrechtsfähigkeit).

Die allgemeine Rechtsfähigkeit umschreibt die Fähigkeit, selbstständiger Träger von Rechten und Pflichten zu sein.[189] Sie ist zwingende Voraussetzung für die Teilnahme am Privatrechtsverkehr, denn erst die Rechtsfähigkeit führt dazu, dass rechtlich relevante Verpflichtungen eingegangen und Ansprüche geltend gemacht werden können. Natürliche Personen erlangen ihre Rechtsfähigkeit gemäß § 1 BGB mit Vollendung der Geburt. Jenseits der natürlichen Person wird Rechtsfähigkeit erst durch staatliche Anerkennung erlangt, etwa durch allgemeine gesetzliche (Gründungs-)Voraussetzungen (z.B. § 21 BGB, §§ 11 ff. GmbHG, §§ 23 ff. AktG) oder spezielle hoheitliche Konzessionen (z.B. § 22 BGB, § 80 BGB).[190] Die (situationsbedingte) Erscheinung neuer

[189] Statt vieler: MüKo-BGB/*Spickhoff*, § 1, Rn. 6 m.w.N.
[190] Vgl.: BeckOK-BGB/*Schöpflin*, § 21, Rn. 8; MüKo-BGB/*Leuschner*, Vor § 21, Rn. 34.

Rechtssubjekte ist ohne einen derartigen Willensakt nicht möglich.[191] Mit der staatlichen Anerkennung sind zugleich Regelungen über Vermögen und Verantwortlichkeit einer juristischen Person verbunden, wodurch die für den zivilrechtlichen Verkehr erforderliche Rechtssicherheit garantiert wird.[192]

Demgegenüber soll die Grundrechtsfähigkeit nicht der Gewährleistung eines rechtssicheren Zivilrechtsverkehrs, sondern dem Schutz grundrechtlich abgesicherter Interessen dienen.[193] Die Divergenz dieser Schutzzwecke führt dazu, dass sich Rechtsfähigkeit und Grundrechtsfähigkeit nicht zwangsläufig entsprechen, sondern auch unabhängig voneinander bestehen können.[194] So entfalten Grundrechte etwa vor der Geburt[195] oder nach dem Tod[196] eines Menschen Schutzwirkung, obwohl in diesen Phasen keine Rechtsfähigkeit des Nasciturus (vgl. § 1 BGB) bzw. des Verstorbenen besteht.[197] Auch Vereinigungen bzw. Organisationen können Träger von Grundrechten sein, ohne dass sie die allgemeine Rechtsfähigkeit besitzen[198] – dies zeigt sich u.a. in der Grundrechtsberechtigung nicht rechtsfähiger Vereine.[199] In diesem Fall kommt es gemäß Art. 19 Abs. 3 GG allein darauf an, ob die Grundrechte ihrem Wesen nach anwendbar sind.[200]

Allgemeine Rechtsfähigkeit und Grundrechtsfähigkeit sind somit voneinander zu trennen. Dafür spricht nicht zuletzt die Tatsache, dass der Gesetzgeber ansonsten durch die einfachgesetzliche Ausgestaltung der Rechtsfähigkeit den

---

[191] *Neuhöfer*, S. 58.

[192] *Neuhöfer*, S. 58.

[193] Vgl.: *Neuhöfer*, S. 58 f.

[194] BVerfG, Beschl. v. 16.1.1963 – 1 BvR 316/60, BVerfGE 15, 256 (261); *Neuhöfer*, S. 58; *Laude*, S. 167.

[195] Vgl. zum Integritätsschutz ungeborenen Lebens: BVerfG, Urt. v. 28.5.1993 – 2 BvF 2/90 u.a., NJW 1993, 1751 (1753); Urt. v. 25.2.1975 – 1 BvF 1-6/74, NJW 1975, 573 (575).

[196] Vgl. zum postmortalen Persönlichkeitsschutz: BVerfG, Beschl. v. 13.6.2017 – 2 BvE 1/15, NVwZ 2017, 1364, Rn. 103; Beschl. v. 22.8.2006 – 1 BvR 1168/04, NJW 2006, 3409 (3410); Beschl. v. 5.4.2001 – 1 BvR 932/94, NJW 2001, 2957 (2958 f.); BGH, Urt. v. 20.3.1968 – I ZR 44/66, GRUR 1968, 552.

[197] Ausführlich: *Tonikidis*, JA 2013, 38. Vgl. ebenso: *Neuhöfer*, S. 58.

[198] BVerfG, Beschl. v. 3.6.1954 – 1 BvR 183/54, BeckRS 1954, 64, Rn. 37: „*Aus Art. 19 Abs. 3 GG darf nicht geschlossen werden, daß nur Personengruppen, die allgemeine Rechtsfähigkeit besitzen, Träger von Grundrechten sein können [...]. Art. 19 Abs. 3 GG soll vielmehr klarstellen, daß nicht nur [...] natürliche Personen grundrechtsfähig sind, sondern sogar juristische Personen, obwohl sie nicht notwendig Vereinigungen von natürlichen Personen sind.*“ Vgl. ebenso: *Neuhöfer*, S. 59.

[199] Vgl.: BVerfG, Beschl. v. 19.12.2000 – 2 BvR 1500/97, NJW 2001, 429; Beschl. v. 13.10.1998 – 2 BvR 1275-96, NVwZ 1999, 753 (754). Vgl. ebenso mit weiteren Beispielen: *Neuhöfer*, S. 59.

[200] *Neuhöfer*, S. 59; *Laude*, S. 168. Zur Anwendbarkeit der Grundrechte nach dem Wesensgehalt vgl. ausführlich: Dürig/Herzog/Scholz-GG/*Demmert*, Art. 19 Abs. 3, Rn. 100 ff.

Grundrechtsschutz bestimmter Entitäten eigenmächtig verhindern bzw. verkürzen könnte. Die bürgerlich-rechtliche Rechtsfähigkeit darf daher nicht zur Voraussetzung für die Grundrechtsträgerschaft gemacht werden.[201] Für den zivilrechtlichen Persönlichkeitsschutz von Avataren sind beide Eigenschaften jedoch Seiten derselben Medaille: Der Avatar muss einerseits grundrechtsfähig sein, um sich auf das Allgemeine Persönlichkeitsrecht berufen zu können. Andererseits muss ihm jedoch auch Rechtsfähigkeit zukommen, damit seine Ansprüche im Privatrechtsverkehr geltend gemacht werden können.

II. Nutzergesteuerte Avatare als Träger von Persönlichkeitsrechten

Zunächst soll untersucht werden, ob bzw. inwiefern ein Avatar, der von einem dahinterstehenden Nutzer gesteuert wird, auch ohne den Bezug zu diesem Nutzer Träger von Persönlichkeitsrechten sein kann. Eine solche Rechtsträgerschaft könnte für jene Fälle relevant werden, in welchen ein für sich genommen persönlichkeitsrechtsverletzender Angriff wegen seines Inhalts und der unmittelbaren Adressierung des jeweiligen Avatars nicht (eindeutig) auf den dahinterstehenden Nutzer durchschlägt, gleichzeitig jedoch rechtlich zu missbilligen ist – etwa im Fall rassistischer oder diskriminierender Äußerungen. Sollten dem Avatar eigene Persönlichkeitsrechte zustehen, könnte der jeweilige Nutzer in solchen Fällen ggf. als „Organ“ des Avatars die jeweiligen Persönlichkeitsrechtsverletzungen geltend machen, ohne dass es eines Beweises seiner individuellen Betroffenheit bedürfe.

1. Rechtsstellung als natürliche Person?

Da der nutzergesteuerte Avatar der virtuellen Repräsentation des dahinterstehenden Menschen dient, muss zunächst die Frage beantwortet werden, ob ein Avatar womöglich Rechtsfähigkeit und Grundrechtsträgerschaft gemäß einer natürlichen Person für sich beanspruchen kann.

Die Rechtsfähigkeit einer natürlichen Person beruht auf der verfassungsrechtlichen Garantie der Menschenwürde.[202] Indem Art. 1 Abs. 1 GG den Menschen in den Mittelpunkt aller staatlichen Ordnung stellt, verpflichtet die Verfassung den

---

[201] Vgl.: *Neuhöfer*, S. 59.

[202] BeckOK-BGB/*Poseck*, § 1, Rn. 3; Staudinger-BGB/*Kannowski*, § 1, Rn. 2.

Gesetzgeber dazu, das (lebende) Individuum als Rechtspersönlichkeit anzuerkennen.[203] Auch das Allgemeine Persönlichkeitsrecht erfährt seine inhaltliche Bestimmung im Hinblick auf natürliche Personen maßgeblich durch Art. 1 Abs. 1 GG, sodass das hinter der Menschenwürde stehende Menschenbild des Grundgesetzes zur Auslegung des Schutzbereichs herangezogen werden muss.[204] Dies gilt auch für die besonderen Persönlichkeitsrechte, die lediglich eine spezielle, kodifizierte Ausprägung des Allgemeinen Persönlichkeitsrechts darstellen.

Die Menschenwürde schützt – allgemein gesprochen – den Mensch als Lebenswesen, welches von anderen Menschen gezeugt wurde, in seiner durch die Zeugung verliehenen Würde.[205] Das Bundesverfassungsgericht beschreibt diesen Grundsatz in aller Präzision mit den Worten: „*Wo menschliches Leben existiert, kommt ihm Menschenwürde zu*“[206]. Dabei liegt der Menschenwürde die Prämisse zugrunde, dass der Mensch über eine typischerweise angelegte Möglichkeit zur Eigenverantwortung, Selbstreflexion und Selbstbestimmung verfügt – unabhängig davon, ob diese Möglichkeit realisiert wird oder nicht.[207] Dies unterscheidet ihn fundamental von anderen Lebewesen und bildet den Grund dafür, dass die Rechtsordnung den Menschen als Rechtssubjekt anerkennen *muss*. Erst die Rechtsfähigkeit ermöglicht dem Individuum Selbstbestimmung und die freie Entfaltung der Persönlichkeit.[208] Darauf aufbauend, schützt das auf Art. 1 Abs. 1 GG gestützte Persönlichkeitsrecht gerade die Integrität der menschlichen Persönlichkeit in ihrer geistig seelischen-Beziehung, also das Sein einer Person im Unterschied zum Tun.[209] Auch im Hinblick auf die Grundrechtsfähigkeit findet der Schutz natürlicher Personen somit seine Ratio in der besonderen Selbstbestimmtheit des Menschen.

---

[203] BeckOK-BGB/*Poseck*, § 1, Rn. 3; Staudinger-BGB/*Kannowski*, § 1, Rn. 2. Andere Ansicht: *Lehmann*, AcP 2007, 225 (228 f.), wonach die Rechtsordnung frei entscheiden könne, wen oder was sie als Rechtssubjekt anerkennt.

[204] Vgl.: BVerfG, Urt. v. 31.1.1989 – 1 BvL 17/87, NJW 1989, 891 (892); Beschl. v. 31.1.1973 – 2 BvR 454/71, NJW 1973, 891 (892). Ebenso: Huber/Voßkuhle-GG/*Eichberger*, Art. 2, Rn. 17; Sachs-GG/*Rixen*, Art. 2, Rn. 60.

[205] Sachs-GG/*Höfling*, Art. 1, Rn. 56; BeckOK-GG/*Hillgruber*, Art. 1, Rn. 3; Dürig/Herzog/Scholz-GG/*Herdegen*, Art. 1 Abs. 1, Rn. 52.

[206] BVerfG, Urt. v. 25.2.1975 – 1 BvF 1/74 u.a., NJW 1975, 573 (575).

[207] So kommt auch schwerstbehinderten Individuen die Menschenwürdegarantie zu, Dürig/Herzog/Scholz-GG/*Herdegen*, Art. 1 Abs. 1, Rn. 52; Huber/Voßkuhle-GG/*Augsberg*, Art. 1, Rn. 46.

[208] BeckOK-BGB/*Poseck*, § 1, Rn. 3.

[209] Sachs-GG/*Rixen*, Art. 2, Rn. 59 ff.

Der nutzergesteuerte Avatar ist als virtuelle Identität nicht autonom, sondern er stellt ein bloßes Produkt der dahinterstehenden Person dar.[210] Im Gegensatz zu automatisierten Computerprogrammen ist er nicht in der Lage, ohne Steuerung des jeweiligen Nutzers mit anderen Subjekten zu interagieren. Ihm fehlt es vielmehr an jeglicher Selbstbestimmtheit und Eigenverantwortung. Lässt man den Menschen hinter der virtuellen Figur außer Betracht, handelt es sich bei einem Avatar und eine bloße Datenmenge ohne eigene Psyche und Persönlichkeit. Einer solchen virtuellen „Hülle" menschlichen Handelns kann keinesfalls dieselbe Rechtsbedeutung zukommen wie dem dahinterstehenden Menschen selbst. Der Schutzauftrag des Art. 1 Abs. 1 GG verbietet dies vielmehr, würde dadurch doch die herausragende Stellung des Menschen als natürliche Person relativiert werden.

Man muss daher zu dem, freilich wenig überraschenden, Ergebnis kommen, dass ein nutzergesteuerter Avatar selbst – ohne Rückgriff auf den dahinterstehenden Menschen – nicht die Rechtsstellung einer natürlichen Person genießen kann.

2. Rechtsstellung als sonstiges Rechtssubjekt?

Auch jenseits natürlicher Personen erkennt die Rechtsordnung jedoch gewisse Akteure als rechtsfähig an. Dabei wird in herkömmlicher Weise zwischen vollrechtsfähigen juristischen Personen „im klassischen Sinne" und sonstigen (teilrechtsfähigen) Organisationen differenziert, die sich in der Ausgestaltung ihrer Rechtspersönlichkeit sowie im Umfang ihrer Rechtsfähigkeit unterschieden.[211] Die Grundrechtsfähigkeit dieser Akteure richtet sich indes einheitlich nach Art. 19 Abs. 3 GG.[212]

a) Nutzergesteuerter Avatar keine (vollrechtsfähige) juristische Person

Nach allgemeiner Auffassung versteht man unter einer juristischen Person den Zusammenschluss von Personen oder Sachen zu einer zweckgebundenen Orga-

---

[210] Vgl.: *Meyer*, S. 134.

[211] Vgl.: MüKo-BGB/*Leuschner*, Vor § 21, Rn. 1; BeckOK-BGB/*Schöpflin*, § 21, Rn. 7; Erman-BGB/*Westermann*, Vor § 21, Rn. 1; Staudinger-BGB/*Schwennicke*, Einl. §§ 21 ff., Rn. 3.

[212] Der Wortlaut der Norm ist insofern untechnisch zu verstehen und bezieht sich nicht nur auf juristische Personen im „klassischen Sinne", vgl.: BVerfG, Beschl. v. 3.6.1954 – 1 BvR 183/54, BeckRS 1954, 64, Rn. 38. Dazu ausführlich: Dürig/Herzog/Scholz-GG/*Remmert*, Art. 19 Abs. 3, Rn. 37.

nisation, welcher die Rechtsordnung durch staatliches Verfahren volle Rechtsfähigkeit verliehen hat, sodass sie selbstständiger Träger von Rechten und Pflichten sein kann (sogenannte „klassische" juristische Person).[213] Über die exakte Rechtsnatur juristischer Personen herrscht dabei seit jeher rechtstheoretischer Streit,[214] der an dieser Stelle jedoch keiner weiteren Ausführung bedarf, da ihre Existenz allgemein anerkannt ist und für die Zwecke dieser Untersuchung somit vorausgesetzt werden kann.

Juristische Personen sind „Zweckschöpfungen" des Gesetzgebers.[215] Die Erforderlichkeit ihrer Anerkennung ergibt sich nach heutigem Verständnis aus mehreren Gründen: Die Verfolgung gewisser Zwecke soll unabhängig der Existenz natürlicher Personen ermöglicht werden, indem das Bestehen einer (mitgliederbasierten) juristischen Person von dem Wechsel bzw. Ausscheiden einzelner Mitglieder grundsätzlich unberührt bleibt.[216] Damit geht die Schaffung eines eigenständigen Gesellschaftskapitals einher, welches grundsätzlich dem Zugriff der Gesellschaftsmitglieder entzogen ist und als Haftungsmasse gegenüber Gläubigern dient.[217] Schließlich ermöglicht die Existenz juristischer Personen eine einheitliche, kollektive Willensbildung, da rechtlich relevante Handlungen von bestimmten Organen vorgenommen werden, die für die Gesellschaft handeln.[218] Insgesamt wird durch die Anerkennung juristischer Personen also ein Zurechnungs- und Haftungsobjekt für kollektives Handeln geschaffen, das mögliche Verantwortungslücken schließen soll.[219] Aus diesen Erwägungen ergeben sich gleichzeitig die Voraussetzungen, unter denen eine juristische Person von der Rechtsordnung als vollrechtsfähige Organisation anerkannt wird: Es bedarf einer Handlungsorganisation, eines separaten Vermögens- und Haftungsverbandes sowie einer organisationseigenen Identitätsausstattung.[220]

Führt man sich diese Merkmale und die Ratio hinter juristischen Personen vor Augen, ist es unschwer zu erkennen, dass nutzergesteuerte Avatare nicht als juristische Personen anerkannt werden können. Dies beruht zunächst schlicht auf

---

213 Vgl.: Staudinger-BGB/*Schwennicke*, Einl. §§ 21 ff., Rn. 1; MüKo-BGB/Leuschner, Vor § 21, Rn. 1; BeckOK-BGB/*Schöpflin*, § 21, Rn. 1.
214 Vgl. zum Streitstand: BeckOK-BGB/*Schöpflin*, § 21, Rn. 2.
215 Staudinger-BGB/*Schwennicke*, Einl. §§ 21 ff., Rn. 25; BeckOK-BGB/*Schöpflin*, § 21, Rn. 1.
216 Staudinger-BGB/*Schwennicke*, Einl. §§ 21 ff., Rn. 27.
217 Staudinger-BGB/*Schwennicke*, Einl. §§ 21 ff., Rn. 29.
218 Staudinger-BGB/*Schwennicke*, Einl. §§ 21 ff., Rn. 34.
219 Vgl.: Staudinger-BGB/*Schwennicke*, Einl. §§ 21 ff., Rn. 28, 31 ff.
220 Im Einzelnen: Staudinger-BGB/*Schwennicke*, Einl. §§ 21 ff., Rn. 54 ff.

der Feststellung, dass Avatare *de lege lata* von der Rechtsordnung nicht mit eigener Rechtsfähigkeit ausgestattet werden, was jedoch zwingende Voraussetzung für die Anerkennung als juristische Person ist. Darüber hinaus „passen" nutzergesteuerte Avatare auch nicht in das rechtstheoretische Konzept juristischer Personen. Da hinter dem Avatar stets eine (einzige) natürliche Person steht, die dessen Handlungen steuert, ergeben sich keine offenen Zurechnungs- oder Haftungsfragen. Tun und Unterlassen des Avatars sind in diesem Falle immer auch Tun und Unterlassen des dahinterstehenden Menschen. Ein kollektives Handeln findet nicht statt. Der Nutzer bildet damit das eindeutige Zurechnungs- bzw. Haftungsobjekt, ohne dass eine eigene Verantwortlichkeit des Avatars als Rechtspersönlichkeit notwendig wäre.

Nun könnte man an dieser Stelle den Vergleich zur Einpersonengesellschaft ziehen, die in ihrem einzigen Gesellschafter vermeintlich ein ebenso eindeutiges Zurechnungsobjekt besitzt und trotzdem als juristische Person anerkannt ist. Die Anerkennung von Einpersonengesellschaften als juristische Personen beruht jedoch auf der Tatsache, dass das Gesellschaftsvermögen durch dessen satzungsmäßig formalisierte Ausgestaltung so sehr verselbstständigt ist, dass die Anerkennung einer selbstständigen körperschaftlichen Rechtspersönlichkeit auch ohne dahinterstehendes kollektives Handeln angemessen erscheint.[221] Ein nutzergesteuerter Avatar verfügt demgegenüber über keine eigene, vom dahinterstehenden Nutzer trennbare Vermögensmasse, geschweige denn über eine entsprechende Formalisierung, sodass die Situation der Einpersonengesellschaft daher nicht vergleichend herangezogen werden kann. Die Anerkennung nutzergesteuerter Avatare als juristische Personen ist *de lege lata* daher abzulehnen.

b) (Teil-)Rechtsfähigkeit des nutzergesteuerten Avatars als sonstiges Rechtssubjekt?

Ausgehend vom klassischen Verständnis der juristischen Person wird traditionell – und in Anlehnung an § 11 InsO – eine Abgrenzung zu den Gesamthandgemeinschaften (insbesondere Personengesellschaften) vorgenommen.[222] Im

[221] Vgl.: Noack/Servatius/Haas-GmbHG/*Servatius*, § 1, Rn. 51.

[222] So die herrschende Ansicht: MüKo-BGB/*Leuschner*, Vor § 21, Rn. 10; BeckOK-BGB/*Schöpflin*, § 21, Rn. 7; Erman-BGB/*Westermann*, Vor § 21, Rn. 1; Staudinger-BGB/*Schwennicke*, Einl. §§ 21 ff., Rn. 12 m.w.N. zum Streitstand.

Gegensatz zur „klassischen" juristischen Person sollen Gesamthandgemeinschaften grundsätzlich nicht unabhängig ihrer Mitglieder bestehen können und daher keine eigene Rechtspersönlichkeit besitzen, sodass allein die einzelnen Mitglieder Träger von Rechten und Pflichten sind.[223] Dieser Grundsatz wird jedoch für die handelsrechtlichen Personengesellschaften eingeschränkt, da diese durch Gesetz (z.B. § 124 Abs. 1 HGB) mit einer eigenen Rechtspersönlichkeit ausgestattet worden sind.[224] Auch die Gesellschaft bürgerlichen Rechts (GbR) wird von der herrschenden Ansicht als zumindest teilrechtsfähig angesehen und kann daher in gewissen Bereichen selbst Rechtsträger sein, ohne gleichzeitig als juristische Person im „klassischen" Sinne zu gelten;[225] dem hat sich der Gesetzgeber mittlerweile angeschlossen.[226] (Teil-)Rechtsfähige Personengesellschaften und juristische Personen lassen sich daher heutzutage nur noch anhand der unterschiedlichen Entstehungstatbestände eingruppieren: Während juristische Personen durch staatliche Mitwirkung (Registereintragung oder Konzession) entstehen, bedarf es bei Personengesellschaften der Erfüllung gewisser Voraussetzungen (insbesondere Abschluss des Gesellschaftsvertrags).[227]

Nicht-menschliche Entitäten jenseits der juristischen Person werden also immer dort als (teil-)rechtsfähig anerkannt, wo aufgrund der kollektiven Willensausübung und der fortgeschrittenen Verselbstständigung des Gesellschaftsvermögens die Notwendigkeit für die Etablierung eines übergeordneten Rechtssubjekts – ähnlich wie bei einer juristischen Person – gesehen wird. So beruht die Anerkennung der Teilrechtsfähigkeit der (Außen-)GbR laut Bundesgerichtshof u.a. darauf, dass dadurch Rechtsgeschäfte mit der GbR Wirkung für alle Gesellschafter entfalten können und ein Wechsel in der Gesellschafterstellung keinen Einfluss auf den Fortbestand der Gesellschaft haben soll.[228]

Auch auf dieser Grundlage kann ein nutzergesteuerter Avatar jedoch keine (Teil-)Rechtsfähigkeit erlangen. Nicht nur fehlt es an jeglichen gesetzlichen Anhalts-

---

[223] BeckOK-BGB/*Schöpflin*, § 21, Rn. 7.

[224] MüKo-BGB/*Leuschner*, Vor § 21, Rn. 11.

[225] Grundlegend: BGH, Urt. v. 29.1.2001 – II ZR 331/00, NJW 2001, 1056. Zur Rechtsnatur der GbR vgl. ausführlich statt vieler: MüKo-BGB/*Schäfer*, Vor § 705, Rn. 10 ff. m.w.N.

[226] Durch Art. 1 Nr. 3 des Gesetzes zur Modernisierung des Personengesellschaftsrechts (MoPeG) wurde zum 01.01.2024 § 705 Abs. 2 BGB n.F. eingefügt, wonach eine GbR selbstständig Rechte erwerben und Verbindlichkeiten eingehen kann, sofern dies im gemeinsamen Willen der Gesellschafter liegt.

[227] BeckOK-BGB/*Schöpflin*, § 21, Rn. 7; Müko-BGB/*Leuschner*, Vor § 21, Rn. 13.

[228] BGH, Urt. v. 29.1.2001 – II ZR 331/00, NJW 2001, 1056 (1057).

punkten für eine etwaige Rechtsfähigkeit, sondern anders als die genannten Personengesellschaften entfaltet sich durch den Avatar – wie bereits dargestellt – auch kein kollektives Handeln, welches die Schaffung einer übergeordneten Rechtspersönlichkeit verlangen würde. Darüber hinaus besteht mangels verselbstständigter Vermögensmasse keine Notwendigkeit für eine derartige Annäherung an das Konzept der juristischen Person. Ein nutzergesteuerter Avatar kann daher auch auf dieser Grundlage *de lege lata* keine Rechtsfähigkeit erlangen.

c) Grundrechtsfähigkeit

Die Grundrechtsfähigkeit jenseits natürlicher Personen wird durch Art. 19 Abs. 3 GG garantiert und liegt darin begründet, dass sich Menschen zur Wahrnehmung (grund-)rechtlich geschützter Interessen in Organisationen und Vereinigungen zusammenschließen, wodurch dieser Zusammenschluss selbst Grundrechtsschutz verdient.[229] Dabei ist es erforderlich, dass der Zusammenschluss eine gewisse strukturelle Verfestigung hinsichtlich der kollektiven Grundrechtsausübung erreicht.[230] Erst diese organisatorische Verselbstständigung führt dazu, dass die Schutzbedürfnisse der Organisation von den Einzelbedürfnissen ihrer grundrechtsberechtigten Mitglieder abweichen können und daher ein korporativer Grundrechtsschutz erforderlich wird.[231] Die Grundrechtsfähigkeit ist somit immer dort gegeben, wo durch die organisatorische Verselbstständigung zusätzliche schutzwürdige Interessen entstehen, die nicht mehr vor den Grundrechten der einzelnen natürlichen Personen abgedeckt sind.[232]

Nach diesen Grundsätzen ist es nicht angezeigt, den nutzergesteuerten Avatar als Grundrechtssubjekt anzuerkennen: Zwar könnte es sich auf den ersten Blick bei einem Avatar um einen grundrechtssensiblen Zusammenschluss mehrerer Personen bzw. Sachen handeln. So beruht die Nutzung des Avatars nicht allein auf der Leistung des Nutzers; auch der Plattformbetreiber ist dafür unerlässlich, stellt er doch die technischen Rahmenbedingungen bereit. Zusätzlich können

[229] So die „Durchgriffsthese" des BVerfG, vgl.: BVerfG, Beschl. v. 18.5.2009 – 1 BvR 1731/05, NVwZ 2009, 1282, Rn. 16; Beschl. v. 8.7.1982- 2 BvR 1187/80, NJW 1982, 2173 (2173); Beschl. v. 2.5.1967 – 1 BvR 578/63, NJW 1967, 4111 (1412). Für die Literatur vgl.: Huber/Voßkuhle-GG/*Huber*, Art. 19, Rn. 237; v. Münch/Kunig-GG/*Ernst*, Art. 19, Rn. 56 ff.

[230] Dürig/Herzog/Scholz-GG/*Remmert*, Art. 19 Abs. 3, Rn. 41; v. Münch/Kunig-GG/*Ernst*, Art. 19, Rn. 74; Huber/Voßkuhle-GG/*Huber*, Art. 19, Rn. 238.

[231] Huber/Voßkuhle-GG/*Huber*, Art. 19, Rn. 216.

[232] Huber/Voßkuhle-GG/*Huber*, Art. 19, Rn. 218 m.w.N.

weitere Personen eingebunden werden – etwa externe Dienstleister zur fotorealistischen Gestaltung des Avatars. Ebenso ist es insbesondere im geschäftlichen Bereich denkbar, dass mehrere Personen für die Nutzung eines Avatars verantwortlich sind, beispielsweise in Form eines „Unternehmens-Avatars“. Ist der Avatar darüber hinaus mit Vermögenswerten ausgestattet – z.B. mit Kleidung, welche im Metaversum erworben wurde, oder mit „Zugangsschlüsseln“ für virtuelle Grundstücke und Dienstleistungen – könnte in ihm auch ein Zusammenschluss von Sachen gesehen werden.[233] Allerdings mangelt es bei der Nutzung des Avatars an der erforderlichen organisatorischen Verfestigung. Es ist allein der jeweils steuernde Verwender, der die Figur durch die virtuelle Realität bewegt und dadurch seinen (grundrechtlich geschützten) Handlungswillen zum Ausdruck bringt. Welche – potentiell grundrechtsrelevanten – Handlungen mittels des Avatars vorgenommen werden, beruht ausschließlich auf der Entscheidung dieser Person und ist unmittelbar nicht dem Einfluss anderer Akteure ausgesetzt. Dies gilt auch im Falle des „Unternehmens-Avatars“, dessen virtuelles Verhalten in direkter Weise allein auf den Befehlen eines einzigen, die virtuelle Figur steuernden, Mitarbeiters beruht. Zwar kann dieser wiederum an die Vorgaben gebunden sein, die kollektiv innerhalb des Unternehmens erarbeitet werden. Jedoch betrifft dies nicht die Nutzung des Avatars „an sich“, sondern die vorgeschaltete Willensbildung innerhalb des Unternehmens. Kommt es diesbezüglich zu Rechtsverletzungen im Metaversum, sind die (Grund-)Rechte des Unternehmens als juristische Person betroffen. Der Avatarnutzung liegt hingegen keine solche organisatorische Verfestigung zugrunde.

In der neueren Literatur wird im Hinblick auf die zunehmend losen kollektiven Verhaltensformen im Internet vermehrt Kritik an dem Erfordernis der hinreichenden organisatorischen Verfestigung geübt.[234] Dort, wo kollektives Handeln nicht mehr „unter einem Dach“ individualisiert werden könne, führe das Festhalten an dieser Voraussetzung zu einem *„blinde[n] Fleck in der Grundrechtsdogmatik für kollektive Zwischenformen“*.[235] Dies ist jedoch für die hiesige Frage unbeachtlich, da die mit der Nutzung des Avatars verbundenen (persönlichkeits-

[233] So sind privatrechtliche Stiftungen mit Zweckvermögen als juristische Person anerkannt, vgl.: *Aichberger/Fuchs*, Weber-Rechtswörterbuch, Stiftung des Privatrechts.

[234] Vgl.: *Ingold*, Der Staat 53 (2014), 193 (207 ff.), wonach der Grundrechtsschutz auch unterhalb der Schwelle organisatorisch verfestigter Strukturen bestehen soll. Ebenso: *Neuhöfer*, S. 60 ff.

[235] *Ingold*, Der Staat 53 (2014), 193 (207).

)rechtlichen Interessen stets gleichlautend mit den Interessen des dahinterstehenden Nutzers bzw. Kollektivs sind. Es werden keine von dem Grundrechtsschutz des jeweiligen Nutzers losgelösten, zusätzlichen Interessen beeinträchtigt, die den eigenständigen Schutz des Avatars als juristische Person erforderlich erscheinen ließen.

Es fehlt somit an dem für das Bestehen eines organisatorischen Zusammenschlusses i.S.v. Art. 19 Abs. 3 GG erforderlichen kollektiven Grundrechtsbezuges. Auf dieser Grundlage ist ein Grundrechtsschutz des nutzergesteuerten Avatars daher abzulehnen.

3. Ergebnis

Im Ergebnis kann ein nutzergesteuerter Avatar – losgelöst von dem dahinterstehenden Menschen – kein eigenständiger Träger zivilrechtlicher Persönlichkeitsrechte sein.[236] Zum einen fehlt es dem Avatar an der für die Geltendmachung privater Rechte erforderlichen Rechtsfähigkeit. Zum anderen kann der nutzergesteuerte Avatar nicht selbstständiger Träger des grundrechtlichen Persönlichkeitsrechts sein. Wird ein Avatar durch einen Nutzer gesteuert, besteht persönlichkeitsrechtlicher Schutz *de lege lata* daher nur insoweit, wie die natürliche Person in ihrem Persönlichkeitsrecht betroffen ist.

III. KI-gesteuerte Avatare als Träger von Persönlichkeitsrechten

Wie gezeigt, werden KI-gesteuerte Avatare – insbesondere in Form von Social Bots – eine große Rolle bei der Kommunikation im Metaversum einnehmen.[237] Können diese Avatare menschliche Interaktion unerkannt nachahmen, geht von ihnen zwar einerseits eine (potentielle) Gefahr für Rechtsgüter anderer Nutzer aus. Gleichzeitig können sie selbst jedoch auch zum Opfer von virtuellen Angriffen anderer Nutzer werden. Es stellt sich daher die Frage, ob bzw. inwiefern KI-gesteuerten Avataren eigene (Persönlichkeits-)Rechte zukommen können.

Sollten Avatare über solche Rechtspositionen verfügen, könnte etwa verunglimpfende Meinungsäußerungen sowie unwahre Tatsachenbehauptungen oder

---

236 Im Ergebnis ebenso: *Meyer*, S. 134; Redeker-ITR/*Redeker*, D. Rechtsprobleme von Internet und Telekommunikation, Rn. 1402; Hornung/Müller-Terpitz-HdbSocialMedia/*Hornung*, Kap. 7, Rn. 13; *Geis/Geis*, CR 2007, 721; *Krasemann*, DuD 2008, 194; *Schulz/Heilmann*, S. 27 f.; *Kind/Ferdinand et al.*, S. 92.

237 Siehe oben Kap. 1 C. II. 3. a).

die unbefugte Nutzung der Avatar-Identität sanktioniert bzw. unterbunden werden. Auch die Plattformbetreiber müssten im Umgang mit den Avataren in diesem Falle das Persönlichkeitsrecht der künstlichen Intelligenz beachten. Daran dürften nicht zuletzt die Entwickler der künstlichen Intelligenz, die die Avatare für einen bestimmten (politischen oder wirtschaftlichen) Zweck einsetzen, ein großes Interesse haben.

Der folgende Abschnitt soll einen Überblick über die aktuelle rechtswissenschaftliche Diskussion bezüglich der Verleihung von Rechtsfähigkeit und Grundrechtsfähigkeit für (autonome) KI-Systeme schaffen und die jeweiligen Ansätze einordnen.

1. Was sind KI-gesteuerte Avatare?

Der Begriff der „künstlichen Intelligenz" wird im gesellschaftlichen und politischen Diskurs derart selbstverständlich verwendet, dass man den Eindruck haben könnte, damit sei eine eindeutige, allgemeingültige Definition verbunden. In wissenschaftlicher Hinsicht ist es jedoch keineswegs so, dass dem Begriff ein einheitliches Verständnis zugrundeliegt. Vielmehr varriieren die jeweiligen Begriffsverständnisse in den einzelnen Forschungsdisziplinen teils erheblich.[238] Auch innerhalb der Rechtswissenschaft existiert bislang keine einheitliche Definition der künstlichen Intelligenz. Dies dürfte daran liegen, dass sich die juristische Diskussion (bisher) nicht anhand der künstlichen Intelligenz als Gesamttechnologie, sondern anhand einzelner Anwendungsbereiche vollzieht. Auch das jüngst durch den europäischen Gesetzgeber verabschiedete Gesetz über künstliche Intelligenz[239] verfolgt diesen Ansatz und kommt daher ohne eine allgemeine Definition von künstlicher Intelligenz aus.[240]

Für die Zwecke dieser Untersuchung kann die denkbar offenste Definition als Grundlage der rechtlichen Analyse dienen. Danach ist künstliche Intelligenz die Fähigkeit von Maschinen bzw. Computerprogrammen, menschliches Entscheidungsverhalten durch komplexe Algorithmen zu imitieren.[241] Diese Imitation

[238] *Neuhöfer*, S. 21 m.w.N.

[239] Verordnung (EU) 2024/1689 des Europäischen Parlaments und des Rates vom 13.6.2024 zur Festlegung harmonisierter Vorschriften für künstliche Intelligenz und zur Änderung der Verordnungen (EG) Nr. 300/2008, (EU) Nr. 167/2013, (EU) Nr. 168/2013, (EU) 2018/858, (EU) 2018/1139 und (EU) 2019/2144 sowie der Richtlinien 2014/90/EU, (EU) 2016/797 und (EU) 2020/1828 (Verordnung über künstliche Intelligenz), ABl. L 2024/1689, 12.7.2024.

[240] Vgl.: *Geminn*, ZD 2021, 354 (355).

[241] So die Definition bei: Weber-Rechtswörterbuch/*Groh*, Künstliche Intelligenz.

kann entweder durch automatisierte oder durch autonom agierende Systeme erreicht werden: Während automatisierte Systeme einem vorgegebenen Schema folgen und darin enthaltene Befehle eigenständig abarbeiten, können autonom agierende Systeme durch maschinelles Lernen eigene Entscheidungsmuster entwickeln.[242] Geht man von der Vorstellung KI-gesteuerter Avatare als „Social Bots" aus, die in der virtuellen Welt am menschlichen Interaktionsprozess teilnehmen und eigenständige, selbständig erlernte Kommunikationsmuster entwickeln, können solche Avatare als autonom agierende Systeme klassifiziert werden.[243] Der Grad der jeweiligen Autonomie hängt dabei freilich von der Leistungsfähigkeit und Komplexität der verwendeten Software ab; gemein ist solchen autonomen Systemen jedoch die Fähigkeit, sich durch maschinelles Lernen innerhalb ihres „Aufgabengebiets" unabhängig einer (erneuten) Programmierung fortzuentwickeln.[244]

Neben der Differenzierung zwischen automatisiert und autonom agierenden Systemen[245] wird in der Wissenschaft – insbesondere in der Informatik – mit Blick auf die Zukunft darüber hinaus vermehrt zwischen „starker" und „schwacher" künstlicher Intelligenz unterschieden.[246] Alle KI-Systeme, die bislang existieren, gelten als „schwache" künstliche Intelligenz.[247] Als solche operieren sie nur innerhalb eines vorbestimmten Einsatzgebietes, ohne dass sie in der Lage wären, darüber hinaus selbstständig neue Aufgaben zu erlernen – sie sind also nur monothematisch einsetzbar.[248] Der Begriff der „starken" künstlichen Intelligenz soll demgegenüber das – bislang rein visionäre – Konzept beschreiben, wonach KI-Systeme eine „allgemeine Intelligenz" besitzen, mit der es ihnen möglich ist, sich in verschiedenste Wissensbereichen einzuarbeiten, eigenständig zu lernen, komplexe Probleme zu lösen und vielseitige Aufgaben zu bewältigen, ohne auf speziell programmierte Vorgaben angewiesen zu sein.[249]

---

242 *Neuhöfer*, S. 22 f; *Herold*, Rn. 93; *Specht/Herold*, MMR 2018, 40 (41 f.).

243 Vgl. zu dieser Einordnung von „Bots": *Volkmann*, MMR 2018, 58 (59); *Libertus*, ZUM 2018, 20.

244 *Neuhöfer*, S. 23; *Herold*, Rn. 109.

245 Vgl. ausführlich: *Herold*, Rn. 94 ff.

246 Vgl. statt vieler: Chibanguza/Kuß/Steege-KI/*Nida-Rümelin*, § 1.E, Rn. 1 ff. m.w.N.

247 *Neuhöfer*, S. 23 m.w.N.; *Humm/Buxmann/Schmidt*, Grundlagen und Anwendung von KI, in: Künstliche Intelligenz in der Forschung, S. 14.

248 *Neuhöfer*, S. 23 f. m.w.N.; *Herold*, Rn. 69 m.w.N.; Ebers-SWK Legal Tech/*Yuan*, KI, Rn. 16.

249 *Neuhöfer*, S. 24 f. m.w.N.; *Herold*, Rn. 68 m.w.N.; Hoeren/Sieber/Holznagel-HdbMMR/*Kevekordes*, Teil 29.1, Rn. 9; Ebers-SWK Legal Tech/*Yuan*, KI, Rn. 16.

Der weitergehenden Untersuchung kann demnach Folgendes zugrunde gelegt werden: KI-gesteuerte Avatare sind als „Social Bots“ autonom agierende Systeme, die durch eine „schwache“ KI betrieben werden und innerhalb ihres vorprogrammierten Einsatzbereiches durch maschinelles Lernen in der Lage sind, neue Fähigkeit und Kenntnisse zu erwerben. Dadurch sind sie in der Lage, menschliche Kommunikation vorzutäuschen und unerkannt in den öffentlichen (politischen oder wirtschaftlichen) Diskurs einzugreifen.

2. Rechtsfähigkeit KI-gesteuerter Avatare

Die Diskussion um eine mögliche Rechtsfähigkeit künstlicher Intelligenz hat in den vergangenen Jahren an Fahrt aufgenommen.[250] Dabei nimmt die wissenschaftliche Debatte bisher hauptsächlich die vertragsrechtlichen Implikationen des Einsatzes künstlicher Intelligenz in den Blick und diskutiert auf dieser Basis über eine mögliche Verleihung von Rechtsfähigkeit – insbesondere in Form einer „elektronischen Person“.[251] Darauf aufbauend, soll die mögliche Rechtsfähigkeit künstlicher Intelligenz im Folgenden mit einem Fokus auf die Besonderheiten des (zivilrechtlichen) Persönlichkeitsschutzes untersucht werden.

a) Rechtliche Gleichstellung von Mensch und Maschine?

Vereinzelt wird darüber nachgedacht, autonom agierende KI-Systeme durch die Konstruktion eines sogenannten Mensch-Maschine-Dualismus mit einer Vollrechtsfähigkeit auszustatten, welche im Wesentlichen eine Gleichstellung von natürlichen Personen und autonomen Maschinen zur Folge hätte.[252] Solche Gedanken fußen auf dem Versuch, die Frage nach dem rechtlichen Status künstlicher Intelligenz an die Übertragbarkeit menschlicher Kategorien auf Maschinen zu knüpfen.[253] Demnach soll eine rechtliche Gleichstellung voraussetzen, dass KI-Systeme ein menschenähnliches Maß an Autonomie besitzen und in der Lage

---

[250] Dazu ausführlich: *Riehm/Meier*, in: Fischer/Hoppe/Wimmers, DGRI Jahrbuch 2018, KI im Zivilrecht, Rn. 32 ff.

[251] Vgl. u.a.: *Herold*, Rn. 390 ff.; *Wettig*, S. 369 ff..; *Kleiner* S. 236 ff.; *John*, S. 372 ff; *Riehm/Meier*, in: Fischer/Hoppe/Wimmers, DGRI Jahrbuch 2018, KI im Zivilrecht, Rn. 32 ff.; *Linke*, MMR 2021, 200; *Riehm*, RDi 2020, 42; *Pieper*, GRUR-Prax 2019, 298; *Specht/Herold*, MMR 2018, 40; *Teubner*, AcP 2018, 155; *Kluge/Müller*, InTeR 2017, 24; *Beck*, in: Günther/Hilgendorf, Robotik und Gesetzgebung, S. 255 ff.

[252] *Herold*, Rn. 413 m.w.N.

[253] *Beck*, in: Günther/Hilgendorf, Robotik und Gesetzgebung, S. 252.

sind, menschenähnliche Emotionen empfinden bzw. wahrnehmen sowie ihr eigenes Handeln reflektieren zu können.[254]
Zwar dürfte die Entwicklung einer derart humanoiden KI erst in mittlerer bis ferner Zukunft zu erwarten sein. Der technologische Fortschritt führt jedoch bereits heute dazu, dass zumindest Teilbereiche menschlichen Verhaltens durch künstliche Intelligenz täuschend echt nachgeahmt werden können.[255] Sollte diese Entwicklung in den kommenden Jahrzehnten fortgesetzt werden – wovon aus jetziger Perspektive ausgegangen werden kann – würden die Voraussetzungen für einen Mensch-Maschine-Dualismus zu einem bestimmten Zeitpunkt erreicht sein mit der Folge, dass Mensch und Maschine nach dieser Ansicht zumindest rechtlich gleichgestellt würden.
Eine solche Gleichstellung muss jedoch aufgrund des durch das Grundgesetz vermittelten Menschenbildes abgelehnt werden. Indem Art. 1 Abs. 1 GG den Menschen in den Mittelpunkt aller staatlichen Ordnung stellt, enthält er gleichzeitig den objektiv-rechtlichen Schutzauftrag, die Unverwechselbarkeit des Menschen als Gattung zu bewahren.[256] Die rechtliche Gleichsetzung künstlicher Intelligenz mit natürlichen Personen würde diesen Grundsatz in verfassungswidriger Weise aufbrechen.[257] Auch die zukünftig mögliche menschenähnliche Autonomie bzw. Selbstbestimmtheit künstlicher Intelligenz ändert an dieser Einschätzung nichts, da Menschenwürde und Autonomie einander nicht bedingen. Wäre die Autonomie der „Schlüssel" zur Menschenwürde, müsste Personen, die aufgrund ihres Alters (z.B. Kleinkinder) oder einer (geistigen) Behinderung keine oder nur geringe Selbstbestimmungsfähigkeit aufweisen, die Würde konsequenterweise abgesprochen werden. Ein solches Verständnis ist jedoch mit dem Schutzzweck von Art. 1 GG – gerade im Hinblick auf die Bedeutung der Vorschrift vor dem Hintergrund der nationalsozialistischen Tyrannei[258] – unvereinbar.[259]

254 *Matthias*, S. 46. Vgl. ebenso: *Herold*, Rn. 414; *Beck*, in: Günther/Hilgendorf, Robotik und Gesetzgebung, S. 252.
255 So sorgt die Software „ChatGPT" für Aufsehen, die menschliche Kommunikation lebensecht nachahmen kann.
256 Sachs-GG/*Höfling*, Art. 1, Rn. 52; Dürig/Herzog/Scholz-GG-GG/*Herdegen*, Art. 1 Abs. 1, Rn. 32.
257 Vgl.: *Dürr*, S. 71 f., der darin einen Verstoß gegen Art. 79 Abs. 3 GG sieht.
258 Vgl. dazu statt vieler: v. Münch/Kunig-GG/*Kunig/Kotzur*, Art. 1, Rn. 2.
259 Ausführlich: BeckOK-GG/*Hillgruber*, Art. 1, Rn. 12.1 m.w.N.

Darüber hinaus ist eine (rechtliche) Gleichstellung von autonomen KI-Systemen mit natürlichen Personen auch aus rechtstatsächlicher Perspektive fehlgehend. Der Mensch zeichnet sich gerade durch seine biologische sowie geistige Einzigartigkeit aus; eine Maschine kann – selbst durch eine detailgenaue Imitation – niemals an dieses menschliche Wesen heranreichen.[260] Die Inbetriebnahme bzw. Programmierung einer Maschine kann zudem nicht als ein der menschlichen Geburt vergleichbarer „Beginn" der Rechtsfähigkeit angesehen werden, da der Zeitpunkt des Menschwerdens auf natürlich-biologischen Abläufen beruht, deren Eintreten die Verleihung der mit dem Menschsein einhergehenden Rechte und Pflichten erst bedingen.[261] Die Rechtsfähigkeit eines Menschen ist vielmehr ausschließlich an Voraussetzungen gebunden, die autonome KI-Systeme nicht erfüllen können.[262]

Im Ergebnis kann Künstliche Intelligenz daher in ihrer Rechtsstellung einer natürlichen Person nicht gleichgesetzt werden.

b) KI als vollrechtsfähige Organisation?

Außerhalb der Gleichstellung von Maschinen mit Menschen ist die Anerkennung der Rechtssubjektivität künstlicher Intelligenz zwar grundsätzlich denkbar.[263] Dies bedürfte aber wiederum eines Willensaktes durch den Gesetzgeber,[264] welcher sich dieser Thematik bisher noch nicht angenommen hat. Auch die Regelungsansätze der EU-Kommission zum „Gesetz über künstliche Intelligenz" richten sich lediglich an die Anwender der Technologie und sollen der Regulierung verschiedener Ausformungen künstlicher Intelligenz dienen; eine eigene Rechtssubjektivität für künstliche Intelligenz ist darin nicht vorgesehen.[265]

Fehlen also konkrete Regelungen, könnte die Rechtsfähigkeit künstlicher Intelligenz allenfalls aufgrund einer Analogie zu den gesetzlich geregelten Fällen nicht-menschlicher Rechtsfähigkeit konstruiert werden.[266] Diesbezüglich ergibt

[260] *Herold*, Rn. 415. Vgl. ebenso: *Mayinger* S. 174; *Beck*, in: Günther/Hilgendorf, Robotik und Gesetzgebung, S. 253.
[261] *Herold*, Rn. 415.
[262] *Herold*, Rn. 415; *Mayinger*, S. 177.
[263] Vgl.: *Kersten*, ZfRS 2017, 8 (14 f.); *Schirmer*, in: Arnold/Wangermann, Digitalisierung und künstliche Intelligenz: Orientierungspunkte, S. 83.
[264] Vgl.: *Riehm/Meier*, in: Fischer/Hoppe/Wimmers, DGRI Jahrbuch 2018, KI im Zivilrecht, Rn. 35; *Kersten*, ZfRS 2017, 8 (12); *Herold*, Rn. 425.
[265] Zum Verordnungsentwurf vgl. ausführlich: *Geminn*, ZD 2021, 354.
[266] Vgl.: *Herold*, Rn. 427 ff.; *Kluge/Müller*, InTeR 2017, 24 (29 f.).

sich jedoch das Problem, dass die Einführung neuer Rechtssubjekte qua Rechtsfortbildung stets an eine konkrete Norm anknüpfen muss.[267] Die Diskussion zur Rechtsfähigkeit von künstlicher Intelligenz erfolgt jedoch nicht anhand der Bezugnahme auf eine bestimmte Vorschrift, sondern knüpft an die Übertragung eines ganzen Denkmodells („rechtsfähige Organisationen“) an.[268] Eine „klassische“ Analogiebildung ist somit nicht möglich. Um die Vereinbarkeit von autonomen KI-Systemen mit dem Modell rechtsfähiger Organisationen zu untersuchen, können die Voraussetzungen[269] einer Analogie, insbesondere das Merkmal des „vergleichbaren Sachverhalts“, jedoch entsprechend herangezogen werden.[270]

Die bisherige Untätigkeit des Gesetzgebers schließt die Annahme einer planwidrigen Regelungslücke nicht aus. Künstliche Intelligenz ist ein vergleichsweise neues Phänomen, welches seine praktische Relevanz erst seit wenigen Jahren entfaltet. Aus der Untätigkeit des Gesetzgebers einen entsprechenden Willen zur Nicht-Regulierung künstlicher Intelligenz herzuleiten, wäre daher vor dem Hintergrund der immer lauter werdenden Rufe nach einem umfassenden Rechtsrahmen für KI nicht sachgerecht. Im Gegenteil: Angesichts der drängenden Rechtsfragen, die der Einsatz von KI im Zivilrecht mit sich bringt, ließe sich das Vorliegen einer planwidrigen Regelungslücke durchaus annehmen.[271]

Im Hinblick auf das Bestehen eines vergleichbaren Sachverhaltes muss man zunächst feststellen, dass KI-Systeme keine menschlichen Mitglieder haben können. Dies unterscheidet sie zwar vom überwiegenden Teil der rechtsfähigen Organisationen; das mitgliedschaftliche Kriterium erweist sich allerdings nicht als zwingend, da auch reine Vermögensmassen (Stiftungen) *de lege lata* als rechtsfähige juristische Personen anerkannt werden.[272] Der fundamentale Unterschied zwischen autonom agierenden KI-Systemen und den als rechtsfähig anerkannten

[267] Dazu ausführlich: *Lehmann*, AcP 2007, 225 (231).

[268] *Herold*, Rn. 427; *Kluge/Müller*, InTeR 2017, 24 (29).

[269] Planwidrige Regelungslücke und vergleichbarer Sachverhalt.

[270] Vgl.: *Kluge/Müller*, InTeR 2017, 24 (29). Ähnlich: *Herold*, Rn. 427, die die Einordnung autonom agierender Systeme als „Sondergattung“ juristischer Personen prüft.

[271] Offenlassend: *Kluge/Müller*, InTeR 2017, 24 (29).

[272] *Herold*, Rn. 429; *Schirmer*, in: Arnold/Wangermann, Digitalisierung und künstliche Intelligenz: Orientierungspunkte, S. 83; *Kluge/Müller*, InTeR 2017, 24 (29 f.). Vgl. zur mitgliederlosen, rechtsfähigen Stiftung: MüKo-BGB/*Leuschner*, Vor § 21, Rn. 8; BeckOK-BGB/*Backert*, § 80, Rn. 3.

Organisationen liegt vielmehr in der Art und Weise der korporativen Willensbildung.[273] Juristische Personen und rechtsfähige Personengesellschaften handeln nach außen stets durch ihre Organe bzw. Vertreter; hinter jeder rechtsverbindlichen Entscheidung steht somit ein Akt menschlicher Willensbildung.[274] Demgegenüber kann die künstliche Intelligenz – einmal von Menschenhand programmiert – als autonomes System unabhängig von den Handlungen natürlicher Personen agieren.[275] Das willensbildende Organ ist also nicht mehr der ursprüngliche Programmierer, sondern das KI-System selbst.[276] Die Ratio hinter der Anerkennung rechtsfähiger Organisationen, nämlich die Ermöglichung kollektiven zweckgebundenen menschlichen Handelns unter dem „Dach" eines rechtlich selbstständigen Verbunds,[277] kann im Falle autonomer KI-Systeme daher nicht verwirklicht werden. Darüber hinaus beruht die Anerkennung rechtsfähiger Organisationen im Privatrecht in rechtspolitischer Hinsicht auf der Gewissheit, dass sich ihr Verhalten innerhalb des moralischen und selbstreflektierten Aktionsvermögens der dahinterstehenden Menschen bewegt.[278] Ein solches natürliches Handlungskorrektiv ist bei einer künstlichen Intelligenz hingegen nicht bzw. nur sehr eingeschränkt gegeben. Diese Diskrepanz in der Art und Weise der kollektiven Willensbildung führt im Ergebnis dazu, dass in dem Handeln juristischer Personen bzw. rechtsfähiger Personengesellschaften und dem Handeln autonom agierender KI-Systeme kein vergleichbarer Sachverhalt gesehen werden kann.

Im Ergebnis können solche KI-Systeme daher keine Rechtsfähigkeit nach dem Modell juristischer Personen bzw. rechtsfähiger Personengesellschaften für sich beanspruchen.

c) KI als teilrechtsfähige Entität?

Da autonome KI-Systeme also nicht mit einer eigenen Rechtspersönlichkeit ausgestattet werden können, wird von Teilen der Literatur als „Kompromisslösung" vorgeschlagen, künstliche Intelligenz in gewissen Bereichen, insbesondere im

---

[273] *Herold*, Rn. 430 ff.; *Kluge/Müller*, InTeR 2017, 24 (30).
[274] *Herold*, Rn. 430.
[275] *Herold*, Rn. 430.
[276] *Herold*, Rn. 430; *Kluge/Müller*, InTeR 2017, 24 (30).
[277] Vgl.: MüKo-BGB/*Leuschner*, Vor § 21, Rn. 49 ff.
[278] *Herold*, Rn. 432 ff.; *Kluge/Müller*, InTeR 2017, 24 (30).

Vertrags- und Haftungsrecht, als teilrechtsfähig anzuerkennen.[279] Eine solche Teilrechtsfähigkeit soll insbesondere dazu dienen, rechtsgeschäftliche Erklärungen autonomer KI-Systeme im Rahmen von Vertragsschlüssen zu ermöglichen sowie maschinelles Verschulden für die jeweiligen „Verantwortlichen" zurechenbar zu machen.[280] Dadurch sollen vermeintlich bestehende „Verantwortlichkeitslücken", die sich aus dem Einsatz künstlicher Intelligenz ergeben, geschlossen werden.

Kritiker dieser Ansicht tragen vor, dass das Konzept der „Teilrechtsfähigkeit" generell abzulehnen sei: Ein Rechtssubjekt existiere entweder ganz oder gar nicht; die quantitative Abstufung in voll- und teilrechtsfähig sei nicht möglich.[281] Darüber hinaus führe die Anerkennung von Teilrechtsfähigkeit für autonome KI-Systeme zu einem willkürlichen „Rosinenpicken", dessen dogmatische Wirkung kaum absehbar sei.[282]

Eine detaillierte Auseinandersetzung mit dieser Diskussion kann an dieser Stelle unterbleiben. Denn jedenfalls im Hinblick auf die hiesige Forschungsfrage, ob KI-gesteuerte Avatare zivilrechtliche Persönlichkeitsansprüche geltend machen können, kommt eine Rechtssubjektivität qua Teilrechtsfähigkeit nicht in Betracht. Auch diejenigen Autoren, die für eine Teilrechtsfähigkeit autonomer KI-Systeme streiten, sind sich nämlich darin einig, dass die Teilrechtsfähigkeit funktional verstanden werden muss.[283] Dies bedeutet, dass eine Zuschreibung von Rechten und Pflichten nur dann erfolgen soll, „*wenn diese zum Schutz der Systeme oder für einen komplikationslosen Einsatz im Rechtsverkehr notwendig sind.*"[284] Um eine solche Notwendigkeit im Hinblick auf den zivilrechtlichen Persönlichkeitsschutz zu begründen, müsste eine künstliche Intelligenz zumindest eine gewisse geistige Identität aufweisen und ein „soziales Verständnis" entwickeln können.[285] KI-Systeme können jedoch trotz ihrer Komplexität und Fähigkeit zur menschenähnlichen Kommunikation nicht als denkende bzw.

---

[279] So etwa: *Herold*, Rn. 195 ff.; *Teubner*, AcP 2018, 155 (204); *Specht/Herold*, MMR 2018, 40 (44); *Schirmer*, JZ 2016, 660 (663 ff.); *Gruber*, in: Beck, Jenseits von Mensch und Maschine, 133 (154 ff.).

[280] Vgl. dazu ausführlich: *Schirmer*, JZ 2016, 660 (663 f.).

[281] Vgl.: *Riehm*, RDi 2020, 42 (47); *Klingbeil*, JZ 2019, 718 (722). Ebenfalls kritisch: *Linke*, MMR 2021, 200 (203).

[282] *Riehm*, RDi 2020, 42 (47).

[283] Vgl.: *Teubner*, AcP 2018, 155 (163); *Schirmer*, JZ 2016, 660 (663); *Herold*, Rn. 552 ff.

[284] *Herold*, Rn. 552. Vgl. ebenso: *Schirmer*, JZ 2016, 660 (663); *Gruber*, in: Beck, Jenseits von Mensch und Maschine, 133 (156).

[285] *Gruber*, in: Beck, Jenseits von Mensch und Maschine, 133 (157).

wahrnehmende, also „bewusste" Wesen klassifiziert werden.[286] Sie handeln nicht aufgrund von Emotionen, Erfahrungen oder persönlichen Überzeugungen, sondern ihr Verhalten beruht auf einer initialen Programmierung und den in der Folge gesammelten Daten.[287] Sie verfügen daher gerade nicht über ein humanoides Moral- bzw. Ehrempfinden,[288] welches ihnen die Teilhabe am sozialen Diskurs ermöglichen und einen Schutz vor „verletzenden" Beiträgen notwendig erscheinen lassen würde. Im Ergebnis ist eine Teilrechtsfähigkeit künstlicher Intelligenz somit jedenfalls im Hinblick auf den Persönlichkeitsschutz abzulehnen.

d) Rechtsfähigkeit *de lege ferenda* als „elektronische Person"?

Aufgrund der Schwierigkeiten bei der Einordnung von KI-Systemen in die „herkömmlichen" Kategorien von Rechtsfähigkeit wird in der Literatur seit geraumer Zeit *de lege ferenda* die Anerkennung autonomer KI-Systeme als vollrechtsfähige „elektronische Personen"[289] diskutiert.[290] Auch das EU-Parlament scheint einen solchen Weg zu favorisieren, wenn es die EU-Kommission auffordert, *„langfristig einen speziellen rechtlichen Status für Roboter zu schaffen, damit zumindest für die ausgeklügeltsten autonomen Roboter ein Status als elektronische Person festgelegt werden könnte"*.[291]

Die elektronische Person soll als „dritte Kategorie" rechtsfähiger Entitäten neben natürlichen Personen sowie rechtsfähigen Organisationen (juristische Personen und rechtsfähige Personengesellschaften) existieren.[292] Zur Begründung dieses Konzeptes werden sowohl rechtliche als auch philosophische und soziologische Aspekte angeführt.[293] In juristischer Hinsicht soll die Anerkennung einer vollständigen Rechtsubjektivität autonomer KI-Systeme vor allem die durch den Einsatz künstlicher Intelligenz vermeintlich bestehenden „Verantwortungslücken" im Vertrags- und Haftungsrecht schließen.[294] Darüber hinaus sollen KI-

---

[286] *Gruber*, in: Beck, Jenseits von Mensch und Maschine, 133 (157).
[287] Vgl.: *Gruber*, in: Beck, Jenseits von Mensch und Maschine, 133 (157).
[288] *Herold*, Rn. 554.
[289] Zur unterschiedlichen Terminologie vgl.: *Herold*, Rn. 439 ff.
[290] *Wettig*, S. 369 ff..; *Herold*, Rn. 437 ff.; *Kleiner* S. 236 ff.; *John*, S. 372 ff.; *Kluge/Müller*, InTeR 2017, 24 (29 f.); *Kersten*, JZ 2015, 1 (6 ff.); *Beck*, in: Günther/Hilgendorf, Robotik und Gesetzgebung, 239 (255 f.).
[291] Entschließung des Europäischen Parlaments v. 16.2.2017 mit Empfehlungen an die Kommission zu zivilrechtlichen Regelungen im Bereich Robotik (2015/2103(INL)), Nr. 59 lit. f.
[292] Vgl.: *Herold*, Rn. 437; *John*, S. 236.
[293] Vgl.: *Linke*, MMR 2021, 200 (202); *Riehm*, RDi 2020, 42 (44); *Klingbeil*, JZ 2019, 718 (721).
[294] Ausführlich: *Teubner*, AcP 2018, 155 (157 ff.). Vgl. ebenso: *Herold*, Rn. 489 ff. m.w.N.

Systeme jedoch auch mit eigenen Rechten ausgestattet werden, um Gefährdungen ihrer Funktionalität durch Dritte begegnen zu können.[295]

Im Folgenden soll die Ausgestaltung des rechtlichen Status elektronischer Personen – so wie er in der Literatur skizziert wird – überblicksartig dargestellt werden. Daraufhin erfolgt eine Bewertung des Konzepts anhand rechtstheoretischer sowie rechtstatsächlicher Aspekte.

aa) Überblick über die Ausgestaltung des rechtlichen Status

Als elektronische Personen sollen autonome KI-Systeme die Fähigkeit erhalten, als „vollwertige“ Mitglieder am bürgerlichen Rechtsverkehr teilzunehmen. Dies beinhaltet zunächst die Befugnis, rechtswirksame Willenserklärungen abzugeben und eigenständige Schuldverhältnisse einzugehen.[296] Ferner sollen elektronische Personen Eigentum haben, über Geld verfügen und Zugang zur Kreditwirtschaft bekommen.[297] Für Pflichtverletzungen wird eine selbstständige Eigenhaftung der KI-Systeme vorgesehen.[298] Die dafür erforderliche Haftungsmasse soll mittels einer Pflichtversicherung oder durch einen Fond, welcher der künstlichen Intelligenz eigentumsrechtlich zugeordnet und durch die Beteiligten (z.B. Hersteller, Programmierer oder Verwender) gespeist wird, gedeckt werden.[299] Des Weiteren sollen elektronische Personen über subjektive (materielle sowie prozessuale) Rechte verfügen und diese im Streitfall vor Gericht geltend machen können.[300]

In formeller Hinsicht wird vorgeschlagen, elektronische Personen verpflichtend in ein Register einzutragen.[301] Die Registereintragung würde – ähnlich wie bei

---

[295] *Kersten*, JZ 2015, 1 (7 f.); *Beck*, in: Günther/Hilgendorf, Robotik und Gesetzgebung, 239 (256).

[296] *Mayinger*, S. 227 f.; *Teubner*, AcP 2018, 155 (161). Vgl. ebenso: *Beck*, in: Günther/Hilgendorf, Robotik und Gesetzgebung, 239 (256).

[297] *Teubner*, AcP 2018, 155 (161).

[298] *Teubner*, AcP 2018, 155 (161).

[299] *Teubner*, AcP 2018, 155 (161). Vgl. ebenso: *Kleiner*, S. 185 ff.; *Mayinger*, S. 244 f.; *Herold*, Rn. 454 ff.; *Beck*, in: Günther/Hilgendorf, Robotik und Gesetzgebung, 239 (256); *Kersten*, JZ 2015, 1 (7).

[300] *Teubner*, AcP 2018, 155 (161); *Beck*, in: Günther/Hilgendorf, Robotik und Gesetzgebung, 239 (256). Vgl. zur (Grund-)Rechtsträgerschaft elektronischer Personen: *Kersten*, JZ 2015, 1 (7 f.).

[301] *Mayinger*, S. 245 f.; *Kleiner*, S. 157; *Herold*, Rn. 460 ff.; *Beck*, in: Günther/Hilgendorf, Robotik und Gesetzgebung, 239 (256).

„herkömmlichen" Körperschaften – an die Erfüllung gewisser (gesetzlicher) Voraussetzungen geknüpft werden.[302] Darüber hinaus könnten sich potentielle Geschäftspartner der KI-Systeme im Voraus anhand des Registereintrags über das Risiko einer Geschäftsbeziehung informieren.[303]

bb) Rechtliche Bewertung

Die Rechtsfigur der elektronischen Person soll im Folgenden rechtlich bewertet werden. Diesbezüglich muss zunächst geklärt werden, ob es grundsätzlich möglich ist, autonome KI-Systeme *de lege ferenda* als vollwertige Rechtsubjekte anzuerkennen ((1)). Danach soll die Erforderlichkeit der elektronischen Person im Hinblick auf etwaige „Verantwortungslücken" untersucht werden ((2)). Schließlich sollen auch rechtsethische Aspekte in die Beurteilung einfließen ((3)).

(1) Verfassungsrechtliche Zulässigkeit der Anerkennung maschineller Rechtssubjekte *de lege ferenda*

Eine Grundvoraussetzung für die Anerkennung elektronischer Personen ist, dass künstlicher Intelligenz auf Basis der verfassungsrechtlichen Vorgaben überhaupt eine eigene Rechtsubjektivität verliehen werden *darf*. Zum Teil wird dies mit der Begründung verneint, das Grundgesetz reserviere die Eigenschaft, Träger von Rechten und Pflichten zu sein, nach Art. 1 Abs. 1 GG ausschließlich dem Menschen bzw. den als Ausdruck menschlichen Handelns gebildeten Vereinigungen.[304] Dem ist jedoch nicht zuzustimmen. Zwar stellt die verfassungsrechtliche Ordnung mit der Menschenwürdegarantie aus Art. 1 Abs. 1 GG den Menschen als natürliche Person in den Mittelpunkt allen rechtlichen Handelns, weshalb der Gesetzgeber einer lebend geborenen natürlichen Person die Rechtsfähigkeit nicht aberkennen darf.[305] Dies bedeutet im Umkehrschluss aber nicht, dass dem Menschen bzw. seiner Zusammenschlüsse das Recht vorbehalten ist, das einzige Rechtssubjekt im Rechtssystem zu sein.[306] Vielmehr ist der (verfas-

---

[302] *Kleiner*, S. 158 f.; *Beck*, in: Günther/Hilgendorf, Robotik und Gesetzgebung, 239 (256).
[303] *Beck*, in: Günther/Hilgendorf, Robotik und Gesetzgebung, 239 (256).
[304] *Müller-Hengstenberg/Kirn*, MMR 2014, 307 (308).
[305] BeckOGK-BGB/*Behme*, § 1, Rn. 36.
[306] *Kersten*, ZfRS 2017, 8 (11). Vgl. ebenso: *John*, S. 374 f.; *Dürr*, S. 70; *Laude*, S. 167; *Ingold*, Der Staat 53 (2014), 193 (215 ff.); *Schirmer*, in: Arnold/Wangermann, Digitalisierung und künstliche Intelligenz: Orientierungspunkte, 82 (83).

sungsgebende) Gesetzgeber frei darin, auch maschinellen Entitäten Rechtssubjektivität zu verleihen und diese auszugestalten.[307] Daher wäre es grundsätzlich rechtlich möglich, KI-Systeme – und damit auch KI-gesteuerte Avatare – als rechtsfähige elektronische Person anzuerkennen.

(2) Erforderlichkeit im Hinblick auf „Verantwortungslücken"

Die Anerkennung elektronischer Personen würde ohne Zweifel zu einem erheblichen Eingriff in die „althergebrachten" Strukturen unseres Rechtssystems führen.[308] Es ist daher zu prüfen, ob die Verleihung von Rechtsfähigkeit an autonome KI-Systeme zur Lösung rechtlicher Problematiken überhaupt erforderlich ist oder ob bestehende Fragestellungen auch unter Zugrundelegung des rechtliches *status quo* aufgelöst werden können.[309]

Aus rechtlicher Sicht wird die Anerkennung elektronischer Personen maßgeblich mit den vermeintlichen bestehenden „Verantwortungslücken" im Vertrags- und Haftungsrecht begründet, die durch das Handeln autonomer KI-Systeme entstünden.[310] Eine nähere Auseinandersetzung mit den damit verbundenen Zurechnungs- und Haftungsfragen zeigt jedoch, dass die Verleihung eines vollständigen Rechtssubjektstatus für autonome KI-Systeme zur Auflösung dieser Fragestellungen nicht erforderlich ist.

Im Vertragsrecht wird die Forderung nach der Anerkennung vollrechtsfähiger elektronischer Personen insbesondere damit begründet, dass die Erklärungen autonomer KI-Systeme aufgrund der durch die technische Eigenständigkeit bedingten fehlenden Vorhersehbarkeit ihrer Entscheidungen dem Verwender der Software nicht (mehr) zurechenbar seien.[311] Diesbezüglich lässt sich jedoch feststellen, dass in der Rechtsprechung bereits seit geraumer Zeit die sogenannte „Computererklärungen"[312] als vollwirksame Willenserklärung anerkannt sind,

[307] *John*, S. 375; *Laude*, S. 168; *Dürr*, S. 71; BeckOGK-BGB/*Behme*, § 1, Rn. 36, 38; *Linke*, MMR 2021, 200 (201); *Klingbeil*, JZ 2019, 718 (721); *Wischmeyer*, AöR 2018, 1 (38); *Kersten*, ZfRS 2017, 8 (11); *Schirmer*, in: Arnold/Wangermann, Digitalisierung und künstliche Intelligenz: Orientierungspunkte, 82 (83 f.); *Beck*, in: Günther/Hilgendorf, Robotik und Gesetzgebung, 239 (255).

[308] *Linke*, MMR 2021, 200 (202); *Klingbeil*, JZ 2019, 718 (721).

[309] *Linke*, MMR 2021, 200 (202); *Klingbeil*, JZ 2019, 718 (721).

[310] Ausführlich: *Teubner*, AcP 2018, 155 (157 ff.). Vgl. ebenso: *Herold*, Rn. 489 ff.; *Riehm*, RDi 2020, 42 (43).

[311] Vgl.: *Kleiner*, S. 232 ff.; *John*, S. 118 ff.

[312] Eine Computererklärung ist eine Erklärung, welche eine Software ohne aktuellen menschlichen Beitrag selbsttätig erzeugt, Spindler/Schuster-eMedienR/*Spindler*, BGB Vor §§ 116 ff., Rn. 6.

die dem Verwender einer Software immer dann zugerechnet wird, wenn er über einen generellen Handlungswillen sowie ein allgemeines Erklärungsbewusstsein hinsichtlich des Einsatzes der Software verfügt.[313] Dies kann grundsätzlich auf den Einsatz autonomer Systeme übertragen werden, indem Handlungswille und Erklärungsbewusstsein bewusst weit verstanden und schon aufgrund der „Aktivierung“ der KI-Systeme angenommen werden.[314] Mit zunehmender Autonomisierung der KI-Systeme wird es jedoch zugegebenermaßen immer schwieriger, allein in der initialen „Aktivierung“ der Software ein tatsächliches Handlungs- bzw. Erklärungsbewusstsein des Softwareverwenders zu sehen, da die Handlungen der künstlichen Intelligenz nicht mehr vorhersehbar sind.[315] In solchen Fällen wäre jedoch die Anerkennung einer Teilrechtsfähigkeit von KI-Systemen zur Abgabe von eigenen Willenserklärungen als Stellvertreter (§ 164 BGB) des Softwareverwenders eine vorzugswürdige Lösung, da diese weniger intensiv in das Rechtssystem eingreifen würde als die Etablierung einer vollrechtsfähigen elektronischen Person.[316]

Im Hinblick auf die Haftung für vertragliche Pflichtverletzungen wird die Einführung der elektronischen Person damit begründet, dass unmittelbare Pflichtverletzungen eines autonomen KI-Systems dem Verwender der künstlichen Intelligenz *de lege lata* nicht über § 278 BGB zurechenbar seien, da es für die Stellung als „Erfüllungsgehilfe“ einer eigenen Rechtspersönlichkeit bedürfe, die autonomen KI-Systemen nach dem geltenden Recht nicht zukomme.[317] Auch dieser Begründungsansatz kann jedoch nicht verfangen. Zwar ist es zutreffend, dass sich § 278 BGB dem Wortlaut nach auf „Personen“ bezieht und damit lediglich auf anerkannte Rechtsubjekte abstellt, sodass eine direkte Anwendbarkeit der Norm auf nicht rechtsfähige autonome KI-Systeme ausscheidet.[318] Allerdings ist richtigerweise von einer analogen Anwendbarkeit des § 278 BGB

[313] Ausführlich: Spindler/Schuster-eMedienR/*Spindler*, BGB Vor §§ 116 ff., Rn. 6. Vgl. ebenso: BGH, Urt. v. 26.1.2005 – VIII ZR 79/04, NJW 2005, 976; Urt. v. 7.11.2001 – VIII ZR 13/01, MMR 2002, 95 (96); OLG Frankfurt a.M., Urt. v. 20.11.2002 – 9 U 94/02, MMR 2003, 405 (406).

[314] Spindler/Schuster-eMedienR/*Spindler*, BGB Vor §§ 116 ff., Rn. 10. Vgl. ebenso: *Riehm*, RDi 2020, 42 (47).

[315] Spindler/Schuster-eMedienR/*Spindler*, BGB Vor §§ 116 ff., Rn. 10. Vgl. ebenso: *Herold*, Rn. 216; *Kleiner*, S. 40; Kainer/Förster, ZfPW 2020, 275 (286 ff.); *Pieper*, GRUR-Prax 2019, 298 (300).

[316] Vgl.: *Herold*, Rn.563 ff.; *Kainer/Förster*, ZfPW 2020, 275 (300).

[317] *John*, S. 247 ff.; *Mayinger*, S. 85 f.; *Teubner*, AcP 2018, 155 (158).

[318] *Herold*, Rn. 355; *Kleiner*, S. 95; *Wettig*, S. 331.

auszugehen.[319] Die dafür erforderliche planwidrige Regelungslücke ergibt sich aus der Tatsache, dass das Vertretenmüssen in Bezug auf den Einsatz autonomer KI-Systeme nicht gesetzlich geregelt ist und keine Anhaltspunkte für eine Auseinandersetzung des Gesetzgebers mit dieser Problematik vorliegen.[320] Eine vergleichbare Interessenlage ist darin zu sehen, dass der Verwender der autonomen künstlichen Intelligenz – ebenso wie im „klassischen" Verhältnis von Geschäftsherrn und Erfüllungsgehilfe – einen selbstständigen Gehilfen zur Erfüllung vertraglicher Verpflichtung hinzuzieht, wodurch ihm Vorteile entstehen, die es auszugleichen gilt.[321] Zwar verfügen maschinelle Entitäten nicht über eine eigene Verschuldensfähigkeit; dies ist im Rahmen von § 278 BGB jedoch unbeachtlich, da es allein auf das Verschulden des Schuldners ankommt und der Erfüllungsgehilfe daher nicht zwingend verschuldensfähig sein muss.[322]

Im außervertraglichen Bereich wird die Erforderlichkeit der Anerkennung elektronischer Personen damit begründet, dass eine Haftung für Schäden, die durch eine autonom handelnde künstliche Intelligenz verursacht werden, nur dann in Betracht komme, wenn ein pflichtwidriges Verhalten des Softwareverwenders vorliege.[323] Eine unmittelbare Anknüpfung an die Handlung der KI-Systeme sei mangels Rechtsfähigkeit nicht möglich und führe daher zu einer Schutzlücke für Betroffene.[324] Auch dieser Aspekt kann bei genauerer Betrachtung jedoch nicht verfangen. Zwar ist es richtig, dass ein autonomes KI-System mangels Rechtsfähigkeit *de lege lata* kein Haftungsschuldner sein kann und eine deliktsrechtliche Haftung daher ausscheidet, soweit das Handeln des autonomen KI-Systems Anknüpfungspunkt ist.[325] Dies führt jedoch nicht zwangsläufig zu einer Schutzlücke, die die Anerkennung einer rechtsfähigen elektronischen Person erforderlich machen würde. Vielmehr ist der Pflichtenkatalog des Softwareverwenders nach § 823 Abs. 1 BGB *de lege lata* dergestalt zu erweitern, dass ihn als Beherr-

[319] *Herold*, Rn. 356 ff. m.w.N.; *Kleiner*, S. 95 ff.; *Wettig*, S. 332 ff.; *Grapentin*, S. 131; *Linke*, MMR 2021, 200 (204); *Teubner*, AcP 2018, 155 (186); *Wulf/Burgenmeister*, CR 2015, 404 (407). Andere Ansicht: MüKo-BGB/*Grundmann*, § 278, Rn. 46; Staudinger-BGB/*Caspers*, § 278, Rn. 5; *Horner/Kaulartz*, CR 2016, 7 (7 f.).

[320] *Herold*, Rn. 356; *Kleiner*, S. 95 f.

[321] *Herold*, Rn. 357; *Kleiner*, S. 95 f.

[322] *Herold*, Rn. 358; *Kleiner*, S. 101.

[323] *Teubner*, AcP 2018, 155 (159).

[324] *Teubner*, AcP 2018, 155 (159).

[325] *Kleiner*, S. 235.

scher der Gefahrenquelle „KI-System" nach dem Vorbild der Produzentenhaftung[326] umfassende Verkehrs- und Produktsicherungspflichten sowie eine Beweislastumkehr treffen.[327] Darüber hinaus kommt auch eine Haftung des Softwareverwenders analog[328] § 831 BGB in Betracht.[329] Da diese Norm insofern allein auf das (Organisations-)Verschulden des Geschäftsherrn abstellt, ist die fehlende Verschuldensfähigkeit des KI-Systems – ähnlich wie im Falle der analogen Anwendung von § 278 BGB – unbeachtlich.[330]

Eine Vielzahl von Schäden, die durch das Handeln autonomer KI-Systeme entstehen, dürften aus Basis des Vorstehenden rechtlich „abgedeckt" sein. Sollte man, insbesondere in Anbetracht der Exkulpationsmöglichkeiten im Deliktsrecht, dennoch der Ansicht sein, dass das Haftungsregime unzureichend ausgestaltet ist und *de lege ferenda* modifiziert werden muss, bietet sich statt der (systemfremden) Einführung einer rechtsfähigen elektronischen Person die spezialgesetzliche Normierung[331] eines Gefährdungshaftungstatbestandes für den Einsatz autonomer KI-Systeme an.[332] Eine solche Gefährdungshaftung für Programmierer und/oder Verwender einer KI-Software könnte dort eingreifen, wo ein Rückgriff auf individuelle Pflichtverletzungen schlichtweg nicht mehr möglich ist. Sie sollte nicht nur Ersatzansprüche für materielle Schäden vorsehen, sondern im Falle persönlichkeitsrechtlicher Verletzungen durch die künstliche Intelligenz ebenso immaterielle Ausgleichsansprüche gewähren.[333] Zum Schutze der Softwareverwender und zur Verhinderung etwaiger *chilling effects*[334] im Hinblick auf den (nicht grundsätzlich zu missbilligenden) Gebrauch autonomer

[326] Zur Produzentenhaftung für unsichere Software vgl.: *Raue*, NJW 2017, 1841 (1843 ff.).
[327] *Wettig*, S. 337 ff.
[328] Eine direkte Anwendung scheitert wie im Falle des § 278 BGB daran, das autonomen KI-Systemen de lege lata kein Personenstatus zukommt, vgl.: *Kleiner*, S. 106.
[329] *Kleiner*, S. 106 ff; *Wettig*, S. 341 ff.; *John*, S. 272 ff. Vgl. ebenso: *Linke*, MMR 2021, 200 (204); *Riehm*, RDi 2020, 42 (48). Kritisch: *Herold*, Rn. 489, deren Bedenken im Hinblick auf die fehlende (technische) Weisungsgebundenheit autonomer Systeme jedoch durch ein weites Verständnis des Weisungsbegriffs ausgeräumt werden können.
[330] *Kleiner*, S. 107 f.; *Wettig*, S. 343; *John*, S. 273 f.
[331] Eine Analogie zu bereits bestehenden Gefährdungstatbeständen scheitert jedenfalls am Ausnahmeprinzip der Gefährdungshaftungstatbestände, vgl.: *Kleiner*, S. 112. Vgl. ebenso zur fehlenden Analogiefähigkeit dieser Tatbestände: BGH, Urt. v. 7.11.1974 – III ZR 107/22, NJW 1975, 117 (118); Urt. v. 25.1.1971 – III ZR 208/68, NJW 1971, 607 (608); MüKo-BGB/*Wagner*, Vor § 823, Rn. 26.
[332] Vgl. eingehend: *Schulz*, S. 364 ff. Kritisch: *Kleiner*, S. 135; *Mayinger*, S. 95 ff.
[333] *Schulz*, S. 365.
[334] Vgl. zu diesen Bedenken: *Mayinger*, S. 95; *Kleiner*, S. 135.

KI-Systeme sollten derartige Gefährdungstatbestände jedoch gewisse Exkulpationsmöglichkeiten sowie Haftungshöchstsummen vorsehen.[335]
Im Ergebnis wird deutlich, dass die Anerkennung einer rechtsfähigen elektronischen Person *de lege ferenda* nicht erforderlich ist, um einen rechtssicheren Einsatz autonomer KI-Systeme zu gewährleisten. Aufgrund des tiefgreifenden Eingriffs, welchen die Anerkennung maschineller Rechtssubjekte für die Systematik des deutschen Rechtssystems nach sich ziehen würde, ist die Etablierung einer elektronischen Person – nicht zuletzt im Hinblick auf alternative, weniger eingriffsintensive gesetzgeberische Mittel – ferner schlicht nicht erstrebenswert. Zuletzt erscheint es aus rechtspolitischer Perspektive verfehlt, ein KI-System, welches auch im Falle eines hohen Grades an Autonomie stets fremdnützig im Interesse seines Verwenders eingesetzt wird, für etwaige Schäden haften zu lassen, ohne dass es in den Genuss etwaiger Vorteile seines Handels kommen könnte, während der Softwareverwender ohne bzw. mit nur eingeschränkter individueller Haftung „davonkommen" würde.[336]

(3) Rechtsethische Bedenken

Bei der rechtlichen Beurteilung des Konzeptes „elektronische Person" dürfen auch rechtsethische Aspekte nicht unbeachtet bleiben. In dieser Hinsicht werden teilweise Bedenken geäußert, die Anerkennung rechtsfähiger elektronischer Personen würde die Rechtsstellung natürlicher Personen relativieren.[337] Dem ist jedoch nicht zuzustimmen. Die Rechtsfähigkeit des Menschen wird durch die Menschenwürdegarantie des Art. 1 Abs. 1 GG garantiert und kann daher nicht durch staatliche Maßnahmen entzogen werden.[338] Selbst wenn elektronische Personen mit vollumfänglichen Rechten und Pflichten ausgestattet werden würden, bliebe die Rechtsfähigkeit natürlicher Personen davon also unberührt. Vielmehr dürfte elektronischen Personen stets eine „schwächere" Rechtsposition zukommen, da ihre Rechtssubjektivität jederzeit durch den Gesetzgeber, welcher wiederum aus natürlichen Personen besteht, aberkannt werden könnte.[339] Eine

---

[335] Vgl. *Schulz*, S. 365.
[336] *Herold*, Rn. 492.
[337] *Mayinger*, S. 204. Vgl. ebenso: *Herold*, Rn. 494; *John*, S. 387; *Schirmer*, JZ 2019, 711 (716).
[338] MüKo-BGB/*Spickhoff*, § 1, Rn. 16; BeckOGK-BGB/*Behme*, § 1, Rn. 37. Vgl. ebenso: *John*, S. 387.
[339] *John*, S. 387; *Herold*, Rn. 190.

Schwächung der menschlichen Rechtsposition ist durch die Anerkennung elektronischer Personen somit nicht zu befürchten.

Trotz dieser Feststellung darf nicht übersehen werden, dass autonome KI-Systeme mit der Stellung als elektronische Personen, insbesondere mit der damit verbundenen Verleihung eigener Rechte, auf eine zumindest vergleichbare Stufe mit menschlichen Rechtssubjekten gestellt werden würden.[340] Dies ist insofern bedenklich, als dass KI-Systeme aller Voraussicht nach zukünftig in der Lage sein werden, die kognitiven Fähigkeiten eines Menschen zu übertreffen, ohne dabei jedoch über individuelle Moral- bzw. Wertevorstellungen zu verfügen.[341] Ihr Handeln unterliegt daher keinem natürlichen Korrektiv. Stattet man solche Systeme mit menschenähnlichen Rechten aus, können sich daraus Gefahren für die menschliche „Vormachtstellung" innerhalb unseres Rechtssystems ergeben, etwa wenn begründet werden müsste, warum autonomen Systemen Rechte vorenthalten werden, die natürlichen Personen zustehen.[342] Insbesondere im Hinblick auf den Persönlichkeitsschutz müsste man sich die Frage stellen, ob KI-Systeme individuelle „Persönlichkeitsmerkmale" entwickeln können, die gegenüber natürlichen Personen einen besonderen Schutz genießen würden und entsprechend (rechtlich) durchgesetzt werden könnten. Spätestens an dieser Stelle würde es jedoch zu einer Infragestellung des menschlichen „Persönlichkeitsprimats" kommen. Insgesamt sprechen also auch aus rechtsethischer Sicht gute Gründe dafür, die Anerkennung elektronischer Personen als rechtsfähige Rechtsubjekte abzulehnen.

cc) Zwischenergebnis zur elektronischen Person

Im Ergebnis ist die Einführung eines Status als vollrechtsfähige elektronische Person für autonome KI-Systeme abzulehnen. Zwar ist es (verfassungs-)rechtlich zulässig, auch maschinelle Entitäten mit einer eigenen Rechtspersönlichkeit auszustatten. In Anbetracht des tiefen Eingriffs, den ein solcher Schritt für unser Rechtssystem bedeuten würde, muss die Anerkennung elektronischer Personen jedoch rechtlich unbedingt geboten sowie ethisch vertretbar sein.

---

[340] Vgl.: *Schirmer*, JZ 2019, 711 (716).
[341] Vgl.: *Herold*, Rn. 495; *Schirmer*, JZ 2019, 711 (716).
[342] *Schirmer*, JZ 2019, 711 (716).

Wie gezeigt,[343] kann die durch den Einsatz autonomer Systeme vermeintlich bestehende „Verantwortungslücke" im Vertrags- und Haftungsrecht allerdings überwiegend durch eine Rechtsfortbildung *de lege lata* geschlossen werden. Dort, wo das geltende Recht keine Lösungen bietet, stellen die Anerkennung einer funktional bezogenen Teilrechtsfähigkeit bzw. die Normierung spezieller Gefährdungshaftungstatbestände mildere, da weniger eingreifende, Mittel gegenüber der Etablierung einer elektronischen Person dar.

Darüber hinaus ist in rechtsethischer Hinsicht zu befürchten, dass die Anerkennung maschineller Entitäten als menschenähnliche Rechtssubjekte aufgrund der Fähigkeit dieser Systeme, übermenschliche Funktionen auszuführen, zu einer Gefährdung des Menschen in seiner Funktion als „Primat" der Rechtsordnung führen würde. Die Konsequenzen, die die Verleihung eigener Rechtspositionen an autonome KI-Systeme haben dürfte, können diesbezüglich kaum abgesehen werden.

Die Einführung einer elektronischen Person *de lege ferenda* ist daher weder (rechtlich) erforderlich noch wünschenswert. Das Konzept ist somit insgesamt abzulehnen.

e) Zwischenfazit zur Rechtsfähigkeit

Im Ergebnis können KI-gesteuerte Avatare *de lege lata* weder als rechtsfähig anerkannt werden, noch kann im Hinblick auf den Persönlichkeitsschutz eine Analogie zu den bestehenden Konzepten (teil-)rechtsfähiger Organisationen angenommen werden. Auch die Anerkennung einer „elektronischen Person" *de lege ferenda* ist nicht angezeigt. Es lässt sich daher keine Rechtsfähigkeit KI-gesteuerter Avatare konstruieren.[344]

3. Grundrechtsfähigkeit KI-gesteuerter Avatare

Die Frage, inwiefern künstliche Intelligenz Träger von Grundrechten sein kann, wird in der Rechtswissenschaft bisher noch kaum beleuchtet. Die erste grundlegende Auseinandersetzung mit dieser Thematik ist *Neuhöfer* gelungen, der damit

---

343 Siehe oben B. III. 2. d) bb) (2).

344 Vgl. im Ergebnis ebenso: MüKo-BGB/*Spickhoff*, § 1, Rn. 14; Leupold/Wiebe/Glossner-ITR/*Kaulartz*, Teil 9.6.3, Rn. 14; *Riehm/Meier*, in: Fischer/Hoppe/Wimmers, DGRI Jahrbuch 2018, KI im Zivilrecht, Rn. 35.

zweifelsohne Pionierarbeit leistet. Er differenziert hinsichtlich der Grundrechtsträgerschaft – vereinfacht dargestellt – zwischen der „dyadischen“ und „triadischen“ künstlichen Intelligenz.[345] Eine dyadische künstliche Intelligenz sei dadurch gekennzeichnet, dass sich ihre Kommunikation allein im „Innenverhältnis“ zu ihrem jeweiligen Verwender entfalte, der die KI als (spezialisiertes) Werkzeug verwende und von ihren Erkenntnissen profitiere.[346] Nach außen – also im Verhältnis zum Staat bzw. anderen Grundrechtsträgern – trete dabei lediglich der menschliche Verwender in Erscheinung, während die künstliche Intelligenz nicht in die grundrechtlichen (Außen-)Sphären vordringe.[347] Sämtliche kommunikativen Aspekte seien in dieser Konstellation durch die Grundrechte der natürlichen Person „abgedeckt“, sodass kein Erfordernis für eine eigenständige Grundrechtssubjektivität der KI bestehe.[348] Demgegenüber zeichne sich triadische künstliche Intelligenz laut *Neuhöfer* dadurch aus, dass sie über das Innenverhältnis zu ihrem Verwender hinaus in den Kontakt zu anderen Menschen trete.[349] In jenem Moment, in welchem sich KI-Systeme durch selbstlernende Algorithmen vom Verwender emanzipieren, könne ihre Kommunikation diesem nicht mehr zugerechnet werden, sodass ihr Handeln aus dessen grundrechtlichen Schutzbereich herausfalle.[350] Ohne Anknüpfung an die Grundrechte des Verwenders würde die künstliche Intelligenz jedoch einer grenzenlosen staatlichen Regulierung ausgesetzt, wodurch etwa regierungskritische Äußerungen einer triadischen KI gänzlich unterbunden bzw. sanktionieren werden könnten.[351] Dies widerspreche in vielen Fällen den Interessen der Allgemeinheit – im genannten Beispiel trage die Äußerung der KI zur Meinungsbildung bei, sodass der Schutz der KI mittelbar auch der Meinungsfreiheit natürlicher Personen diene.[352] Daher müsse der triadischen KI grundsätzlich selbstständiger Grundrechtsschutz zukommen können, wobei ihr in dieser Hinsicht die öffentlichen Interessen des demokratischen Verfassungsstaates zugerechnet werden sollten.[353] Dabei sei der dogmatische Anknüpfungspunkt laut *Neuhöfer „nicht eine ‚Entfaltung‘ der KI*

---

[345] Vgl.: *Neuhöfer*, S. 143 ff.
[346] *Neuhöfer*, S. 144 ff.
[347] *Neuhöfer*, S. 148.
[348] *Neuhöfer*, S. 175.
[349] *Neuhöfer*, S. 154.
[350] *Neuhöfer*, S. 154 f.
[351] *Neuhöfer*, S. 160.
[352] *Neuhöfer*, S. 160.
[353] *Neuhöfer*, S. 176.

als Berechtigte, sondern – in Fortführung des Gedankens des Art. 19 Abs. 3 GG – der Schutz grundrechtlicher Handlungsbereiche, sofern [...] die Zurechnung auf dahinterstehende Menschen nicht mehr möglich ist".[354]

Eine detaillierte Auseinandersetzung mit den Thesen *Neuhöfers* würde aufgrund seiner umfangreichen Ausführungen zu rechtstheoretischen, soziologischen sowie philosophischen Aspekten den Rahmen dieser Arbeit sprengen. Insgesamt ist eine Grundrechtsfähigkeit künstlicher Intelligenz nach der hier vertretenen Ansicht jedoch kritisch zu beurteilen:

Für eine Grundrechtsträgerschaft künstlicher Intelligenz fehlt es bereits an einem dogmatischen Anknüpfungspunkt. Zwar ist Art. 19 Abs. 3 GG nach vorzugswürdiger – und mittlerweile wohl auch herrschender – Ansicht stärker funktionsbezogen auszulegen, sodass es für die Grundrechtberechtigung entscheidend darauf ankommt, ob sich die nicht-menschliche Entität in einer grundrechtlichen Gefährdungslage befindet, die der einer natürlichen Person vergleichbar ist (sogenannte „grundrechtstypische Gefährdungslage").[355] Dadurch steht weniger der menschliche Grundrechtsträger, sondern eher das Verhältnis von staatlicher Macht und grundrechtlicher Freiheitsausübung im Vordergrund, womit sich die Grundrechtsfähigkeit von Stiftungen,[356] welche sich gegenüber ihrem personalen Substrat weitgehend verselbstständigt haben, (dogmatisch sauber) erklären lässt.[357] Hieraus schließt *Neuhöfer* allerdings fälschlicherweise, dass Grundrechtsträger existieren können, „*die nicht auf Menschen zurückgeführt werden [...]*".[358] Das Gegenteil ist jedoch der Fall: Dort, wo keine Rückbindung an menschliches Verhalten möglich ist, lassen sich aufgrund der auf den Menschen ausgerichteten Gestaltung des Grundrechtskatalogs (vgl. Art. 1 Abs. 1 GG) keine grundrechtlichen Schutzräume konstruieren.[359] So ist es auch bei der pri-

---

[354] *Neuhöfer*, S. 176.

[355] Vgl. u.a.: BVerfG, Urt. v. 6.12.2016 – 1 BvR 2821/11 u.a., NJW 2017, 219, Rn. 188; Beschl. v. 13.6.2007 – 1 BvR 1550/03 u.a., NJW 2007, 2464, Rn. 157; v. Münch/Kunig-GG/*Ernst*, Art. 19, Rn. 59 m.w.N.; Dürig/Herzog/Scholz-GG/*Remmert*, Art. 19 Abs. 3, Rn. 27; Dreier-GG/*Dreier*, Art. 19 Abs. 3, Rn. 34; BeckOK-GG/*Enders*, Art. 19, Rn. 46. Differenzierend: Huber/Voßkuhle-GG/*Huber*, Art. 19, Rn. 213 ff.

[356] Zur Grundrechtsfähigkeit von Stiftungen: BVerfG, Beschl. v. 4.6.1985 – 2 BvR 1703/83 u.a., BeckRS 1985, 108897; Beschl. v. 17.2.1981 – 2 BvR 384/78, NJW 1981, 1829 (1829); Beschl v. 11.10.1977 – 2 BvR 209/76, NJW 1978, 581 (581).

[357] v. Münch/Kunig-GG/*Ernst*, Art. 19, Rn. 58.

[358] *Neuhöfer*, S. 57.

[359] Ähnlich: *Laude*, S. 151, wonach die menschliche Fähigkeit zur Freiheitsentfaltung „zentraler Bezugspunkt" für den Grundrechtsschutz nach Art. 19 Abs. 3 GG sei.

vatrechtlichen Stiftung stets der Stifter als natürliche Person, der durch die dauerhafte Widmung seines Vermögens einen bestimmten Zweck verfolgt und auf dessen Willen die Handlungen der Stiftung daher (zumindest mittelbar) zurückzuführen sind.[360]

Selbstlernende, autonom agierende künstliche Intelligenz kann hingegen – sobald sie durch ihren Programmierer „von den Leinen“ gelassen wurde – nur noch hinsichtlich ihres technischen Bestandes, nicht hingegen hinsichtlich ihrer Handlungen auf den Willen einer natürlichen Person zurückgeführt werden. Ohne eine solche menschliche Rückbindung kann Art. 19 Abs. 3 GG jedoch nicht zur Begründung einer Grundrechtsträgerschaft dienen. Denn bei der Grundrechtsfähigkeit von Organisationen geht es nicht um den Schutz von „Fiktionen“, mit denen unpersönliche Substrate rechtstechnisch zu einer „Person“ im Rechtssinn zusammengedacht werden, sondern Art. 19 Abs. 3 GG bezweckt allein den Schutz der menschlichen (Handlungs-)Freiheit in einem Kollektiv und trägt diesen als unabdingbaren Legitimations- und Interpretationsmaßstab in sich.[361] Der Grundrechtskatalog kennt in dieser Hinsicht also nur menschliche oder durch den Menschen gebildete Grundrechtssubjekte. Der Schutz bloßer „grundrechtlicher Handlungsbereiche“,[362] die eine KI ausübt, kann auf dieser Grundlage nicht angenommen werden.

Weiterhin ist *Neuhöfer* zwar bei der Feststellung beizupflichten, dass eine künstliche Intelligenz der Grundrechtsausübung dienen kann. Daraus ergibt sich jedoch aus rechtstheoretischer Sicht nicht das Erfordernis eines eigenständigen Grundrechtsschutzes der KI. Vielmehr ist eine Erweiterung des grundrechtlichen Schutzbereiches der natürlichen Person zur Verhinderung einer grenzenlosen staatlichen KI-Regulierung die bessere Wahl.[363] Man stelle sich diesbezüglich folgendes Beispiel vor: Ein Unternehmer betreibt im Metaversum einen KI-gesteuerten Avatar, der in Kommunikation mit Nutzern treten und die Produkte des Unternehmens bewerben soll. Anstatt den Avatar mit eigenen Grundrechten auszustatten, sollte man an dieser Stelle den Schutzbereich der Berufs- oder Meinungsfreiheit des Unternehmers dergestalt erweitern, dass die Verwendung des

[360] MüKo-BGB/*Weitemeyer*, § 80, Rn. 67; BeckOGK-BGB/*Jakob/Uhl*, § 80, Rn. 129.

[361] Dürig/Herzog/Scholz-GG/*Remmert*, Art. 19 Abs. 3, Rn. 113. Vgl. ebenso: *Laude*, S. 151; Huber/Voßkuhle-GG/*Huber*, Art. 19, Rn. 227.

[362] *Neuhöfer*, S. 176.

[363] Ähnlich: *Dürr*, S. 76, der jedoch aus Art. 2 Abs. 1 ein „Recht auf funktionalen Schutz autonomer Systeme“ herleiten will.

Avatars inklusive dessen Handlungen vom grundrechtlichen Schutzbereich erfasst werden. In diesem Falle müsste der Staat bei einer Regulierung der künstlichen Intelligenz die Grundrechte des Unternehmers beachten. Sollte ein öffentlichen Interesses am Kommunikationsverhalten des Avatars bestehen (etwa bei regierungskritischen Aussagen), könnte man zudem den grundrechtlichen Schutzbereich der Kommunikationspartner dergestalt erweitern, dass ihre Meinungsfreiheit auch die Interaktion mit dem Avatar umfasst. So würden jene Konstellationen erfasst werden, in denen die Handlungen des Avatars dem ursprünglichen Verwender aufgrund einer Verselbstständigung der KI partout nicht mehr zugerechnet werden können. Eine „Schutzlücke" könnte dadurch verhindert werden.

Im Ergebnis kann somit nach der hier vertretenen Ansicht generell keine Grundrechtsfähigkeit künstlicher Intelligenz *de lege lata* angenommen werden. Zum einen fehlt es dafür bereits an einem dogmatischen verfassungsrechtlichen Anknüpfungspunkt. Zum anderen besteht kein Erfordernis für eine eigenständige Grundrechtsträgerschaft der KI, da der Schutz ihres Kommunikationsverhaltens durch eine Erweiterung der grundrechtlichen Schutzbereiche der menschlichen Kommunikationspartner erreicht werden kann. Nicht zuletzt ist eine Konstruktion der Grundrechtsberechtigung künstlicher Intelligenz *de lege lata* auch aus rechtspolitischer Perspektive nicht überzeugend. Eine solch grundlegende, gesellschaftsrelevante Frage sollte durch den (verfassungsändernden) Gesetzgeber geregelt und nicht auf Basis von Rechtsfortbildung durch Wissenschaft oder Rechtsprechung propagiert werden.

4. Ergebnis zur Rechtsträgerschaft KI-gesteuerter Avatare

Eine eigene Rechtsfähigkeit autonomer KI-Systeme kann *de lege lata* nicht begründet werden, da die neue Form der Technologie nicht in die bestehenden Konzepte von Rechtsfähigkeit eingeordnet werden kann. Der autonomen künstlichen Intelligenz fehlt es dabei insbesondere an einem menschlichen Handlungseinfluss, welcher als Anknüpfungspunkt für die Konstituierung eigener Rechte dienen könnte. Auch die Verleihung einer funktionalen Teilrechtsfähigkeit kann jedenfalls im Hinblick auf den (zivilrechtlichen) Persönlichkeitsschutz nicht verfangen, fehlt es doch insofern an einer eigenen „Persönlichkeit" von KI-Systemen, die die Verleihung eigener Rechte notwendig erscheinen ließ.

Im Hinblick auf die Grundrechtsfähigkeit kann autonomen KI-Systemen *de lege lata* ebenfalls keine eigene Rechtsträgerschaft zugesprochen werden. Zur Begründung einer solchen mangelt es sowohl an einem dogmatischen verfassungsrechtlichen Anknüpfungspunkt als auch an einem tatsächlichen Schutzbedürfnis. Potentiell bestehende „Schutzlücken", die sich aus einer demokratiefeindlichen schrankenlosen Regulierung künstlicher Intelligenz ergeben könnten, können vielmehr durch die Erweiterung des grundrechtlichen Schutzbereiches der Verwender oder Kommunikationspartner der KI geschlossen werden.
Insgesamt ist erkennbar, dass das bestehende Recht in seiner Systematik auf die Anerkennung autonomer KI-Systeme als recht- und grundrechtsfähige Subjekte nicht ausgelegt ist. Das Zusprechen eigener Rechtspositionen für künstliche Intelligenz kann daher nicht ohne Änderung der bisherigen Rechtslage erfolgen. Die Anerkennung einer vollständigen Rechtsubjektivität maschineller Entitäten in Form der elektronischen Person ist dabei jedoch rechtlich nicht erforderlich und im Hinblick auf die aufgezeigten Alternativen sowie die rechtsethischen Bedenken nicht wünschenswert.

IV. Fazit

Im Ergebnis kann festgehalten werden, dass Avatare keine eigenständigen Träger zivilrechtlicher Persönlichkeitsrechte sein können. Sowohl nutzer- als auch KI-gesteuerte Avatare können nicht in die existierenden Kategorien von Rechts- und Grundrechtsfähigkeit eingeordnet werden.
Für den weiteren Gang dieser Untersuchung bedeutet dies, dass Persönlichkeitsschutz im Metaversum nur insoweit erfolgen kann, wie die natürliche bzw. juristische Person „hinter dem Avatar" in einem ihrer Persönlichkeitsrechte verletzt wird.

KAPITEL 3 – Wirkung der Persönlichkeitsrechte in der virtuellen Realität des Metaversums

Das Allgemeine Persönlichkeitsrecht sowie die besonderen Persönlichkeitsrechte dienen dem Schutz verschiedenster Aspekte der individuellen Persönlichkeitsentfaltung. Dabei hat sich der zivilrechtliche Persönlichkeitsschutz mit seiner starken kasuistischen Prägung in den vergangenen Jahren zunehmend an die veränderten Kommunikations- und Interaktionsformen der digitalisierten Gesellschaft angepasst. Die fortschreitende Massentauglichkeit der VR-Technologie sowie die zu erwartende Implementierung des Metaversums in den Alltag vieler Menschen machen es erforderlich, dass einzelne persönlichkeitsrechtliche Schutzbereiche auch für die avatarbasierte virtuelle Welt weitergedacht werden, denn: Juristische Wissenschaft und Praxis sind gut beraten, stets am Puls der Zeit zu agieren.
Wurden im vorherigen Kapitel lediglich die Grundlagen des zivilrechtlichen Persönlichkeitsschutzes dargestellt, soll nun detailliert auf die einzelnen, in der virtuellen Realität des Metaversums besonders tangierten Garantien des Allgemeinen Persönlichkeitsrechts sowie der besonderen Persönlichkeitsrechte eingegangen und deren Wirkung in der virtuellen Welt des Metaversums untersucht werden. Dabei wird die soeben gefundene Feststellung zugrundegelegt, dass allein die jeweils „hinter" einem Avatar stehenden (natürlichen oder juristischen) Personen Träger von Persönlichkeitsrechten sein können. Dementsprechend wird im Folgenden die Frage erörtert werden, unter welchen Voraussetzungen die individuellen Persönlichkeitsrechte der jeweiligen Nutzer durch eine virtuelle Handlung im Metaversum verletzt werden können.

A. Schutz der persönlichen Ehre

Die Frage nach dem effektiven Schutz der persönlichen Ehre im Internet ist spätestens seit dem vergangenen Jahrzehnt in den Mittelpunkt der gesellschaftlichen und politischen Diskussion gerückt. Der Siegeszug internetbasierter Kommunikation hat der Menschheit zwar einerseits nie erahnte Möglichkeiten eröffnet; andererseits ist jedoch auch das große Missbrauchspotential – insbesondere der plattformbasierten Kommunikation – deutlich geworden. Im Gegensatz zu den analogen Kommunikationsformen des 20. Jahrhunderts, kann im Internet nunmehr jeder Mensch seine Ansichten gegenüber einem potentiell unbegrenzten

M. Kern, *Persönlichkeitsschutz im Metaversum*, Juridicum – Schriften zum Medien-, Informations- und Datenrecht,
https://doi.org/10.1007/978-3-658-50982-8_4

Publikum kundtun. Angriffe gegen die persönliche Ehre einer Person können dadurch in kürzester Zeit einer breiten Medienöffentlichkeit zugänglich gemacht und durch das sogenannte „Teilen“ ihrerseits repliziert werden. Dabei führt die Anonymität des Internets dazu, dass gewisse Hemmschwellen, die bei einem Gespräch unter Anwesenden zweifelsohne (noch) gegeben sind, im Rahmen der internetbasierten Kommunikation teilweise gänzlich verloren gehen. Die damit verbundene Verrohung des öffentlichen Diskurses wirkt sich zusätzlich nachteilig auf den Schutz der persönlichen Ehre aus. Im Ergebnis hat dies zur Folge, dass Ehrverletzungen im Internet eine deutlich höhere Intensität für die Betroffenen entfalten können als solche Äußerungen, die nur im analogen Umfeld erfolgen.

Die virtuelle Realität ist Teil der internetbasierten Kommunikation. Die dargestellten Gefahren für die persönliche Ehre existieren daher in gleicher Weise. Darüber hinaus weist die VR-Technologie die Besonderheit auf, dass die Nutzer in der virtuellen Realität in der Gestalt eines Avatars auftreten. Dieser dient als virtuelle Repräsentation der jeweiligen Person und stellt daher das vorrangige Bezugsobjekt zwischenmenschlicher Kommunikation dar. Im Hinblick auf den Ehrschutz ergeben sich dadurch zusätzliche Fragestellungen: Kann ein Nutzer in seiner persönlichen Ehre beeinträchtigt werden, wenn eine Äußerung unmittelbar nur an seinen Avatar adressiert ist? Wie ist es zu beurteilen, wenn die natürliche Person hinter dem Avatar dem Angreifer nicht bekannt ist? Welche persönlichkeitsrechtlichen Implikationen hat eine Äußerung, die sich allein auf Merkmale des Avatars bezieht?

Im Folgenden sollen Antworten auf diese drängenden Fragen entwickelt werden. Dafür soll zunächst die inhaltliche Ausgestaltung des Ehrschutzes durch das Allgemeine Persönlichkeitsrecht dargestellt werden, ehe die einzelnen Problemkreise in der virtuellen Realität adressiert werden.

I. Inhaltliche Ausgestaltung des Ehrschutzes

1. Zivilrechtlicher Ehrschutz durch das Allgemeine Persönlichkeitsrecht i.S.v. § 823 Abs. 1 BGB

Als Bestandteil des Allgemeinen Persönlichkeitsrechts[364] genießt die persönliche Ehre eines Rechtsträgers den negatorischen und deliktischen Schutz des § 823 Abs. 1 BGB.[365] Zum Zwecke einer effektiven Rechtsdurchsetzung ist es dabei erforderlich, den ursprünglich durch die Philosophie geprägten Begriff der „Ehre" einer rechtlich fassbaren Definition zuzuführen.

a) Notwendigkeit einer eigenständigen zivilrechtlichen Definition

Vor dem Hintergrund der Bedeutung des Ehrschutzes für die individuelle Persönlichkeitsentfaltung ist es durchaus verwunderlich, dass der Ehrbegriff bis heute keine eigenständige und konsistente zivilrechtliche Definition erfahren hat, sondern sich nach wie vor an den strafrechtlichen Bestimmungsversuchen orientiert.[366] Dabei stellte der Bundesgerichtshof bereits im Jahre 1989 fest, dass die nach § 185 StGB geschützte Ehre nicht identisch mit demjenigen Schutzbereich ist, der durch das Allgemeine Persönlichkeitsrecht garantiert wird.[367] Die Notwendigkeit einer eigenständigen zivilrechtlichen Betrachtung des Ehrbegriffes ergibt sich zum einen aus der Tatsache, dass – anders als im Strafrecht – auch fahrlässige Ehrverletzungen über § 823 Abs. 1 BGB sanktioniert werden können.[368] Zum anderen sprechen gewichtige rechtspolitische Erwägungen dafür: Die persönliche Ehre ist im Zeitalter der internetbasierten Massenkommunikation vielfältigen Bedrohungen ausgesetzt und kann – abhängig von verschiedensten Faktoren – in unterschiedlicher Intensität beeinträchtigt werden. Es

---

[364] Vgl. u.a.: BVerfG, Beschl. v. 7.12.2011 – 1 BvR 2678/10, NJW 2012, 1643, Rn. 30; Beschl. v. 17.8.2010 – 1 BvR 2585/06, NJW 2011, 511, Rn. 21; Beschl. v. 3.6.1980 – 1 BvR 797/78, NJW 1980, 2072 (2072); BGH, Urt. v. 29.6.2021 – VI ZR 10/18, ZUM 2022, 311, Rn. 22; Urt. v. 26.11.2019 – VI ZR 12/19, NJW 2020, 770, Rn. 13 ff.; Urt. v. 17.12.2013 – VI ZR 211/12, NJW 2014, 2029, Rn. 16; Urt. v. 16.6.1998 – VI ZR 205-97, NJW 1998, 3047; Urt. v. 12.10.1965 – VI ZR 95/64, NJW 1965, 2395 (2396); *Baston-Vogt*, S. 411 f.; Huber/Voßkuhle-GG/*Eichberger*, Art. 2, Rn. 225; Dürig/Herzog/Scholz-GG/*Di Fabio*, Art. 2 Abs. 1, Rn. 169 ff.; Sachs-GG/*Rixen*, Art. 2, Rn. 74; MüKo-BGB/*Rixecker*, Anh. § 12, Rn. 123 ff.; BeckOK-BGB/*Förster*, § 12, Rn. 175 ff.; Erman-BGB/*Klass*, Anh. § 12, Rn. 94; Staudinger-BGB/*Hager*, § 823, Rn. C.63; *Glaser*, NVwZ 2012, 1432.

[365] Statt vieler: MüKo-BGB/*Rixecker*, Anh. § 12, Rn. 123.

[366] Vgl.: *Baston-Vogt*, S. 414 m.w.N.; Erman-BGB/*Klass*, Anh. § 12, Rn. 94. Ähnlich: Staudinger-BGB/*Hager*, § 823, Rn. C.63.

[367] Vgl.: BGH, Urt. v. 15.3.1989 – 2 StR 662/88, NJW 1989, 3028 (3028).

[368] *Baston-Vogt*, S. 413; Erman-BGB/*Klass*, Anh. § 12, Rn. 94; jurisPK-BGB/*Lange/Hansen*, § 823 Abs. 1, Rn. 31.

gibt Ehrverletzungen, die derart unerträglich sind, dass dem Betroffenen nicht nur privatrechtliche Abwehr- und Ausgleichsansprüche zustehen sollten, sondern auch die strafrechtliche Sanktionierung des Aggressors angezeigt erscheint. Nach dem ultima-ratio-Prinzip des Strafrechts[369] sollte jedoch nicht jede Beeinträchtigung der persönlichen Ehre zugleich strafrechtliche Konsequenzen nach sich ziehen.[370] Bei Ehrverletzungen geringerer Intensität, die eine strafrechtliche Sanktionierung nicht mehr rechtfertigen, sind zivilrechtliche Abwehr- und Zahlungsansprüche sowohl zur Befriedigung der Opferinteressen als auch zur „Bestrafung" und Verhaltenssteuerung der Täter ausreichend, aber auch erforderlich. Nach der hier vertretenen Ansicht sollte der privatrechtliche Ehrschutz daher umfassender verstanden werden als der strafrechtliche Schutz.[371] Dies hat zur Folge, dass zwar jede Tat nach den §§ 185 ff. StGB zugleich eine zivilrechtliche Ehrverletzung konstituiert, nicht jede zivilrechtliche Beeinträchtigung der personalen Ehre aber auch strafrechtliche Bedeutung erlangt.

b) Kasuistische Bestimmung des zivilrechtlichen Ehrbegriffes

Will man nun den Ehrbegriff zivilrechtlich erfassen, wird überwiegend zwischen der sogenannten inneren und äußeren Ehre differenziert:[372] Die innere Ehre umfasst das Selbstwertgefühl bzw. die Selbstachtung des Individuums, während unter der äußeren Ehre der Ruf, also das Ansehen einer Person in den Augen anderer, verstanden werden kann.[373] Die Grenze zwischen den unterschiedlichen Ausprägungen verläuft fließend, sodass oftmals beide Ehraspekte gleichzeitig von Beeinträchtigungen betroffen sind.[374]

Trotz dieser Definitionsversuche muss man jedoch konstatieren, dass der Ehrbegriff von Natur aus über eine große Abstraktheit verfügt und daher nur schwerlich zu (be-)greifen ist. Deshalb liegt es nahe, den zivilrechtlichen Ehrschutz

---

369 Dazu ausführlich: *Kindhäuser*, ZStW 2017, 382.

370 Vgl.: *Baston-Vogt*, S. 413.

371 Ebenso: *Baston-Vogt*, S. 413; BeckOGK-BGB/*Specht-Riemenschneider*, § 823, Rn. 1222.

372 Vgl.: *Meyer*, S. 115; *Baston-Vogt*, S. 419; Erman-BGB/*Klass*, Anh. § 12, Rn. 94 ff.; Wenzel-WortuBildR/*Burkhardt/Peifer*, Kap. 5, Rn. 94. Eine solche Differenzierung scheint der Gesetzgeber in den §§ 185 ff. StGB auch selbst vorzunehmen, vgl.: BeckOK-StGB/*Valerius*, § 185, Rn. 2; Schönke/Schröder-StGB/*Eisele/Schittenhelm*, Vor §§ 185 ff., Rn. 1.

373 *Meyer*, S. 115; *Baston-Vogt*, S. 419; MüKo-BGB/*Rixecker*, Anh. § 12, Rn. 124 f.; BeckOK-BGB/*Förster*, § 12, Rn. 175; BeckOGK-BGB/*Specht-Riemenschneider*, § 823, Rn. 1295; *Glaser*, NVwZ 2012, 1432; *Siebrecht*, JuS 2001, 337.

374 Sachs-GG/*Rixen*, Art. 2, Rn. 74.

nicht nur an formale Definitionen, sondern auch an die jeweiligen Verletzungshandlungen anzuknüpfen.[375] So umfasst das Recht der persönlichen Ehre insbesondere den Schutz vor herabsetzenden Werturteilen – in Form von Schmähkritik[376] oder Formalbeleidigungen[377] – sowie vor unwahren, nicht zwangsläufig ehrenrührigen Tatsachenbehauptungen.[378] Wegen der Schwere der Ehrbeeinträchtigung überwiegt in diesen Fällen regelmäßig das Allgemeine Persönlichkeitsrecht des Betroffenen, ohne dass es auf eine Abwägung mit den Interessen des Äußernden ankäme.[379] Darüber hinaus kann die persönliche Ehre auch durch sonstige ehrenrührige Werturteile, die nicht als Schmähung bzw. Formalbeleidigung gelten (z.B. Mobbing, Stigmatisierung), oder Tatsachenbehauptungen tangiert werden. In diesen Fällen muss der Ehrschutz jedoch mit den widerstreitenden Interessen des Äußernden, insbesondere mit den Kommunikationsfreiheiten aus Art. 5 GG, abgewogen werden.[380]

Für den Schutz der persönlichen Ehre kommt es mithin maßgeblich darauf an, wie eine Äußerung zu verstehen ist. Dabei ist es entscheidend, dass der objektive Sinngehalt der beanstandeten Äußerung ausgehend von dem Verständnis eines unbefangenen Durchschnittsadressaten und unter Beachtung des allgemeinen Sprachgebrauchs stets im Gesamtzusammenhang beurteilt wird.[381] Sie darf nicht aus dem sie betreffenden Kontext herausgelöst einer rein isolierten Betrachtung

---

375 Vgl.: Staudinger-BGB/*Hager*, § 823, Rn. C.64.

376 Äußerung, bei welcher es nicht mehr um die Auseinandersetzung in der Sache geht, sondern die Diffamierung einer Person im Vordergrund steht, vgl. u.a.: BVerfG, Beschl. v. 19.5.2020 – 1 BvR 2397/19, NJW 2020, 2622, Rn. 18 m.w.N.; BGH, Urt. v. 22.9.2009 – VI ZR 19/08, NJW 2009, 3580, Rn. 17 m.w.N.; BeckOK-InfoMedienR/*Söder*, BGB § 823, Rn. 173a.

377 Besonders krasse, aus sich heraus herabwürdigende Schimpfwörter, vgl. u.a.: BVerfG, Beschl. v. 19.5.2020 – 1 BvR 2397/19, NJW 2020, 2622, Rn. 21; BeckOK-InfoMedienR/*Söder*, BGB § 823, Rn. 174.

378 Staudinger-BGB/*Hager*, § 823, Rn. C.64; BeckOK-BGB/*Förster*, § 175, Rn. 175.

379 Für Schmähung und Formalbeleidigung vgl. u.a.: BVerfG, Beschl. v. 19.12.2021 – 1 BvR 1073/20, NJW 2022, 680, Rn. 29; Beschl. v. 19.5.2020 – 1 BvR 2397/19, NJW 2020, 2622, Rn. 17; BGH, Urt. v. 14.6.2022 – VI ZR 172/20, NJW 2022, 2406, Rn. 12; Urt. v. 31.3.2016 – I ZR 160/14, NJW 2016, 3373, Rn. 46; Urt. v. 3.2.2009 – VI ZR 36/07, NJW 2009, 3580, Rn. 16; BeckOK-InfoMedienR/*Söder*, BGB § 823, Rn. 173; Erman-BGB/*Klass*, Anh. § 12, Rn. 254. Für unwahre Tatsachenbehauptungen vgl. u.a.: BVerfG, Beschl. v. 25.6.2009 – 1 BvR 134/03, NJW-RR 2010, 470, Rn. 62; Beschl. v. 23.2.2000 – 1 BvR 1582/94, NJW 2000, 2413 (2413); BGH, Urt. v. 17.12.2013 – VI ZR 211/12, NJW 2014, 2029, Rn. 23 m.w.N.; BeckOK-InfoMedienR/*Söder*, BGB § 823, Rn. 130.

380 Ausführlich: BeckOK-BGB/*Förster*, § 12, Rn. 291 ff.; BeckOK-InfoMedienR/*Söder*, BGB § 823, Rn. 128 f.

381 BGH, Urt. v. 12.4.2016 – VI ZR 505/14, NJW-RR 2017, 98, Rn. 11; Urt. v. 14.5.2013 – VI ZR 269/12, NJW 2013, 2348, Rn. 14. Für die Literatur vgl.: BeckOK-BGB/*Förster*, § 12, Rn. 302; Erman-BGB/*Klass*, Anh. § 12, Rn. 110; Staudinger-BGB/*Hager*, § 823, Rn. C.65 ff.

zugeführt werden.[382] Dies bedeutet, dass der Schwellenwert, ab welchem eine Äußerung als (absolut) ehrverletzend einzustufen ist, nicht pauschal bestimmt werden kann, sondern immer anhand des jeweiligen Kontextes festgestellt werden muss. So dürften Äußerungen im professionellen Umfeld beispielsweise eher die Schwelle zur Ehrenrührigkeit erreichen als auf einem Sportplatz, wo generell ein rauer Umgangston herrscht. Im Hinblick auf Aussagen über nicht anwesende Dritte muss dem Einzelnen im engsten Familien- und Freundeskreis zudem ein sogenannter „beleidigungsfreier Raum" zustehen, in welchem der Äußernde seinen Emotionen freien Lauf lassen kann, ohne mit persönlichkeitsrechtlichen Ansprüchen Dritter rechnen zu müssen.[383]

Ausgehend von einer abstrakten Definition, kann der zivilrechtliche Ehrbegriff somit anhand bestimmter Verletzungshandlungen Konturen annehmen. Dort, wo die Herabsetzung einer Person im Vordergrund steht oder unwahre Tatsachen kundgetan werden, gilt der Ehrschutz absolut. In den sonstigen Fällen ehrenrühriger Äußerungen muss stets eine Abwägung mit den widerstreitenden Interessen des Äußernden vorgenommen werden. Dabei ist darauf zu achten, die potentiell ehrenrührige Aussage zu jeder Zeit in ihren Gesamtkontext einzubetten. Nur so gelingt ein angemessener Ausgleich zwischen Persönlichkeitsrechten und Kommunikationsfreiheiten.

2. Strafrechtlicher Ehrschutz durch die §§ 185 ff. StGB

Im Strafrecht hat der Gesetzgeber den Ehrschutz als besonderen Teilbereich des Persönlichkeitsrechts in den §§ 185 ff. StGB normiert, welche als Schutzgesetze i.S.v. § 823 Abs. 2 BGB auch für das Zivilrecht Relevanz erlangen.[384] Während § 185 StGB die Kundgabe von herabsetzenden Meinungsäußerungen gegenüber

---

[382] BVerfG, Beschl. v. 25.10.2012 – 1 BvR 901/11, NJW 2013, 217 (218) m.w.N.; BGH, Urt. v. 19.1.2016 – VI ZR 302/15, NJW 2016, 1584, Rn. 17; Urt. v. 16.12.2014 – VI ZR 39/14, NJW 2015, 773, Rn. 9; Urt. v. 27.5.2014 – VI ZR 153/13, NJW 2014, 3154, Rn. 13; Erman-BGB/*Klass*, Anh. § 12, Rn. 110; Staudinger-BGB/Hager, § 823, Rn. C.65.

[383] BGH, Urt. v. 20.12.1983 – VI ZR 94/82, NJW 1984, 1104 (1105); OLG Frankfurt a.M., Urt. v. 17.1.2019 – 16 W 54/18, MMR 2019, 381, Rn. 18; MüKo-BGB/*Rixecker*, Anh. § 12, Rn. 130; BeckOK-InfoMedienR/*Söder*, BGB § 823, Rn. 67; *Redeker*, CR 2021, 284 (287). Zur verfassungsrechtlichen Judikatur vgl.: BVerfG, Beschl. v. 17.3.2021 – 2 BvR 194/20, NStZ 2021, 439 (440); Beschl. v. 24.6.1996 – 2 BvR 2137/95, NJW 1997, 185 (186); Beschl. v. 26.4.1994 – 1 BvR 1689/88, NJW 1995, 1015 (1015).

[384] BeckOGK-BGB/*Specht-Riemenschneider*, § 823, Rn. 1254.

dem Betroffenen und Dritten sowie ehrverletzenden Tatsachenbehauptungen gegenüber dem Betroffenen erfasst,[385] sanktionieren die §§ 186, 187 StGB die Äußerung unwahrer bzw. nicht erweislich wahrer Tatsachen in Bezug auf den Betroffenen gegenüber Dritten. Dabei kann ebenfalls zwischen dem Schutz einer inneren (§ 185 StGB) und äußeren Ehre (§§ 186, 187 StGB) unterschieden werden.[386] Im Falle der Tatbestandsmäßigkeit erfolgt eine Abwägung zwischen persönlicher Ehre und Meinungsfreiheit über § 193 StGB, der als besonderer Rechtsfertigungsgrund[387] insbesondere bei der Wahrnehmung berechtigter Interessen eingreift. Danach ist eine tatbestandliche Äußerung gerechtfertigt, wenn das berechtigte Interesse des Täters den Achtungsanspruch des Betroffenen überwiegt.[388] An dieser Stelle können dieselben Abwägungskriterien wie im Zivilrecht herangezogen werden, wobei allerdings aufgrund des ultima-ratio-Prinzips des Strafrechts für das Unterliegen der Täterinteressen höhere Hürden gelten sollten.[389]

II. Wirkung des Ehrschutzes in der virtuellen Welt

Ähnlich wie in „herkömmlichen" sozialen Netzwerken sind Beeinträchtigungen der persönlichen Ehre in der virtuellen Welt insbesondere in Form von ehrenrührigen Aussagen denkbar. Anders als bei Facebook, Twitter und Co. bringt die graphische Verkörperung der Nutzer durch Avatare jedoch Besonderheiten für den Ehrschutz mit sich. Wie die persönliche Ehre in der virtuellen Welt geschützt wird, hängt maßgeblich davon ab, welcher Aspekt der Identität durch die Ehrverletzung betroffen ist.

1. Vorüberlegung: Verschiedene Identitätsbegriffe

Um den identitätsschützenden Gewährleistungsbereich des Allgemeinen Persönlichkeitsrechts in der virtuellen Welt analysieren zu können, bietet es sich an, zwischen verschiedenen Ausprägungen von Identität zu differenzieren und diese

---

[385] Für die insofern h.M. vgl.: Schönke/Schröder-StGB/*Eisele/Schittenhelm*, § 185, Rn. 1 m.w.N.

[386] So die wohl h.M., vgl.: BGH, Urt. v. 18.11.1957 – GSSt 2/57, NJW 1958, 228 (228); Urt. v. 29.5.1951 – 2 StR 153/51, NJW 1951, 929 (929); BeckOK-StGB/*Valerius*, § 185, Rn. 2; *Otto*, NJW 2006, 575. Zu den sonstigen Ehrbegriffen vgl. zusammenfassend: BeckOK-StGB/*Valerius*, § 185, Rn. 2.1.

[387] So die h.M., vgl. zum Streitstand: MüKo-StGB/*Regge/Pegel*, § 193, Rn. 1 m.w.N.

[388] BeckOGK-BGB/*Specht-Riemenschneider*, § 823, Rn. 1272 m.w.N.

[389] Siehe oben A. I. 1. a).

voneinander abzugrenzen. *Meyer*[390] hat für das Internet drei Identitätsbegriffe entwickelt, die auch dieser Abhandlung als Arbeitsgrundlage dienen sollen: die soziale, die numerische sowie die virtuelle Identität.

Die numerische Identität[391] beschreibt laut *Meyer* die Identität einer Person im Sinne von Identifizierung. In der digitalisierten Welt sei darunter insbesondere die erkennbare Übereinstimmung von Daten mit einer einzigen Person zu verstehen. Inhalt der Daten seien dabei bestimmte personenbezogene Merkmale, die sich eindeutig einem gewissen Menschen zuordnen lassen – etwa Personalien oder biographische Eckpunkte, aber auch Daten wie IP- oder E-Mail-Adresse. Risiken für die numerische Identität ergäben sich insbesondere aus Hackerangriffen und der damit verbundenen Gefahr eines Identitätsmissbrauchs.

Die soziale Identität[392] beschreibt hingegen die soziologische Selbst-Identifizierung des Individuums. Sie diene zur inneren Abgrenzung von anderen Menschen und werde im Laufe der Zeit durch verschiedene Lebenssituationen und soziale Rollen geprägt. Die soziale Identität beruhe allerdings nicht ausschließlich auf der Innenperspektive, sondern sei auch von der Wahrnehmung durch andere abhängig. Die soziale Identität werde maßgeblich durch unwahre Behauptungen und Rufschädigungen im Netz gefährdet.

Schließlich entwickelt *Meyer* den Begriff der virtuellen Identität[393], welcher für die Zwecke dieser Arbeit mit dem Avatar in der VR-Technologie gleichgesetzt werden kann. Die virtuelle Identität sei zu verstehen als „*Nutzerprofil einer Person, das auf Dauer angelegt ist, konsistent genutzt wird und daher für andere Nutzer wiedererkennbar ist, ohne dass die dahinterstehende natürliche Person erkennbar ist*“[394]. Mit der virtuellen Identität setzte der jeweilige Nutzer Aspekte seines Selbst den kommunikationsspezifischen Gefährdungen des Internets aus. Zwar sei die Person hinter der virtuellen Identität in der Regel nicht erkennbar. Allerdings könne auch die virtuelle Identität Ziel von Beleidigungen sein oder unbefugter Weise von Fremden übernommen werden. Zudem könne die virtuelle Identität in Interaktion mit anderen Nutzern ihrerseits eine eigene soziale Identität gebildet haben, die vor Rufschädigungen zu schützen sei.

---

390 *Meyer*, S. 23 ff.
391 *Meyer*, S. 23 ff.
392 *Meyer*, S. 48 ff.
393 *Meyer*, S. 52 ff.
394 *Meyer*, S. 54.

2. Ehrverletzung der sozialen Identität

Trotz der Anonymität der internetbasierten Kommunikation ist es in der virtuellen Welt nicht ausgeschlossen, dass ein Nutzer die wahre Identität seines Gegenübers kennt – sei es wegen persönlicher Kontakte oder durch eine öffentliche Identitätsenthüllung. In einem solchen Falle hat der Äußernde die Möglichkeit, eine ehrenrührige Aussage unmittelbar an die identifizierte natürliche Person „hinter dem Avatar“ zu richten, sodass sie direkt auf die bürgerliche Identität des Betroffenen bezogen werden kann. Dadurch wird das Opfer nicht lediglich als Avatar in der virtuellen Realität, sondern als real existierende Person in ihrem natürlichen Umfeld angegriffen. Der Avatar dient dabei nur als Kommunikationsmittel, nicht als Kommunikationssubjekt. Eine ehrenrührige Äußerung betrifft in diesem Falle somit nicht die virtuelle Identität eines Nutzers, sondern allein dessen tatsächliche, soziale Identität.

In dieser Situation gelten für den Ehrschutz keine Besonderheiten. Ob ein identifiziertes Individuum in seiner persönlichen Ehre auf der Straße, in sozialen Medien oder in der virtuellen Realität ehrverletzend angegangen wird, kann für die rechtliche Beurteilung des Ehrschutzes bzw. der diesbezüglichen Betroffenheit keine Rolle spielen. Es ist in allen Konstellationen immer dasselbe Schutzgut betroffen, nämlich die persönliche Ehre der natürlichen Person in ihrem realen sozialen Umfeld. Dementsprechend ist ein Nutzer, der in seiner sozialen Identität ehrverletzend angegriffen wird, stets davon betroffen und kann mit allen zur Verfügung stehenden zivilrechtlichen Mitteln nach den allgemeinen Grundsätzen gegen diese Beeinträchtigung seines Persönlichkeitsrechts vorgehen.

3. Ehrverletzung der virtuellen Identität

Ungleich schwieriger ist die Beurteilung des Ehrschutzes, wenn der Angreifer die reale Person hinter dem Avatar nicht kennt. In diesem Fall richtet sich die Ehrverletzung nicht unmittelbar gegen den jeweiligen Nutzer in seinem natürlichen sozialen Umfeld. Vielmehr kann die ehrenrührige Handlung nur auf dasjenige beschränkt sein, was dem Angreifer bekannt ist, nämlich das jeweilige Nutzerprofil innerhalb der Plattform, also die virtuelle Identität einer Person.[395]

[395] Vgl.: *Meyer*, S. 135 ff.

Eine (zivil-)rechtlich relevante Beeinträchtigung des Allgemeinen Persönlichkeitsrechts setzt indes voraus, dass die unmittelbar an die virtuelle Identität bzw. den Avatar gerichteten Handlungen auf die natürliche Person hinter dem Avatar „durchschlägt" und diese in ihrer persönlichen Ehre verletzt. Diese Einschätzung ist *de lege lata* unausweichlich, beruht sie doch auf der Tatsache, dass dem Avatar selbst keine eigenen Persönlichkeitsrechte zukommen[396] und daher stets auf das Allgemeine Persönlichkeitsrecht des dahinterstehenden Nutzers zurückgegriffen werden muss. Es kommt mithin entscheidend auf die Frage an, wann bzw. unter welchen Voraussetzungen ein Nutzer durch ehrverletzende Angriffe gegenüber seinem Avatar in seiner persönlichen Ehre berührt wird.

a) Nutzbarmachung der Rechtsprechung zu Kollektivbeleidigungen?

Für die soeben aufgeworfene Frage könnte die höchstrichterliche Rechtsprechung zur Strafbarkeit von Ehrverletzungen, welche in Form von Kollektivbezeichnungen begangen werden (Kollektivbeleidigungen),[397] nutzbar gemacht werden. Bei Kollektivbeleidigungen besteht nämlich ein ähnliches Problem wie im Falle von Handlungen gegenüber virtuellen Identitäten: Äußerungen werden nicht individuell-konkret an eine dem Äußernden bekannte Person gerichtet, sondern zielen unmittelbar auf ein „übergeordnetes" Objekt (Kollektiv bzw. Avatar), ohne dass eine individuelle Aufschlüsselung erfolgt.[398]

Im Falle der Kollektivbeleidigung kann laut Bundesverfassungsgericht eine Individualbeleidigung nur dann angenommen werden, wenn sich eine Äußerung nicht im Äther des Impersonalen verliert, sondern dazu geeignet ist, auf die persönliche Ehre eines Kollektivmitglieds durchzuschlagen.[399] Die Rechtsprechung hat wiederholt geurteilt, dass in der Abwägung zwischen Meinungsfreiheit und Allgemeinem Persönlichkeit das Persönlichkeitsrecht eines Individuums nur

---

[396] Siehe oben Kap. 2 B. IV.

[397] Vgl.: BVerfG, Beschl. v. 8.12.2020 – 1 BvR 842/19, BeckRS 2020, 38103; Beschl. v. 13.6.2017 – 1 BvR 2832/15, NJW 2017, 2607; Beschl. v. 16.1.2017 – 1 BvR 1593/16, NJW 2017, 1092; Beschl. v. 17.5.2016 – 1 BvR 257/14, BeckRS 2016, 47561; Beschl. v. 26.2.2015 – 1 BvR 1036/14, NJW 2015, 2022; Beschl. v. 10.10.1995 – 1 BvR 1476/91 u.a., NJW 1995, 3303; Beschl. v. 25.8.1994 – 1 BvR 1423/93, NJW 1994, 2943.

[398] Diese Form der Ehrverletzung wird in klarstellender Abgrenzug zu einer Individualbeleidigung, die lediglich kollektiv „verdeckt" wird, auch als „summarische Ehrverletzung" bezeichnet, vgl.: MüKo-StGB/*Regge/Pegel*, Vor § 185, Rn. 57 ff.

[399] BVerfG, Beschl. v. 16.1.2017 – 1 BvR 1593/16, NJW 2017, 1092, Rn. 16; Beschl. v. 17.5.2016 – 1 BvR 257/14, BeckRS 2016, 47561, Rn. 16; Beschl. v. 26.2.2015 – 1 BvR 1036/14, NJW 2015, 2022, Rn. 17; Beschl. v. 10.10.1995 – 1 BvR 1476/91 u.a., NJW 1995, 3303 (3306).

überwiegen kann, sofern eine ehrverletzende Äußerung tatsächlich zu dessen Individualsphäre „durchdringt".[400] Mit anderen Worten: Das Vorliegen einer individuellen Ehrverletzung unter einer nicht individualisierten Bezeichnung setzt voraus, dass ein Bezug der jeweiligen Äußerung auf eine bestimmte Person festgestellt ist.[401] Für die virtuelle Realität des Metaversums bedeutet dies, dass eine Äußerung bzw. sonstige Handlung nur dann als Ehrverletzung gelten kann, wenn sie einen Bezug auf den hinter dem Avatar stehenden Nutzer zulässt und dadurch tatsächlich zu einer individuellen Betroffenheit des angegriffenen Rechtsträgers führt.

Für den Fall der Kollektivbeleidigung ergeben sich aus der höchstrichterlichen Kasuistik bestimmte Voraussetzungen, bei deren Vorliegen von einer solchen individuellen Betroffenheit auszugehen ist. Danach ist es erforderlich, dass sich die Äußerung bzw. sonstige Handlung auf einen deutlich aus der Allgemeinheit hervortretenden Personenkreis bezieht, der klar abgrenzbar und überschaubar ist und dessen Mitglieder sich zweifelsfrei bestimmen lassen, sodass ein individuelles Bezugsobjekt erkennbar ist.[402] Diese Kriterien können für die Feststellung der individuellen Betroffenheit bei einer Handlung gegenüber einem Avatar jedoch nicht fruchtbar gemacht werden. Während einer Kollektivbeleidigung immanent ist, dass der Äußernde seine Aussagen gerade nicht auf bestimmte Personen, sondern auf ein Kollektiv bezieht, und sich die individuelle Betroffenheit erst aus der Beziehung des Rechtsträgers zu dem adressierten Kollektiv ergibt, ist bei der Beleidigung gegenüber einem Avatar im Metaversum eine solche Individualisierung sehr wohl gegeben. Zwar interagiert der Äußernde in diesem Falle nur mit dem Avatar bzw. der virtuellen Identität, ohne dass ihm die dahinterstehende Person bekannt ist. Gleichzeitig richtet sich die Aussage bzw. Handlung jedoch stets an ein bestimmtes Nutzerprofil, welches wiederum von einem individualisierbaren Menschen gesteuert wird. Die klare Umgrenzung und Überschaubarkeit des Adressatenkreises sowie das Vorliegen eines Bezugsobjektes

---

[400] Zu dieser Abwägung vgl. insbesondere: BVerfG, Beschl. v. 16.1.2017 – 1 BvR 1593/16, NJW 2017, 1092, Rn. 14 ff.; Beschl. v. 17.5.2016 – 1 BvR 257/14, BeckRS 2016, 47561, Rn. 14 ff.; Beschl. v. 26.2.2015 – 1 BvR 1036/14, NJW 2015, 2022, Rn. 13 ff..

[401] NK-MedienStrafR/*König/Schork*, StGB § 185, Rn. 24. Ähnlich: NK-StGB/*Kargl*, Vor §§ 185 ff., Rn. 62; Schönke/Schröder-StGB/*Eisele/Schittenhelm*, Vor §§ 185 ff., Rn. 7.

[402] BeckOGK-BGB/*Specht-Riemenschneider*, § 823, Rn. 1211. Vgl. ebenso: Schönke/Schröder-StGB/*Eisele/Schittenhelm*, Vor §§ 185 ff, Rn. 7 ff.; MüKo-StGB/*Regge/Pegel*, Vor § 185, Rn. 58; NK-StGB/*Kargl*, Vor §§ 185 ff., Rn. 62.

sind damit jederzeit gegeben.[403] Die Feststellung der individuellen Betroffenheit kann im Metaversum also nicht danach beurteilt werden, ob eine Äußerung bzw. Handlung einen Bezug zu einer bestimmten Person zulässt. Sondern es geht vielmehr um die Frage, ob eine potentiell ehrverletzende Handlung, die sich unmittelbar nur an einen Avatar richtet, innerhalb des „Spielsystems" verbleibt oder auf die natürliche Ehre der hinter dem Avatar stehenden Person „durchschlägt". Die Rechtsprechung zu Ehrverletzungen unter Kollektivbezeichnungen kann also nur insofern nutzbar gemacht werden, als dass für das Vorliegen einer Ehrverletzung im Metaversum stets die individuelle Betroffenheit des Rechtsträgers zu verlangen ist. Unter welchen Voraussetzungen eine solche Betroffenheit angenommen werden kann, muss hingegen im Folgenden näher untersucht werden.

b) Meinungsstand

Obwohl die avatarbasierte virtuelle Welt noch eine recht junge Erscheinung ist, gibt es in der rechtswissenschaftlichen Literatur bereits einige Autoren, die sich mit der Wechselwirkung von Ehrschutz und Avatarnutzung auseinandergesetzt haben. Die meisten Veröffentlichungen stammen dabei aus den 2000er Jahren und sind durch die Entwicklung der Plattform *Second Life* motiviert. Ihr Aussagegehalt kann jedoch auch für die heutige Konzeption von virtueller Realität und Metaversum fruchtbar gemacht werden.

Meyer[404] sieht eine Ehrverletzung nur dann gegeben, wenn sich diese auf die natürliche Person auswirkt. Wann dies der Fall ist, könne anhand einer Differenzierung von innerer und äußerer Ehre beurteilt werden: Für die Verletzung der inneren Ehre komme es nicht auf die Reputation der virtuellen Identität an, sondern es sei vielmehr ausreichend, dass der Betroffene – auch wenn er nicht erkennbar sei – hinreichend individualisiert werde und sich die Äußerung auf eine bestimmte Person, nicht etwa auf ein Kollektiv, beziehe. Für eine Persönlichkeitsrechtsverletzung sei es daher entscheidend, dass die herabsetzende Handlung oder Äußerung an eine bestimmte Person hinter der virtuellen Identität adressiert werde, unabhängig von der Bekanntheit des Avatars. Eine Verletzung der äußeren Ehre könne dagegen nur dann in Betracht kommen, wenn ein Nutzer mit seiner virtuellen Identität eine Reputation aufgebaut habe und diese soziale

[403] Vgl. ebenso: *Bosch*, S. 197.
[404] *Meyer*, S. 136 ff.

Geltung verletzt werde. Eine solche Beeinträchtigung schlage dann auf das Persönlichkeitsrecht der dahinterstehenden natürlichen Person durch, da es letztlich ihre Persönlichkeit sei, die in die virtuelle Identität einfließe.

Geis und *Geis*[405] stellen ebenfalls darauf ab, ob die Verletzung des Avatars auf die reale Person durchschlägt: Eine Persönlichkeitsrechtsverletzung sei danach anzunehmen, wenn der Avatar die Persönlichkeit des dahinterstehenden Nutzers widerspiegele und insofern eine Platzhalterfunktion für diesen einnehme. Darüber hinaus sei ein Eingriff in das Allgemeine Persönlichkeitsrecht möglich, wenn der Avatar Berühmtheit erreicht habe und seine Bezugsperson den anderen Nutzern bekannt sei.

Im Hinblick auf den strafrechtlichen Ehrschutz kommt es laut *Bosch*[406] darauf an, dass der Äußernde – trotz der direkten Ansprache des Avatars – die Verletzung der Ehre des dahinterstehenden Nutzers bezwecke und die Äußerung auch objektiv geeignet sei, dies zu erreichen. Dabei sei es irrelevant, dass der Angreifer die Person hinter dem Avatar nicht kenne. Es könne davon ausgegangen werden, dass jede Äußerung, die gegenüber einem Avatar erfolge, das Ziel habe, die bestimmte dahinterstehende Person zu treffen, da Avatare grundsätzlich nur im Zusammenhang mit realen Menschen existierten. Der Adressat einer ehrenrührigen Äußerung sei somit eindeutig und könne darüber hinaus anhand seiner Nutzerdaten identifiziert werden – wenn auch nicht durch den Äußernden selbst. Eine Ehrverletzung des auf diese Weise adressierten Nutzers sei anzunehmen, wenn zwischen Nutzer und Avatar eine solch enge Bindung entstanden sei, dass ein Angriff auf den Avatar als Angriff auf die eigene Ehre verstanden werde. Äußerungen, die sich lediglich auf das Äußere des Avatars beziehen, könnten bei einer Herabwürdigung des persönlichen Ästhetikgefühls des Betroffenen ebenfalls als Ehrverletzungen angesehen werden.

Krasemann[407] will – ebenfalls hinsichtlich der strafrechtlichen Beleidigungstatbestände – die Frage danach stellen, ob der Mensch hinter der virtuellen Identität von der Ehrverletzung betroffen sei. Wer etwa allein das Aussehen eines Avatars beleidige, bleibe im Spielsystem und mache sich nicht strafbar. Wer allerdings den Menschen dahinter ehrverletzend angehe, könne sich auch dann rechtswid-

---

405 *Geis/Geis*, CR 2007, 721.
406 *Bosch*, S. 195 ff.
407 *Krasemann*, DuD 2008, 194; *Krasemann*, MMR 2006, 351.

rig verhalten, wenn er den jeweiligen Nutzer nicht kenne. Dies setze jedoch voraus, dass der angegriffene Nutzer sich unter seinem Pseudonym bereits eine Reputation in der virtuellen Welt aufgebaut habe. Werde also ein Avatar verwendet, der sich über längere Zeit schon als eine selbstständige Identität bei der Interaktion mit anderen entwickelt habe, sei es nicht erforderlich, dass die wahre Identität des Beleidigten bekannt ist. Sei der Nutzer jedoch neu dabei oder verwende ständig wechselnde Pseudonyme, die nicht miteinander verkettbar seien, so liege in der Regel keine Ehrverletzung vor.

c) Differenzierung zwischen innerer und äußerer Ehre

Die vorgenannten Autoren sind sich richtigerweise[408] darin einig, dass eine (zivil-)rechtlich relevante Beeinträchtigung des Persönlichkeitsrechts nur dann vorliegen kann, wenn die Ehrverletzung auf die natürliche Person hinter dem Avatar durchschlägt. Nicht so einmütig gestaltet sich dagegen die Antwort auf die Frage, wann eine natürliche Person von Angriffen auf die virtuelle Identität betroffen ist.

Nach der hier vertretenen Ansicht ist es sachgerecht, mit *Meyer* zwischen der Verletzung von innerer und äußerer Ehre zu differenzieren: Dort, wo sich eine ehrverletzende Handlung allein im Zwei-Personen-Verhältnis abspielt (z.B. durch Beschimpfungen in einem Vieraugengespräch oder in einem privaten Chat), kann mangels Drittbezugs lediglich die innere Ehre des Adressaten beeinträchtigt werden.[409] Erst, wenn die ehrverletzende Handlung anderen gegenüber kundgegeben wird, kommt auch eine Verletzung der äußeren Ehre in Betracht.

aa) Innere Ehre

Die innere Ehre umfasst das Selbstwertgefühl bzw. die Selbstachtung eines Menschen als Ausfluss seiner personalen Würde.[410] Dabei darf die innere Ehre nicht mit dem subjektiven Ehrempfinden des Einzelnen gleichgesetzt werden. Es ist nicht das persönliche Ehrverständnis, was durch das Allgemeine Persönlichkeitsrecht geschützt wird, sondern vielmehr „nur" die Achtung vor sich

[408] Siehe oben A. II. 3.
[409] *Meyer*, S. 137.
[410] BeckOK-BGB/*Förster*, § 12, Rn. 175; MüKo-BGB/*Rixecker*, Anh. § 12, Rn. 125; Erman-BGB/*Klass*, Anh. § 12, Rn. 95.

selbst im Sinne einer inneren Wertschätzung.[411] Im Gegensatz zur äußeren Ehre spielt das Ansehen des Betroffenen in den Augen anderer daher keine Rolle. Folgerichtig setzt die Verletzung der inneren Ehre nicht voraus, dass der Betroffene namentlich bekannt ist.[412] Auch die Identifizierbarkeit des Angegriffenen durch den Äußernden ist nicht erforderlich, denn die Offenlegung seiner Identität gegenüber anderen ist – anders als im Hinblick auf die äußere Ehre – keine Voraussetzung für die Beeinträchtigung der inneren Ehre.[413] Man wird lediglich verlangen müssen, dass die natürliche Person hinter der virtuellen Identität zumindest bestimmbar ist, da ansonsten nicht von einer individuellen Betroffenheit gesprochen werden kann.[414]

Es ist davon auszugehen, dass in der virtuellen Realität des Metaversums – ähnlich wie dies in herkömmlichen sozialen Netzwerken zu beobachten ist – Angriffe gegen die innere Ehre hauptsächlich in Form von Beleidigungen erfolgen. Auch wenn sich solche Beschimpfungen mangels Kenntnis der natürlichen Person unmittelbar „nur" gegen den Avatar richten, so sind diese doch immer für den dahinterstehenden Nutzer bestimmt, der den Avatar steuert und die Äußerungen dadurch zwangsläufig vernimmt und – nach dem Willen des Äußernden – auch vernehmen soll. Über die virtuelle Identität des Avatars wird somit gleichzeitig immer auch der jeweilige Nutzer adressiert.[415] Dieser ist durch die Zuordnung zu einem Avatar individuell bestimmbar. Dabei ist es unschädlich, dass der Äußernde die natürliche Person nicht kennt. Es ist allein entscheidend, dass sich die ehrverletzende Äußerung über den Avatar an einen konkreten, individualisierten Nutzer richtet,[416] welcher die Äußerung auf sich selbst beziehen kann und muss. Diese Bezugswirkung führt im Ergebnis dazu, dass die Selbstachtung bzw. das Selbstwertgefühl des betroffenen Nutzers (potentiell) beeinträchtigt werden kann. Somit wird durch die an den Avatar gerichtete Beschimp-

---

[411] *Baston-Vogt*, S. 417 ff.; MüKo-BGB/*Rixecker*, Anh. § 12, Rn. 124.

[412] *Meyer*, S. 137; BeckOK-BGB/*Förster*, § 12, Rn. 175; MüKo-BGB/*Rixecker*, Anh. § 12, Rn. 131.

[413] *Meyer*, S. 137; *Münch*, S. 89 f.; *Bosch*, S. 197.

[414] *Meyer*, S. 137. Für den strafrechtlichen Beleidigungsschutz vgl.: BGH, Urt. v. 12.1.1956 – 4 StR 470/55, NJW 1956, 679; BayObLG, Beschl. v. 23.2.2000 – 5 St RR 30/00, NJW 2000, 1584 (1585); MüKo-StGB/*Regge/Pegel*, § 185, Rn. 33; Schönke/Schröder-StGB/*Eisele/Schittenhelm*, § 185, Rn. 9; NK-StGB/*Zaczyk*, § 185, Rn. 13; Rippert/Weimer, ZUM 2007, 272 (281).

[415] *Meyer*, S. 137; *Bosch*, S. 195.

[416] Meyer, S. 137.

fung gleichzeitig die innere Ehre der dahinterstehenden natürlichen Person angegriffen, und zwar unabhängig davon, ob in der virtuellen Welt mit dem Avatar eine Reputation aufgebaut wurde oder dieser die Persönlichkeit des Nutzers widerspiegelt.[417]

Diese Einschätzung verfängt lediglich dort nicht, wo sich eine Äußerung allein innerhalb des „Spielsystems" bewegt und daher die innere Ehre des betroffenen Nutzers schlichtweg nicht berühren *kann*. Dies betrifft den Fall, dass herabsetzende Äußerungen an Eigenschaften des Avatars anknüpfen, über die die dahinterstehende natürliche Person nicht verfügt bzw. mit denen sie sich nicht identifiziert.[418] In diesen Konstellationen bilden die angegriffenen Merkmale keinen Teil der natürlichen Selbstachtung, sodass die ehrenrührige Äußerung nicht auf den hinter dem Avatar stehenden Nutzer durchschlägt und daher keine Verletzung der inneren Ehre begründen kann. Gleiches gilt, wenn das Aussehen des Avatars, welches nicht dem äußeren Erscheinungsbild des Nutzers entspricht, mit abfälligen, für sich genommen ehrenrührigen Worten beschrieben wird. Hier ist eine Ehrverletzung der natürlichen Person ebenfalls fernliegend, da nicht der Menschen hinter dem Avatar in Bezug genommen wird.[419] Eine Anknüpfung an das persönliche Ästhetikgefühl des Nutzers kann an dieser Stelle nicht überzeugen.[420] Im Hinblick auf die innere Ehre kommt es gerade nicht auf subjektive Befindlichkeiten wie etwa einen modischen Geschmack oder ästhetische Gefühl, sondern allein auf die Achtung des Einzelnen vor sich selbst an. Es ist nicht ersichtlich, wie diese Selbstachtung durch die Beeinträchtigung eines – wie auch immer gearteten – Ästhetikgefühls verletzt werden sollte. Darüber hinaus sind solche höchstpersönlichen Anschauungen objektiv oftmals übersteigert[421] und können sich von Zeit zu Zeit ändern. Ihre Einbeziehung in den Ehrschutz würde dazu führen, dass der Betroffene selbst bestimmen könnte, was ihn in seiner Ehre verletzt. Dies gilt es, nicht zuletzt vor dem Hintergrund der damit verbundenen Einschränkungen für die Meinungsfreiheit, zu verhindern.

---

417 Vgl. ebenso: *Meyer*, S. 138.
418 Siehe unten A. II. 3. c) cc).
419 Vgl. ebenso: *Krasemann*, DuD 2008, 194; *Rippert/Weimer*, ZUM 2007, 272.
420 So aber *Bosch*, S. 196 f.
421 *Baston-Vogt*, S. 418.

bb) Äußere Ehre

Die äußere Ehre umfasst das Ansehen des Einzelnen in den Augen seiner Mitmenschen (soziale Geltung).[422] Damit die äußere Ehre verletzt sein kann, muss ein solches soziales Ansehen denklogisch überhaupt existieren.[423] Weiterhin ist – anders als bei der inneren Ehre – die Erkennbarkeit des Betroffenen erforderlich, da eine Person in den Augen anderer nur dann an Ansehen verlieren kann, wenn sie individualisierbar ist.[424] Dafür genügt es jedoch, wenn bereits wenigste Teile der Adressaten, ggf. unter Heranziehung etwaigen Sonderwissens, in der Lage sind, den Betroffenen zu erkennen.[425]

Ist der Nutzer hinter dem Avatar unbekannt, kann die soziale Geltung, die er als natürliche Person in der analogen Welt besitzt, in der virtuellen Welt nicht verletzt werden.[426] Dies liegt darin begründet, dass seine natürliche Identität für andere Nutzer nicht erkennbar ist, sodass der „Anknüpfungspunkt" für eine mögliche Schmälerung seines Ansehens in der „realen" Welt fehlt. Zwar ist die Nutzung einer Plattform oftmals so gestaltet, dass der jeweilige Nutzer gegenüber dem Plattformbetreiber seinen Klarnamen sowie weitere personenbezogenen Daten offenlegen muss und daher in diesem Verhältnis identifiziert werden kann. Doch ist dieser aus datenschutzrechtlichen Gründen zur Geheimhaltung der personenbezogenen Daten gegenüber der Nutzeröffentlichkeit verpflichtet. Eine Identifizierung der natürlichen Person gegen ihren Willen ist somit nicht möglich. Dies führt dazu, dass eine Handlung bzw. Äußerung in der virtuellen Welt nicht zu einer Schmälerung des sozialen Ansehens in der „echten" Welt führen kann. Dies kann anhand des folgenden Beispiels illustriert werden: Wird ein Avatar mit dem Namen „MetaTobi" von anderen Nutzern in der virtuellen Welt etwa als Lügner oder Betrüger dargestellt, ohne dass die beteiligten Nutzerkreise Kenntnis davon haben, dass es sich bei dem dahinterstehenden Nutzer um Tobias Müller aus Bonn handelt, sind diese Aussagen nicht dazu geeignet,

---

[422] Siehe oben A. I. 1. b).
[423] *Meyer*, S. 138. Für § 186 StGB i.E. ebenso: *Bosch*, S. 204.
[424] *Meyer*, S. 138. Ähnlich: BGH, Urt. v. 10.12.1991 – VI ZR 53/91, NJW 1992, 1312 (1313); MüKo-BGB/*Rixecker*, Anh. § 12, Rn. 131; BeckOK-BGB/*Förster*, § 12, Rn. 175.
[425] BVerfG, Beschl. v. 14.7.2004 – 1 BvR 263/03, NJW 2004, 3619 (3620); MüKo-BGB/*Rixecker*, Anh. § 12, Rn. 131.
[426] Vgl. ebenso: *Meyer*, S. 138.

das Ansehen von Tobias Müller innerhalb seines tatsächlichen, physischen Umfelds zu beeinträchtigen. Eine Verletzung der äußeren Ehre scheidet insofern aus.

Führt man sich das aufgeführte Beispiel allerdings erneut vor Augen, lässt sich eine weitere Feststellung treffen: Zwar tangieren die Aussagen nicht Tobias Müller in seinem analogen Umfeld, gleichwohl sind sie jedoch dazu geeignet, das Ansehen bzw. den Ruf des Avatars „MetaTobi" in der virtuellen Welt zu beeinträchtigen. Insofern ist eine Identifizierbarkeit aufgrund des Nutzernamens sowie sonstiger Merkmale des Avatars möglich, sodass andere Nutzer die Rufschädigung mit „MetaTobi" in Verbindung bringen können. Dabei ist es unschädlich, dass die natürliche Person hinter dem Avatar nicht bekannt ist,[427] kommt es doch alleine auf den Ruf des Avatars in der virtuellen Welt an.

Es stellt sich also die entscheidende Frage, ob eine Beeinträchtigung des virtuellen Ansehens eine Verletzung der äußeren Ehre des jeweiligen Nutzers begründen kann. Nun ließe sich behaupten, dass Beeinträchtigungen des virtuellen Ansehens allein innerhalb des „Spielsystems" wirken und daher nicht auf die natürliche Person durchschlagen. Dies greift allerdings zu kurz. Denn: Indem der Nutzer seinen Avatar durch die virtuelle Welt steuert, dort Aktivitäten unternimmt und mit anderen Nutzern interagiert, verwirklicht er in Gestalt der virtuellen Identität seine eigene Persönlichkeit.[428] Die Handlungen, die der jeweilige Rechtsträger mit seinem Avatar in der virtuellen Welt vornimmt, sind somit unmittelbarer Ausfluss seiner individuellen Persönlichkeitsentfaltung. Hat sich ein Nutzer durch diese Handlungen mit seinem Avatar ein gewisses Ansehen bzw. einen gewissen Ruf aufgebaut, muss daher auch diese virtuelle Reputation als Teil der individuellen Persönlichkeitsentfaltung vom persönlichkeitsrechtlichen Ehrschutz umfasst sein. Besonders deutlich wird dies dort, wo ein Nutzer in der virtuellen Welt kommerzielle oder ideelle Interessen verfolgt: Bietet er unter ausschließlicher Verwendung seines Avatars im Metaversum Waren oder Dienstleistungen an oder streitet er für eine bestimmte politische Meinung, ist seine Glaubwürdigkeit bzw. sein Erfolg nicht selten maßgeblich davon abhängig, dass das virtuelle Ansehen seines Avatars nicht in unberechtigter Weise ge-

[427] So aber: *Geis/Geis*, CR 2007, 721 (724).
[428] Vgl.: *Meyer*, S. 138; *Bosch*, S. 196; *Krasemann*, DuD 2008, 194 (195).

schmälert oder gar verunglimpft wird. Eine Beeinträchtigung des virtuellen Ansehens würde in diesen Fällen einen unmittelbaren Einfluss auf die in der virtuellen Welt ausgeübte Persönlichkeitsentfaltung des jeweiligen Nutzers haben. Insofern ist es folgerichtig, dass in der Vergangenheit bereits unwahre Tatsachenbehauptungen bei eBay, die unmittelbar nur an ein Nutzerpseudonym adressiert waren, wegen ihres geschäftsschädigenden Charakters als Verletzung des Allgemeinen Persönlichkeitsrechts gewertet wurden.[429] Das Ansehen bzw. der Ruf, den sich ein Rechtsträger unter seinem virtuellen Pseudonym erarbeitet hat, ist somit als Bestandteil seiner äußeren Ehre anzusehen.

Man muss daher zu dem Schluss kommen, dass wegen der mit der Nutzung eines Avatars verbundenen Persönlichkeitsentfaltung Schädigungen eines bestehenden virtuellen Ansehens auf die natürliche Person durschlagen und somit eine Verletzung ihrer äußeren Ehre darstellen können.[430]

cc) Grenzfälle alternierender virtueller Identität

Die Tatsache, dass Äußerungen oder Handlungen in der virtuellen Welt *de lege lata* nur dann persönlichkeitsrechtliche Relevanz entfalten, wenn sie auf die Person hinter dem Avatar durchschlagen, kann zu problematischen Konstellationen führen. Man stelle sich nur Folgendes vor: Ein weißer Mann tritt in der virtuellen Welt mit einem Avatar auf, der eine schwarze Frau repräsentiert. Wird dieser Avatar nun – allein aufgrund seines Aussehens – mit sexistischen oder rassistischen Äußerungen angegriffen, können solche Diskriminierungen zwar im Wege des zivilrechtlichen Persönlichkeitsschutzes grundsätzlich sanktioniert werden.[431] Für das genannte Denkbeispiel zeigt sich jedoch das Problem, dass der jeweilige Nutzer als natürliche Person die einschlägigen Eigenschaften seines Avatars (schwarze Hautfarbe, weibliches Geschlecht) gar nicht aufweist. Es stellt sich daher die Frage, ob in solchen Fällen das Persönlichkeitsrecht bzw. die persönliche Ehre des hinter dem Avatar stehenden Nutzers überhaupt verletzt

---

429 LG Konstanz, Urt. vom 28.7.2004 - 11 S 31/04, NJW-RR 2004, 1635 (1636): „*Von Relevanz ist dabei insbesondere [...], dass entsprechende Bewertungen geeignet sind, negativen Einfluss auf weitere Geschäfte über ‚eBay' zu nehmen*". Vgl. dazu: Redeker-ITR/*Redeker*, D. Rechtsprobleme von Internet und Kommunikation, Rn. 1454; *Krasemann*, DuD 2008, 194 (195).

430 Im Ergebnis ebenso übereinstimmend: *Meyer*, S. 138; *Krasemann*, DuD 2008, 194 (195).

431 Für antisemitische Äußerungen vgl.: BGH, Urt. v. 14.6.2022 – VI ZR 172/20, NJW 2022, 2406, Rn. 11. Grundsätzlich: MüKo-BGB/*Rixecker*, Anh. § 12, Rn. 125; BeckOK-BGB/*Förster*, § 12, Rn. 271 ff.

werden kann. Diesbezüglich empfiehlt sich abermals eine Differenzierung zwischen innerer und äußerer Ehre.

Wie gezeigt, setzt eine Beeinträchtigung der äußeren Ehre nicht voraus, dass der betroffene Nutzer einen Ansehensverlust innerhalb seines natürlichen Umfelds erleidet. Vielmehr wird bei einer entsprechenden Reputation des Avatars auch das Ansehen der virtuellen Identität im Metaversum vom Ehrschutz erfasst – und zwar unabhängig davon, welche Reputation die dahinterstehende Person im „echten“ Leben genießt.[432] Hat sich ein männlicher, weißer Nutzer mit seinem schwarzen, weiblichen Avatar einen Ruf in der virtuellen Welt aufgebaut, kann dieses Ansehen durch diskriminierende Äußerungen beeinträchtigt werden. Dabei ist es unerheblich, ob der dahinterstehende Nutzer tatsächlich die Eigenschaften seines Avatars aufweist oder sich mit diesen identifiziert. Es ist allein entscheidend, dass die Reputation des Avatars innerhalb der virtuellen Welt geschmälert wird. Für eine Verletzung der äußeren Ehre kann es somit keine Rolle spielen, ob die Identität des jeweiligen Nutzers mit seinem Avatar übereinstimmt oder nicht.

Anders verhält es sich hinsichtlich der inneren Ehre: Diesbezüglich ist es entscheidend, ob die Selbstachtung des Einzelnen durch eine virtuelle Handlung verletzt wird.[433] Dies kann nur dann der Fall sein, wenn die Diskriminierung den Betroffenen in seiner individuellen Persönlichkeitswahrnehmung trifft. Identifiziert sich der Nutzer hinter dem angegriffenen Avatar tatsächlich als schwarz oder als Frau, kann durch eine einschlägige Diskriminierung seine Selbstachtung beeinträchtigt werden, sodass eine Verletzung der inneren Ehre in Betracht kommt. Liegt eine solche Selbstidentifikation nicht vor, entfaltet sich die diskriminierende Wirkung hingegen allein innerhalb des „Spielsystems“ und die innere Ehre der natürlichen Person kann nicht verletzt werden. Dabei kommt es nicht darauf an, ob Betroffene eine starke emotionale Bindung zu ihrem Avatar aufgebaut haben und sich deshalb „betroffen“ fühlen. In der Praxis werden sie vielmehr glaubhaft sowie objektiv nachvollziehbar darlegen müssen, mit welchen Eigenschaften ihres Avatars sie sich tatsächlich selbst identifizieren. Eine Beeinträchtigung des individuellen Selbstwertgefühls darf hierbei nicht zu

[432] Siehe oben A. II. 3. c) bb).
[433] Siehe oben A. II. 3. c) aa).

leichtfertig angenommen werden, sondern muss an enge Darlegungsvoraussetzungen geknüpft werden, um eine willkürliche Geltendmachung persönlichkeitsrechtlicher Ansprüche zu verhindern. Eine generelle Sanktionierung rassistischer oder sonstiger diskriminierender Aussagen unabhängig einer individuellen Selbstwertverletzung existiert *de lege lata* nicht.[434]

d) Zwischenergebnis

Ist die Identität der natürlichen Person unbekannt, ergibt sich für den Ehrschutz in der virtuellen Realität im Ergebnis folgendes Bild: Eine rechtlich relevante Ehrverletzung kann mangels eigener Persönlichkeitsrechte des Avatars stets nur dann vorliegen, wenn der dahinterstehende Nutzer betroffen ist. Bei einem Angriff auf die innere Ehre ist grundsätzlich immer von einer solchen Betroffenheit auszugehen, da die ehrenrührige Handlung über die virtuelle Identität an die natürliche Person adressiert wird und dadurch Bezugswirkung für diese entfaltet. Dies gilt unabhängig davon, ob mit dem Avatar eine Reputation aufgebaut wurde oder nicht. Eine Ausnahme von diesem Grundsatz muss allerdings dort gezogen werden, wo eine für sich genommen ehrverletzende Äußerung oder Darstellung an Eigenschaften anknüpft, mit denen sich die natürliche Person nicht identifiziert, und daher allein innerhalb des „Spielsystems" wirkt. Die äußere Ehre eines Nutzers kann demgegenüber beeinträchtigt werden, wenn mit der virtuellen Identität ein Ansehen bzw. eine Reputation in der virtuellen Realität aufgebaut wurde. Die mit der Nutzung des Avatars verbundene Persönlichkeitsentfaltung führt in diesem Falle dazu, dass eine Schmälerung des virtuellen Ansehens auf die natürliche Person durchschlägt.

4. Besonderheiten bei einer Ehrverletzung mittels szenetypischer Begrifflichkeiten

Es kann davon ausgegangen werden, dass sich in der virtuellen Realität des Metaversums – ähnlich wie dies bereits in anderen Bereichen der internetbasierten Kommunikation zu beobachten ist – neuartige Begrifflichkeiten entwickeln, die

[434] In Einzelfällen können solche Äußerungen zwar den Straftatbestand der Volksverhetzung gemäß § 130 StGB erfüllen, daran sind jedoch enge Voraussetzungen geknüpft, vgl. ausführlich: MüKo-StGB/*Schäfer/Anstötz*, § 130, Rn. 20 ff.

zwar innerhalb des „Systems“ eine allgemein akzeptierte Bedeutung erlangt haben, längst jedoch nicht jedem Nutzer bekannt sein dürften. Es stellt sich die Frage, welche Konsequenzen für den zivilrechtlichen Ehrschutz daraus folgen, dass ein Nutzer eine ehrverletzende Äußerung wegen der Verwendung ihm unbekannter Begriffe nicht versteht. Für die Antwort muss wiederum zwischen der inneren und äußeren Ehre differenziert werden.

Da die innere Ehre die subjektive Achtung des Einzelnen vor sich selbst schützt, kann sie überhaupt nur dann verletzt werden, wenn der Betroffene Grund dazu hat, seinen eigenen Achtungsanspruch in Frage zu stellen. Dies setzt zwangsläufig voraus, dass die ehrverletzende Äußerung auch als solche verstanden wird. Wer nämlich eine Ehrverletzung schon gar nicht begreift, hat keinen Anlass dazu, die eigene Selbstachtung zu hinterfragen. Die innere Ehre dient insofern nicht dem abstrakten Schutz vor jeglicher Form von objektiver Herabsetzung, sondern kann in ihrer persönlichkeitsrechtlichen Perzeption vielmehr nur dann verletzt werden, wenn der Betroffene selbst eine Äußerung als Ehrverletzung wahrnimmt – andernfalls würde der Zweck des Ehrschutzes überdehnt werden.[435] Die Verletzung der inneren Ehre setzt mithin das Verständnis des ehrverletzenden Äußerungsinhalts voraus.[436] Einschränkend gilt jedoch: Erkennt der Betroffene die Ehrverletzung aus dem Kontext der Äußerung heraus, kann – auch bei Nichtkenntnis der verwendeten Begrifflichkeiten – eine Beeinträchtigung der inneren Ehre eintreten.[437]

Hinsichtlich des Schutzes der äußeren Ehre gilt ein anderer Maßstab: Hier kommt es darauf an, dass das Ansehen des Betroffenen in den Augen anderer geschmälert wird. Die Selbstwahrnehmung einer Äußerung ist daher irrelevant, solange Dritte den ehrverletzenden Inhalt verstehen und dadurch der soziale Geltungsanspruch des Betroffenen verletzt wird. Dabei darf im Sinne eines effektiven Ehrschutzes nicht verlangt werden, dass das tatsächliche Verständnis eines jeden Rezipienten vorauszusetzen ist. Vielmehr ist es ausreichend, dass eine Äußerung innerhalb ihres Adressatenkreises als ehrverletzend erkannt werden *kann*

---

[435] Vgl.: *Bosch*, S. 199.

[436] So auch die h.M. zum strafrechtlichen Beleidigungsschutz, vgl.: BGH, Urt. v. 12.1.1956 – 4 StR 470/55, NJW 1956, 679; OLG Zweibrücken, Beschl. v. 16.10.2018 – 1 OLG 2 Ss 46/18, NStZ-RR 2019, 246 (248); BeckOK-StGB Lackner/Kühl/Heger-StGB/*Heger*, § 185, Rn. 7; BeckOK-StGB/*Valerius*, § 185, Rn. 19; NK-StGB/*Zaczyk*, § 185, Rn. 13. Dazu ausführlich: *Bosch*, S. 198 ff.

[437] *Bosch*, S. 200.

– bereits dann ist nämlich das soziale Ansehen des Nutzers gefährdet.[438] Werden also ehrverletzende szenetypische Begrifflichkeiten innerhalb eines Adressatenkreises geäußert, in welchem sie eine allgemein bekannte Bedeutung erlangt haben, wird das Ansehen des Betroffenen – und damit seine äußere Ehre – unabhängig davon verletzt, ob er selbst den ehrenrührigen Äußerungsinhalt erfasst oder nicht. Insofern kommt es allein auf die Perzeption der Äußerung durch Dritte an.

III. Ergebnis

Der Schutz der persönlichen Ehre bildet auch in der virtuellen Welt des Metaversums einen wichtigen Grundpfeiler des Allgemeinen Persönlichkeitsrechts. Neben dem bereits bekannten Missbrauchspotential „herkömmlicher" internetbasierter Kommunikation besteht in der virtuellen Realität die Besonderheit, dass Nutzer durch ihren Avatar repräsentiert werden, wodurch dieser regelmäßig das (unmittelbare) Bezugsobjekt zwischenmenschlicher Kommunikation darstellt. Mangels eigener Persönlichkeitsrechte des Avatars kann der Ehrschutz jedoch nur eingreifen, wenn die natürliche Person hinter dem Avatar in ihrer Ehre verletzt ist. Daher wurde analysiert, unter welchen Umständen ehrverletzende Äußerungen gegenüber dem Avatar auf den jeweiligen Nutzer durchschlagen.
Diesbezüglich muss auf einer ersten Stufe differenziert werden, ob die natürliche Person hinter dem Avatar im Rahmen einer Ehrverletzung bekannt ist oder nicht. Kennt der Angreifer den jeweiligen Nutzer und adressiert er seine Ehrverletzung an die natürliche Person in ihrem realen Umfeld, ergeben sich für den zivilrechtlichen Ehrschutz keine Besonderheiten. Der angegriffene Nutzer ist in diesem Falle stets in seiner persönlichen Ehre betroffen.
Anders liegt es, wenn der Nutzer hinter dem Avatar nicht identifiziert werden kann: Hier muss auf einer zweiten Stufen zwischen einem Angriff auf die innere und die äußere Ehre differenziert werden. Die innere Ehre umfasst die Achtung des Einzelnen vor sich selbst. Wird ein Avatar in dieser Hinsicht angegriffen, ist die Äußerung stets auch an die dahinterstehende natürliche Person gerichtet, die

[438] So stuft auch die h.M. in der strafrechtliche Diskussion den Schutz des Ansehens nach § 186 StGB als abstraktes Gefährdungsdelikt ein, vgl. u.a.: MüKo-StGB/*Regge/Pegel*, § 186, Rn. 2; BeckOK-StGB/*Valerius*, § 186, Rn. 8; Schönke/Schröder-StGB/*Eisele/Schittenhelm*, § 186, Rn. 1.

den Avatar „mit Leben füllt". Dadurch entfaltet die Ehrverletzung Bezugswirkung für den jeweiligen Nutzer. Er ist in diesem Falle daher regelmäßig von der Ehrverletzung betroffen. Dies gilt nur dann nicht, wenn der Avatar wegen Merkmalen oder Eigenschaften angegriffen wird, die der Nutzer als natürliche Person nicht aufweist bzw. mit denen er sich nicht glaubhaft identifiziert. Demgegenüber schützt die äußere Ehre das soziale Ansehen einer Person in den Augen anderen. Ist ein Nutzer nach außen hin nicht identifizierbar, kann zwar sein reales soziales Ansehen durch Äußerungen in der virtuellen Welt nicht beeinträchtigt werden. Allerdings ist wegen der mit der Avatarnutzung verbundenen Persönlichkeitsentfaltung auch das virtuelle Ansehen vom Ehrschutz umfasst. Hat sich ein Nutzer mit seinem Avatar also eine Reputation aufgebaut, ist er bei einem Angriff auf diese virtuelle soziale Geltung in seiner äußeren Ehre betroffen. Erfolgen Ehrverletzungen mittels szenetypischer Begriffe, ist es ebenfalls entscheidend, welcher Aspekt der persönlichen Ehre betroffen ist. Bei einem Angriff auf die innere Ehre ist das Verständnis des Betroffenen vom ehrenrührigen Inhalt der Äußerung erforderlich. Anderenfalls kann ein zivilrechtlicher Ehrschutz nicht stattfinden. Demgegenüber kommt es im Hinblick auf die äußere Ehre lediglich darauf an, dass andere die Ehrverletzung als solche erfassen können. Ein Verständnis des Betroffenen ist in diesem Falle nicht zu verlangen.

B. Persönlichkeitsschutz vor virtuellen sexuellen Belästigungen

Neben Beleidigungen und Diskriminierungen werden in der virtuellen Realität des Metaversums auch sexuelle Belästigungen eine neue Qualität erreichen. Dabei macht der immersive Charakter der VR-Technologie die Nutzer sensibler für räumliche Erfahrungen.[439] Studien indizieren, dass die ungefragte Annäherung von Avataren in der virtuellen Welt als eine potenzielle Form der Belästigung wahrgenommen wird, da soziale Normen physischer Proxemik aus der „echten" Welt in die virtuelle Realität übertragen werden.[440] Die durch die Avatarnutzung vermittelte Körperlichkeit lässt unerwünschte Handlungen real wirken, während virtuelle Körperberührungen, sexuell konnotierte Äußerungen oder anzügliche

---

[439] Vgl.: *Freeman/Zamanifard/Maloney/Acena*, PACM Human-Computer Interaction Vol. 6, No. CSCW1, Art. 85.

[440] Vgl.: *Freeman/Zamanifard/Maloney/Acena*, PACM Human-Computer Interaction Vol. 6, No. CSCW1, Art. 85.

Gestik und Mimik durch die jeweiligen Avatare auf die dahinterstehenden Nutzer übertragen werden. Obwohl die Handlungen dabei rein virtueller Natur sind, fühlen sich die Betroffenen oftmals als willenlose Opfer fremder Begierde.

Wie ein sexueller Übergriff im Metaversum wahrgenommen werden kann, zeigt der Erfahrungsbericht von *Wolfnagel* eindrücklich: „*Ich sehe, wie der [...] Körper seines breitschultrigen Avatars sich vor mir aufbaut. Und ich höre die schweren Atemzüge des echten Spielers direkt an meinem Ohr. Alarm, schreit jede Zelle meines Körpers, aber ich bin wie erstarrt. Ich schaue an mir hinunter und sehe: Das digitale Abbild seiner Hände greift mir an die Brüste. Diese Hände werden mittels raffinierter Technik in die virtuelle Welt eingeblendet, sie führen die Bewegungen aus, die der Fremde real vollführt. Irgendwo auf der Welt sitzt er, eine Datenbrille auf der Nase und greift zu. Ich starre nur auf diese Hände. Als ich wieder hochschaue, blickt er mir in die Augen. Er hält den Kopf schief, auch das eine Bewegung aus der echten Welt, von der Technik hierher übertragen. Dann höre ich ihn leise lachen.*“[441]

Erfahrungen wie diese sind längst keine Einzelfälle mehr. Mit zunehmender Nutzung der VR-Technologie in virtuellen Welten häufen sich auch die Berichte über sexuelle Belästigungen. Dabei fühlt sich das Erlebte nicht nur real an, sondern es hinterlässt auch reale physische Folgen. Virtuelle Übergriffe können im Gehirn Fluchtimpulse auslösen, die Herzfrequenz steigern und sogar zu den von *Wolfnagel* beschriebenen *Freeze*-Zuständen führen.[442] Darüber hinaus klagen Betroffene bisweilen über bleibende psychosomatische Beschwerden sowie Angstzustände.[443]

Das alles zeigt, dass virtuelle sexuelle Belästigungen eine große Gefährdung für die freie Persönlichkeitsentfaltung in der virtuellen Realität des Metaversums darstellen. Gleichzeitig ist es zum jetzigen Zeitpunkt noch vollkommen unklar, wie sich Betroffenen gegen solche virtuellen Übergriffe *de lege lata* wehren können. Im Folgenden soll daher untersucht werden, mit welchen persönlichkeitsrechtlichen Mitteln Betroffene zivilrechtlichen Rechtsschutz erlangen können.

---

441 *Wolfnagel*, „Digitaler Grapscher“, abrufbar unter: https://www.zeit.de/2016/38/virtual-reality-sexuelle-uebergriffe-internet-social-vr, abgerufen am 20.06.2024.

442 Vgl.: *Bovermann*, „Am eigenen Leib“, abrufbar unter: https://www.sueddeutsche.de/kultur/metaverse-vr-virtual-reality-microsoft-sexuelle-belaestigung-1.5519527, abgerufen am 20.06.2024.

443 Langschwager, „Virtual sexual harassment raises concerns about emerging metaverse“, abrufbar unter: https://www.nzz.ch/english/virtual-sexual-harassment-raises-concerns-about-metaverse-ld.1669132, abgerufen am 20.06.2024.

Zudem soll anhand eines Exkurses beleuchtet werden, ob der Persönlichkeitsschutz in solchen Fällen auch durch das Strafrecht realisiert werden kann.

I. Zivilrechtlicher Persönlichkeitsschutz

Das Deliktsrecht schützt in § 823 Abs. 1 BGB mit den Rechtsgütern Körper und Gesundheit zwei persönlichkeitsrechtliche Kernbereiche in besonderer Weise.[444] Darüber hinaus garantiert das zivilrechtliche Allgemeine Persönlichkeitsrecht im Rahmen des § 823 Abs. 1 BGB die Unversehrtheit des Intim- und Sexualbereichs eines Menschen bzw. die sexuelle Selbstbestimmung als Teil der höchstpersönlichen Lebenssphäre[445] und umfasst damit u.a. den Schutz vor sexuellen Belästigungen.[446] Der Einzelne kann selbstbestimmt darüber entscheiden, in welchem Verhältnis er zum Geschlechtlichen steht oder in welcher Form er sein Sexualleben ausrichtet.[447] Es unterliegt dabei allein seiner Entscheidung, ob er an einem sexualbezogenen Geschehen teilhaben will oder nicht.[448] In der physischen Welt liegt eine Persönlichkeitsrechtsverletzung daher regelmäßig dann vor, wenn es zu körperlichen sexuellen Übergriffen gegen den Willen des Betroffenen und damit zu einer Überschreitung seiner Intimsphäre kommt.[449]
Darüber hinaus können sexuelle Belästigungen eine Verletzung der persönlichen Ehre darstellen, sofern das Opfer durch anzügliche Bemerkungen oder eindeutige Aufforderungen als minderwertig oder als beliebig verfügbares Objekt der

---

[444] Vgl.: BGH, Urt. v. 9.11.1993 - VI ZR 62/93, NJW 1994, 127 (127); MüKo-BGB/*Wagner*, § 823, Rn. 195; BeckOGK-BGB/*Voigt*, § 823, Rn. 105.

[445] Vgl.: BVerfG, Urt. v. 3.3.2004 – 1 BvR 2378/98 u.a., NJW 2004, 999 (1002); Beschl. v. 21.12.1977 – 1 BvL 1/75 u.a., NJW 1978, 807 (809); BGH, Urt. v. 13.10.2015 – VI ZR 271/14, NJW 2016, 1094, Rn. 34 m.w.N.; Dürig/Herzog/Scholz-GG/*Di Fabio*, Art. 2 Abs. 1, Rn. 200; v. Münch/Kunig-GG/*Kunig/Kämmerer*, Art. 2, Rn. 61; Sachs-GG/*Rixen*, Art. 2, Rn. 134a; MüKo-BGB/*Rixecker*, Anh. § 12, Rn. 127.

[446] BAG, Urt. v. 29.6.2017 – 2 AZR 302/16, NZA 2017, 1121, Rn. 18; Staudinger-BGB/*Hager*, § 823, Rn. C.244; MüKo-BGB/*Rixecker*, Anh. § 12, Rn. 127.

[447] BVerfG, Beschl. v. 24.2.2015 – 1 BvR 472/14, NJW 2015, 1506, Rn. 29; Beschl. v. 21.12.1977 – 1 BvL 1/75 u.a., NJW 1978, 807 (809); BGH, Urt. v. 13.10.2015 – VI ZR 271/14, NJW 2016, 1094, Rn. 33; *Baston-Vogt*, S. 383; Dürig/Herzog/Scholz-GG/*Di Fabio*, Art. 2 Abs. 1, Rn. 200 m.w.N.

[448] *Baston-Vogt*, S. 383.

[449] So liegt in den Fällen des § 825 BGB bzw. der §§ 174 ff. StGB zugleich eine Verletzung des Allgemeinen Persönlichkeitsrechts vor, Erman-BGB/*Ebert*, § 253, Rn. 10. Ähnlich vgl.: *Baston-Vogt*, S. 383 f.; BeckOK-BGB/*Spindler/Flume*, § 253, Rn. 63; MüKo-BGB/*Oetker*, § 253, Rn. 26; Staudinger-BGB/*Hager*, § 823, Rn. C.244.

Begierde dargestellt und dadurch in seiner persönlichen Würde herabgesetzt wird.[450]

Des Weiteren enthält das Zivilrecht zwei spezielle, die sexuelle Selbstbestimmung schützende Normen: § 825 BGB sowie § 3 Abs. 4 AGG. Nach § 825 BGB ist derjenige, der einen anderen durch Hinterlist, Drohung oder Missbrauch eines Abhängigkeitsverhältnisses zur Vornahme oder Duldung sexueller Handlungen bestimmt, zum Ersatz des daraus entstehenden Schadens verpflichtet. Der Schädiger schuldet in diesem Falle nicht nur Ersatz des Vermögensschadens, sondern er muss auch Geldersatz für die erlittenen immateriellen Beeinträchtigungen leisten (§ 253 Abs. 2 BGB).[451] § 825 BGB stellt jedoch keine abschließende Regelung der zivilrechtlichen Sexualdelikte dar, sondern ist lediglich als eine punktuelle Konkretisierung zu verstehen, die den Rückgriff auf § 823 Abs. 1 BGB wegen einer Gesundheitsschädigung oder Körperverletzung sowie einer (sonstigen) Verletzung des Allgemeinen Persönlichkeitsrecht nicht ausschließt.[452] Darüber hinaus statuiert auch § 3 Abs. 4 AGG i.V.m. § 2 Abs. 1 AGG ein spezielles Verbot sexueller Belästigungen. Nach dem Wortlaut gilt dies allerdings nur für Belästigungen innerhalb eines Beschäftigungsverhältnisses (§ 2 Abs. 1 Nr. 1 - 4 AGG),[453] weshalb die Norm im Folgenden nicht zum Gegenstand der Untersuchung gemacht werden soll.

Schließlich wird die sexuelle Selbstbestimmung im Zivilrecht ausdrücklich auch auf Rechtsfolgenseite geschützt: Nach § 253 Abs. 2 BGB begründet die Verletzung der sexuellen Selbstbestimmung einen Anspruch auf immateriellen Schadensersatz. Dies setzt jedoch stets voraus, dass eine Schadensersatzpflicht wegen Verletzung einer haftungsbegründenden Norm gegeben ist.[454]

Im Folgenden soll untersucht werden, inwiefern der zivilrechtliche Persönlichkeitsschutz für virtuelle Belästigungen im Metaversum fruchtbar gemacht wer-

---

[450] *Baston-Vogt*, S, 385; MüKo-BGB/*Rixecker*, Anh. § 12, Rn. 127. Für § 185 StGB vgl.: BGH, Urt. v. 15.3.1989 – 2 StR 662/88; BGH, Urt. v. 25.7.1989 – 1 StR 95/89; Schönke/Schröder-StGB/*Eisele/Schittenhelm*, § 185, Rn. 4; MüKo-StGB/*Regge/Pegel*, § 185, Rn. 14 ff.

[451] MüKo-BGB/*Wagner*, § 825, Rn. 13; BeckOK-BGB/*Förster*, § 825, Rn. 12; Schulze-BGB/*Staudinger*, § 825, Rn. 1.

[452] MüKo-BGB/*Wagner*, § 825, Rn. 15; BeckOGK-BGB/*Gerdemann*, § 823, Rn. 2; Schulze-BGB/*Staudinger*, § 825, Rn. 1.

[453] Vgl.: BeckOK-BGB/*Horcher*, AGG § 3, Rn. 76; Erman-BGB/*Armbrüster*, AGG § 3, Rn. 24; ErfK/*Schlachter*, AGG § 3, Rn. 20; Staudinger-BGB/*Serr*, AGG § 3, Rn. 50; jurisPK-BGB/*Broy*, AGG § 3, Rn. 59. Andere Ansicht: Erman-BGB/*Armbrüster*, AGG § 3, Rn. 24.

[454] Vgl. die Auflistung möglicher Rechtsgründe bei: MüKo-BGB/*Oetker*, § 253, Rn. 17 ff.

den kann. Dabei wird zwischen zwei Anwendungsfällen differenziert: Belästigungen, die rein im verbalen Bereich verbleiben, sowie Belästigungen, welche durch die Handlung der Avatare eine „virtuell-physische" Dimension erreichen.

1. Schutz gegen verbale sexuelle Belästigungen

a) Belästigungen als Ehrverletzung

Verbale sexuelle Belästigungen können als Angriff gegen die persönliche Ehre den Schutz des Allgemeinen Persönlichkeitsrechts auslösen, wenn dadurch der Achtungsanspruch des Betroffenen bzw. sein soziales Ansehen beeinträchtigt wird.[455] Insofern kann grundsätzlich auf die strafrechtliche Dogmatik zur sogenannten „verbalen Sexualbeleidung"[456] zurückgegriffen werden, da auch der zivilrechtliche Ehrschutz – gleichwohl er nach der hier vertretenen Ansicht umfassender zu verstehen ist – nicht per se den Schutz vor jeglichen sexualbezogenen Äußerungen umfassen kann.[457] Danach resultiert der ehrverletzende Charakter einer Äußerung nicht zwangsläufig aus der damit verbundenen sexuellen Konnotation,[458] stellen doch die bloße Verletzung eines persönlichen Schamgefühls oder das Aufbringen intimer Themen noch keine Ehrverletzung dar.[459] Vielmehr müssen weitere Umstände hinzutreten, aus denen sich eine Missachtung oder Geringschätzung des Opfers ergibt.[460] Dabei ist zu beachten, dass die soziale Akzeptanz für (verbale) sexuelle Belästigungen seit Jahrzehnten sinkt, sodass die Sensibilität für entsprechende Ehrverletzungen insgesamt zunehmen muss.[461]

In der virtuellen Realität des Metaversums sind verbale sexuelle Belästigungen insbesondere in Form von anzüglichen Bemerkungen oder Aufforderungen zu (virtuellen) sexualbezogenen Handlungen zu erwarten. Dabei dürften etwa geschmacklose Witze, unerwünschte Avancen oder das „bloße" Ansinnen virtuel-

455 MüKo-BGB/*Rixecker*, Anh. § 12, Rn. 127.

456 Vgl. u.a.: BGH, Beschl. v. 2.11.2017 – 2 StR 415/17, NStZ 2018, 603; Urt. v. 19.9.1991 – 1 StR 509/91, NStZ 1992, 33; BeckOK-StGB/*Valerius*, § 185, Rn. 29 ff.; Schönke/Schröder-StGB/*Eisele/Schittenhelm*, § 185, Rn. 4.

457 Ebenso: *Baston-Vogt*, S. 384 f.

458 BGH, Beschl. v. 2.11.2017 – 2 StR 415/17, NStZ 2018, 603 (604).

459 Vgl.: Schönke/Schröder-StGB/*Eisele/Schittenhelm*, § 185, Rn. 4.

460 Vgl.: BGH, Beschl. v. 2.11.2017 – 2 StR 415/17, NStZ 2018, 603 (604); Urt. v. 19.9.1991 – 1 StR 509/91, NStZ 1992, 33 (34).

461 *Baston-Vogt*, S. 384.

ler sexueller Handlungen die Schwelle zur Ehrverletzung noch nicht überschreiten;[462] gleiches gilt für die Vornahme von sexuellen Handlungen am eigenen Avatar im Sichtfeld anderer Nutzer, da damit nicht per se die Geringschätzung eines anderen verbunden ist.[463] Erst wenn der Äußernde zu erkennen gibt, dass er den Adressaten als minderwertig oder als beliebig verfügbares Objekt der Begierde einschätzt (z.B. durch die Ausdrücke „Flittchen" oder „Schlampe"[464]), handelt es sich um eine justiziable Ehrverletzung.[465] Dabei kommt es – mehr als bei anderen Ehrverletzungen – jedoch stets auf die Begleitumstände an: Bewegt sich ein Nutzer in einem virtuellen Umfeld, in welchem häufig Gespräche sexuellen Inhalts geführt werden und sexualbezogene Äußerungen daher Normalität sind, wird man aufgrund der erhöhten gegenseitigen „Schmerzensgrenze" strengere Anforderungen an eine individuelle Ehrverletzung stellen müssen.[466] Insofern müssen die Eigenarten der jeweiligen Plattform in den Blick genommen und die Äußerungen vor diesem Hintergrund eingeordnet werden. So ist – überspitzt gesprochen – die Schwelle für eine verbale Ehrverletzung in einem virtuellen Bordell freilich höher als in einer virtuellen Kirche.

Ferner ist für das Vorliegen einer justiziablen Ehrverletzung nach den aufgestellten Grundsätzen[467] unerlässlich, dass die natürliche Person hinter dem Avatar von der Äußerung betroffen ist. Dies wird jedoch regelmäßig zu bejahen sein, da eine sexualbezogene Äußerung, die ihren ehrverletzenden Charakter überhaupt erst durch die Bezeichnung des Opfers als minderwertig oder „willenlos" erhält, den inneren Geltungsanspruch des Betroffenen bzw. seine innere Ehre verletzt und daher stets auf die natürliche Person hinter dem Avatar „durchschlägt". Schließlich ist es erforderlich, dass sich die Aussage auch gezielt gegen den betroffenen Nutzer richtet und nicht lediglich auf die Allgemeinheit bezogen

[462] So hat der BGH in einem Ansinnen physischer sexueller Kontakte keine strafbare Beleidigung gesehen, vgl.: BGH, Beschl. v. 2.11.2017 – 2 StR 415/17, NStZ 2018, 603. Anders sah es noch das OLG Hamburg, Urt. v. 2.4.1980 – 1 Ss 12/80, NJW 1980, 2592, das eine entsprechende Verurteilung der Vorinstanz bestätigte; diese Rechtsauffassung dürfte mittlerweile jedoch überholt sein, vgl.: Schönke/Schröder-StGB/*Eisele/Schittenhelm*, § 185, Rn. 4 m.w.N.

[463] So soll auch in der physischen Welt im Exhibitionismus keine strafbare Beleidigung zu sehen sein, vgl.: BayObLG. Urt. v. 16.6.1998 – 2 St RR 86-98, NJW 1999, 72 (73).

[464] *Pörner*, NStZ 2021, 336 (338).

[465] MüKo-BGB/*Rixecker*, Anh. § 12, Rn. 127.

[466] Vgl.: OLG Frankfurt a.M., Urt. v. 26.8.1999 – 15 U 103/97, NJW-RR 2000, 976.

[467] Siehe oben A. II.

ist.[468] Erscheint ein Avatar daher beispielsweise mit einer Sprechlase über dem Kopf, in welcher an sich ehrverletzende Sexualäußerungen an die Gesamtheit der Nutzer gerichtet sind, kann in der Regel kein individueller Persönlichkeitsschutz stattfinden.

b) Belästigungen unterhalb der Schwelle der Ehrverletzung

Oftmals werden verbale Belästigungen zwar nicht die Schwelle zur Ehrverletzung überschreiten, von den Betroffenen dürften sie dennoch häufig als unangenehm und übergriffig wahrgenommen werden. Es ist davon auszugehen, dass plumpe Anmachen und sexuelle Anspielungen in der virtuellen Welt aufgrund der durch die Avatarnutzung vermittelten Körperlichkeit und der Anonymität des Internets ungleich häufiger vorkommen werden, als dies bereits in der physischen Welt der Fall ist. Für die betroffenen, insbesondere weiblichen, Nutzer kann dies weitreichende Einschränkungen in ihrer virtuellen Lebensführung nach sich ziehen: So ist es denkbar, dass sie die Kleidung bzw. äußere Gestaltung ihres Avatars überdenken, bestimmte virtuelle Orte aus Angst vor Belästigungen nicht mehr aufsuchen oder in der virtuellen Realität mit einer anderen, männlichen Identität auftreten, um nicht mehr Opfer sexueller Belästigungen zu werden. In diesen Fällen darf den Betroffenen der zivilrechtliche Persönlichkeitsschutz nicht mit Verweis auf die unterbliebene Ehrverletzung versagt werden. Vielmehr ist hier der essentielle Kern des Allgemeinen Persönlichkeitsrechts, nämlich die freie Entfaltung der Persönlichkeit in der virtuellen Realität betroffen. Daher muss das Allgemeine Persönlichkeitsrecht als Rahmenrecht i.S.v. § 823 Abs. 1 BGB auch dort Schutz gewähren, wo unerwünschte sexualbezogene Äußerungen zwar nicht die persönliche Ehre des Grundrechtsträger verletzen, ihn jedoch in sonstiger Weise in seiner ungestörten, selbstbestimmten (virtuellen) Lebensführung beeinträchtigen.[469] Ob dieser Schutz dabei innerhalb einer der tradierten Fallgruppen – etwa im Rahmen des Schutzes des Schamgefühls oder des Rechts, „in Ruhe gelassen zu werden"[470] – erfolgt oder aufgrund

---

[468] MüKo-BGB/*Rixecker*, Anh. § 12, Rn. 127. Vgl. ebenso: BGH, Urt. v. 12.7.1985 – V ZR 172/84, NJW 1985, 2823 (2824); OLG Frankfurt a.M., Urt. v. 26.8.1999 – 15 U 103/97, NJW-RR 2000, 976 (977).

[469] Ebenso: Stern/Sodan/Möstl/*Heckmann*, § 102, Rn. 83, der das sog. „Catcalling" jedoch als Unterfall der Ehrverletzung verstehen will.

[470] So zu verstehen: OLG Frankfurt a.M., Urt. v. 26. 8. 1999 - 15 U 103/97, NJW-RR 2000, 976 (976).

der Entwicklungsoffenheit des Allgemeinen Persönlichkeitsrechts[471] als neue Fallgruppe anerkannt wird, ist rein deklaratorischer Natur und im Ergebnis unerheblich.

Nimmt man mit der hier vertretenen Ansicht eine Beeinträchtigung des Allgemeinen Persönlichkeitsrechts i.S.v. § 823 Abs. 1 BGB an, muss man jedoch zur Beurteilung der Rechtswidrigkeit – noch mehr als bei der Frage der Ehrverletzung – die rechtlich geschützten Interessen des Äußernden sowie die Begleitumstände seiner Äußerung beachten. Aufgrund der allgemein großen Bedeutung der Meinungsfreiheit[472] dürfte die Schwelle zur Rechtswidrigkeit erst dann überschritten sein, wenn die Äußerung tatsächlich dazu in der Lage ist, die selbstbestimmte Persönlichkeitsentfaltung des Betroffenen in der virtuellen Welt zu beeinträchtigen. In diesem Falle dürften allerdings „nur" Abwehransprüche (insbesondere Unterlassungs- und Beseitigungsansprüche) infrage kommen, da die von der Rechtsprechung für die Zahlung einer Geldentschädigung geforderte schwerwiegende Persönlichkeitsverletzung[473] im Hinblick auf sexualbezogene Äußerungen, die keine Ehrverletzung darstellen, zumindest in der virtuellen Welt regelmäßig nicht vorliegen wird.

2. Schutz gegen virtuell-physische Übergriffe

Anders als verbale sexuelle Belästigung beruhen „physische" Übergriffe im virtuellen Raum nicht nur auf Worten, sondern auch auf virtuellen Taten. Ihre Besonderheit liegt darin, dass sie zwar keine echten physischen Handlungen darstellen, bei den Betroffenen jedoch – je nach Komplexität der verwendeten VR-Technik – einen realistischen Eindruck hinterlassen und daher teilweise ähnliche physische und psychische Folgen wie ein „echter" Übergriff nach sich ziehen. In rechtlicher Hinsicht liegt die Komplexität ihrer Erfassung gerade in dieser Kombination aus virtueller Handlung und realen Konsequenzen. Inwiefern virtuell-physische sexuelle Übergriffe *de lege lata* persönlichkeitsrechtlich sanktioniert werden können, soll im Folgenden untersucht werden.

---

[471] Vgl. dazu: MüKo-BGB/*Rixecker*, Anh. § 12, Rn. 27 ff.

[472] Vgl. dazu: BVerfG, Urt. v. 15.1.1958 – 1 BvR 400/51, GRUR 1958, 254 (256): „*Das Grundrecht auf freie Meinungsäußerung ist als unmittelbarster Ausdruck der menschlichen Persönlichkeit in der Gesellschaft eines der vornehmsten Menschenrechte überhaupt.*"

[473] Grundlegend: BGH, Urt. v. 15.12.1987 – VI ZR 35/87, NJW-RR 1988, 733 (733). Vgl. ebenso u.a.: BGH, Urt. v. 17.12.2013 – VI ZR 211/12, NJW 2014, 2029, Rn. 63 ff.; Urt. v. 24.11.2009 – VI ZR 219/08, NJW 2010, 763, Rn. 11.

a) Schutz vor unerwünschten sexuellen Handlungen nach § 825 BGB

Als spezielle deliktsrechtliche Norm kommt zunächst § 825 BGB in Betracht, wonach derjenige zum Schadensersatz verpflichtet ist, der einen anderen durch Hinterlist, Drohung oder Missbrauch eines Abhängigkeitsverhältnisses zur Vornahme oder Duldung sexueller Handlungen bestimmt.[474] Darüber hinaus kann § 825 BGB bei Vorliegen der Tatbestandsvoraussetzungen auch einen Schmerzensgeldanspruch begründen.[475]

Im Folgenden soll untersucht werden, ob unter der Vornahme oder Duldung „sexueller Handlungen" auch virtuelle Handlungen subsumiert werden können.

aa) Tatbestandliche Erfassung virtueller sexueller Handlungen

Für die Frage, ob § 825 BGB auch auf virtuelle sexuelle Handlungen Anwendung finden, kann der Wortlaut der Norm keine Aufschlüssen bieten. Eine Definition des Begriffes der „sexuellen Handlung" existiert im Bürgerlichen Gesetzbuch nicht. Der allgemein vorgenommene Rückgriff auf die Begriffsbestimmung im Sexualstrafrecht (§ 184h Nr. 1 StGB) kann nur insofern weiterhelfen, als dass eine gewisse Erheblichkeit der sexuellen Handlung zu verlangen ist,[476] gibt jedoch ansonsten keine weiteren Definitionshinweise. Anders als im Sexualstrafrecht (vgl. §§ 174 ff. StGB) hat der Gesetzgeber zudem darauf verzichtet, sexuelle Handlungen „an" oder „vor" einer Person zu verlangen. Ob lediglich tatsächliche oder auch virtuelle Handlungen erfasst sind, lässt sich dem Wortlaut somit nicht entnehmen.

In der deliktsrechtlichen Systematik wird unter einer „Handlung" ein menschliches Tun verstanden, dass der Bewusstseinskontrolle sowie Willenslenkung unterliegt und dadurch beherrschbar ist.[477] Anknüpfungspunkt für die deliktische Haftung ist somit eine menschliche Kraftentfaltung, ein Tun. In der virtuellen

---

[474] Zu den Tatbestandsvoraussetzungen im Einzelnen vgl.: MüKo-BGB/*Wagner*, § 825, Rn. 5 ff.

[475] § 253 Abs. 2 BGB nennt insofern ausdrücklich auch die sexuelle Selbstbestimmung, vgl.: MüKo-BGB/*Wagner*, § 825, Rn. 13; BeckOK-BGB/*Förster*, § 825, Rn. 12.

[476] MüKo-BGB/*Wagner*, § 825, Rn. 6; BeckOK-BGB/*Förster*, § 825, Rn. 5; Staudinger-BGB/*Hager*, § 825, Rn. 11. Ebenso auf die strafrechtlichen Wertungen verweisend: Jauernig-BGB/*Kern*, § 825, Rn. 1; Schulze-BGB/*Staudinger*, § 825, Rn. 1. Andere Ansicht: jurisPK-BGB/*Reichold*, § 825, Rn. 6; BeckOGK-BGB/*Gerdemann*, § 825, Rn. 6, wonach § 825 BGB jede sexuelle Handlung ohne das Erfordernis einer gewissen Erheblichkeit erfassen soll.

[477] BeckOK-BGB/*Förster*, § 823, Rn. 97. Vgl. ebenso: BGH, Urt. v. 01.07.1986 - VI ZR 294/85, NJW 1987, 121; Urt. v. 12. 2. 1963 - VI ZR 70/62, NJW 1963, 953; MüKo-BGB/*Wagner*, § 823, Rn. 66; BeckOGK-BGB/*Voigt*, § 823, Rn. 74; Erman-BGB/*Wilhelmi*, § 823, Rn. 74a.

Realität des Metaversums ist es zwar in letzter Instanz lediglich das Daten- und Pixelgebilde in Form des Avatars, welches die sexuellen Übergriffe verübt. Dahinter steht jedoch regelmäßig ein menschlicher Nutzer, der den Avatar als eine Art Marionette steuert und seinen eigenen Handlungswillen auf diesen überträgt.[478] Jede Handlung eines nutzergesteuerten Avatars beruht daher unmittelbar auf einem entsprechenden beherrschbaren und willensgesteuerten menschlichen Verhalten. Alle virtuellen Aktivitäten eines nutzergesteuerten Avatars sind daher Ausfluss menschlicher Handlungen und können als solche grundsätzlich unter den deliktsrechtlichen Handlungsbegriff subsumiert werden.[479]

Allerdings besteht im Rahmen von § 825 BGB die Besonderheit, dass nicht *irgendeine* Handlung, sondern gerade eine *sexuelle* Handlung verlangt wird. Das tatsächliche menschliche Tun, an welches angeknüpft werden muss, besteht bei virtuellen sexuellen Akten jedoch lediglich darin, dass ein Nutzer seinen Avatar durch bestimmte Tastenkombinationen oder Bewegungen steuert. Die sexuelle Konnotation dieser Handlung wird erst durch die Übertragung der Steuerungsbefehle in die virtuelle Welt erreicht. Es ist also nicht die eigentliche menschliche Handlung des Nutzers, sondern die avatarbasierte Reproduktion dieser Handlung in der virtuellen Welt, die als „sexuell“ zu qualifizieren wäre. Knüpft man in Einklang mit der deliktsrechtlichen Systematik für den Handlungsbegriff jedoch an ein menschliches Verhalten an, kann in einem virtuellen sexuellen Übergriff keine sexuelle Handlung i.S.v. § 825 BGB gesehen werden.

Diese Einschätzung wird mit Blick auf die Historie der Norm gestützt: Bis zu einer Gesetzesänderung im Jahre 2002[480] verpflichtete § 825 BGB a.F. denjenigen zum Schadensersatz, der eine Frau zur „Gestattung der außerehelichen Beiwohnung bestimmt“. Die Norm war also rein auf die tatsächliche, physische Durchführung sexueller Handlungen – nämlich auf die „Beiwohnung“ – zugeschnitten. Mit der Gesetzesnovellierung ging der Gesetzgeber auf verfassungsrechtliche Bedenken hinsichtlich des Gleichheitsgebots ein, indem er eine geschlechtsneutrale Formulierung wählte, die Beschränkung auf den außerehelichen Bereich aufhob und die neutrale Formulierung der „sexuellen Handlung“

---

[478] *Bosch*, S. 59 f.; Steege/Chibanguza-Metaverse/*Klaas/Klose*, § 32, Rn. 32.

[479] Im Hinblick auf den strafrechtlichen Handlungsbegriff vgl.: *Bosch*, S. 60; Steege/Chibanguza-Metaverse/*Klaas/Klose*, § 32, Rn. 32.

[480] Art. 2 Abs. 3 des Zweiten Gesetzes zur Änderung schadensersatzrechtlicher Vorschriften, BGBl. I 2002, 2674.

wählte.[481] Dass der Gesetzgeber damit gleichzeitig eine Erweiterung des gesetzlichen Anwendungsbereichs auf nicht-physische Handlungen bezweckte, ist nicht ersichtlich. Im Gegenteil: Aus der Gesetzesbegründung wird deutlich, dass sich der Gesetzgeber der geringen Bedeutung der Norm bewusst war und diese nur deshalb nicht gänzlich aufgehoben hat, um den Eindruck zu vermeiden, er spreche der sexuellen Selbstbestimmung der Frau die Bedeutung ab.[482] Hinzu kommt, dass der Gesetzgeber im Jahre 2002 die VR-Technologie und die vielfältigen Gefahren, die mit der virtuellen Welt einhergehen, freilich noch nicht bedacht haben kann. Daher spricht auch die Normhistorie dafür, dass virtuelle sexuelle Handlungen im Metaversum nicht vom gesetzlichen Anwendungsbereich erfasst werden.

Aus teleologischer Perspektive bezweckt § 825 BGB den Schutz der sexuellen Selbstbestimmung als Ausprägung des Allgemeinen Persönlichkeitsrechts.[483] Danach steht dem Einzelnen u.a. das individuelle Recht zu, frei über die Einbeziehung in sexuelle Geschehnisse zu entscheiden.[484] Zwar wird die sexuelle Selbstbestimmung vor allem als Garant gegen den ungewollten Eingriff in die körperliche Intimsphäre verstanden. Es ist jedoch nicht ausgeschlossen, dass auch die einseitige Einbeziehung einer Person in nicht-körperliche, virtuelle sexuelle Handlungen eine Verletzung der sexuellen Selbstbestimmung darstellt.[485] Dies gilt umso mehr vor dem Hintergrund, dass sexuelle Übergriffe in der virtuellen Realität von den Betroffenen äußerst realistisch wahrgenommen werden und dadurch starke Beeinträchtigungen in physischer sowie psychischer Hinsicht nach sich ziehen können.

Ob der Schutz vor der Einbeziehung in virtuelle sexuelle Handlung jedoch tatsächlich vom Telos des § 825 BGB erfasst ist, kann im Hinblick auf die Gesetzesbegründung bezweifelt werden. Der Gesetzgeber verweist insofern ausdrücklich darauf, dass die sexuelle Selbstbestimmung bereits durch § 823 Abs. 1 BGB vollständig geschützt sei und dem § 825 BGB vor diesem Hintergrund keine eigenständige Bedeutung zukomme.[486] Dies lässt nicht darauf schließen, dass dem

---

481 Dazu: Staudinger-BGB/*Hager*, § 825, Rn. 2.
482 Vgl.: BT-Drs. 14/7752, 26.
483 BeckOK-BGB/*Förster*, § 825, Rn. 5; Schulze-BGB/*Staudinger*, § 825, Rn. 1; BeckOGK-BGB/*Gerdemann*, § 825, Rn. 2; jurisPK-BGB/*Reichold*, § 825, Rn. 1.
484 Siehe oben B. I. 1. b).
485 Siehe ausführlich unten B. I. 2. d) aa).
486 BT-Drs. 14/7752, 26.

Schutzweck des § 825 BGB seit der Gesetzänderung eine neue, über die Erfassung physischer Handlungen hinausgehende Bedeutung zukommen soll.
Die Frage nach dem Telos der Norm kann jedoch dahinstehen. In Anbetracht der systematischen Auslegung des Wortlauts sowie der Gesetzeshistorie sprechen die besseren Gründe dafür, dass virtuelle sexuelle Handlungen nicht vom Anwendungsbereich des § 825 BGB erfasst werden.

bb) Ergebnis

Im Ergebnis kann § 825 BGB im Falle virtueller sexueller Übergriffe durch Avatare somit keine Rechtsansprüche gewähren.

b) Körperverletzung im Sinne von § 823 Abs. 1 BGB

Scheidet eine Anwendung des § 825 BGB aus, könnten virtuelle sexuelle Übergriffe jedoch sanktioniert werden, sofern dadurch der Körperverletzungstatbestand i.S.v. § 823 Abs. 1 BGB erfüllt wird. Diesbezüglich ist zwischen, nicht vorhandenen, unmittelbaren Verletzungsfolgen, die aus der virtuellen Handlung resultieren, sowie den mittelbar verursachten Schäden zu differenzieren.

aa) Keine unmittelbare Körperverletzung

In der analogen Welt begeht der Angreifer bei einem sexuellen Übergriff gleichzeitig oftmals eine unmittelbare Körperverletzung i.S.d. § 823 Abs. 1 BGB.[487] In der virtuellen Realität kann dies indes nicht der Fall sein: Unter dem deliktsrechtliche Begriff der „Körperverletzung" ist ein unbefugter Eingriff in die Integrität der körperlichen Befindlichkeit des Opfers zu verstehen.[488] Entscheidendes Kriterium ist somit, dass die „Körperlichkeit", also die physische Integrität eines Individuums, beeinträchtigt wird.[489] Rein virtuelle Handlungen können jedoch naturgemäß nicht zu unmittelbaren physischen Beeinträchtigungen führen, da sie sich allein im virtuellen Raum abspielen und es ihnen dadurch an eben

---

[487] So jedenfalls bei der Erzwingung des Geschlechtsverkehrs, vgl.: MüKo-BGB/*Wagner*, § 823, Rn. 201.

[488] BGH, Urt. v. 17.9.2013 – VI ZR 95/13, NJW 2013, 3634, Rn. 12; Urt. v. 9.1.1993 – VI ZR 62/93, NJW 1994, 127 (127). Für die Literatur statt vieler: MüKo-BGB/*Wagner*, § 823, Rn. 200.

[489] MüKo-BGB/*Wagner*, § 823, Rn. 195.

jener unmittelbaren Körperlichkeit fehlt.[490] Insofern ist der Tatbestand der Körperverletzung i.S.v. § 823 Abs. 1 BGB auf rein tatsächliche Handlungen ausgelegt und wird bei einem virtuellen Übergriff daher grundsätzlich nicht erfüllt sein.

bb) Rechtliche Erfassung mittelbarer Verletzungsfolgen

Es ist jedoch denkbar, dass virtuelle Übergriffe mittelbar zu einer Körperverletzung beim Betroffenen führen. Man stelle sich etwa vor, ein Nutzer reagiert wegen der realistischen Wahrnehmung des Übergriffs mit einem Fluchtinstinkt, stolpert in seiner realen Umgebung und bricht sich das Bein.[491] In diesem Falle ist die Beeinträchtigung der körperlichen Integrität zwar Folge der Selbstschädigung des Opfers und beruht nicht unmittelbar auf dem virtuellen Verhalten des Aggressors. Sie kann diesem nach der Rechtsprechung des Bundesgerichtshof zu den sogenannten „Herausforderungsfällen" dennoch zugerechnet werden, wenn der Schädiger dem Opfer eine mindestens im Ansatz billigenswerte Motivation zu dessen selbstgefährdendem Verhalten gesetzt hat, das Verhalten des Geschädigten nicht außer Verhältnis zu dessen Zweck steht und der eingetretene Schaden gerade auf dem herausforderungstypischen Risiko beruht, welches der Schädiger auch subjektiv beurteilen konnte.[492]

Die Herausforderungssituation, die anhand einer Abwägung der Interessen von Schädiger und Geschädigtem beantwortet werden muss,[493] dürfte zunächst bejaht werden. Durch den Einsatz der VR-Technologie fühlen sich die virtuellen Übergriffe als äußerst realistische Angriffe auf die sexuelle Selbstbestimmung des Betroffenen an; aufgrund dieser extremen (psychischen) Belastung muss davon ausgegangen werden, dass für das Opfer die – insofern billigenswerte – Motivation besteht, „irgendwie" aus dieser Situation zu entkommen.

---

[490] Dies gilt jedenfalls so lange, wie keine Hardware existiert, die Schmerzen aus der virtuellen Realität auf den Nutzer übertragen kann. Dies wäre wohl mit zunehmender technischen Entwicklung möglich; allerdings kann nicht davon ausgegangen werden, dass eine solche Hardware tatsächlich entwickelt bzw. genutzt wird.

[491] Zu den sog. „VR-Fails" vgl.: *Dao/Muresan/Hornbaek/Knibbe*, Bad Breakdowns, Useful Seams, and Face Slapping: Analysis of VR Fails on YouTube, in: Proceedings of the 2021 CHI Conference on Human Factors in Computing Systems, Art. 526.

[492] U.a.: BGH, Urt. v. 31.1.2012 – VI ZR 43/1, NJW 2012, 1951, Rn. 8 m.w.N.; Urt. v. 12.3.1996 – VI ZR 12/95, NJW 1996, 1533. Vgl. dazu ausführlich: BeckOGK-BGB/*Brand*, § 249, Rn. 268 ff.

[493] BeckOGK-BGB/*Brand*, § 249, Rn. 268.

Schwieriger gestaltet sich die Beurteilung dagegen im Hinblick auf die „Mittel-Zweck-Relation“ der selbstschädigenden Handlung. Um den Schutzzweck des § 823 Abs. 1 BGB nicht zu überdehnen, muss zwischen dem eingegangenen Risiko und dem angestrebten Erfolg ein vernünftiges Verhältnis bestehen.[494] Dabei darf sich der Geschädigte keinen gänzlich unangemessenen Gefahren aussetzen.[495] Bei Selbstschädigungen infolge virtueller Übergriffe wird der angestrebte Erfolg regelmäßig darin bestehen, aus der virtuellen Situation zu entkommen. Dies kann vorwiegend dadurch erreicht werden, dass man das virtuelle Geschehen mithilfe eines Nutzermenüs pausiert oder man die VR-Brille schlicht absetzt. Flucht- oder Panikhandlungen innerhalb der realen Umgebung führen indes grundsätzlich nicht zu einem „Entkommen“ aus der virtuellen Welt, sondern stellen vielmehr unüberlegte, teilweise reflexartige Reaktionen auf das virtuell Erlebte dar. Aus subjektiver Sicht mögen sie zwar verständlich sein, aus der insofern maßgeblichen objektiven Perspektive[496] konstituieren sie jedoch ein gänzlich zweckloses, untaugliches Verhalten. Angesichts der durchaus schweren Verletzungen, die etwa ein häuslicher Sturz auslösen kann, dürfte es einem solchen selbstschädigenden Verhalten daher an der angemessenen „Mittel-Zweck-Relation“ fehlen.

Darüber hinaus bestehen auch Bedenken hinsichtlich der subjektiven Zurechnung mittelbarer Verletzungsfolgen. Die deliktsrechtliche Haftung setzt nämlich voraus, dass sich der (mittelbare) Schädiger darüber bewusst ist bzw. fahrlässig nicht erkennt, dass der Herausgeforderte eine bestimmte Rechtsgutverletzung erleiden könnte.[497] Anders als bei den „klassischen“ polizeilichen Verfolgerfällen, in denen der Verfolgte das physische Umfeld kennt und die daraus resultierenden Gefahren für seine Verfolger mindestens überblicksartig abschätzen kann, hat ein Nutzer in der virtuellen Welt keine Kenntnis darüber, in welcher realen Umgebung sich der jeweils andere Nutzer zum Zeitpunkt der digitalen Belästigungshandlung befindet. Ein virtueller Aggressor kann somit nicht im Vorfeld beurteilen, ob und insbesondere welche Art von Rechtsgutverletzung

---

494 BGH, Urt. v. 31.1.2012 – VI ZR 43/11, NJW 2012, 1951, Rn. 11; MüKo-BGB/*Oetker*, § 249, Rn. 171; BeckOK-BGB/*Förster*, § 823, Rn. 260; BeckOGK-BGB/*Brand*, § 249, Rn. 268; Jauernig-BGB/*Kern*, § 823, Rn. 28.

495 MüKo-BGB/*Oetker*, § 249, Rn. 172; BeckOK-BGB/*Förster*, § 823, Rn. 260.

496 Vgl. für die polizeilichen „Verfolgerfälle“: BGH, Urt. v. 12.3.1996 – VI ZR 12/95, NJW 1996, 1533.

497 BGH, Urt. v. 31.1.2012 – VI ZR 43/1, NJW 2012, 1951, Rn. 9; Urt. v. 12.3.1996 – VI ZR 12/95, NJW 1996, 1533.

der Herausgeforderte durch eine Interaktion mit seinem physischen Umfeld erleiden könnte. Dies gilt umso mehr vor dem Hintergrund, dass jede Person vor der Nutzung einer VR-Brille mit einem Warnhinweis des jeweiligen Herstellers konfrontiert werden dürfte, die VR-Ausrüstung nur in einem sicheren physischen Umfeld zu nutzen.[498] Es ließe sich damit argumentieren, ein Schädiger könne berechtigterweise darauf vertrauen, der belästigte Nutzer befinde sich tatsächlich in einem solchen, gefahrlosen Umfeld. Zwar mag dieses Argument mit dem Hinweis auf die den Sicherheitsempfehlungen oft entgegenstehende Praxis der VR-Nutzung entkräftet werden können. Insgesamt wird jedoch deutlich, dass die fehlende Kenntnis des virtuellen Aggressors von den Gefahrenquellen in der physischen Umgebung seines Opfers erhebliche Bedenken hinsichtlich der subjektiven Zurechnung potentieller mittelbarer Verletzungsfolgen verursacht.

cc) Zwischenergebnis

Im Ergebnis ist festzuhalten, dass die durch Selbstschädigung infolge eines virtuellen Übergriffes hervorgerufenen Verletzungen keine dem Aggressor zurechenbare Körperverletzung i.S.v. § 823 Abs. 1 BGB darstellen können.
Eine unmittelbare Köperverletzung scheidet aufgrund der Virtualität der Handlung und der damit verbundenen fehlenden direkten physischen Auswirkungen generell aus. Darüber hinaus können auch die durch eine Selbstschädigung mittelbar hervorgerufenen Rechtsgutverletzungen dem virtuellen Schädiger nicht zugerechnet werden, da die Dogmatik der „Herausforderungsfälle" insofern nicht fruchtbar gemacht werden kann. Zum einen fehlt es in Anbetracht der vielfältigen Möglichkeiten, einer virtuellen Aggression zu „entkommen", an der angemessenen Mittel-Zweck-Relation der Selbstschädigung. Zum anderen wird die subjektive Zurechnung solcher Rechtsgutverletzungen regelmäßig an der fehlenden Beurteilbarkeit der bestehen Risiken innerhalb des physischen Umfelds des belästigten Nutzers scheitern.

498 Vgl. etwa die Warnhinweise im „Safety Center" von „Meta", abrufbar unter: www.meta.com/de/quest/safety-center/

c) Gesundheitsschädigung im Sinne von § 823 Abs. 1 BGB

Dort, wo virtuelle Übergriffe seelisches Leid bei den Betroffenen verursachen, könnten jedoch Ansprüche wegen einer Gesundheitsschädigung im Sinne des § 823 Abs. 1 BGB in Betracht kommen.

aa) Vorliegen einer Gesundheitsschädigung

Unter einer Gesundheitsschädigung ist jedes Hervorrufen oder Steigern eines von den normalen körperlichen Funktionen nachteilig abweichenden Zustands zu verstehen.[499] Für die Sanktionierung der hier relevanten virtuellen Übergriffe ist es dabei entscheidend, dass die Gesundheitsverletzung nicht zwingend Folge einer physischen Beeinträchtigung sein muss, sondern auch in Form reiner psychischer Schäden existieren kann.[500] So stellen die durch eine Schädigungshandlung ausgelösten psychischen Störungen eine Gesundheitsverletzung dar, sofern ihnen ein eigener Krankheitswert zukommt.[501] Ein solcher Krankheitswert ist immer dann anzunehmen, wenn die psychischen Beeinträchtigungen einer medizinischen Behandlung bedürfen.[502]

Gesundheitliche Beeinträchtigungen durch virtuell-physische sexuelle Übergriffe sind in zweierlei Hinsicht vorstellbar: Zum einen kann der Vorfall beim Betroffenen unmittelbare psychische Krankheiten auslösen, etwa Angst- oder posttraumatische Belastungsstörungen. Zum anderen ist es möglich, dass sich die, nicht zwingend pathologischen, psychischen Folgen eines Übergriffes in physischer Weise manifestieren und zu behandlungsbedürftigen somatischen Beeinträchtigung führen (z.B. stressbasierte Herzprobleme).[503] In beiden Fällen kann jeweils eine Gesundheitsschädigung i.S.v. § 823 Abs. 1 BGB angenommen werden.

---

[499] BGH, Urt. v. 14.6.2005 – VI ZR 179/04, NJW 2005, 2614 (2615); Urt. v. 30.4.1991 – VI ZR 178/90, NJW 1991, 1948 (1949); BeckOK-BGB/*Förster*, § 823, Rn. 110; Staudinger-BGB/*Hager*, § 823, Rn. B.20; BeckOGK-BGB/*Voigt*, § 823, Rn. 105.

[500] Vgl.: BGH, Urt. v. 26.7.2022 – VI ZR 58/21, NJW 2022, 3509, Rn. 23; Urt. v. 21.5.2019 – VI ZR 299/17, NJW 2019, 2387, Rn. 7; Urt. v. 27.1.2015 – VI ZR 548/12, NJW 2015, 1451 (1451); Erman-BGB/*Wilhelmi*, § 823, Rn. 19; MüKo-BGB/*Wagner*, § 823, Rn. 209; BeckOK-BGB/*Förster*, § 823, Rn. 113.

[501] St.Rspr., zuletzt: BGH, Urt. v. 8.12.2020 – VI ZR 19/20, NJW 2021, 925, Rn. 8 m.w.N. Ebenso die Literatur, vgl. u.a.: BeckOK-BGB/*Förster*, § 823, Rn. 113; jurisPK-BGB/*Lange*, § 823, Rn. 7; Erman-BGB/*Wilhelmi*, § 823, Rn. 19.

[502] BGH, Urt. v. 17.4.2018 – VI ZR 237/17, NJW 2018, 3250, Rn. 10; Staudinger-BGB/*Hager*, § 823, Rn. B.27.

[503] Vgl. zu den Fallgruppen: Staudinger-BGB/*Hager*, § 823, Rn. B.27 f. m.w.N.

Die im Rahmen virtueller Belästigungen von einigen Betroffenen wahrgenommenen „Freeze"-Zustände[504] können hingegen grundsätzlich nicht als Gesundheitsschädigung qualifiziert werden. In der Regel handelt es sich dabei um akute Schocksituationen, in denen der menschliche Körper in eine Art „eingefrorenen Zustand" wechselt, um die Weiterleitung der erlebten Emotionen an das Wahrnehmungszentrum zu unterbrechen.[505] Solche Schockzustände halten meist jedoch nur wenige Augenblicke an,[506] sodass sie nicht als behandlungsbedürftige Krankheit zu verstehen sind. Ebenso verhält es sich mit Symptomen wie Betrübtheit, Desorientiertheit, starken Gefühlsschwankungen oder starkem körperlichen Stress, die oftmals im Nachgang einer „Freeze"-Situation auftreten können, jedoch nach wenigen Stunden bzw. Tagen regelmäßig von alleine wieder abklingen.[507] Erst wenn diese traumatischen Symptome fortbestehen, obwohl das virtuelle Ereignis bereits einen längeren Zeitraum zurückliegt, kann von einer pathologischen Traumafolgestörung gesprochen werden,[508] die eine Gesundheitsschädigung i.S.v. § 823 Abs. 1 BGB darstellt.

„Einfache" Emotionen wie Kummer, Trauer oder gar nur die bloße Aufregung über eine Situation können hingegen keine psychische Störung mit Krankheitswert, mithin keine Gesundheitsverletzung, begründen.[509]

bb) Zurechenbarkeit

Ist eine Gesundheitsschädigung im Gesetzessinne feststellbar, muss die Zurechnung psychischer bzw. psychosomatischer Schäden einer besonderen Prüfung unterzogen werden, um eine ausufernde Haftung des Schädigers zu verhindern und den deliktsrechtliche Schutzzweck nicht zu überziehen.[510] Der Schädiger kann zum einen nicht für solche Beeinträchtigungen verantwortlich gemacht werden, die sich nach einer wertenden Betrachtung als Folge des allgemeinen

[504] Vgl.: *Bovermann*, „Am eigenen Leib", abrufbar unter: https://www.sueddeutsche.de/kultur/metaverse-vr-virtual-reality-microsoft-sexuelle-belaestigung-1.5519527, abgerufen am 20.06.2024.
[505] *Pausch/Matten*, S. 17 f.
[506] *Pausch/Matten*, S. 17 f.
[507] Vgl.: *Pausch/Matten*, S. 20 f.
[508] *Pausch/Matten*, S. 20 f.
[509] BGH, Urt. v. 6.6.1989 – VI ZR 241/88; Erman-BGB/*Wilhelmi*, § 823, Rn. 19; Staudinger-BGB/*Hager*, § 823, Rn. B.27.
[510] Vgl.: BGH, Urt. v. 8.12.2020 – VI ZR 19/20, NJW 2021, 925, Rn. 11; Urt. v. 21.5.2019 – VI ZR 299/17, NJW 2019, 2387, Rn. 11; Urt. v. 17.4.2018 – VI ZR 237/17, NJW 2018, 3250, Rn. 18.

Lebensrisikos darstellen.[511] Zum anderen entfällt der Zurechnungszusammenhang, wenn das schädigende Ereignis geringfügig ist (Bagatelle), keine spezielle Schadensanlage des Verletzten trifft und die psychische Reaktion aufgrund des groben Missverhältnisses zum Anlass im konkreten Fall nicht mehr verständlich ist.[512]

Psychische bzw. psychosomatische Folgen eines virtuell-physischen sexuellen Übergriffs können – insbesondere vor dem Hintergrund der von der Rechtsprechung geforderten wertenden Betrachtung[513] – wohl kaum dem „allgemeinen Lebensrisiko" bzw. dem Risikobereich des Geschädigten zugeschrieben werden. Die virtuelle Aggression des Schädigers stellt vielmehr eine bewusste Grenzüberschreitung zur Befriedigung der eigenen Bedürfnisse dar und erfolgt ohne Rücksichtnahme auf die Interessen des Opfers, sodass der Schädiger in diesem Falle ein eigenes, spezielles Risiko setzt.

Des Weiteren dürfte in den meisten Fällen auch keine Bagatelle vorliegen. Zwar findet der Übergriff „nur" im virtuellen Raum statt und existiert nicht in der Realität; führt man sich jedoch vor Augen, wie intensiv und realistisch auch eine virtuelle Handlung auf die Betroffenen wirkt, kann eine generelle Geringfügigkeit der Schädigung – zumindest mit dem alleinigen Hinweis auf deren Virtualität – nicht angenommen werden. Vielmehr muss für jeden Einzelfall gesondert geprüft werden, ob die virtuelle Handlung als Bagatelle einzustufen ist. Dies kann im Hinblick auf die Besonderheiten der virtuellen Realität etwa dann der Fall sein, wenn der Immersionsgrad oder der Grad an Realismus der virtuellen Darstellung so gering sind, dass die psychische Reaktion des Geschädigten objektiv nicht mehr verhältnismäßig ist. Gleiches dürfte wohl gelten, wenn es sich lediglich um flüchtige virtuelle Berührungen handelt. Sollte ein Bagatellverhalten gegeben sein, muss sich der Schädiger die Gesundheitsbeeinträchtigung dennoch zurechnen lassen, wenn der Geschädigte über eine entsprechende spezielle Schadensanlage verfügt.[514]

---

[511] BGH, Urt. v. 8.12.2020 – VI ZR 19/20, NJW 2021, 925, Rn. 11; MüKo-BGB/*Wagner*, § 823, Rn. 210.

[512] BGH, Urt. v. 8.12.2020 – VI ZR 19/20, NJW 2021, 925, Rn. 11 m.w.N. Vgl. ebenso: BeckOK-BGB/*Förster*, § 823, Rn. 115; Erman-BGB/*Wilhelmi*, § 823, Rn. 20; MüKo-BGB/*Wagner*, § 823, Rn. 211.

[513] Zuletzt: BGH, Urt. v. 8.12.2020 – VI ZR 19/20, NJW 2021, 925, Rn. 11.

[514] Vgl.: BGH, Urt. v. 11.11.1997 – VI ZR 376/96, NJW 1998, 810 (812); BeckOK-BGB/*Förster*, § 823, Rn. 107.

cc) Zwischenergebnis

Im Ergebnis können die durch virtuell-physische Übergriffe herbeigeführten psychischen bzw. psychosomatischen Störungen mit Krankheitswert eine Gesundheitsverletzung i.S.v. § 823 Abs. 1 BGB darstellen und die entsprechenden deliktsrechtlichen Rechtsfolgen auslösen. Im Einzelfall ist jedoch stets zu prüfen, ob der Verletzungserfolg dem Schädiger zugerechnet werden kann oder ob es sich ggf. um eine nicht mehr zurechenbare Opferreaktion auf ein Bagatellverhalten handelt.

d) Verletzung des Allgemeinen Persönlichkeitsrechts

Kommt es nicht zu derart starken psychischen Beeinträchtigungen, dass von einer Gesundheitsverletzung gesprochen werden kann, bleibt dem Betroffenen bei virtuell-physischen sexuellen Übergriffen im Rahmen von § 823 Abs. 1 BGB nur der Rückgriff auf das Allgemeine Persönlichkeitsrecht. Als beeinträchtigte Ausprägungen kommen diesbezüglich die sexuelle Selbstbestimmung sowie die persönliche Ehre in Betracht.

aa) Verletzung der sexuellen Selbstbestimmung

Die sexuelle Selbstbestimmung ist ein Kernaspekt des Persönlichkeitsrechts,[515] was sich u.a. dadurch zeigt, dass sie in § 825 bzw. § 253 Abs. 2 BGB sowie in den §§ 174 ff. StGB unter besonderen gesetzlichen Schutz gestellt wird. Das Recht auf sexuelle Selbstbestimmung umfasst einerseits die Befugnis, die eigene sexuelle Identität und Orientierung frei zu bestimmen;[516] andererseits – und in dieser Ausprägung könnte die sexuelle Selbstbestimmung für die hiesige Forschungsfrage relevant werden – gibt sie dem Einzelnen das Recht, sein Verhältnis zur Sexualität frei und eigenständig einzurichten und selbst darüber zu befinden, ob, in welchen Grenzen und mit welchen Zielen er Einwirkungen Dritter auf diese Einstellung hinnehmen will.[517] Dabei ist der Bereich der Sexualität

---

[515] Vgl.: Staudinger-BGB/*Hager*, § 823, C.244.

[516] BVerfG, Beschl. v. 10.10.2017 – 1 BvR 2019/16, NJW 2017, 3643, Rn. 39; Beschl. v. 11.1.2011 – 1 BvR 3295/07, NJW 2011, 909, Rn. 51; Beschl. v. 27.5.2008 – 1 BvL 10/05, NJW 2008, 3117, Rn. 37; v. Münch/Kunig-GG/*Kunig/Kämmerer*, Art. 2, Rn. 61.

[517] BVerfG, Beschl. v. 16.6.2007 – 1 BvR 1783/05, NJW 2008, 39, Rn. 88; Beschl. v. 21.12.1977 – 1 BvL 1/75 u.a., NJW 1978, 807 (809). Ähnlich: BGH, Urt. v. 25.10.2011 – VI ZR 332/09; Erman-BGB/*Klass*, Anh. § 12, Rn. 122; BeckOK-InfoMedienR/*Söder*, § 823, Rn. 153; MüKo-StGB/*Renzikowski*, Vor § 174, Rn. 7. Zusammenfassend: BeckOK-GG/*Lang*, Art. 2, Rn. 85 ff.

mindestens der Privatsphäre, oftmals jedoch der Intimsphäre zuzuordnen,[518] die als Kernbereich höchstpersönlicher, privater Lebensgestaltung wegen ihrer besonderen Nähe zur Menschenwürde gegen Eingriffe durch Dritte absolut geschützt wird.[519]

Bisher wird eine Verletzung des sexuellen Selbstbestimmungsrechts insbesondere in solchen Fällen angenommen, in denen es zu einer Überschreitung des physischen Intimbereichs gegen den Willen des Rechtsträgers kommt, z.B. im Falle von sexuellem Missbrauch oder Vergewaltigung.[520] Für die virtuelle Welt kann diese Perzeption der sexuellen Selbstbestimmung jedoch nicht fruchtbar gemacht werden, da mangels tatsächlicher physischer Handlung im Metaversum der räumlich-biologische (Sexual-)Intimbereich generell nicht tangiert wird. Es stellt sich vielmehr die Frage, ob das Selbstbestimmungsrecht auch vor „lediglich" virtuellen sexuellen Übergriffen Schutz bieten kann.

Um dies zu beantworten, sollte man sich den grundlegenden Zweck des Allgemeinen Persönlichkeitsrechts (erneut) vor Augen führen. Das Allgemeine Persönlichkeitsrecht dient mit seinen besonderen Ausprägungen der freien Entfaltung der individuellen Persönlichkeit. Es beruht auf dem grundgesetzlichen Bild des freien und selbstbestimmten Menschen und soll dessen autonomer Lebensgestaltung dienen.[521] Aufgrund der sich stetig ändernden Lebensumstände ist das Allgemeine Persönlichkeitsrecht in seinen Schutzgarantien nicht auf vorgezeichnete Schutzbereiche beschränkt. Vielmehr hat das Bundesverfassungsgericht stets die Entwicklungsoffenheit des Grundrechts betont, damit es sich an aktuelle Entwicklungen – nicht zuletzt an die Gefahren moderner Kommunikation – anpassen kann.[522] Die Konzeption als „offener Tatbestand"[523] ist dabei der „Schlüssel", der das Persönlichkeitsrecht auch für bisher ungekannte Problematiken öffnet.

---

[518] Vgl.: Dürig/Herzog/Scholz-GG/*Di Fabio*, Art. 2 Abs. 1, Rn. 200.

[519] St.Rspr, vgl. u.a.: BVerfG, Beschl. v. 16.6.2007 – 1 BvR 1783/05, NJW 2008, 39, Rn. 88 m.w.N. Ebenso die Literatur, u.a.: BeckOK-GG/*Lang*, Art. 2, Rn. 79 ff.; Dürig/Herzog/Scholz-GG/*Di Fabio*, GG; Art. 2 Abs. 1, Rn. 158; BeckOK-BGB/*Förster*, § 12, Rn. 231; Erman-BGB/*Klass*, Anh. § 12, Rn. 18; BeckOK-InfoMedienR/*Söder*, BGB § 823, Rn. 152.

[520] Vgl.: BeckOK-BGB/*Spindler/Flume*, § 253, Rn. 63 ff. m.w.N. zur Rechsprechung; MüKo-BGB/*Oetker*, § 253, Rn. 26.

[521] Dürig/Herzog/Scholz-GG/*Di Fabio*, Art. 2 Abs. 1, Rn. 147.

[522] Dürig/Herzog/Scholz-GG/*Di Fabio*, Art. 2 Abs. 1, Rn. 47 m.w.N. zur Rechtsprechung.

[523] Zum Begriff vgl.: BeckOGK-BGB/*Specht-Riemenschneider*, § 823, Rn. 1182.

Im Hinblick auf die Frage nach der Schutzwirkung des sexuellen Selbstbestimmungsrechts in der virtuellen Welt spielt die Qualität der Wahrnehmung des virtuell Erlebten eine große Rolle: Aufgrund des hohen Immersionsgrades der VR-Technologie sowie der Verkörperung der jeweiligen Nutzer durch ihre Avatare verschwimmen die Grenzen von Virtualität und Realität. Die psychische Wahrnehmung der Nutzer spiegelt ihnen vor, sich tatsächlich körperlich und in Gestalt ihres Avatars in der virtuellen Realität zu befinden.[524] Virtuelle Angriffe gegen den eigenen Avatar können daher genauso stark als Eingriff in die individuelle Intimität wahrgenommen werden wie in der realen Welt, was sich nicht zuletzt an den Erfahrungsberichten der Betroffenen zeigt.[525] Lässt sich zwischen dem virtuellen und dem realen Erlebnis jedoch keine trennscharfe (Wahrnehmungs-)Grenze mehr ziehen, muss der persönliche Bereich von Sexualität und Intimität in beiden Welten gleichermaßen geschützt werden.

Darüber hinaus können virtuell-sexuelle Übergriffe weitreichende negative Konsequenzen für die freie, selbstbestimmte Persönlichkeitsentfaltung der Betroffenen haben. Dies gilt nicht nur im Hinblick auf die tatsächlichen psychischen bzw. psychosomatischen Folgen eines solchen Erlebnisses. Auch die Persönlichkeitsentfaltung innerhalb der virtuellen Welt kann dadurch massiv beeinträchtigt werden. So liegt es nahe, dass Nutzer aus Angst vor (erneuten) Übergriffen bestimmte Bereiche des Metaversums meiden, das Aussehen ihrer Avatare entgegen der eigenen Wünsche ändern oder sich ganz aus der virtuellen Welt zurückziehen. Verpflichtet das Allgemeine Persönlichkeitsrecht die staatliche Rechtsordnung zu der Gewährleistung einer freien und individuellen Persönlichkeitsentfaltung, ist es daher unerlässlich, die sexuelle Selbstbestimmung auch auf virtuelle Konstellationen auszudehnen. Dies trägt dazu bei, die psychologische Integrität der Nutzer zu bewahren und sie vor potenziell schädlichen virtuellen Erfahrungen zu schützen.

Ist von der sexuellen Selbstbestimmung also die freie Entscheidung über das „Ob" und „Wie" der Teilnahme an sexuellen Handlungen umfasst,[526] muss dies ebenso für Handlungen in der virtuellen Welt gelten. Im Ergebnis beeinträchtigen virtuell-physische sexuelle Übergriffe im Metaversum somit die sexuelle Selbstbestimmung des betroffenen Rechtsträgers. Innerhalb des herkömmlichen

---

524 Siehe oben Kap. 1 B. III.

525 Siehe oben B.

526 Vgl.: *Baston-Vogt*, S. 383.

Schutzbereichs dürften sie als eine Verletzung der (virtuellen) Intimsphäre in ihrer thematischen bzw. geistig-seelischen Ausprägung[527] eingeordnet werden.[528] In jedem Fall begründen sie als Angriff auf die sexuelle Selbstbestimmung eine Verletzung des Allgemeinen Persönlichkeitsrechts i.S.v. § 823 Abs. 1 BGB.

bb) Ehrverletzung

Darüber hinaus könnten virtuell-physische sexuelle Übergriffe eine Verletzung der persönlichen Ehre begründen. Dafür ist es – ebenso wie bei den verbalen Belästigungen – erforderlich, dass mit dem virtuellen Übergriff nach den Umständen des Einzelfalles zugleich eine Geringschätzung oder Missachtung des betroffenen Nutzers zum Ausdruck kommt.[529] Hierbei ist zu beachten, dass das Recht der persönlichen Ehre nicht zu einem „Auffangtatbestand" für jegliche Art von Angriffen auf die individuelle Persönlichkeit verkommen darf. Ein virtuell-physischer sexueller Übergriff kann daher – neben der Verletzung der sexuellen Selbstbestimmung – keine eigenständige Ehrverletzung begründen, wenn der Angreifer rein zur Befriedigung seines Geschlechtstriebes oder aus sexuellem Interesse am Opfer handelt.[530] Vielmehr muss sein Verhalten gleichzeitig einen Demütigungscharakter zum Ausdruck bringen, indem es impliziert, der Betroffene weise einen seine Ehre mindernden Mangel auf.[531]

Wann ein virtuell-physischer sexueller Übergriff nach diesen Grundsätzen einen ehrverletzenden Charakter mit sich trägt, kann nicht pauschal beantwortet werden und muss für jeden Einzelfall gesondert beurteilt werden.

Eine Ehrverletzung liegt eher fern, wenn zwei Nutzer mit ihren Avataren in der virtuellen Welt eine intakte (Kommunikations-)Beziehung aufgebaut und sich gegenseitig kennengelernt oder sogar virtuell angenähert haben. Kommt es in dieser Konstellation zu ungewollten virtuell-physischen sexuellen Übergriffen, ist darin zwar eine Verletzung der sexuellen Selbstbestimmung, nicht jedoch au-

---

[527] Zu den Ausprägungen vgl.: Dürig/Herzog/Scholz-GG/*Di Fabio*, Art. 2 Abs. 1, Rn. 149; BeckOK-BGB/*Förster*, § 12, Rn. 231.

[528] Vgl.: v. Münch/Kunig-GG/*Kunig/Kämmerer*, Art. 2, Rn. 58, die ebenfalls davon ausgehen, dass eine virtuelle Intimsphäre existiert.

[529] Siehe oben Kap. 2 C. III. 1. a) aa).

[530] OLG Karlsruhe, Urt. v. 6.6.2002 – 1 Ss 13/02, NJW 2003, 1263 (1264)

[531] BGH, Urt. v. 15.3.1989 – 2 StR 662/88, NJW 1989, 3028 (3029); OLG Karlsruhe, Urt. v. 6.6.2002 – 1 Ss 13/02, NJW 2003, 1263 (1264).

tomatisch eine Missachtung oder Geringschätzung des Opfers zu sehen. Gleiches gilt für den Fall, dass sich zwei Nutzer mit ihren Avataren auf einer virtuellen pornographischen Plattform bewegen, die ggf. sogar bestimmte sexuelle Vorlieben bedienen soll. Hier stehen bei einem Übergriff regelmäßig die sexuellen Interessen der Beteiligten im Vordergrund, sodass eine Demütigung oder Geringschätzung des Opfers – ohne Hinzutreten besonderer Umstände – nicht per se angenommen werden kann.[532]

Hat sich der Angreifer den Avatar des betroffenen Nutzers hingegen unvermittelt als „Zufallsopfer" ausgesucht, z.B. weil ihm dessen äußere Gestaltung gefällt oder der Avatar besondere, sexuell anziehende Merkmale aufweist, kommt damit die Einschätzung zum Ausdruck, dass man mit dem Avatar bzw. dessen Nutzer „so etwas machen kann".[533] Die Handlung des virtuellen Aggressors impliziert, dass der Wille des Betroffenen nicht zählt und er den Übergriff auf seinen Avatar schon akzeptieren werde. Der Angreifer macht damit deutlich, dass er den Nutzer – dargestellt durch den Avatar – nur als ein beliebig verfügbares (Sexual-)Objekt sieht, welches er sich zur Befriedigung seiner Wünsche nach seinem Willen „fügsam" machen kann. Mit dieser Objektifizierung verletzt er unmittelbar die Selbstachtung bzw. den subjektive Geltungsanspruch des Nutzers, sprich dessen innere Ehre. Erfolgt der Übergriff vor den Augen andere Nutzer, kann – sofern der betroffene Nutzer mit seinem Avatar eine Reputation aufgebaut hat[534] – gleichzeitig eine Verletzung der äußeren Ehre angenommen werden, da der Übergriff eine öffentliche Bloßstellung bewirkt und den sozialen Geltungsanspruch, den der Nutzer mit seinem Avatar in der virtuellen Welt genießt, schmälert.[535]

Insgesamt sei darauf hingewiesen, dass bei der Beurteilung eines virtuell-physischen sexuellen Übergriffes als Ehrverletzung immer die Gesamtumstände des Einzelfalles berücksichtigt werden müssen. Dazu gehören neben den Eigenarten der jeweiligen virtuellen Plattform, auf denen sich die beteiligten Avatare befinden, u.a. auch das Vorverhalten der Nutzer sowie die Art und Weise, wie der

[532] Vgl.: OLG Karlsruhe, Urt. v. 6.6.2002 – 1 Ss 13/02 NJW 2003, 1263 (1264).
[533] Vgl.: OLG Karlsruhe, Urt. v. 6.6.2002 – 1 Ss 13/02, NJW 2003, 1263 (1264).
[534] Siehe oben A. II. 3. c) bb).
[535] Vgl.: OLG Karlsruhe, Urt. v. 6.6.2002 – 1 Ss 13/02, NJW 2003, 1263 (1264).

Übergriff erfolgt. Erst wenn die Ehrverletzung ein eigenständiges Gewicht innerhalb des Übergriffes einnimmt, kann eine Verletzung des Allgemeinen Persönlichkeitsrechts bejaht werden.

3. Ergebnis

Zusammenfassend ist festzustellen, dass sexuelle Belästigungen in der virtuellen Realität des Metaversums zivilrechtlichen Persönlichkeitsschutz begründen können. Dabei muss zwischen verbalen Belästigungen und virtuell-physischen Übergriffen unterschieden werden.

Verbale Belästigungen stellen eine Verletzung der persönlichen Ehre dar, wenn mit ihnen nach den Umständen des Einzelfalles gleichzeitig eine Geringschätzung oder Missachtung des Opfers einhergeht. Sollte eine solche Konnotation nicht festgestellt werden können, müssen verbale Belästigungen jedoch als sonstige rechtswidrige Eingriffe in das Allgemeine Persönlichkeitsrecht gewertet werden, sofern sie in der Lage sind, die freie Persönlichkeitsentfaltung des Betroffenen in der virtuellen Welt nachhaltig zu beeinflussen, und die Schutzbelange des Betroffenen die Interessen des Äußernden – insbesondere dessen Meinungsfreiheit – überwiegen. In einem solchen Fall dürfte dem Opfer jedoch lediglich negatorischer Rechtsschutz (z.B. Unterlassungs- und Beseitigungsansprüche) zustehen, da es mangels Ehrverletzung regelmäßig an einem schwerwiegenden Persönlichkeitseingriff fehlen dürfte.

Im Hinblick auf virtuell-physische Übergriffe können Ansprüche wegen einer Gesundheitsverletzung i.S.v. § 823 Abs. 1 BGB begründet werden, sofern das virtuelle Ereignis beim Geschädigten psychische bzw. psychosomatische Folgen mit Krankheitswert hinterlässt und im Einzelfall keine unverhältnismäßige Reaktion auf ein geringfügiges Ereignis darstellt. Eine Körperverletzung kann indes mangels Eingriff in die physische Integrität nicht angenommen werden. Dies gilt auch, wenn Selbstschädigungen des Opfers auf dem virtuellen Vorverhalten des Schädigers beruhen, da es für eine Zurechnung an einer angemessenen „Mittel-Zweck-Relation" fehlen dürfte. Darüber hinaus können virtuell-physische sexuelle Übergriffe jedoch eine Verletzung des Allgemeinen Persönlichkeitsrechts als „sonstiges Recht" darstellen. Dies gilt zum einen im Hinblick auf die persönliche Ehre, da mit dem unerwünschten Übergriff regelmäßig die Missachtung des Betroffenen und damit eine Verletzung dessen innerer Ehre verbunden sind.

Zum anderen ist die sexuelle Selbstbestimmung verletzt, die dem Einzelnen das Recht garantiert, auch in der virtuellen Realität frei über die Einbeziehung in sexuelle Geschehnisse zu entscheiden.

II. Exkurs: Strafrechtliche Relevanz virtueller Belästigungen

Neben der Wirkung des zivilrechtlichen Persönlichkeitsschutz rückt im Hinblick auf virtuelle Übergriffe auch die Frage nach der strafrechtlichen Sanktionierbarkeit virtueller Belästigungshandlungen in den Mittelpunkt der öffentlichen Diskussion. Für die hiesige Untersuchung kann eine Analyse der strafrechtlichen Tatbestandsmäßigkeit solcher Handlungen ebenfalls nicht gänzlich ausbleiben, da das Strafrecht mit den §§ 174 ff. StGB einen nicht unerheblichen Teil des rechtlichen Schutzes der sexuellen Selbstbestimmung bildet und somit (auch) individuellen Persönlichkeitsschutz bezweckt.[536] Darüber hinaus stehen einige Strafnormen über § 823 Abs. 2 BGB in Wechselwirkung mit den deliktsrechtlichen Rechtsschutzmöglichkeiten einer Persönlichkeitsverletzung und sind daher im privatrechtlichen Umfeld zu beachten.[537]

Zum einen können verbale sexuelle Belästigungen sowie virtuell-physische Übergriffe eine strafbare Beleidigung i.S.v. § 185 StGB darstellen, sofern damit die Geringschätzung bzw. Missachtung des Opfers verbunden ist. Insoweit kann jedoch auf die Ausführung zu den Voraussetzungen einer Verletzung der persönlichen Ehre i.S.v. § 823 Abs. 1 BGB verwiesen werden.[538]

Zum anderen – und darin zentriert sich der folgende Abschnitt – werden sexuelle Handlungen bzw. die Verbreitung pornographischen Inhalts im Strafrecht durch die Straftatbestände des 13. Abschnitts (§§ 174 ff. StGB) sanktioniert. Im Folgenden soll untersucht werden, ob bzw. inwiefern virtuelle sexuelle Belästigungen unter diese strafrechtlichen Konzepte subsumiert werden können.

1. Sanktionierung sexueller Handlungen

Der Großteil der Tatbestände des 13. Abschnitts nimmt Bezug auf den Begriff der „sexuellen Handlung“. Um eine etwaige Strafbarkeit solcher Handlungen in

---

[536] Zum Schutzzweck der §§ 174 ff. StGB vgl. ausführlich: MüKo-StGB/*Renzikowski*, Vor § 174, Rn. 7 ff.

[537] Vgl. etwa zur Eigenschaft des § 176 Abs. 1 Nr. 3 StGB a.F. als „Schutzgesetz“ i.S.v. § 823 Abs. 2 BGB: BGH, Beschl. v. 25.4.1978 – VI ZR 87/77, NJW 1978, 2027.

[538] Siehe oben A. II. sowie B. I. 1. a) bzw. B. I. 2. d) bb).

der virtuellen Realität des Metaversums beurteilen zu können, muss man sich zunächst fragen, wann eine „Handlung" im strafrechtlichen Sinne vorliegt.

Ganz allgemein kann unter dem strafrechtlichen Handlungsbegriff jedes menschliche Verhalten verstanden werden.[539] Dabei differenziert die Rechtswissenschaft zwischen aktivem Tun und Unterlassen, wobei das maßgebliche Unterscheidungskriterium in der (Nicht-)Entfaltung körperlicher Kraft liegt.[540] Für die strafrechtliche Erfassung von Handlungen in der virtuellen Welt bedeutet dies Folgendes: Zwar sind es unmittelbar nur Avatare – also keine Menschen – die im Metaversum agieren. Allerdings folgen die virtuellen Figuren, jedenfalls sofern sie nutzergesteuert sind, stets den Befehlen eines menschlichen Nutzers. Die Eingabe dieser Befehle über die Bedienelemente des VR-Headsets stellt eine Entfaltung menschlicher körperlicher Kraft dar, während hinter jeder unterlassenen Aktion des Avatars eine menschlich getroffene Entscheidung zur Nicht-Entfaltung körperlicher Aktivität steht.[541] Somit konstituieren die dargestellten Bewegungen eines Avatars zwar selbst keine menschlichen Handlungen im strafrechtlichen Sinne, sie ergeben sich jedoch stets als unmittelbare Folge menschlichen Verhaltens.[542] Daher handelt es sich bei allen Aktivitäten eines Avatars, die auf willentlich gesteuerte Befehle eines Menschen zurückgehen, um zurechenbare Handlungen im strafrechtlichen Sinne.[543]

Wann eine solche Handlung als „sexuelle Handlung" zu verstehen ist, lässt das Gesetz offen. Die in Rechtsprechung und Literatur überwiegend vertretene Ansicht versteht unter einer sexuellen Handlung im Allgemeinen eine Handlung, die nach ihrem objektiven äußeren Erscheinungsbild einen eindeutigen Sexualbezug aufweist.[544] Die subjektive Absicht des Täters ist dabei ausnahmsweise

---

[539] *Bosch*, S. 59; BeckOK-StGB/*Heuchemer*, § 13, Rn. 2. Über diese allgemeine Begriffsbestimmung hinaus existieren in der Literatur verschiedenste Handlungstheorien, die jedoch für die hiesige Untersuchung keiner näheren Betrachtung bedürfen.

[540] *Bosch*, S. 59.

[541] *Bosch*, S. 59 f.

[542] *Bosch*, S. 59. Ähnlich: Steege/Chibanguza-Metaverse/*Klaas/Klose*, § 32, Rn. 32.

[543] *Bosch*, S. 60; Steege/Chibanguza-Metaverse/*Klaas/Klose*, § 32, Rn. 32.

[544] BGH, Beschl. v. 10.3.2015 – 5 StR 521/14, NStZ 2015, 457; Urt. v. 22.10.2014 – 5 StR 380/14, NStZ 2015, 33 (35); Urt. v. 20.12.2007 – 4 StR 459/07, NStZ-RR 2008, 339 (340); MüKo-StGB/*Hörnle*, § 184h, Rn. 3; BeckOK-StGB/*Ziegler*, § 184h, Rn. 3; NK-StGB/*Schumann*, § 184h, Rn. 2; Lackner/Kühl/Heger-StGB/*Heger*, § 184h, Rn. 2; LPK-StGB/*Kindhäuser/Hilgendorf*, § 184h, Rn. 2.

dann zu berücksichtigen, wenn die Handlung aus objektiver Sicht ambivalent erscheint.[545]

Die §§ 174 ff. StGB unterscheiden zwischen zwei Arten von sexuellen Handlungen: Handlungen „an" einer Person und solche, die „vor" einer Person vorgenommen werden (vgl. § 184h StGB). Diese Unterscheidung bedarf für die Beurteilung der Strafbarkeit in der virtuellen Welt einer genaueren Betrachtung.

a) Sexuelle Handlungen „an" einer Person

Die meisten Straftatbestände der §§ 174 ff. StGB sanktionieren sexuelle Handlungen „an" einer Person.[546] Dieses Tatbestandsmerkmal ist nach zutreffender allgemeiner Auffassung nur dann erfüllt, wenn es zu einer tatsächlichen körperlichen Berührung des Opfers kommt.[547] Zwar ist dafür nicht zwingend die Herstellung von Hautkontakt erforderlich; der Körper des Opfers muss durch die sexuelle Handlung jedoch unmittelbar in Mitleidenschaft gezogen werden.[548]

In der virtuellen Realität des Metaversums können sexuelle Übergriffe zwar weitreichende psychische bzw. psychosomatische Folgen hinterlassen. Sie wirken jedoch aufgrund der Virtualität der Handlung nie unmittelbar auf den Körper des Betroffenen ein. Virtuelle sexuelle Übergriffe können daher keine sexuelle Handlung „an" einer Person i.S.d. §§ 174 ff. StGB darstellen.

b) Sexuelle Handlungen „vor" einer Person

Wenn es um den Schutz von Minderjährigen geht, werden auch sexuelle Handlungen „vor" einer Person unter Strafe gestellt.[549] Die Ratio hinter dieser Pönalisierung liegt darin, dass insbesondere Kinder in ihrer „kindlichen Unschuld"

---

[545] BGH, Beschl. v. 13.3.2018 – 4 StR 570/17, NJW 2018, 2655, Rn. 35; Urt. v. 10.3.2016 – 3 StR 437/15, NStZ 2017, 528 (528); MüKo-StGB/*Hörnle*, § 184h, Rn. 4; Schönke/Schröder-StGB/*Eisele*, § 184h, Rn. 9; BeckOK-StGB/*Ziegler*, § 184h, Rn. 3.

[546] Vgl. u.a.: § 174 Abs. 1, 2, §§ 174a - 174c, § 176, § 177 Abs. 1 StGB. Ebenso § 184i Abs. 1 StGB, der eine körperliche Berührung voraussetzt.

[547] Vgl.: BGH, Urt. v. 20.5.1992 – 2 StR 73/92, NStZ 1992, 433 (433); MüKo-StGB/*Hörnle*, § 184h, Rn. 9; Schönke/Schröder-StGB/*Eisele*, § 184h, Rn. 18; LPK-StGB/*Kindhäuser/Hilgendorf*, § 184h, Rn. 6.

[548] BGH, Urt. v. 20.5.1992 – 2 StR 73/92 NStZ 1992, 433 (433); MüKo-StGB/*Hörnle*, § 184h, Rn. 9; Schönke/Schröder-StGB/*Eisele*, § 184h, Rn. 18. So kann etwa auch das Ejakulieren oder Urinieren auf den Körper des Opfers tatbestandsmäßig sein, vgl. Schönke/Schröder-StGB/*Eisele*, § 184h, Rn. 18 m.w.N. zur Rechtsprechung.

[549] So etwa in den §§ 174 Abs. 3, 176a Abs. 1 Nr. 1, 176b Abs. 1 Nr. 1, 180 Abs. 1 - 3 StGB, vgl.: MüKo-StGB/*Hörnle*, § 184h, Rn. 12.

vor der Wahrnehmung sexueller Akte anderer Personen geschützt werden sollen.[550] § 184h Nr. 2 StGB begrenzt die Strafbarkeit in diesem Sinne auf solche Handlungen, die vom Opfer tatsächlich wahrgenommen werden. Sexuelle Handlungen vor schlafenden, bewusstlosen oder unaufmerksamen Personen fallen damit nicht unter den Tatbestand.[551]

Für die tatbestandliche Erfassung virtueller sexueller Handlungen kommt es also entscheidend darauf an, wann eine Handlung als „vor" einem anderen geschehend einzustufen ist. Ursprünglich hatte der Bundesgerichtshof diesbezüglich eine räumliche Nähe zwischen Täter und Opfer verlangt und Handlungen über eine Telefonverbindung daher als nicht tatbestandsmäßig angesehen.[552] In der Folgezeit reagierte der Gesetzgeber im Rahmen diverser Sexualstrafrechtsreformen jedoch auf die Zunahme von sexuellen Kontaktversuchen mit Minderjährigen im Internet (insbesondere in Chaträumen) und brachte dadurch seinen generellen Willen zum Ausdruck, auch die über Telemedien erfolgten Handlungsmodalitäten zu erfassen.[553] Seitdem verzichtet der Bundesgerichtshof auf das Erfordernis der räumlichen Nähe und erkennt auch rein akustische oder über das Internet vermittelte visuelle Handlungen als Handlungen „vor" einem anderen an.[554] Die strafrechtliche Literatur hat sich dieser neuen Rechtsprechung überwiegend angeschlossen.[555] Dies ist folgerichtig, stellt § 184h Nr. 2 StGB doch maßgeblich auf die Wahrnehmung der sexuellen Handlung durch das Opfer und nicht auf dessen räumliche Nähe zum Täter ab.[556] Aus teleologischer Perspektive können telefonisch oder telemedial vermittelte Handlungen zudem eine ebenso große Gefährdung der „kindlichen" Unschuld darstellen wie sexuelle Verhaltensweisen in der unmittelbaren physischen Umgebung.[557] Dies führt im Ergebnis dazu, dass es für das Vorliegen einer sexuellen Handlung „vor" einem anderen richtigerweise nicht auf das Bestehen einer räumlichen Nähe ankommen darf. Vielmehr sind auch sexuelle Handlungen, die rein akustisch via Telefon

---

[550] MüKo-StGB/*Hörnle*, § 184h, Rn. 12.

[551] MüKo-StGB/*Hörnle*, § 184h, Rn. 12; NK-StGB/*Schumann*, § 184h, Rn. 7.

[552] Vgl.: BGH, Urt. v. 31.10.1995 – 1 StR 527/95, NStZ 1996, 131.

[553] MüKo-StGB/*Hörnle*, § 184h, Rn. 14 mit Verweis auf BT-Drs. 15/350, 17 f. Vgl. ebenso: NK-StGB/*Schumann*, § 184h, Rn. 10.

[554] Vgl.: BGH, Beschl. v. 21.10.2014 – 1 StR 79/14, NStZ 2015, 27 (28); Beschl. v. 21.4.2009 – 1 StR 105/09, NStZ 2009, 500 (500).

[555] Vgl.: Schönke/Schröder-StGB/*Eisele*, § 184h, Rn. 20; MüKo-StGB/*Hörnle*, § 184h, Rn. 14; NK-StGB/*Schumann*, § 184h, Rn. 10; AnwK-StGB/*Lederer*, § 184h, Rn. 15. Andere Ansicht: Lackner/Kühl/Heger-StGB/*Heger*, § 184h, Rn. 8.

[556] Schönke/Schröder-StGB/*Eisele*, § 184h, Rn. 20; NK-StGB/*Schumann*, § 184h, Rn. 10.

[557] Schönke/Schröder-StGB/*Eisele*, § 184h, Rn. 20.

oder audio-visuell über das Internet übertragen werden als Handlungen „vor" einer Person einzustufen. Dabei setzt die strafrechtliche Tatbestandsmäßigkeit jedoch eine Gleichzeitigkeit von Handlung und Wahrnehmung („live-Darbietung") voraus.[558] Nicht erfasst werden daher Handlungen, bei denen Aktion und Wahrnehmung zeitlich auseinanderfallen (z.B. gespeicherte Videos).[559]

Für die virtuelle Realität des Metaversums sind demnach zwei verschiedene Handlungsmodalitäten denkbar, die die oben genannten Tatbestandsvoraussetzungen erfüllen könnten. Dies betrifft zum einen den Fall, dass ein Nutzer in der physischen Welt tatsächliche sexuelle Handlungen vornimmt bzw. an sich vornehmen lässt und diese via Sprachübertragung („Voice-Chat") in die virtuelle Welt überträgt (aa)). Zum anderen ist es denkbar, dass auch rein virtuelle Handlungen, etwa an dem eigenen Avatar oder zusammen mit einem dritten Avatar, als sexuelle Handlungen vor einem anderen strafrechtlich erfasst werden könnten (bb)).

aa) Sprachübertragung physisch vorgenommener, tatsächlicher sexueller Handlungen

In seinem Urteil aus dem Jahre 2014 stellt der Bundesgerichtshof eindeutig fest, dass es *„zur Erfüllung des objektiven Tatbestands des § 176 IV Nr. 1 StGB*[560] *ausreichend [ist], dass die sexuelle Handlung von dem Kind zeitgleich akustisch wahrgenommen wird."*[561] Ob diese akustische Wahrnehmung telefonisch oder – wie in der virtuellen Welt – mittels internetbasiertem Voice-Chat vermittelt wird, kann dabei keinen Unterschied machen.

Nimmt ein Nutzer in der echten Welt sexuelle Handlungen vor bzw. lässt er diese an sich vornehmen und überträgt er das Geschehen via Voice-Chat (z.B. durch Stöhnen oder bildliche Beschreibung) in die virtuelle Welt, sodass ein kindlicher Nutzer die Handlung in Echtzeit akustisch wahrnimmt, handelt es sich somit um eine tatbestandliche sexuelle Handlung „vor" einem anderen.

[558] MüKo-StGB/*Hörnle*, § 184h, Rn. 14.
[559] Schönke/Schröder-StGB/*Eisele*, § 184h, Rn. 20; MüKo-StGB/*Hörnle*, § 184h, Rn. 14.
[560] § 176a Abs. 1 Nr. 1 Alt. 1 StGB n.F.
[561] BGH, Beschl. v. 21.10.2014 – 1 StR 79/14, NStZ 2015, 27 (28), wobei es sich in dem zugrundeliegenden Falle um die telefonische Wahrnehmung einer Selbstbefriedigung handelte.

bb) Sexuelles Verhalten von Avataren

Mit zunehmender Entwicklung von virtueller Realität und Metaversum wird es möglich sein, dass Nutzer ihre Avatare sexuelle Handlungen an sich selbst oder an anderen (z.B. virtueller Geschlechtsverkehr) vor einem kindlichen Nutzer vornehmen lassen können. So besteht etwa in der virtuellen Welt von *Second Life* bereits heute die Möglichkeit, Avatare mit Geschlechtsteilen auszustatten und diese in das virtuelle Geschehen zu implementieren sowie in einem sogenannten „sex bed" virtuellen Geschlechtsverkehr mit anderen Avataren durchzuführen.[562] Dabei stellt sich die Frage, ob auch diese rein virtuellen Handlungen als „sexuelle Handlungen vor einem anderen" im strafrechtlichen Sinne gelten können.

Die Aktionen eines nutzergesteuerten Avatars unterfallen zwar für sich genommen nicht dem strafrechtlichen Handlungsbegriff, sie entfalten jedoch als unmittelbare Folge menschlichen Verhaltens grundsätzliche strafrechtliche Relevanz.[563] Anknüpfungspunkt für die strafrechtliche Verantwortlichkeit sind somit die menschlichen Steuerungsbefehle.[564] Dies bedeutet, dass es für eine etwaige Strafbarkeit auf das tatsächliche Verhalten des jeweiligen Nutzers ankommen muss und gerade nicht auf die virtuell dargestellten Bewegungen des Avatars.

Innerhalb des Sexualstrafrechts besteht die Besonderheit, dass nicht nur „irgendeine" Handlung, sondern gerade eine „sexuelle Handlung" erforderlich ist. Handelt es sich um rein virtuelles sexualbezogenes Verhalten, ergibt sich die Problematik, dass der „ausführende" Nutzer in der Regel lediglich einen Joystick bewegt, gewisse Knöpfe drückt oder sonstige Arm- und Körperbewegungen „im Trockenen" durchführt, die erst durch ihre Übertragung und Darstellung in der virtuellen Realität eine sexuelle Konnotation erfahren. Das als Anknüpfungspunkt dienenden menschliche Verhalten des Nutzers stellt aus objektiver Sicht somit zwar *eine* Handlung, jedoch keine *sexuelle* Handlung dar. Die subjektive Absicht des Täters könnte diesen Eindruck nur in solchen Fällen korrigieren, in denen es um ambivalente, sprich mehrdeutige, Handlungen geht – etwa bei Handbewegungen „im Trockenen", die das Onanieren nachahmen sollen. Handelt es sich hingegen um rein neutrale, asexuelle Bewegungen, beispielsweise

---

[562] Vgl.: *Bosch*, S. 207.

[563] Siehe oben B. II.

[564] Steege/Chibanguza-Metaverse/*Klaas/Klose*, § 32, Rn. 32.

das Drücken von Knöpfen oder das Bewegen eines Joysticks, kann auch die subjektive Motivation des Täters keine Beurteilung als „sexuelle Handlung" begründen.[565]

Selbst wenn das Verhalten des agierenden Nutzers nach diesen Grundsätzen als „sexuelle Handlung" im strafrechtlichen Sinne qualifiziert werden könnte, müsste es jedoch auch „vor" einem anderen geschehen bzw. von diesem wahrgenommen werden. Diesbezüglich bestehen bei rein virtuellen Aktionen eines nutzergesteuerten Avatars erhebliche Bedenken. Andere Nutzer nehmen in diesem Falle nämlich nicht die tatsächliche (sexuelle) Handlung des steuernden Menschen wahr, sondern lediglich deren durch den Avatar vermittelte Darstellung in der virtuellen Welt. Hierin besteht der entscheidende Unterschied zu den bisher in der Rechtsprechung behandelten Fällen räumlicher Distanz; denn dort handelte es sich stets um tatsächliche, menschliche sexuelle Handlungen, die per Telefon oder Webcam von anderen wahrgenommen wurden.[566] Davon muss das virtuelle sexuelle Verhalten von Avataren unterschieden werden, welches letztendlich nur eine Abbildung der dahinterstehenden menschlichen Handlung darstellt. Es ist in diesem Falle also nicht die menschliche (sexuelle) Handlung, die „vor" einem anderen vorgenommen wird, sondern nur die durch den Avatar vermittelte Projektion einer solchen. Die bildliche Repräsentation sexueller Handlungen kann den strafrechtlichen Tatbestandsvoraussetzungen jedoch nicht genügen.[567]

Aus teleologischer Sicht mag dieses Ergebnis auf den ersten Blick nicht überzeugen, da die virtuelle Welt durch die VR-Technologie sowie die wirklichkeitsnahe Darstellung äußerst realistisch und immersiv wahrgenommen wird, sodass auch virtuelle sexuelle Verhaltensweisen eines Avatars die „kindliche Unschuld" gefährden können. Diese durchaus berechtigten Bedenken können jedoch die dogmatischen Grenzen des Strafrechts nicht überwinden. Dort, wo das Gesetz die Wahrnehmung menschlicher sexueller Handlungen für eine Strafbarkeit fordert, muss sich der Rechtsanwender an diese Einschränkung halten. Die

[565] Vgl.: BeckOK-StGB/*Ziegler*, § 184h, Rn. 3; MüKo-StGB/*Hörnle*, § 184h, Rn. 4; Schönke/Schröder-StGB/*Eisele*, § 184h, Rn. 6.

[566] Vgl.: BGH, Beschl. v. 21.10.2014 – 1 StR 79/14, NStZ 2015, 27; Beschl. v. 21.4.2009 – 1 StR 105/09, NStZ 2009, 500.

[567] MüKo-StGB/*Hörnle*, § 184h, Rn. 5.

tatbestandliche Erfassung virtueller Darstellungen als „sexuelle Handlungen vor einem anderen" würde die Grenzen der Rechtsanwendung überschreiten.

c) Zwischenergebnis

Es kann festgehalten werden, dass die strafrechtliche Sanktionierung sexueller Handlungen teilweise für die virtuelle Welt des Metaversums fruchtbar gemacht werden kann. Zwar sind die Straftatbestände, die sexuelle Handlungen „an" einer Person erfordern, aufgrund des fehlenden physischen Kontaktes in der virtuellen Welt unanwendbar. Die Normen, die sexuelle Handlungen „vor" einem Minderjährigen sanktionieren, können hingegen auch in der virtuellen Welt Wirkung entfalten. Dies gilt jedenfalls insoweit, wie es sich um die akustische Wahrnehmung tatsächlicher menschlicher sexueller Handlungen durch einen minderjährigen Nutzer, etwa via Voice-Chat, handelt. Rein virtuelle sexuelle Verhaltensweisen eines Avatars können indes nicht als strafbare sexuelle Handlung „vor" einem anderen qualifiziert werden, da sie lediglich die graphische Darstellung einer solchen abbilden, die betroffenen Nutzer in diesem Falle jedoch gerade keine menschliche sexuelle Handlung wahrnehmen.

Im Ergebnis kann somit (nur) die akustische Wahrnehmung sexueller Handlungen tatbestandlich als sexuelle Handlung „vor" einem Kind erfasst werden, etwa in der Form des sexuellen Missbrauchs ohne Körperkontakt nach § 176a Abs. 1 Nr. 1 StGB. In diesen Fällen wird – neben sonstigen objektiven Tatbestandsmerkmalen – in subjektiver Hinsicht zu verlangen sein, dass es dem Täter gerade auf die Wahrnehmung der sexuellen Handlung durch die andere Person ankommen muss.[568] Weiterhin muss der Täter freilich wissen, dass es sich bei seinem Gegenüber um einen minderjährigen Nutzer handelt. Dabei kommt es auf das tatsächliche Alter des Wahrnehmenden an und nicht darauf, ob der Avatar als kindliche oder erwachsene Figur gestaltet ist.

---

[568] So die h.M., vgl.: BGH, Beschl. v. 21.10.2014 – 1 StR 79/14, NStZ 2015, 27 (29); Urt. v. 12.5.2011 – 4 StR 699/10, NStZ 2011, 633 (633); Urt. v. 14.12.2004 – 4 StR 255/04, NStZ 2005, 266 (267); BeckOK-StGB/*Ziegler*, § 184h, Rn. 6; LPK-StGB/*Kindhäuser/Hilgendorf*, § 184h, Rn. 7. Andere Ansicht: MüKo-StGB/*Hörnle*, § 184h, Rn. 15.

2. Verbreitungssexualdelikte

Neben der Sanktionierung sexueller Handlungen durch die §§ 174 ff. StGB dienen auch die Verbreitungssexualdelikte der §§ 184 – 184c StGB dem individuellen Persönlichkeitsschutz. Während das Verbot der Verbreitung pornographischer Inhalte an Minderjährige (§ 184 Abs. 1 Nr. 1 StGB) u.a. der „ungestörten" psycho-sexuellen Entwicklung von Kindern und Jugendlichen dient,[569] sollen insbesondere die §§ 184b, 184c StGB den Schutz von Minderjährigen vor Darstellungen in pornographischen Inhalten bezwecken sowie einer etwaigen Nachahmung pädophiler Handlungen vorbeugen.[570]

Virtuelle sexuelle Handlungen durch Avatare könnten nach diesen Maßgaben strafrechtlich sanktioniert werden, wenn sie gegenüber anderen Nutzern pornographische bzw. kinder- oder jugendpornographische Inhalte im Sinne der §§ 184 ff. StGB darstellen. Dies könnte etwa Fälle betreffen, in denen virtuelle geschlechtliche Handlungen – z.B. in einem „sex bed" – durch minderjährige Nutzer einsehbar sind oder kindlich aussehende Avatare öffentlich in virtuelle sexuelle Aktionen einbezogen werden.

a) Virtuelle sexuelle Handlungen im Metaversum als „pornographischer Inhalt"

Zunächst ist zu untersuchen, ob virtuelle sexuelle Handlungen unter den strafrechtlichen Begriff der „pornographischen Inhalte" fallen können. Dies umfasst zwei unterschiedliche Aspekte: Zum einen kommt es darauf an, ob Echtzeit-Aktionen in der virtuellen Realität des Metaversums den Begriff des „Inhalts" i.S.v. § 11 Abs. 3 StGB erfüllen können, auf den innerhalb der §§ 184 ff. StGB verwiesen wird (aa)). Zum anderen ist zu analysieren, inwiefern die virtuelle Darstellung sexueller Handlungen als „Pornographie" gelten kann (bb)).

aa) Virtuelle Handlung als „Inhalt" i.S.v. § 11 Abs. 3 StGB

Bis zum 31.12.2020 verwendeten die §§ 184 ff. StGB a.F. noch den Begriff der „pornographischen Schriften", wobei die Schriften in § 11 Abs. 3 StGB a.F. mit Ton- und Bildträger, Datenspeichern, Abbildungen und andere Darstellungen gleichgestellt wurden. Diese Gesetzeslage führte dazu, dass unter dem Begriff

[569] BT-Drs. VI/1522, 33. Vgl. ebenso: MüKo-StGB/*Hörnle*, § 184, Rn. 2.
[570] Ausführlich: MüKo-StGB/*Hörnle*, § 184b, Rn. 1 ff.

der „Schriften" nur solche Inhalte verstanden wurden, die auf körperlichen Trägermedien (z.B. USB-Stick, CD, Festplatte) transportiert werden; live-Übertragungen im Internet konnten nach allgemeiner Auffassung nicht als „Schrift" definiert werden.[571]

Durch das „Sechzigste Gesetz zur Änderung des Strafgesetzbuches"[572] wurde sowohl in den §§ 184 ff. StGB als auch in § 11 Abs. 3 StGB der Begriff der „Schriften" durch den Begriff der „Inhalte" ersetzt. Gemäß § 11 Abs. 3 StGB können Inhalte im strafrechtlichen Sinne nunmehr auch solche sein, die unabhängig von einer Speicherung mittels Informations- oder Kommunikationstechnik übertragen werden. Damit will der Gesetzgeber alle Arten der digitalisierten internetbasierten Informationsübertragung erfassen, ohne dass es auf technische Details ankäme.[573] Virtuelle Handlungen im Metaversum, die in Echtzeit geschehen und über das Internet in die virtuelle Welt übertragen bzw. „gestreamt" werden, können somit unter den strafrechtlichen Begriff der „Inhalte" subsumiert werden.[574]

bb) Virtuelle Handlungen als „pornographischer Inhalt"

Können virtuelle Handlungen somit grundsätzlich als „Inhalt" i.S.d. §§ 184 ff. StGB gelten, stellt sich weitergehend die Frage, ob der strafrechtliche Begriff der „Pornographie" die Darstellung eines tatsächlichen Geschehens verlangt oder auch fiktive bzw. virtuelle Darstellungen, die sogenannte „Fiktivpornographie",[575] umfasst.

Nach allgemeiner Begriffsbestimmung können unter „pornographischen Inhalten" solche Inhalte verstanden werden, die die Erregung eines sexuellen Reizes bezwecken und die im Einklang mit allgemeinen gesellschaftlichen Wertvorstellungen gezogenen Grenzen des sexuellen Anstandes eindeutig überschreiten.[576] Dass darunter nicht nur Darstellungen eines physisch-tatsächlichen Geschehens zu verstehen sind, ergibt sich bereits daraus, dass der Gesetzgeber in

[571] Vgl.: MüKo-StGB/*Hörnle*, 3. Auflage 2017, § 184, Rn. 17 f. Ebenso auf Basis der überholten Rechtslage: *Bosch*, S. 211 f.

[572] BGBl. I 2020, 2600.

[573] NK-StGB/*Saliger*, § 11, Rn. 82; MüKo-StGB/*Hörnle*, § 184, Rn. 18.

[574] Im Ergebnis ebenso: Steege/Chibanguza-Metaverse/*Klaas/Klose*, § 32, Rn. 80; *Ritlewski*, K&R 2008, 94 (96); *Hopf/Braml*, ZUM 2007, 354 (358).

[575] Zur Begrifflichkeit vgl.: *Bosch*, S. 209.

[576] So die gesetzgeberische Definition zum Begriff der „pornographischen Schriften", BT-Drs. VI/1552, 33. Ähnlich: MüKo-StGB/*Hörnle*, § 184, Rn. 21; Lackner/Kühl/Heger-StGB/*Heger*, § 184, Rn. 2.

§ 184b Abs. 1 Nr. 2, Nr. 3, Abs. 3 StGB sowie in § 184c Abs. 1 Nr. 2, Nr. 3, Abs. 3 StGB ein „tatsächliches oder wirklichkeitsnahes Geschehen“ fordert. Im Umkehrschluss muss überall dort, wo ein solches Geschehen nicht vorausgesetzt wird (u.a. §§ 184, 184b Abs. 1 Nr. 1, 184c Abs. 1 Nr. 1 StGB), auch die fiktiv-virtuelle Darstellung von pornographischen Inhalten ausreichen.[577] Ein Blick auf den Telos der Verbreitungssexualdelikte stützt dieses Ergebnis insbesondere dort, wo der Nachahmung sexuellen Kindesmissbrauchs vorgebeugt werden soll: Fiktiv-virtuelle Darstellungen können auf den Betrachter nämlich ebenso anregend wirken, ihm die Natürlichkeit bzw. Harmlosigkeit des sexuellen Umgangs mit Minderjährigen suggerieren und zu einer Tatnachahmung motivieren wie reale Darstellungen.[578] So geht auch die allgemeine Ansicht in Rechtsprechung und Literatur zu Recht davon aus, dass Fiktivpornographie vom Begriff des „pornographischen Inhalts“ erfasst wird.[579] Handlungen von Avataren in der virtuellen Welt des Metaversums sind von einem objektiven Betrachter stets eindeutig als virtuelle und damit fiktive Darstellungen zu erkennen[580] und können daher weder ein tatsächliches noch ein wirklichkeitsnahes Geschehen im strafrechtlichen Sinne darstellen.[581] Als Fiktivpornographie können sie jedoch immer dort als „pornographischer Inhalt“ erfasst werden, wo gerade kein tatsächliches oder wirklichkeitsnahes Geschehen verlangt wird.[582]

b) Erforderliche Tathandlung

Die Tatbestände, die nach den oben dargelegten Grundsätzen auch fiktivpornographische Inhalte erfassen, setzen verschiedene Tathandlungen voraus. Für die

---

[577] *Bosch*, S. 210.

[578] *Bosch*, S. 210; *Hopf/Braml*, ZUM 2007, 354 (359).

[579] Vgl.: BGH, Urt. v. 15.12.1999 – 2 StR 365/99, NStZ 2000, 307 (309); *Bosch*, S. 210; MüKo-StGB/*Hörnle*, § 184, Rn. 20; NK-StGB/*Schumann*, § 184, Rn. 6; Spindler/Schuster-eMedienR/*Gercke*, StGB § 184, Rn. 3; Steege/Chibanguza-Metaverse/*Klaas/Klose*, § 32, Rn. 80; *Hopf/Braml*, ZUM 2007, 354 (359).

[580] *Bosch*, S. 210.

[581] Ein tatsächliches Geschehen liegt vor, wenn die dargestellte sexuelle Handlung tatsächlich stattfand; ein wirklichkeitsnahes Geschehen ist hingegen anzunehmen, wenn ein tatsächliches Geschehen aus objektiver Sicht nicht ausgeschlossen werden kann, vgl.: Schönke/Schröder-StGB/*Eisele*, § 184b, Rn. 30. Im Ergebnis ähnlich: *Bosch*, S. 210; *Gercke*, ZUM 2007, 282 (290). Differenzierend: *Hopf/Braml*, ZUM 2007, 354 (360), die die Existenz „fiktiver wirklichkeitsnaher Darstellungen“ annehmen. Andere Ansicht: *Ritlewski*, K&R 2008, 94 (96), der auch virtuelle Avatardarstellungen als wirklichkeitsnahe Darstellungen verstanden wissen will.

[582] Ebenso: *Bosch*, S. 209 f.

virtuelle Realität des Metaversums könnte die Handlungsmodalität des „Zugänglichmachens" pornographischer Inhalte fruchtbar gemacht werden (vgl. § 184 Abs. 1 Nr. 1, Nr. 2 StGB; § 184b Abs. 1 Nr. 1 StGB; § 184c Abs. 1 Nr. 1 StGB).[583]

Ein „Zugänglichmachen" in diesem Sinne liegt vor, wenn einem anderen die konkrete Möglichkeit eröffnet wird, sich durch sinnliche Wahrnehmung Kenntnis von dem pornographischen Inhalt zu verschaffen.[584] Darunter will der Gesetzgeber gerade auch die Gefahren moderner Kommunikation erfasst wissen.[585] Die Darstellung eines pornographischen Inhalts mittels telemedialer Übertragung, etwa im Rahmen von Live-Streams oder Live-Chats im Internet, stellt daher ein „Zugänglichmachen" im Rechtssinne dar.[586] Nichts anderes geschieht in der virtuellen Welt: Hier werden die Handlungen der Avatare per Live-Stream in den virtuellen Raum übertragen, sodass andere Nutzer, die sich in derselben virtuellen Umgebung befinden, die durch die Handlungen vermittelten Inhalte in Echtzeit wahrnehmen können. Wer also in der virtuellen Realität des Metaversums seinen Avatar pornographische Handlungen vornehmen lässt, die entweder an einem innerhalb der virtuellen Welt öffentlich zugänglichen Ort oder zumindest vor den „Augen" eines weiteren nutzergesteuerten Avatars stattfinden, macht einen pornographischen Inhalt zugänglich.[587]

Die Frage, gegenüber wem das Zugänglichmachen erfolgen muss, hängt vom jeweiligen Tatbestand ab. Während die Strafbarkeit nach § 184 Abs. 1 Nr. 1 StGB voraussetzt, dass sich ein Minderjähriger tatsächlich in dem Bereich befindet, in dem er den pornographischen Inhalt wahrnehmen kann (konkrete Möglichkeit),[588] ist es für eine Einschlägigkeit des § 184 Abs. 1 Nr. 2 StGB bereits ausreichend, dass sich der pornographische Inhalt an einem Ort befindet, der von Minderjährigen potentiell eingesehen werden kann (abstrakte Möglichkeit).[589] Da der Begriff des „Ortes" in § 184 Abs. 1 Nr. 2 StGB jedoch

---

583 Vgl.: *Hopfl/Braml*, ZUM 2007, 354 (358).

584 BeckOK-StGB/*Ziegler*, § 184, Rn. 6; MüKo-StGB/*Hörnle*, § 184, Rn. 32; Schönke/Schröder-StGB/*Eisele*, § 184, Rn. 16; NK-StGB/*Schumann*, § 184, Rn. 12.

585 Vgl.: BT-Drs. 19/19859, 63: *„Künftig gilt damit ein einheitliches Schutzniveau unabhängig davon, ob der pornographische Inhalt mittels Informations- oder Kommunikationstechnik (insbesondere über das Internet) oder durch Schriften im konventionellen Sinne zugänglich gemacht wird."*

586 Schönke/Schröder-StGB/*Eisele*, § 184, Rn. 17; MüKo-StGB/*Hörnle*, § 184, Rn. 32.

587 *Bosch*, S. 213.

588 Schönke/Schröder-StGB/*Eisele*, § 184, Rn. 16.

589 Schönke/Schrölder-StGB/*Eisele*, § 184, Rn. 23; MüKo-StGB/*Hörnle*, § 184, Rn. 39.

rein räumlich verstanden wird,[590] ist die Anwendung dieser Norm auf internetbezogene Sachverhalte – mithin auch auf die virtuelle Welt – abzulehnen.[591] Demnach kann es bei virtuellen pornographischen Inhalten in der virtuellen Realität des Metaversums nach § 184 Abs. 1 Nr. 1 StGB allein auf die konkrete Möglichkeit der Kenntnisnahme durch einen Minderjährigen ankommen. Dafür ist es nicht erforderlich, dass das Zugänglichmachen gegenüber einem bestimmten, individualisierten Minderjährigen erfolgt.[592] Vielmehr ist es im Sinne des Jugendschutzes ausreichend, dass irgendein Minderjähriger die pornographischen Inhalte aufgrund seiner virtuellen Anwesenheit potentiell einsehen kann; auf die tatsächliche Kenntnisnahme kommt es dabei nicht an.[593] Dort, wo sich minderjährige Nutzer zum Zeitpunkt der pornographischen Darstellung in demselben virtuellen Raum befinden, ist somit von einer konkreten Wahrnemungsmöglichkeit auszugehen. Ausgeschlossen werden kann eine solche nur dann, wenn der Bereich der virtuellen Welt, in denen der pornographische Inhalt dargestellt wird, das Betreten Minderjähriger durch Hindernisse (z.B. Altersverifikation) verhindert.[594]

Im Gegensatz dazu verlangen die §§ 184b Abs. 1 Nr. 1, 184c Abs. 1 Nr. 1 StGB, dass ein kinder- oder jugendpornographischer Inhalt der Öffentlichkeit zugänglich gemacht wird. Dies ist jedenfalls immer dann erfüllt, wenn die Wahrnehmung der pornographischen Handlungen der Avatare einer unbeschränkten Anzahl von Nutzern ermöglicht wird, beispielsweise weil die virtuelle Plattform für jedermann aufrufbar ist. Ein öffentliches Zugänglichmachen ist jedoch auch in solchen Fällen anzunehmen, in denen es sich zwar um geschlossene virtuelle Plattformen handelt, der Beitritt für andere Nutzer allerdings problemlos möglich ist.[595]

[590] Schönke/Schröder-StGB/*Eisele*, § 184, Rn. 24; BeckOK-StGB/*Ziegler*, § 184, Rn. 8.
[591] Spindler/Schuster-eMedienR/*Gercke*, StGB § 184, Rn. 7.
[592] Vgl.: Schönke/Schröder-StGB/*Eisele*, § 184, Rn. 16 m.w.N. Andere Ansicht: BeckOK-StGB/*Ziegler*, § 184, Rn. 6; MüKo-StGB/*Hörnle*, § 184, Rn. 32.
[593] Schönke/Schröder-StGB/*Eisele*, § 184, Rn. 16.
[594] Vgl.: MüKo-StGB/*Hörnle*, § 184, Rn. 33 m.w.N.
[595] Vgl.: BGH, Urt. v. 18.1.2012 – 2 StR 151/11, BeckRS 2012, 6061, Rn. 13; NK-StGB/*Papathanasiou*, § 184b, Rn. 24; Schönke/Schröder-StGB/*Eisele*, § 184b, Rn. 25; MüKo-StGB/*Hörnle*, § 184b, Rn. 24.

c) Erforderlicher Inhalt der virtuellen Handlung

Nachdem nun aufgezeigt wurde, dass auch virtuelle Handlungen von Avataren grundsätzlich unter den Begriff des „pornographischen Inhalts" subsumiert werden können, und nachdem untersucht wurde, worin die erforderliche Tathandlung der verschiedenen Tatbestände liegt, muss noch die Frage beantwortet werden, wann virtuelle Darstellungen die Qualität eines pornographischen bzw. kinder- oder jugendpornographischen Inhalts erreichen.

aa) „Pornographischer Inhalt" i.S.v. § 184 Abs. 1 Nr. 1 StGB

§ 184 Abs. 1 Nr. 1 StGB sanktioniert u.a. das Zugänglichmachen „pornographischer Inhalte" an Minderjährige. Eine virtuelle Handlung gilt als pornographischer Inhalt, wenn damit die Erregung eines sexuellen Reizes bezweckt wird und die im Einklang mit allgemeinen gesellschaftlichen Wertvorstellungen gezogenen Grenzen des sexuellen Anstandes eindeutig überschritten werden.[596] Zur Beurteilung kommt es maßgeblich auf die Sicht eines objektiven Betrachters und nicht auf die subjektive Motivation der „Hersteller" der Inhalte an.[597] Gleichzeitig ist zu beachten, dass die „allgemeinen gesellschaftlichen Wertvorstellungen" den Pornographiebegriff begrenzen.[598] Mit zunehmender sexueller Liberalisierung steigen daher auch die Anforderungen für die Annahme eines pornographischen Inhalts. Das Vorliegen eines pornographischen Inhaltes liegt unter Zugrundelegung dieser Grundsätze jedenfalls nahe, wenn sich der Inhalt auf die reine, vergröbernde Illustration sexuell-physiologischer Reize beschränkt.[599]
Damit Handlungen in der virtuellen Welt als pornographischer Inhalt qualifiziert werden können, ist es generell erforderlich, dass die virtuelle Darstellung einen gewissen Realismus aufweist. Werden sexuelle Handlungen etwa nur verpixelt dargestellt oder lediglich angedeutet, kann eine objektive Eignung zur sexuellen Erregung – und damit eine Einordnung als pornographischer Inhalt – nicht angenommen werden. Gleiches dürfte für Fälle gelten, in denen die Avatare keine humanoiden Figuren darstellen, wobei es dann schon fraglich ist, inwiefern überhaupt geschlechtliche Handlungen dargestellt werden können.

---

[596] Siehe oben B. II. 2. a) bb).
[597] MüKo-StGB/*Hörnle*, § 184, Rn. 21; Schönke/Schröder-StGB/*Eisele*, § 184, Rn. 8.
[598] MüKo-StGB/*Hörnle*, § 184, Rn. 21.
[599] Schönke/Schröder-StGB/*Eisele*, § 184, Rn. 8.

Wird das virtuelle Geschehen jedoch realitätsnah illustriert, gilt Folgendes: Auf der einen Seite wird die bloße Darstellung „nackter“ Avatare mit menschlichen Geschlechtsteilen – insbesondere im Hinblick auf die liberalisierten gesellschaftlichen Wertevorstellungen – nicht als Pornographie eingestuft werden können.[600] Auf der anderen Seite liegt eindeutig ein pornographischer Inhalt vor, wenn sich zwei Nutzer mit ihren Avataren in einem „sex bed“ treffen, um virtuelle geschlechtliche Handlungen durchzuführen, die der eigenen bzw. fremden Erregung dienen sollen. Jegliche Darstellungen, die zwischen diesen beiden Extremen liegen, bedürfen einer Beurteilung im Einzelfall. Da § 184 Abs. 1 Nr. 1 StGB vorwiegend dem Jugendschutz dient,[601] sind jedoch keine allzu hohen Anforderungen an die Bejahung eines pornographischen Inhalts zu stellen. So muss beispielsweise die virtuelle Illustration einer menschlichen Masturbation gegenüber Minderjährigen wegen ihrer lustzentrierten Konnotation als Pornographie eingestuft werden. Gleiches dürfte für die Abbildung eines erigierten virtuellen Penis gelten, der dem betroffenen Nutzer gezielt präsentiert wird. Virtuell-physische sexuelle Übergriffe, die sich vor den Augen eines minderjährigen Nutzers abspielen, können hingegen regelmäßig nicht als pornographischer Inhalt qualifiziert werden. Sie dienen aus der – insofern entscheidenden – objektiven Sicht nicht der Erregung eines sexuellen Reizes, sondern dienen höchsten aus der subjektiven Sicht des jeweiligen Täters dessen Lustbefriedigung. Zudem wird es sich bei solchen Übergriffen regelmäßig nur um flüchtige virtuelle Bewegungen oder Berührungen am bekleideten Avatar handeln, die die Grenze zur Pornographie nicht überschreiten.

bb) Kinder- oder jugendpornographischer Inhalt i.S.d. §§ 184b Abs. 1 Nr. 1, 184c Abs. 1 Nr. 1 StGB

Die §§ 184b Abs. 1 Nr. 1, 184c Abs. 1 Nr. 1 StGB sanktionieren u.a. die öffentliche Zugänglichmachung kinder- bzw. jugendpornographischer Inhalte. Damit ein solcher Inhalt angenommen werden kann, müssen zunächst die allgemeinen Begriffsmerkmale der „Pornographie“ erfüllt sein.[602] Darüber hinaus muss es sich nach dem Gesetzeswortlaut zudem um die (virtuelle) Darstellung sexueller

[600] Vgl.: MüKo-StGB/*Hörnle*, § 184, Rn. 20; Schönke/Schröder-StGB/*Eisele*, § 184, Rn. 8. Im Hinblick auf die Darstellung von Kindern: *Hopf/Braml*, ZUM 2007, 354 (358).
[601] BeckOK-StGB/*Ziegler*, § 184, Rn. 2; Lackner/Kühl/Heger-StGB/*Heger*, § 184, Rn. 1.
[602] MüKo-StGB/*Hörnle*, § 184b, Rn. 14; § 184c, Rn. 13.

Handlungen von, an oder vor einem Kind bzw. einem Jugendlichen, um die Wiedergabe eines ganz oder teilweise unbekleideten Kindes oder Jugendlichen in aufreizend geschlechtsbetonter Körperhaltung oder um die sexuell aufreizende Wiedergabe der unbekleideten Genitalien oder des unbekleideten Gesäßes eines Kindes oder Jugendlichen handeln.

Da es sich in der virtuellen Welt stets um fiktive Darstellungen handelt, ist für die Einordnung der dargestellten Avatare als Kinder oder Jugendliche das Verständnis eines objektiven Beobachters entscheidend.[603] Aus objektiver, verständiger Sicht lassen etwa die physische Gestaltung des Avatars sowie dessen Kleidung, Stimme, Sprache oder Verhalten darauf schließen, dass es sich bei der dargestellten Figur um ein Kind oder einen Jugendlichen handelt.[604] Dabei ist es unerheblich, ob hinter dem Avatar tatsächlich ein minderjähriger Nutzer steht.[605] Es kommt alleine auf die bloße virtuelle Darstellung von Minderjährigen an.

In der virtuellen Realität des Metaversums kann insbesondere das öffentlich einsehbare sogenannte „Age-Play" als kinder- bzw. jugendpornographischer Inhalt sanktioniert werden. Dabei nimmt ein kindlich aussehender Avatar zusammen mit einem erwachsen aussehenden Avatar virtuelle geschlechtliche Handlungen vor, welche der Erregung der handelnden, volljährigen Nutzer sowie der übrigen Zuschauer dienen.[606] Es handelt sich um Animationen, die die Protagonisten als reine Objekte sexueller Begierde zeigen und somit als Kinder- bzw. Jugendpornographie einzustufen sind.[607] Darüber hinaus kann ein kinder- oder jugendpornographischer Inhalt i.S.v. §§ 184b Abs. 1 Nr. 1 b), 184c Abs. 1 Nr. 1 b) StGB darin zu sehen sein, dass ein Nutzer einen minderjährig anmutenden Avatare „nackt" oder in aufreizender Kleidung (z.B. Unterwäsche) durch die virtuelle Welt steuert und diesen geschlechtsbetont handeln lässt, sodass andere Nutzer dadurch erregt und zu virtuellen sexuellen Handlungen „eingeladen" werden.[608] Virtuell-physische sexuelle Übergriffe auf minderjährig aussehende Avatare

---

[603] BGH, Urt. v. 27.6.2001 – 1 StR 66/01, MMR 2001, 676 (678); Urt. v. 15.12.1999 – 2 StR 365/99, NStZ 2000, 307 (309); Schönke/Schröder-StGB/*Eisele*, § 184b, Rn. 18; MüKo-StGB/*Hörnle*, § 184b, Rn. 11; § 184c, Rn. 8; *Bosch*, S. 211.

[604] Vgl.: *Bosch*, S. 211.

[605] Steege/Chibanguza-Metaverse/*Klaas/Klose*, § 32, Rn. 80; *Ritlewski*, K&R 2008, 94 (96); *Hopf/Braml*, ZUM 2007, 354 (360).

[606] Ausführlich: *Bosch*, S. 205 ff.

[607] *Bosch*, S. 211.

[608] Vgl. zur Dogmatik: MüKo-StGB/*Hörnle*, § 184b, Rn. 19.

können die Grenze zur Kinder- bzw. Jugendpornographie hingegen nicht überschreiten.[609]

d) Zwischenergebnis

Dort, wo kein tatsächliches oder wirklichkeitsnahes Geschehen gesetzlich gefordert wird, können die Verbreitungssexualdelikte der §§ 184 – 184c StGB für die virtuelle Realität des Metaversums fruchtbar gemacht werden, da auch virtuelle Handlungen von Avataren im Metaversum einen „pornographischen Inhalt“ im strafrechtlichen Sinne konstituieren können. Dafür ist es im Einzelfall erforderlich, dass das Verhalten des jeweiligen Avatars aus objektiver Sicht die Erregung eines sexuellen Reizes bezweckt und die im Einklang mit allgemeinen gesellschaftlichen Wertvorstellungen gezogenen Grenzen des sexuellen Anstandes eindeutig überschreitet. Virtuell-physische Übergriffe erreichen nach dieser Definition die Grenze zur Pornographie zwar regelmäßig nicht. Ein pornographischer Inhalt kann jedoch etwa bei der Simulation geschlechtlicher Akte in sogenannten „sex beds“ oder bei der virtuellen Illustration einer Selbstbefriedigung angenommen werden, sofern es sich um realitätsnahe Darstellungen handelt. Die Strafbarkeit nach §§ 184b Abs. 1 Nr. 1, 184c Abs. 1 Nr. 1 StGB setzt ferner voraus, dass mindestens einer der beteiligten Avatare nach objektivem Verständnis ein Kind oder einen Jugendlichen darstellt. In einem solchen Falle kann auch eine aufreizende, die sexuelle Erregung bezweckende Darstellung des minderjährig anmutenden Avatars als kinder- bzw. jugendpornographischer Inhalt sanktioniert werden.

Ein öffentliches Zugänglichmachen der einschlägigen virtuellen Pornographie i.S.d. §§ 184b Abs. 1 Nr. 1, 184c Abs. 1 Nr. 1 StGB liegt regelmäßig dann vor, wenn die Darstellung auf einer frei zugänglichen Plattform erfolgt oder der Zugang zu einer geschlossenen Plattform ohne größere Umstände möglich ist. Im Rahmen von § 184 Abs. 1 Nr. 1 StGB ist es zusätzlich erforderlich, dass irgendein Minderjähriger die pornographischen Inhalte aufgrund seiner virtuellen Anwesenheit einsehen kann.

---

[609] Siehe oben B. II. 2. c) aa).

3. Ergebnis

Zusammenfassend kann festgestellt werden, dass das Sexualstrafrecht in einigen Teilen auf das Geschehen in der virtuellen Realität des Metaversums Anwendung findet. Zum einen kann die Veranlassung der akustischen Wahrnehmung tatsächlicher sexueller Handlungen durch ein Kind via Voice-Chat als sexuelle Handlungen „vor" einem anderen gelten und bei Vorliegen der sonstigen Tatbestandsvoraussetzungen insbesondere eine Strafbarkeit nach § 176a Abs. 1 Nr. 1 StGB auslösen. Zum anderen kann die Vornahme virtueller sexueller Handlungen vor den Augen anderer Nutzer als Zugänglichmachen eines pornographischen bzw. kinder- oder jugendpornographischen Inhalts nach §§ 184 Abs. 1 Nr. 1, 184b Abs. 1 Nr. 1, 184c Abs. 1 Nr. 1 StGB bestraft werden.

III. Fazit: Opfer virtueller sexueller Belästigung nur teilweise geschützt

Die vorstehende Untersuchung zeigt, dass Opfer virtueller sexueller Belästigungen *de lege lata* nicht schutzlos gestellt sind, sondern sowohl durch das Zivilrecht als auch durch das Strafrecht zumindest teilweise vor unerwünschten virtuellen Belästigungen und Übergriffen geschützt werden.

In zivilrechtlicher Hinsicht stellen verbale sexuelle Belästigungen eine Verletzung der persönlichen Ehre dar, sofern mit ihnen eine Geringschätzung oder Missachtung des Opfers verbunden ist. Fehlt es an einer solchen Ehrverletzung, können verbale Belästigungen darüber hinaus unter gewissen Umständen als sonstige rechtswidrige Persönlichkeitseingriffe negatorischen Schutz begründen.

Im Hinblick auf virtuell-physische Übergriffe kann eine Gesundheitsschädigung i.S.v. § 823 Abs. 1 BGB vorliegen, sofern das virtuelle Ereignis beim Geschädigten psychische bzw. psychosomatische Folgen mit Krankheitswert hinterlässt und diese Beeinträchtigungen im Einzelfall keine unverhältnismäßige Reaktion auf ein geringfügiges Ereignis darstellen. Ferner beeinträchtigen virtuell-physische sexuelle Übergriffe regelmäßig das Allgemeine Persönlichkeitsrecht als „sonstiges Recht" i.S.v. § 823 Abs. 1 BGB, da mit ihnen oftmals eine Ehrverletzung sowie eine Verletzung der sexuellen Selbstbestimmung verbunden ist.

In strafrechtlicher Hinsicht können sexuelle Belästigungen als Beleidigungen i.S.v. § 185 StGB sanktioniert werden, sofern sie eine Ehrverletzung darstellen.

Des Weiteren werden verbale sexuelle Belästigungen als „sexuelle Handlungen vor einem Kind“ unter den Voraussetzungen des § 176a Abs. 1 Nr. 1 StGB bestraft, wenn tatsächliche sexuelle Handlungen gezielt einem kindlichen Nutzer akustisch wahrnehmbar gemacht werden. Die Darstellung virtueller sexueller Handlungen von Avataren im Metaversum vor den Augen anderer Nutzer kann darüber hinaus nach §§ 184 ff. StGB sanktioniert werden, wenn es sich dabei um einen pornographischen bzw. kinder- oder jugendpornographischen Inhalt handelt.

Inwiefern der vorstehend dargelegte Rechtsschutz allerdings in der Praxis ausreichend sein wird, dürfte fraglich sein. So wird es im Hinblick auf den zivilrechtlichen Rechtsschutz häufig an einer die Gesundheitsverletzung begründenden krankhaften Störung fehlen. Betroffenen bliebe daher oftmals „nur“ der Rückgriff auf das Allgemeine Persönlichkeitsrecht als „sonstiges Recht“ i.S.v. § 823 Abs. 1 BGB. Diesbezüglich wird es allerdings immer auf eine – mit Unsicherheiten verbundene – Interessenabwägung im Einzelfall ankommen. Gleiches gilt für die Rechtsfolgen: Zwar kann der negatorische Rechtsschutz für die Zukunft durchaus Abhilfe schaffen; ob darüber hinaus jedoch auch Geldentschädigungsansprüche für Genugtuung beim Opfer sorgen können, ist angesichts der geforderten schwerwiegenden Persönlichkeitsverletzung ebenfalls für jeden Einzelfall zu bestimmen. Schadensersatzansprüche werden jedenfalls regelmäßig an einer fehlenden materiellen Einbuße scheitern. So kann sich der zivilrechtliche Persönlichkeitsschutz in der Zusammenschau als nicht besonders ergiebig erweisen.

Ähnlichen lässt sich mit Blick auf den strafrechtlichen Schutz feststellen: Eine Strafbarkeit nach § 176a Abs. 1 Nr. 1 StGB kommt nur bei Handlungen vor einem Kind in Betracht und kann bei erwachsenen Opfern somit keine Schutzwirkung entfalten. Eine Strafbarkeit der Handelnden wegen des Zugänglichmachens pornographischer Inhalte setzt in der Praxis zudem voraus, dass das sexuelle Handeln der Avatare die Grenze zur Pornographie überschreitet. Ist diese Voraussetzung nicht erfüllt, bliebe (erwachsenen) Betroffenen wiederum nur der Ehrschutz über § 185 StGB.

C. Persönlichkeitsschutz vor virtueller Gewalt

Neben virtuellen sexuellen Belästigungen oder Übergriffen stellt auch das Erlebnis von virtueller Gewalt im Metaversum eine Gefährdung für die freie Persönlichkeitsentfaltung der Nutzer dar. Angefangen bei einem virtuellen Faustschlag, kann die Gewalt im Metaversum – je nach Ausgestaltung der jeweiligen Plattform – bis hin zu virtuellen Schlägereien oder gar virtuellen Tötungen reichen.[610]

Die psychischen bzw. psychosomatischen Folgen, die solche Erlebnisse aufgrund des Realismus der VR-Technologie bei den Opfern hinterlassen, dürften mit den Auswirkungen eines virtuellen sexuellen Übergriffes vergleichbar sein oder diese aufgrund der Gewaltzentriertheit der Darstellung sogar übersteigen. Gleichzeitig ist zu befürchten, dass das Durchleben virtueller Gewaltszenarien gesamtgesellschaftlich zu einer Desensibilisierung gegenüber Gewalt in der „echten“ Welt führt. Zwar wird die Frage, inwiefern Gewaltdarstellungen in „herkömmlichen“ Videospielen oder Filmen das reale Verhalten ihrer Konsumenten negativ verändern können, bislang ohne eindeutiges Ergebnis diskutiert.[611] Das Durchleben virtueller Gewalt in einer immersiven dreidimensionalen Umgebung gepaart mit der subjektiven „Verkörperung“ durch den jeweiligen Avatar dürfte jedoch die Wahrscheinlichkeit erhöhen, dass Gefühle wie Empathie und Reue in realen Gewaltsituationen vermindert wahrgenommen werden.[612]

Die Frage der rechtlichen Sanktionierung virtueller Gewalt ist somit nicht nur für den individuellen Persönlichkeitsschutz von Bedeutung; auch in gesamtgesellschaftlicher Hinsicht muss es im Interesse der Rechtsordnung sein, virtuelle Gewaltszenarien regulativ zu erfassen. Inwiefern dies *de lege lata* möglich ist, soll im Folgenden untersucht werden.

---

[610] Zur Problematik vgl.: *Buckingham*, „Murder in virtual reality should be illegal“, abrufbar unter: https://qz.com/943931/murder-in-virtual-reality-video-games-should-be-illegal, abgerufen am 20.06.2024.

[611] Vgl.: *Buckingham*, „Murder in virtual reality should be illegal“, abrufbar unter: https://qz.com/943931/murder-in-virtual-reality-video-games-should-be-illegal , abgerufen am 20.06.2024.

[612] Vgl.: *Madary/Metzinger*, Frontiers in Robotic and AI (2016), Vol. 3 Art. 3.

I. Zivilrechtlicher Schutz

In zivilrechtlicher Hinsicht kommt ein Persönlichkeitsschutz vor virtueller Gewalt über § 823 Abs. 1 BGB in Form einer Körper- bzw. Gesundheitsverletzung oder einer Verletzung des Allgemeinen Persönlichkeitsrechts als „sonstiges Recht" infrage.

1. Körper- bzw. Gesundheitsverletzung i.S.v. § 823 Abs. 1 BGB

Im Hinblick auf eine mögliche Verletzung der nach § 823 Abs. 1 BGB speziell geschützten Rechtsgüter „Körper" und „Gesundheit" können die Ausführungen zum virtuell-physischen sexuellen Übergriff entsprechend herangezogen werden.[613]

Eine unmittelbare Körperverletzung kann danach aufgrund der fehlenden tatsächlichen Beeinträchtigung der körperlichen Integrität durch die virtuelle Gewalthandlung nicht vorliegen. Auch eine Zurechnung von Selbstschädigungen, die der angegriffene Nutzer infolge seiner Reaktion auf die virtuelle Gewalt erleidet, muss mangels angemessener „Mittel-Zweck-Relation" des selbstschädigenden Verhaltens regelmäßig ausscheiden. Virtuelle Gewalthandlungen können daher grundsätzlich keine dem Aggressor zurechenbare rechtswidrige Körperverletzung i.S.v. § 823 Abs. 1 BGB begründen.

Etwas anderes gilt für psychische bzw. psychosomatische Folgen, die das Erlebnis virtueller Gewalt bei einem betroffenen Nutzer hinterlässt. Diese konstituieren eine Gesundheitsverletzung, sofern sie einen eigenen Krankheitswert aufweisen und daher einer medizinischen Behandlung bedürfen. Da die Konfrontation mit virtueller Gewalt nicht dem „allgemeinen Lebensrisiko" eines Nutzers im Metaversum zugeordnet werden kann, werden solche Gesundheitsschädigungen dem virtuellen Aggressor ferner immer dann zugerechnet, wenn sie keine unverhältnismäßige Reaktion auf ein Bagatellverhalten darstellen. Eine solche Bagatelle dürfte wegen der besonderen Bedeutung des Gesundheitsschutzes nur in engen Grenzen anzunehmen sein, etwa dann, wenn Immersionsgrad oder Realismus der virtuellen Darstellung so gering sind, dass die psychische Reaktion des Geschädigten objektiv nicht mehr verhältnismäßig ist.

[613] Siehe oben B. I. 2. b) und c).

Liegt eine zurechenbare Gesundheitsschädigung vor, muss im Falle virtueller Gewalt schließlich sorgfältig geprüft werden, ob eine (konkludente) Einwilligung des Geschädigten gegeben ist.[614] Bewegt sich ein Nutzer innerhalb des Metaversums etwa auf einer Plattform, die zumindest teilweise die Darstellung und Vermittlung virtueller Gewalt zwischen ihren Nutzern zum Gegenstand hat, dürfte eine – mindestens konkludente – Einwilligung in die Duldung der plattformtypischen virtuellen Gewalt sowie ihrer Auswirkungen vorliegen. Die Annahme einer rechtswidrigen Gesundheitsschädigung wird daher grundsätzlich insbesondere in VR-Spielen mit Gewaltbezug (z.B. Ego-Shooter oder Actionspiele) an der konkludenten Einwilligung des spielenden Nutzers scheitern.

2. Verletzung des Allgemeinen Persönlichkeitsrechts als „sonstiges Recht" i.S.v. § 823 Abs. 1 BGB

Wird ein Avatar in der virtuellen Welt gewaltsam angegriffen, kommt zudem eine Beeinträchtigung des Allgemeinen Persönlichkeitsrechts aufgrund einer Verletzung der persönlichen Ehre in Betracht. Dies setzt voraus, dass mit dem virtuellen Angriff gleichzeitig eine Geringschätzung oder Missachtung des hinter dem attackierten Avatar stehenden Nutzers verbunden ist. Dabei ist abermals darauf zu achten, dass das Recht der persönlichen Ehre nicht zu einem „Auffangtatbestand" für jegliche virtuelle Gewalt mutieren darf. Eine Ehrverletzung kann vielmehr nur dann angenommen werden, wenn der virtuelle Gewaltakt nach den Umständen des Einzelfalles objektiv gerade auch die Herabsetzung des betroffenen Nutzers als selbstständigen Zweck verfolgt.[615]

Nach diesen Grundsätzen muss eine Ehrverletzung jedenfalls immer dort ausscheiden, wo virtuelle Gewalthandlungen auf der jeweiligen Plattform im Metaversum zum Inhalt des Geschehens gehören. So drückt die virtuelle Gewalt bei einem VR-Ego-Shooter oder VR-Actionspiel aus objektiver Sicht grundsätzlich nicht die Missachtung des Angreifers für den betroffenen Avatar bzw. dessen dahinterstehenden Nutzer aus, sondern erfolgt zum Erreichen des Spielziels ohne weitere Konnotation. Eine andere Beurteilung kann sich hingegen daraus ergeben, dass ein Avatar immer wieder gezielt getötet oder angegangen wird, ohne dass es dem Spielzweck zuträglich ist. Dadurch kann der Angreifer den Eindruck

---

[614] Zur rechtfertigenden Einwilligung vgl. ausführlich: BeckOK-BGB/*Förster*, § 823, Rn. 33 ff.
[615] Siehe oben B. I. 2. d) bb).

vermitteln, bei dem Avatar bzw. dem dahinterstehenden Nutzer handele es sich um einen „Loser“ oder „Schwächling“, der das Spiel nicht beherrsche und als einfaches „Opfer“ diene. Ist dies der Fall, wird der betroffene Avatar jedenfalls in den Augen anderer Nutzer herabgesetzt und gedemütigt, was den dahinterstehenden Nutzer insofern in seiner äußeren Ehre verletzt, wie er mit seinem Avatar eine Reputation in der virtuellen Welt aufgebaut hat.[616] Eine Beeinträchtigung der inneren Ehre – und damit eine grundsätzliche Betroffenheit des dahinterstehenden Nutzers – wird darüber hinaus nur in Ausnahmefällen vorliegen, etwa dann, wenn ein Avatar wiederholt und dauerhaft gegen den geäußerten Willen des dahinterstehenden Nutzers virtuell gewaltsam angegangen wird, womit der Angreifer dem jeweiligen Nutzer objektiv vermittelt, er sei „nichts wert“ und nur ein „Spielball“ seiner Gewaltphantasien. Damit kann der subjektive Geltungsanspruch des betroffenen Nutzers beeinträchtigt und somit eine Verletzung der inneren Ehre angenommen werden.[617]

Handelt es sich hingegen um gewaltsame virtuelle Übergriffe, die nicht auf dafür vorgesehenen Plattformen im Metaversum erfolgen, liegt die Schwelle für eine Ehrverletzung deutlich niedriger. Hier sind schon einmalige Angriffe gegen einen Avatar vor den Augen anderer in der Lage, diesen verächtlich zu machen und – unter der Voraussetzung, dass eine Reputation aufgebaut wurde – zu einer Verletzung der äußeren Ehre des dahinterstehenden Nutzers zu führen. Dies gilt insbesondere für den Fall, dass es sich um unvermittelte Angriffe ohne „Vorgeschichte“ handelt. Ist es hingegen vor dem virtuellen Gewaltakt bereits zu verbalen Auseinandersetzungen oder sonstigen Konfrontationen zwischen den Nutzern gekommen, bedarf es eines erhöhten Argumentationsaufwandes, um in der virtuellen Gewalt eine zusätzliche, selbstständige Beeinträchtigung der äußeren Ehre erblicken zu können. Eine Verletzung der inneren Ehre wiederum kommt auch im Falle eines unvermittelten Angriffes nur dann infrage, wenn sich der betroffene Nutzer mit seinem Avatar in besonderer Weise dagegen wehrt und der trotz dieses Widerstandes durchgeführte virtuelle Angriff dem Nutzer objektiv eine Minderwertigkeit seiner Person bzw. seines geäußerten Willens vermittelt, wodurch sein subjektiver Würdeanspruch gemindert wird.

[616] Siehe oben B. I. 2. d) bb).
[617] Siehe oben B. I. 2. d) bb).

II. Exkurs: Strafrechtlicher Schutz

Neben dem zivilrechtlichen Persönlichkeitsschutz könnte die Ausübung virtueller Gewalt auch gewisse strafrechtliche Verantwortlichkeiten begründen. Dabei kommt eine Strafbarkeit insbesondere wegen einer Körperverletzung bzw. Gesundheitsschädigung oder einer (tätlichen) Beleidigung in Betracht. Im Folgenden soll untersucht werden, ob – und wenn ja, inwiefern – virtuelle Gewalthandlungen unter die einschlägigen Tatbestände subsumiert werden können.

1. Körperverletzung i.S.d. §§ 223 ff. StGB

Die Körperverletzungsdelikte der §§ 223 ff. StGB differenzieren innerhalb ihrer Tatbestände zwischen zwei Erfolgen: der körperlichen Misshandlung und der Gesundheitsschädigung.

a) Körperliche Misshandlung

Eine körperliche Misshandlung ist laut allgemeiner Definition eine üble und unangemessene Behandlung, welche die körperliche Unversehrtheit oder das körperliche Wohlempfinden nicht unerheblich beeinträchtigt.[618]

Eine Beeinträchtigung der körperlichen Unversehrtheit im Sinne einer Verletzung der Körpersubstanz oder einer Herabsetzung der Körperfunktionen[619] kann durch einen virtuellen Gewaltakt aufgrund dessen fehlender Körperlichkeit unmittelbar nicht herbeigeführt werden. Mittelbare, durch ein selbstschädigendes Reaktionsverhalten des virtuell angegriffenen Nutzers herbeigeführte Verletzungen können zwar kausal auf dem virtuellen Verhalten des Schädigers beruhen. Sie sind diesem jedoch nicht objektiv zurechenbar, da der Geschädigte durch seine eigenverantwortliche Selbstschädigung ein neues Risiko setzt, welches er in Kenntnis der ihn umgebenden Räumlichkeiten auch individuell abschätzen kann.[620] Eine kausale, zurechenbare Beeinträchtigung der körperlichen Unversehrtheit kann durch virtuelle Gewaltakte somit nicht erfolgen.

---

[618] Vgl. u.a.: BGH, Urt. v. 4.3.2015 – 2 StR 400/14, NStZ-RR 2015, 211 (211); Urt. v. 14.1.2009 – 1 StR 158/08, NJW 2009, 1360, Rn. 36; NK-StGB/*Paeffgen/Böse/Eidam*, § 223, Rn. 8; MüKo-StGB/*Hardtung*, § 223, Rn. 26; Schönke/Schröder-StGB/*Sternberg-Lieben*, § 223, Rn. 3; Lackner/Kühl-StGB/*Heger*, § 223, Rn. 4; LPK-StGB/*Kindhäuser/Hilgendorf*, § 223, Rn. 2.

[619] Vgl.: MüKo-StGB/*Hardtung*, § 223, Rn. 35 ff.

[620] Zur objektiven Zurechnung und zum eigenverantwortlichen Opferverhalten ausführlich: *Murmann*, § 23, Rn. 70 ff. Siehe auch oben B. I. 2. b).

Etwas anderes dürfte im Hinblick auf das körperliche Wohlempfinden gelten. Dieses wird verletzt, wenn beim Opfer negative körperliche Erscheinungen, insbesondere in Form von Schmerzen, hervorgerufen werden.[621] Verursacht der virtuelle Gewaltakt beim betroffenen Nutzer psychische Beeinträchtigungen, die sich somatisch auf sein körperliches Wohlbefinden auswirken, kann darin ein Körperverletzungserfolg im strafrechtlichen Sinne gesehen werden.[622] Die setzt voraus, dass die Beeinträchtigung des körperlichen Wohlbefindens eine gewisse Erheblichkeit erreicht, welche aus objektiver Perspektive anhand Intensität und Dauer der Beeinträchtigung zu beurteilen ist.[623] Dies ist etwa für Fälle anzunehmen, in denen die virtuelle Gewalt beim betroffenen Nutzer nachhaltige Angstzustände verursacht, die sich in situationsbedingtem Zittern am ganzen Körper sowie albtraumbedingtem Nassschwitzen[624] oder massiven depressiven Verstimmung mit Schlaf- und Konzentrationsstörungen manifestieren.[625] Keine erheblichen Beeinträchtigungen des körperlichen Wohlbefindens sind hingegen in „einfachen" negativen Emotionen wie etwa Angst- oder Panikgefühlen[626] oder in lediglich kurzweilig andauernden körperlichen Beschwerden (z.B. kurzer Schweißausbruch, Herzklopfen, Durchfall)[627] zu sehen.[628] Gleiches gilt für nur kurzfristig und schnell wieder abklingende psychosomatische Störung, die sich als Ausdruck der durch Stress verursachten Reizung des Nervensystems manifestieren.[629]

Kann nach diesen Grundsätzen eine erhebliche Beeinträchtigung des körperlichen Wohlbefindens bejaht werden, ist es für die objektive Zurechnung des Verletzungserfolges ferner erforderlich, dass es sich nicht um einen atypischen Kausalverlauf handelt.[630] Ein solcher wird regelmäßig anzunehmen sein, wenn die psychosomatische Reaktion im konkreten Falle aufgrund der Art der Darstellung

---

621 MüKo-StGB/*Hardtung*, § 223, Rn. 41.
622 Vgl.: BGH, Urt. v. 18.7.2013 – 4 StR 168/13, NJW 2013, 3383, Rn. 13; MüKo-StGB/*Hardtung*, § 223, Rn. 41 ff.; Schönke/Schröder-StGB/*Sternberg-Lieben*, § 223, Rn. 4; NK-StGB/*Paeffgen/Böse/Eidam*, § 223, Rn. 10.
623 BGH, Urt. v. 14.1.2009 – 1 StR 158/08, NJW 2009, 1360, Rn. 36; MüKo-StGB/*Hardtung*, § 223, Rn. 34; BeckOK-StGB/*Eschelbach*, § 223, Rn. 22.
624 Vgl.: BGH, Urt. v. 22.11.2006 – 2 StR 382/06, NStZ 2007, 218, der hier jedoch eine Gesundheitsschädigung annimmt. Für die Einordnung als körperliche Misshandlung vgl.: MüKo-StGB/*Hardtung*, § 223, Rn. 59.
625 Vgl.: MüKo-StGB/*Hardtung*, § 223, Rn. 43.
626 Vgl.: BGH, Urt. v. 9.10.2002 – 5 StR 42/02, NJW 2003, 150 (153).
627 Vgl.: OLG Köln, Beschl. v. 8.3.1996 – Ss 106/96-42, NJW 1997, 2191 (2192).
628 Mit ausführlicher Darlegung der Kasuistik: MüKo-StGB/*Hardtung*, § 223, Rn. 42.
629 NK-StGB/*Paeffgen/Böse/Eidam*, § 223, Rn. 11a.
630 Ausführlich: *Murmann*, § 23, Rn. 116 ff.

oder der Modalität des virtuellen Gewaltaktes im groben Missverhältnis zu ihrem Anlass steht.[631]

Ferner ist – neben den Voraussetzungen des subjektiven Tatbestandes – zu prüfen, ob eine rechtfertigende Einwilligung des betroffenen Nutzers vorliegt. Bewegt sich ein Nutzer innerhalb des Metaversums auf einer Plattform, die zumindest teilweise die Darstellung und Vermittlung virtueller Gewalt zwischen ihren Nutzern zum Gegenstand hat, dürfte – unter den allgemeinen strafrechtlichen Wirksamkeitsvoraussetzungen[632] – eine (konkludente) Einwilligung in die Duldung der plattformtypischen Gewalt vorliegen,[633] womit stets auch die Einwilligung in die konkrete Rechtsgutverletzung verbunden ist.[634]

b) Gesundheitsschädigung

Verursacht der virtuelle Gewaltakt beim betroffenen Nutzer rein psychische Folgen, können diese mangels physischer Auswirkungen nicht als körperliche Misshandlung im strafrechtlichen Sinne gewertet werden. Sie könnten jedoch unter dem Begriff der „Gesundheitsschädigung" subsumiert werden. In der Rechtsprechung des Bundesgerichtshofs wird unter einer Gesundheitsschädigung jedes Hervorrufen oder Steigern eines vom Normalzustand der körperlichen Funktionen nachteilig abweichenden Zustandes verstanden.[635] Damit sieht der Bundesgerichtshof den Zustand der „körperlichen Funktionen" als entscheidendes Faktum an und kommt – insofern folgerichtig – zu dem Ergebnis, dass rein psychische Schädigungen, die sich nicht somatisch auswirken, keine Körperverletzung darstellen können.[636]

Diese Rechtsprechung vermag jedoch nicht zu überzeugen. Da eine detaillierte Auseinandersetzung mit der Ansicht des Bundesgerichtshofs den Rahmen dieser Arbeit übersteigen würde, seien im Folgenden nur einige Argumente genannt:[637]

---

[631] Näheres dazu siehe oben B. I. 2. b) bb).

[632] Zu den Voraussetzungen ausführlich: *Murmann*, § 25, Rn. 124 ff.

[633] Siehe oben C. I. 1.

[634] *Murmann*, § 25, Rn. 139.

[635] Vgl.: BGH, Beschl. v. 26.2.2015 – 4 StR 548/14, NStZ 2015, 269; Beschl. v. 18.7.2013 – 4 StR 168/13, NJW 2013, 3383, Rn. 13.

[636] Vgl.: BGH, Beschl. v. 26.2.2015 – 4 StR 548/14, NStZ 2015, 269; Beschl. v. 18.7.2013 – 4 StR 168/13, NJW 2013, 3383, Rn. 13; Urt. v. 9.10.2002 – 5 StR 42/02, NJW 2003, 150 (153). Zustimmend u.a.: NK-StGB/*Paeffgen/Böse/Eidam*, § 223, Rn. 15; Lackner/Kühl/Heger-StGB/*Heger*, § 223, Rn. 5; Spickhoff-MedizinR/*Knauer/Brose*, StGB § 223, Rn. 3.

[637] Für eine ausführliche Auseinandersetzung mit der BGH-Rechtsprechung vgl.: MüKo-StGB/*Hardtung*, § 223, Rn. 61 ff.; *Doerbeck*, JR 2020, 134 (136 ff.).

So differenziert der Wortlaut des § 223 Abs. 1 StGB zwischen einer *körperlichen* Misshandlung und einer Gesundheitsschädigung. Daraus ergibt sich, dass eine Gesundheitsschädigung gerade nicht auf körperliche Auswirkungen beschränkt ist, sondern auch nicht-körperliche Schäden erfassen kann.[638] Eine solche Auslegung ist auch verfassungsrechtlich geboten, da die psychische Gesundheit als Teil des Grundrechts auf körperliche Unversehrtheit (Art. 2 Abs. 1 GG) erfasst wird und somit der staatlichen Schutzpflicht unterfällt.[639] Bedenken hinsichtlich der Bestimmtheit des tatbestandlichen Erfolges können ferner damit ausgeräumt werden, dass nur solche psychische Krankheiten als tatbestandlich begriffen werden, die von einer sachverständigen Person – etwa einem Psychiater oder einem Psychotherapeuten – nach einem medizinischen Klassifikationssystem (z.B. ICD-Code) diagnostiziert werden.[640] Im Ergebnis sprechen somit die besseren Gründe dafür, bei einer entsprechenden Diagnose auch rein psychische Krankheiten als Gesundheitsschädigung anzusehen.[641]

Für die virtuelle Realität des Metaversums bedeutet dies, dass ein virtueller Gewaltakt gegen einen Avatar, der bei dem dahinterstehenden Nutzer eine medizinisch diagnostizierte psychische Krankheit kausal verursacht, nach der hier vertretenen Ansicht den tatbestandlichen Erfolg der Körperverletzung i.S.v. § 223 Abs. 1 StGB erfüllt. Freilich muss auf Ebene der objektiven Zurechnung abermals einschränkend verlangt werden, dass sich die psychische Reaktion des Opfers als angemessene Reaktion auf den virtuellen Vorfall darstellt.[642] Zudem ist auch für die Gesundheitsschädigung die Prüfung einer (konkludenten) Einwilligung vorzunehmen.

2. Beleidigung i.S.v. § 185 StGB

Dort, wo mit dem virtuellen Angriff gleichzeitig eine Geringschätzung oder Missachtung des hinter dem attackierten Avatar stehenden Nutzers verbunden

---

[638] MüKo-StGB/*Hardtung*, § 223, Rn. 62; *Doerbeck*, JR 2020, 134 (136).

[639] Vgl.: BVerfG, Urt. v. 3.10.1979 – 1 BvR 614/79, NJW 1979, 2607; MüKo-StGB/*Hardtung*, § 223, Rn. 62; *Doerbeck*, JR 2020, 134 (137).

[640] MüKo-StGB/*Hardtung*, § 223, Rn. 62.

[641] Ebenso: MüKo-StGB/*Hardtung*, § 223, Rn. 61; Schönke/Schröder-StGB/*Sternberg-Lieben*, § 223, Rn. 6; *Doerbeck*, JR 2020, 134 (138).

[642] Näheres dazu siehe oben B. I. 2 c) bb).

ist, kann sich der Schädiger nach den für das Recht der persönlichen Ehre aufgestellten Grundsätzen wegen einer „einfachen" Beleidigung gemäß § 185 Hs. 1 StGB strafbar machen.[643]

Eine qualifiziert Bestrafung nach § 185 Hs. 2 StGB wegen einer Beleidigung „mittels einer Tätlichkeit" (sogenannte tätliche Beleidigung) kann im Falle virtueller Gewalt hingegen nicht vorliegen. Insofern ist nämlich zu verlangen, dass die Beleidigung mit einem tätlichen, also unmittelbar den Körper des Opfers berührenden, Angriff verbunden wird.[644] Ein solcher Angriff kann jedoch aufgrund der fehlenden Körperlichkeit in der virtuellen Handlung nicht vorliegen.

III. Ergebnis

Zusammenfassend lässt sich feststellen, dass Nutzer, die mit ihren Avataren Opfer von virtueller Gewalt geworden sind, aus persönlichkeitsrechtlicher Perspektive nicht vollkommen schutzlos gestellt sind.

Sofern der virtuelle Gewaltakt bei den betroffenen Nutzern psychische bzw. psychosomatische Beschwerden mit eigenem Krankheitswert verursacht, stellt sich dies als eine Gesundheitsschädigung i.S.d. § 823 Abs. 1 BGB dar. Diese ist dem Schädiger immer dann zurechenbar, wenn sie keine unverhältnismäßige Reaktion auf ein (virtuelles) Bagatellverhalten darstellt. Liegt eine dem Schädiger zurechenbare Gesundheitsverletzung vor, muss geprüft werden, ob der betroffene Nutzer durch seine Anwesenheit auf der virtuellen Plattform konkludent in die Rechtsgutverletzung eingewilligt hat. Dies dürfte bei solchen Plattformen anzunehmen sein, die die Vermittlung virtueller Gewalt zwischen den jeweiligen Nutzern zum Gegenstand haben.

Darüber hinaus ist in dem virtuellen Gewaltakt eine Verletzung des Allgemeinen Persönlichkeitsrechts als „sonstiges Recht" i.S.v. § 823 Abs. 1 BGB zu sehen, wenn damit gleichzeitig eine Geringschätzung bzw. Missachtung des hinter dem Avatar stehenden Nutzers und somit ein Angriff auf dessen persönliche Ehre verbunden ist. Eine Betroffenheit der natürlichen Person kann sich insbesondere

---

[643] Siehe oben A. II.

[644] So die h.M.: OLG Karlsruhe, Urt. v. 6.6.2002 – 1 Ss 13/02, NJW 2003, 1263 (1264); MüKo-StGB/*Regge/Pegel*, § 185, Rn. 48; NK-StGB/*Kargl*, § 185, Rn. 53 f.; BeckOK-StGB/*Valerius*, § 185, Rn. 42; LPK-StGB/*Kindhäuser/Hilgendorf*, § 185, Rn. 13. Das Erfordernis der körperlichen Berührung ablehnend: Schönke/Schröder-StGB/*Eisele/Schittenhelm*, § 185, Rn. 18; Lackner/Kühl/Heger-StGB/*Heger*, § 185, Rn. 18

daraus ergeben, dass ein Avatar, mit dem sich der jeweilige Nutzer eine Reputation aufgebaut hat, durch die virtuelle Gewalthandlung in den Augen anderer Nutzer verächtlich gemacht bzw. gedemütigt wird. Demgegenüber kommt eine, stets die individuelle Betroffenheit auslösende, Verletzung der inneren Ehre nur in Betracht, wenn sich der betroffenen Nutzer mit seinem Avatar in besonderer Weise dagegen wehrt und der trotz dieses Widerstandes durchgeführte virtuelle Angriff dem Nutzer objektiv eine Minderwertigkeit seiner Person bzw. seines geäußerten Willens vermittelt. Bewegt sich ein betroffener Nutzer hingegen auf einer Plattform, in der die virtuelle Gewalt zum Inhalt des Geschehens gehört, wird eine Ehrverletzung nur in Ausnahmefällen angenommen werden können.

In strafrechtlicher Hinsicht können durch einen virtuellen Gewaltakt vermittelte psychosomatische Folgen von gewisser Erheblichkeit als körperliche Misshandlung i.S.v. § 223 Abs. 1 StGB gelten. Zudem stellen nach der hier vertretenen Ansicht rein psychische Folgen mit Krankheitswert – entgegen der Rechtsprechung des Bundesgerichtshofs – eine Gesundheitsschädigung i.S.v. § 223 Abs. 1 StGB dar. In beiden Fällen kann der tatbestandliche Erfolg dem Täter jedoch nur objektiv zugerechnet werden, wenn er nicht im groben Missverhältnis zum virtuellen Ereignis steht (kein atypischer Kausalverlauf). Darüber hinaus muss – neben dem Vorliegen der sonstigen, insbesondere subjektiven Tatbestandsmerkmale – stets geprüft werden, ob der betroffene Nutzer durch seine Anwesenheit auf der jeweiligen Plattform zumindest konkludent in die Rechtsgutgefährdung eingewilligt hat.

Außerdem kann sich der Schädiger wegen einer Beleidigung nach § 185 Hs. 1 StGB strafbar machen, wenn mit dem Gewaltakt eine Verletzung der persönlichen Ehre des hinter dem angegriffenen Avatar stehenden Nutzers verbunden ist. Eine „tätliche Beleidigung“ nach § 185 Hs. 2 StGB kommt wegen der reinen Virtualität der Handlung indes nicht infrage.

Wie eingangs erwähnt, ist ein von virtueller Gewalt betroffener Nutzer aus persönlichkeitsrechtlicher Perspektive also nicht gänzlich schutzlos gestellt. In der Praxis werden indes wohl nur die wenigsten Betroffenen krankhafte psychische bzw. psychosomatische Beschwerden erleiden. Den meisten Opfern virtueller Gewalt wird daher nur eine Verletzung der persönlichen Ehre bleiben, welcher wegen ihrer großen Einzelfallabhängigkeit und der erforderlichen Betroffenheit der natürlichen Person jedoch ebenfalls nur bedingt rechtliche Abhilfe verschafft werden kann.

D. Schutz einer virtuell-räumlichen Privatsphäre

Virtuelle Grundstücke können zweifelsohne als ein wesentlicher Bestandteil des Metaversums gelten. In den virtuellen Welten von „Second Life“ und „Decentraland“ gibt es längst unzählige Nutzer, die virtuelle Parzellen erwerben und mit diesen Handel treiben.[645] Das Geschäft floriert: Bereits Anfang der 2020er-Jahre wurden auf verschiedensten virtuellen Plattformen Millionensummen für virtuelle Grundstücke ausgegeben.[646] Dabei ist es durch die Entwicklung der NFT-Technologie möglich geworden, die Funktionsherrschaft an virtuellen Grundstücken eindeutig zuzuordnen und diese als digitale Vermögensobjekte handelbar zu machen.[647] Hierfür spielt die künstliche Knappheit, die durch begrenzte virtuelle Flächen geschaffen wird, eine bedeutende Rolle, um die Nachfrage zu steigern und den Wert der Immobilien zu erhöhen. Ähnlich wie in der realen Welt können Nutzer im Metaversum somit in Immobilien investieren und auf eine Wertsteigerung der Grundstücke spekulieren.[648]

Nutzer, die ein virtuelles Grundstück erworben haben, können darauf – je nach (technischer) Ausgestaltung der jeweiligen Plattform – Häuser und Wohnungen nach ihren individuellen Vorstellungen errichten. Dies betrifft nicht nur die äußere, sondern auch die innere Gestaltung der virtuellen Immobilie. Nutzer können etwa mit der architektonischen Aufmachung der Fassade oder der dekorativen Einrichtung der Wohnräume ihrer Persönlichkeit Ausdruck verleihen.[649] Zudem entfalten virtuelle Immobilien im Metaversum auch eine gesellschaftliche Komponente, indem sie zu sozialen Treffpunkten werden, an denen sich Nutzer mit ihren Avataren zusammenfinden und miteinander interagieren. So können

---

[645] Steege/Chibanguza-Metaverse/*Schüller*, § 20, Rn. 6.

[646] *Petereit*, „Grundstücke für 100 Millionen Dollar im Metaversums gekauft – allein letzte Woche“, abrufbar unter: https://t3n.de/news/grundstuecke-fuer-100-millionen-1434087/, abgerufen am 20.06.2024.

[647] Steege/Chibanguza-Metaverse/*Schüller*, § 20, Rn. 16. Zur Funktionalität von Grundstücks-NFT vgl.: *Kaulartz/Schmid/Müller-Eising*, RDi 2022, 521 (527 f.).

[648] Vgl.: *Piegeler/Müller*, „Immobilien im Metaverse – Chance oder Risiko?“, abrufbar unter: https://www2.deloitte.com/de/de/blog/sector-briefings/2022/real-estate-sector-briefing-immobilien-im-metaverse.html, abgerufen am 20.06.2024.

[649] Die Plattform *Second Life* ermöglicht ihren Nutzern etwa, die Fassade individuell zu gestalten sowie virtuelle Wohnräume mit Möbeln, Dekorationen und anderen Gegenständen auszustatten.

sich etwa Freunde in ihren Wohnungen virtuell gegenseitig besuchen und über ihre Avatare mithilfe der VR-Technologie kommunizieren, als wären sie tatsächlich vor Ort.[650] Darüber hinaus sind weitere Nutzungsmöglichkeiten denkbar: So kann eine virtuelle Wohnung etwa als Rückzugsort dienen, um ungestört Musik zu hören oder ein virtuelles Buch zu lesen. Auch eine Nutzung als Arbeits- oder Lernumgebung bzw. zur Teilnahme an virtuellen Meetings, Konferenzen oder Lerngruppen ist denkbar.

Welche Funktionen im Einzelnen existieren (werden) und wie die eigene Unterkunft im Metaversum genau aussieht, hängt maßgeblich von den einzelnen Plattformen sowie deren Entwicklungsstand ab und kann zum Zeitpunkt der Fertigstellung dieser Arbeit noch nicht abschließend beurteilt werden. Es lässt sich aber bereits jetzt erahnen, dass die virtuelle Wohnung nicht nur als zentrale Anlaufstelle für Aktivitäten und soziale Interaktionen, sondern insgesamt auch als eine Art „virtuelles Zuhause" des Avatars im Metaversum dienen wird. Wegen dieser grundlegenden Bedeutung der virtuellen Wohnung für die individuelle (Persönlichkeits-)Entfaltung im Metaversum ist davon auszugehen, dass die jeweiligen Nutzer ein Interesse daran haben (werden), ihre eigenen virtuellen „vier Wände" gegenüber ungewollten Besuchern abzuschirmen. Dies führt für die Zwecke der hiesigen Untersuchung zu der Frage, ob und, wenn ja, inwiefern ein solcher virtueller (Rückzugs-)Raum *de lege lata* persönlichkeitsrechtlichen Schutz genießen kann.

I. Rechtliche Grundlagen des räumlichen Persönlichkeitsschutzes

Das Allgemeine Persönlichkeitsrecht garantiert dem Einzelnen den Anspruch, vor Belauschen oder Beobachtung, aber auch vor anderen Störungen jeglicher Art im privaten Bereich, insbesondere vor ungewollten Indiskretionen, geschützt zu sein.[651] Dies äußert sich zum einen in thematischer Hinsicht durch einen

[650] Auf den Plattformen *Second Life* und *Decentraland* können Nutzer ihre Freunde und Bekannten etwa in ihren virtuellen Wohnungen besuchen oder Veranstaltungen und Treffen in ihren virtuellen Häusern organisieren. Vgl. dazu: *Simanowski*, „Immobilienboom im Metaverse", abrufbar unter: https://www.deutschlandfunkkultur.de/metaverse-immobilien-boom-virtuell-welt-100.html, abgerufen am 20.06.2024.

[651] BVerfG, Beschl. v. 26.2.2008 – 1 BvR 1602/07 u.a., NJW 2008, 1793, Rn. 47; Urt. v. 3.3.2004 – 1 BvR 2378/98 u.a., NJW 2004, 999 (1002); Beschl. v. 31.1.1973 – 2 BvR 454/71, NJW 1973, 891 (892); BGH, Urt. v. 17.10.2022 – VI ZR 141/21, NJW 2022, 3496, Rn. 24; Urt. v. 19.12.1995 – VI ZR 15/95, NJW 1996, 1128 (1129). Vgl. für die Literatur statt vieler: BeckOK-BGB/*Förster*, § 12, Rn. 204.

grundsätzlichen Schutz vor der unfreiwilligen Offenlegung „sensibler" Informationen gegenüber anderen Menschen bzw. gegenüber der Öffentlichkeit.[652] Zum anderen ist auch der Schutz gewisser räumlicher Bereiche anerkannt, in denen der Einzelne frei von öffentlicher Beobachtung und der damit verbundenen erzwungenen Selbstkontrolle zu sich kommen, sich entspannen oder auch gehen lassen kann.[653] Dies ist nach der Rechtsprechung des Bundesverfassungsgericht erforderlich, da eine vollkommene Persönlichkeitsentfaltung nur dann erfolgen kann, wenn Phasen eines solchen unbeobachteten Alleinseins existieren.[654] Gäbe es diese nicht, könnte der Betroffene *„psychisch überfordert sein, weil er unausgesetzt darauf achten müßte, wie er auf andere wirkt und ob er sich richtig verhält"*[655].

Allgemein gesprochen umfasst der räumliche Privatsphäreschutz diejenigen Bereiche des persönlichen Rückzugs, in denen sich der Einzelne keiner öffentlichen Beobachtung ausgesetzt sieht.[656] Der Schutzbereich erstreckt sich daher jedenfalls auf das eigene Haus bzw. die eigene Wohnung und einen darum herumliegenden Bereich (z.B. Garten oder Hof).[657] Darüber hinaus werden auch temporär genutzte Räumlichkeiten (z.B. Hotelzimmer, Ferienhaus) geschützt, sofern sie nicht ausnahmsweise der öffentlichen Präsentation dienen.[658] Da der räumliche Rückzugsbereich jedoch nicht an den Hausmauern oder Grundstücksgrenzen endet, können grundsätzlich auch öffentlich zugängliche Orte der Privatsphäre zugeordnet werden.[659] Dafür kommt es nicht nur auf die objektive Gegebenheiten

---

[652] Dazu ausführlich: Götting/Schertz/Seitz-HdbPersR/*Wanckel*, § 19, Rn. 7 ff. m.w.N.

[653] Grundlegend: BVerfG, Urt. v. 15.12.1999 – 1 BvR 653/96, NJW 2000, 1021 (1022). Vgl. ebenso: BVerfG, Beschl. v. 26.2.2008 – 1 BvR 1602/07 u.a., NJW 2008, 1793, Rn. 47; BGH, Urt. v. 24.10.2023 – VI ZR 1074/20, NJW 2024, 587, Rn. 9 m.w.N.; *Baston-Vogt*, S. 209 ff.; BeckOK-BGB/*Förster*, § 12, Rn. 205; MüKo-BGB/*Rixecker*, Anh. § 12, Rn. 138; Erman-BGB/*Klass*, Anh. § 12, Rn. 117.

[654] BVerfG, Urt. v. 15.12.1999 – 1 BvR 653/96, NJW 2000, 1021 (1022).

[655] BVerfG, Urt. v. 15.12.1999 – 1 BvR 653/96, NJW 2000, 1021 (1022).

[656] BeckOGK-BGB/*Specht-Riemenschneider*, § 823, Rn. 1311.

[657] Vgl.: BVerfG, Urt. v. 15.12.1999 – 1 BvR 653/96, NJW 2000, 1021 (1022), wonach der häusliche Bereich *„anerkanntermaßen"* eine geschützte Sphäre darstellt. Ähnlich: BGH, Urt. v. 24.10.2024 – VI ZR 1074/20, NJW 2024, 587, Rn. 9, wonach *„insbesondere"* der häusliche Bereich geschützt ist. Für die Literatur vgl. u.a.: Erman-BGB/*Klass*, Anh. § 12, Rn. 126a; BeckOK-BGB/*Förster*, § 12, Rn. 205; BeckOGK-BGB/*Specht-Riemenschneider*, § 823, Rn. 1311.

[658] BGH, Urt. v. 9.12.2003 – VI ZR 373/02, NJW 2004, 762 (763); Götting/Schertz/Seitz-HdbPersR/*Wanckel*, § 19, Rn. 18.

[659] BVerfG, Beschl. v. 26.2.2008 – 1 BvR 1602/07 u.a., NJW 2008, 1793 (1799); Urt. v. 15.12.1999 – 1 BvR 653/96, NJW 2000, 1021 (1023); BGH, Urt. v. 19.12.1995 – VI ZR 15/95, GRUR 1996, 923 (925); Dürig/Herzog/Scholz-GG/Di Fabio, Art. 2 Abs. 1, Rn. 149; BeckOK-BGB/*Förster*, § 12, Rn. 204; BeckOK-InfoMedienR/*Söder*, BGB § 823, Rn. 159; Götting/Schertz/Seitz-HdbPersR/*Wanckel*, § 19, Rn. 31.

der gewählten Örtlichkeit an,[660] sondern auch darauf, ob der Betroffene typischerweise die berechtigte Erwartung haben durfte, „für sich" zu bleiben, etwa weil er sich in einer durch räumliche Privatheit geprägten Situation, insbesondere einem besonders geschützten Raum, aufhält.[661] Darüber hinaus kann auch außerhalb einer räumlichen Abgeschiedenheit ein Schutzanspruch entstehen, sofern es sich um Vorgänge des privaten Alltagslebens handelt, deren Preisgabe nicht aufgrund überwiegender öffentlicher Informationsinteressen begründet ist.[662]

Eingriffe in die räumliche Privatsphäre – etwa durch ein unbefugtes Betreten, die unbefugte Preisgabe von Informationen oder eine unerlaubte Bildaufnahme – sind grundsätzlich nicht gestattet.[663] Sie stellen einen rechtswidrigen Eingriff in das Allgemeine Persönlichkeitsrecht als „sonstiges Recht" i.S.v. § 823 Abs. 1 BGB dar. Ausnahmsweise kann der Eingriff jedoch gerechtfertigt sein, wenn der Einzelne seine Privatsphäre selbst der Öffentlichkeit gegenüber preisgibt, etwa zum Zwecke der Kommerzialisierung der eigenen Person.[664]

II. Übertragbarkeit auf virtuelle Räumlichkeiten im Metaversum?

Die von der Rechtsprechung entwickelten Grundsätze zum räumlichen Persönlichkeitsschutz sind freilich für die Gegebenheiten der analogen Welt entwickelt worden. Will man nun deren Übertragbarkeit auf die virtuelle Welt untersuchen, kann dies nur unter Beachtung der hinter der Rechtsprechung stehenden Ratio erfolgen.

In dieser Hinsicht hat das Bundesverfassungsgericht schon früh festgestellt, dass die freie und selbstverantwortliche Persönlichkeitsentfaltung – insbesondere im Lichte der Menschenwürdegarantie – nur möglich sei, wenn dem Grundrechts-

---

660 So jedoch noch: BVerfG, Urt. v. 15.12.1999 – 1 BvR 653/96, NJW 2000, 1021 (1023).

661 BVerfG, Beschl. v. 26.2.2008 – 1 BvR 1602/07 u.a., NJW 2008, 1793 (1799). Vgl. ebenso: BVerfG, Beschl. v. 9.2.2017 – 1 BvR 2897/14, NJW 2017, 1377 (1378).

662 EGMR, Urt. v. 24.6.2004 – 59320/00, NJW 2004, 2647 (2650); BVerfG, Beschl. v. 26.2.2008 – 1 BvR 1602/07 u.a., NJW 2008, 1793 (1799); BGH, Urt. v. 3.7.2007 – VI ZR 164/06, NJW 2008, 749, Rn. 13; Urt. v. 19.6.2007 – VI ZR 12/06, NJW 2007, 3340, Rn. 22. Ausführlich dazu: Götting/Schertz/Seitz-HdbPersR/*Wanckel*, § 19, Rn. 32 ff.

663 Vgl. zusammenfassend: Erman-BGB/*Klass*, Anh. § 12, Rn. 126a.

664 BVerfG, Beschl. v. 21.8.2006 – 1 BvR 2606/04 u.a., NJW 2006, 3406 (3408); Urt. v. 15.12.1999 – 1 BvR 653/96, NJW 2000, 1021 (1023); BGH, Urt. v. 12.6.2018 – VI ZR 284/17, NJW 2018, 3509, Rn. 14; Urt. v. 26.5.2009 – VI ZR 191/08, NJW 2009, 3576, Rn. 26; Urt. v. 14.10.2008 – VI ZR 272/06, NJW 2009, 754, Rn. 23; Spindler/Schuster-eMedienR/*Mann*, BGB § 823, Rn. 41; BeckOK-InfoMedienR/*Söder*, BGB § 823, Rn. 166 ff.

träger ein Raum verbleibe, *„in dem er sich selbst besitzt und in den er sich zurückziehen kann, zu dem die Umwelt keinen Zutritt hat, in dem man in Ruhe gelassen wird und ein Recht auf Einsamkeit genießt"*[665]. Später konkretisierte das Gericht seine Ausführungen und begründete den räumlichen Schutzbereich insbesondere mit der drohenden psychischen Überforderung, die aus einer ständigen, aufgezwungenen Selbstkontrolle resultieren könne.[666] Ganz bewusst hat das Bundesverfassungsgericht dabei auf eine abstrakt-generelle räumliche Begrenzung des Privatsphäreschutzes verzichtet.[667] Vielmehr sei es jeweils für den konkreten Fall ausschlaggebend, ob der Einzelne eine Situation vorfindet oder schafft, in der er begründetermaßen und somit auch für Dritte erkennbar davon ausgehen darf, den Blicken der Öffentlichkeit nicht ausgesetzt zu sein.[668] Liegen diese Voraussetzungen in der virtuellen Welt vor, müssen auch dort spezielle, räumlich geschützte Bereiche der freien Persönlichkeitsentfaltung begründet werden können.[669]

1. Situationen psychischer Überforderung

Zunächst stellt sich die Frage, ob in der virtuellen Realität des Metaversums überhaupt Situationen psychischer Überforderung, vergleichbar mit solchen in der „echten" Welt, eintreten können. Im Grundsatz gilt, dass ein Nutzer, der sich mit seinem Avatar in einer offenen virtuellen Welt bewegt, zwangsläufig von anderen Nutzern beobachtet wird, wodurch es zu einer erzwungenen Selbstkontrolle kommen kann. Man denke nur etwa daran, dass ein Prominenter mit seinem Avatar durch die virtuelle Welt spaziert – er würde wohl genauso belagert werden wie im „echten" Leben. In einer solchen Situation ist zur Beendigung der Fremdbeobachtung allerdings – anders als in einer physischen Umgebung – kein Rückzug in die „eigenen vier Wände" erforderlich. Vielmehr bestehen in der virtuellen Welt alternative Möglichkeiten, sich der Beobachtung durch andere Nutzer zu entziehen, beispielsweise indem man das virtuelle Erlebnis durch

[665] BVerfG, Beschl. v. 16.7.1969 – 1 BvL 19/63, NJW 1969, 1707 (1707).

[666] BVerfG, Urt. v. 15.12.1999 – 1 BvR 653/96, NJW 2000, 1021 (1022). Vgl. ebenso: BGH, Urt. v. 24.10.2023 – VI ZR 1074/20, NJW 2024, 587, Rn. 9 m.w.N.

[667] Vgl.: BVerfG, Beschl. v. 26.2.2008 – 1 BvR 1602/07 u.a.. NJW 2008, 1793, Rn. 47; Urt. v. 15.12.1999 – 1 BvR 653/96, NJW 2000, 1021 (1023).

[668] BVerfG, Urt. v. 15.12.1999 – 1 BvR 653/96, NJW 2000, 1021 (1023).

[669] Ebenfalls so zu verstehen: v. Münch/Kunig-GG/*Kunig/Kämmerer*, Art. 2, Rn. 58, die die Existenz einer virtuellen Privatsphäre für möglich halten.

einen Knopfdruck pausiert oder schlicht die VR-Brille absetzt. Dadurch ist es jederzeit und unkompliziert möglich, das virtuelle Geschehen zu verlassen. Man könnte somit meinen, es sei gar nicht erforderlich, einen bestimmten virtuellen räumlichen Bereich als Rückzugsort zu definieren, da der Rückzug ständig und überall durch eine „Rückkehr" in die „echte" Welt erfolgen kann. Diese Ansicht greift vor dem Hintergrund der umfassenden Konzeption des Metaversums jedoch zu kurz. Das Metaversum dient nicht nur dazu, sich freiwillig und „zum Spaß" durch virtuelle Welten zu bewegen und diese je nach Lust und Laune zu betreten oder zu verlassen. In Zukunft werden Menschen vielmehr während eines bestimmten Zeitraums auf die Anwesenheit im Metaversum angewiesen sein – etwa um zu arbeiten, einzukaufen, an Veranstaltungen teilzunehmen oder andere Nutzer zu treffen. Gleichzeitig kann ich solchen Situationen jedoch die Erforderlichkeit bestehen, sich in virtuelle Räumlichkeiten „zurückzuziehen", weil man beispielsweise einen Vertrag aushandeln, sich mit einem „kontroversen" Nutzer unterhalten, oder mit dem Lebenspartner, der sich am anderen Ende der Welt befindet, intime Gespräche führen möchte, ohne von anderen Nutzern dabei beobachtet oder belauscht zu werden. Da die Durchführung solcher Aktivitäten die virtuelle Anwesenheit im Metaversum voraussetzt, können die Betroffenen gerade nicht darauf verwiesen werden, zur Schaffung einer Rückzugsmöglichkeit einfach die VR-Brille abzunehmen oder das virtuelle Erlebnis zu pausieren. Gäbe es in diesen Fällen keine geschützten virtuellen Räume, die ein Nutzer für sich beanspruchen kann, bestünde die Gefahr, dass jederzeit andere Nutzer von den sensiblen Inhalten Kenntnis nehmen könnten. Dies würde insofern zu einer Situation der erzwungenen Selbstkontrolle führen, als dass der betroffene Nutzer jederzeit darauf achten müsste, was er mit seinem Avatar sagen oder tun kann bzw. mit welchem anderen Avatar er sich „sehen lassen" kann. Darin liegt die Gefahr einer psychischen Überforderung im Metaversum begründet.

2. Kein vereiteltes Rückzugsinteresse wegen Öffentlichkeit des Metaversums

Dieser anzuerkennenden Gefahr psychischer Überforderung im Metaversum könnte jedoch entgegengehalten werden, dass sich ein Nutzer im Metaversum bewusst einer breiten Öffentlichkeit aussetzt. Wer mit seinem Avatar die virtuelle Welt betritt, muss nämlich grundsätzlich damit rechnen, dass er dort zahlreiche andere, gleichzeitig virtuell anwesende Nutzer vorfinden wird. Man könnte daher argumentieren, dass dieses bewusste Suchen der (virtuellen) Öffentlichkeit ein Rückzugsinteresse des Einzelnen bereits dem Grunde nach vereitelt.

Dieser Rückschluss geht jedoch in zweierlei Hinsicht fehl. Zum einen kann bei einem korrekten Verständnis des Metaversums nicht pauschal von einem „öffentlichen" Ort ausgegangen werden. Innerhalb des Metaversums bzw. innerhalb der einzelnen Plattformen wird es vielmehr die (technische) Möglichkeit geben, gewisse Bereiche mit Zugriffsschranken zu versehen, sodass nur ausgewählte Nutzer mit ihren Avataren Zutritt erlangen. Es ist anzunehmen, dass auch virtuelle Häuser bzw. Wohnungen durch technische Vorkehrungen vor dem unbefugten Betreten fremder Nutzer geschützt werden können. Dadurch ist es möglich, innerhalb der Öffentlichkeit des Metaversums eine gewisse virtuell-räumliche Abgeschiedenheit zu schaffen.

Zum anderen kann nach einem Urteil des Europäischen Gerichtshofs für Menschenrechte (EGMR), dessen Entscheidungen bei der Auslegung nationaler Grundrechte zu berücksichtigen sind,[670] der räumliche Privatsphäreschutz nicht allein deshalb ausscheiden, weil sich der Betroffenen an einem öffentlichen bzw. öffentlich einsehbaren Ort aufhält.[671] Vielmehr muss es innerhalb des Schutzbereichs des Art. 8 EMRK bzw. des nationalen Allgemeinen Persönlichkeitsrechts *„einen Bereich wechselseitiger Beziehungen zwischen dem Einzelnen und Dritten [geben], der selbst dann zum ‚Privatleben' gehören kann, wenn diese Wechselbeziehungen in den öffentlichen Raum hineinreichen."*[672] Damit erteilte der EGMR der ursprünglichen Ansicht des Bundesverfassungsgericht eine Absage, wonach es an Orten, an denen sich der Einzelne unter vielen Menschen befindet, von vornherein an den Voraussetzungen des Privatsphäreschutzes fehle.[673] Mittlerweile gehen daher auch die nationalen Gerichte davon aus, dass es für den Privatsphäreschutz nicht vorwiegend auf die objektiven Gegebenheiten eines

---

[670] Vgl. dazu: BVerfG, Beschl. v. 14.10.2004 – 2 BvR 1481/04, NJW 2004, 3407 (3408).
[671] EGMR, Urt. v. 24.6.2004 – 59320/00, NJW 2004, 2647, Rn. 50.
[672] EGMR, Urt. v. 24.6.2004 – 59320/00, NJW 2004, 2647, Rn. 50.
[673] Vgl.: BVerfG, Urt. v. 15.12.1999 – 1 BvR 653/96, NJW 2000, 1021 (1022).

Ortes ankommt, sondern darauf, ob der Betroffene annehmen kann, nicht den Blicken einer (breiten) Öffentlichkeit ausgesetzt zu sein.[674]

Ist es im Metaversum also möglich, den unbefugten Zugriff auf bestimmte Bereiche – insbesondere auf virtuelle Wohnräume – technisch zu unterbinden, können die jeweiligen Nutzer berechtigterweise davon ausgehen, dass sie dort nicht den Blicken der Nutzeröffentlichkeit ausgesetzt sind. Der Privatsphäreschutz kann ihnen nach den dargelegten Grundsätzen somit nicht unter Hinweis auf die öffentliche Zugänglichkeit des Metaversums bzw. einzelner Plattformen versagt werden.

3. Keine Einschränkung aufgrund sachenrechtlicher Stellung des Plattformbetreibers

Fraglich ist, ob dem räumlichen Privatsphäreschutz im Metaversum die Rechte des jeweiligen Plattformbetreibers entgegenstehen. In technischer Hinsicht handelt es sich bei virtuellen Grundstücken im Metaverse nämlich um Komponenten des virtuellen Raums, die auf Servern des Plattformbetreibers gespeichert sind und in Form von virtuellen Einheiten, die durch NFT verkörpert werden, dem jeweiligen Berechtigten zur Verfügung gestellt werden.[675] Als Eigentümer der Server besitzt der Plattformbetreiber eine jederzeitig technische Zugriffsmöglichkeit auf die virtuellen Räumlichkeiten bzw. den zugrundeliegenden Programmiercode. Der jeweilige Nutzer erwirbt hingegen mangels Sacheigenschaft eines NFT keinerlei sachenrechtliche Positionen.[676] Die Funktionsherrschaft des Nutzers an einer virtuellen Räumlichkeit beruht vielmehr lediglich auf einer im Rahmen des NFT-Kaufs[677] eingeräumten Lizenz, wonach er frei über das virtuelle Grundstück verfügen, es virtuell besuchen oder anderweitig damit interagieren darf.[678] Die unmittelbare Sachherrschaft über den virtuellen Raum verbleibt hingegen beim Plattformbetreiber.

---

674 Vgl.: BVerfG, Beschl. v. 9.2.2017 – 1 BvR 2897/14, NJW 2017, 1377 (1378); Beschl. v. 26.2.2008 – 1 BvR 1602/07 u.a., ZUM 2008, 420, Rn. 13. Zu den Folgen der EGMR-Entscheidung vgl.: BeckOK-InfoMedienR/*Herrmann*, KUG § 23, Rn. 12 ff.

675 Steege/Chibanguza-Metaverse/*Schüller*, § 20, Rn. 7.

676 Steege/Chibanguza-Metaverse/*Schüller*, § 20, Rn. 10; *Guntermann*, RDi 2022, 200 (203 f.); *Rauer/Bibi*, ZUM 2022, 20 (24); *Heine/Stang*, MMR 2021, 755 (757).

677 Es handelt sich dabei um einen Kaufvertrag über ein digitales Produkt i.S.v. § 327 bzw. § 453 Abs. 1 S. 1 Alt. 2 BGB, vgl.: Steege/Chibanguza-Metaverse/*Schüller*, § 20, Rn. 15.

678 Steege/Chibanguza-Metaverse/*Schüller*, § 20, Rn. 16.

Vor diesem Hintergrund ließe sich anführen, dass virtuelle Wohnräume keinesfalls einen mit der realen Wohnung vergleichbaren „exklusiven" Raum konstituieren können, der nur dem jeweiligen Bewohner offensteht. Vielmehr könnte man argumentieren, der jeweilige Nutzer dürfe wegen der technischen Zugriffsmöglichkeit des Plattformbetreibers nicht davon ausgehen, die virtuelle Wohnung bilde einen höchstpersönlichen Bereich, weshalb ein virtuell-räumlicher Privatsphäreschutz ausscheiden müsse.
Diese Einwände verfangen jedoch nicht. Der Schutz eines räumlichen Privatbereichs und die (sachenrechtliche) Verfügungsgewalt über die jeweilige Räumlichkeit sind unabhängig voneinander zu beurteilen. Dies zeigt ein Vergleich zum herkömmlichen Wohnraummietverhältnis: Auch hier kann sich ein Mieter im Hinblick auf seine Mietswohnung auf den räumlichen Privatsphäreschutz berufen, obwohl das Eigentum an der Wohnung – und damit die finale Verfügungsgewalt über die Räumlichkeiten – regelmäßig dem Vermieter zusteht.[679] Zwar verfügt ein Mieter regelmäßig über unmittelbaren Besitz (vgl. § 854 Abs. 1 BGB) an der Mietsache und kann sich daher – anders als ein Nutzer im Metaversum – auf eine sachenrechtliche Rechtsstellung berufen. Der grundrechtliche Schutz der Privatwohnung beruht jedoch auf einer Verknüpfung mit den Gewährleistungen des Allgemeinen Persönlichkeitsrechts[680] und muss daher unabhängig zivilrechtlicher Wertungen bestehen.[681] Insbesondere ein fehlender Besitz steht der Herausbildung einer räumlichen Schutzsphäre daher nicht entgegen.[682] Die Unabhängigkeit des Privatsphäreschutzes von sachenrechtlichen Wertungen zeigt sich auch daran, dass der räumliche Schutzanspruch des Mieters in der Lage ist, die Verfügungsgewalt des Eigentümers einzuschränken. Dies

---

[679] Das BVerfG sieht die Privatheit der Wohnung durch Art. 13 Abs. 1 GG gewährleistet, welcher auch im Zivilrecht zu beachten ist, vgl. grundlegend: BVerfG, Beschl. v. 26.5.1993 – 1 BvR 208/93, NJW 1993, 2035 (2037). Zum persönlichkeitsrechtlichen Schutz des räumlich-gegenständlichen Privatbereichs eines Mieters: *Baston-Vogt*, S. 212 f.

[680] Dürig/Herzog/Scholz-GG/*Papier*, Art. 13, Rn. 1. So ist jedenfalls auch das BVerfG zu verstehen, wenn es davon spricht, dass Art. 13 Abs. 1 GG eine zu Art. 2 Abs. 1 i.V.m. Art. 1 Abs. 1 GG *„spezielle Gewährleistung des Schutzes […] der räumlichen Privatsphäre"* enthält, BVerfG, Urt. v. 3.3.2004 – 1 BvR 2378/98 u.a., NJW 2004, 999 (1005).

[681] Dreier-GG/*Wischmeyer*, Art. 13, Rn. 38; BeckOK-GG/*Kluckert*, Art. 13, Rn. 4; v. Münch/Kunig-GG/*Kunig/Berger*, Art. 13, Rn. 20.

[682] Ausdrücklich: v. Münch/Kunig-GG/*Kunig/Berger*, Art. 13, Rn. 22. So sollen sich nach h.M. auch Besitzdiener, die sachenrechtlich über keine Besitzstellung verfügen, auf den räumlichen Privatsphäreschutz berufen können, vgl.: Jarass/Pieroth-GG/*Jarass*, Art. 13, Rn. 6 m.w.N.; BeckOK-GG/*Kluckert*, Art. 13, Rn. 4; Huber/Voßkuhle-GG/*Gornig*, Art. 13, Rn. 30.

gilt insbesondere im Hinblick auf das Zutrittsrecht des Vermieters,[683] für welches der Gesetzgeber nicht zuletzt spezialgesetzliche Normen geschaffen hat (u.a. §§ 555a, 555d BGB), die einen Interessenausgleich zwischen Persönlichkeitsschutz und Eigentumsrecht herstellen sollen.[684]

Es lässt sich somit erkennen, dass die (potentielle) Zugriffsmöglichkeit des Plattformbetreibers als Eigentümer der Server und die fehlende sachenrechtliche Stellung des jeweiligen Nutzers einem virtuell-räumlichen Privatsphäreschutz im Metaversum nicht entgegenstehen. Im Gegenteil: Der Privatsphäreschutz kann seinerseits Grenzen für die Zugriffsmöglichkeit des Plattformbetreibers setzen. Dies gilt umso mehr vor dem Hintergrund, dass im Rahmen des Erwerbs virtueller Grundstücks-NFT bzw. der dazugehörigen Nutzungslizenz regelmäßig die freie Verfügungsgewalt des Käufers und der beschränkte Zugriff des Plattformbetreibers vertraglich festgehalten werden.[685]

4. Einfluss der Beendigung der zugrundeliegenden Vertragsbeziehung

Die Tatsache, dass der räumliche Privatsphäreschutz unabhängig zivilrechtlicher Wertungen besteht, führt darüber hinaus zu folgendem Umstand: Wird der Lizenzvertrag über die Nutzung virtueller Räumlichkeiten beendet, bedeutet dies nicht automatisch das Erlöschen des virtuell-räumlichen Schutzbereiches.

Dies ergibt sich abermals aus einer vergleichenden Betrachtung zum Privatsphäreschutz von Mietwohnungen. Danach kann sich ein Mieter selbst dann noch auf den Schutz seiner Wohnräume berufen, wenn er nach erfolgter Kündigung nicht ausgezogen ist, sondern die Wohnung (unrechtmäßig) weiterhin innehat.[686] Denn sofern der Mieter die Wohnung als privaten Rückzugsort nutzt, wird die bloße Privatheit der Wohnung nicht durch die rechtliche Beendigung des Mietverhältnisses berührt, sodass auch der Schutz vor unbefugtem Eindringen fortgelten muss.[687] Erst wenn die Wohnung – im Zweifel nach Durchführung einer

---

683 Vgl.: BGH, Urt. v. 26.4.2023 – VIII ZR 420/21, NJW-RR 2023, 861, Rn. 16; Urt. v. 4.6.2016 – VIII ZR 289/13, NJW 2014, 2566, Rn. 18 f.

684 Vgl. ausführlich: *Willems*, NZM 2015, 353.

685 So etwa beim virtuellen Grundstückskauf in *Decentraland*, vgl.: *Kaulartz/Schmid/Müller-Eising*, RDi 2022, 521 (527).

686 BVerfG, Beschl. v. 26.5.1993 – 1 BvR 208/93, NJW 1993, 2035 (2037); v. Münch/Kunig-GG/*Kunig/Berger*, Art. 13, Rn. 20; Dreier-GG/*Wischmeyer*, Art. 13, Rn. 39; Jarass/Peroth-GG/*Jarass*, Art. 13, Rn. 6; BeckOK-GG/*Kluckert*, Art. 13, Rn. 4; Huber/Voßkuhle-GG/*Gornig*, Art. 13, Rn. 32; Sachs-GG/*Kühne*, Art. 13, Rn. 19;-GG/*Papier*, Art. 13, Rn. 12.

687 BVerfG, Beschl. v. 26.5.1993 – 1 BvR 208/93, NJW 1993, 2035 (2037).

Zwangsräumung – aufgegeben wurde, entfällt der entsprechende räumliche Privatsphäreschutz.[688]

Ist eine virtuelle Räumlichkeit im Metaversum vom Privatsphäreschutz umfasst, muss der Plattformbetreiber also auch nach Beendigung der zugrundeliegenden Nutzungsvereinbarung die virtuell-räumliche Schutzsphäre des jeweiligen Nutzers achten, sofern dieser die virtuellen Räume weiterhin als Rückzugsort nutzt. Der Plattformbetreiber darf demnach nicht von seinen Befugnissen als Eigentümer der Server Gebrauch machen und die virtuellen Räume „einfach so" löschen oder den Zugang zu diesen sperren. Vielmehr muss er die Nutzung der Räumlichkeiten so lange ermöglichen, bis der Nutzer alle rechtlichen Mittel gegen die Beendigung der Lizenzvereinbarung ausgeschöpft hat. Erst wenn rechtskräftig feststeht, dass der Betroffene nicht mehr zur Nutzung der virtuellen Räume berechtigt ist, kann der Plattformbetreiber unter Ankündigung einer Frist – ähnlich wie in einem „herkömmlichen" Räumungsverfahren – den Zugang zu den virtuellen Räumlichkeiten sperren bzw. diese löschen.

III. Ergebnis: Anerkennung eines virtuell-räumlichen Privatsphäreschutzes

Im Ergebnis lässt sich festhalten, dass auch im Metaversum das Erfordernis für die Anerkennung virtuell-räumlicher Schutzbereiche besteht, da eine psychische Überforderung der Nutzer droht, wenn keine virtuellen Bereiche definiert werden, in welche sie sich mit ihren Avataren zurückziehen können. Denn es ist davon auszugehen, dass Menschen aus privaten oder beruflichen Gründen zukünftig (zumindest teilweise) auf die Anwesenheit im Metaversum angewiesen sein werden. In solchen Fällen können sich die betroffenen Nutzer einer (potentiellen) ständigen Beobachtung durch andere Avatare nur dann entziehen, wenn ihnen innerhalb der virtuellen Welt ein geschützter Rückzugsraum zusteht. Ein solches Bedürfnis nach einem virtuell-räumlichen Persönlichkeitsschutz kann weder durch das bewusste Betreten des (öffentlichen) Metaversums noch durch die technische Zugriffsmöglichkeit des Plattformbetreibers auf virtuelle Räum-

[688] Für Kündigung und Räumung lassen sich aus dem grundrechtlichen verbürgten Privatsphäreschutz insofern keine Garantien zugunsten des Mieters herleiten, da das GG kein Recht auf Wohnung gewährleistet, vgl.: BVerfG, Beschl. v. 26.5.1993 – 1 BvR 208/93, NJW 1993, 2035 (2037).

lichkeiten bzw. durch die zugrundeliegende schuldrechtliche Nutzungsvereinbarung vereitelt werden. Daher ist die hinter der Anerkennung des räumlichen Privatsphäreschutzes stehende Ratio auch auf die virtuelle Welt des Metaversums übertragbar.

Anders als bei Privatwohnungen in der „echten" Welt kann freilich nicht für jede virtuelle Wohnung bzw. sonstige Räumlichkeit, die ein Nutzer im Metaversum für sich nutzt, pauschal der Charakter als virtueller Rückzugsbereich angenommen werden, der einen räumliche Privatsphäreschutz verdient. Ein virtuell-räumlicher Schutz muss jedoch insbesondere solchen virtuellen (Wohn-)Räumen zukommen, die ein Nutzer für sich bzw. seinen Avatar nach individuellen Vorstellungen erschaffen hat, zu denen er den Zugang kontrolliert und die er tatsächlich regelmäßig nutzt, um sich gegenüber der Metaversumsöffentlichkeit abzuschirmen. Steht seine virtuelle Räumlichkeit hingegen für eine unbegrenzte Anzahl an Nutzer offen, muss ein Privatsphäreschutz aufgrund der Selbstöffnung des Nutzers ausscheiden. Existiert eine virtuelle Wohnung lediglich zu „Showzwecken" oder aus wirtschaftlicher Spekulation, dürfte es ebenfalls an einem erforderlichen individuellen Rückzugsinteresse fehlen.

Hat sich ein Nutzer nach diesen Grundsätzen eine virtuelle Räumlichkeit geschaffen, die Privatsphäreschutz genießt, hat er grundsätzlich einen Anspruch darauf, dass weder andere Nutzer noch der Plattformbetreiber diese virtuellen Räumlichkeiten gegen seinen Willen betreten bzw. auf diese zugreifen. Alleine ihm darf die Entscheidung darüber obliegen, wem ein virtuelles Zutrittsrecht gewährt wird. Weiterhin kann er das Unterlassen von Störungen jeglicher Art (z.B. Veröffentlichen von Screenshots oder unerwünschte Beobachtung) gegen die Integrität seiner virtuellen Wohnung verlangen. Auch die Veröffentlichung von Informationen aus diesem Bereich ist demnach unzulässig.

Ein virtuell-räumlicher Schutz besteht auch dann noch, wenn das der Nutzung der virtuellen Räumlichkeit zugrundeliegende Nutzungsverhältnis (z.B. in Form eines Lizenzvertrages) beendet ist, der jeweilige Nutzer die virtuellen Räume jedoch weiterhin als Rückzugsort nutzt. Der Plattformbetreiber hat dem Nutzer in diesem Falle die Möglichkeit einzuräumen, alle rechtlichen Mittel gegen die Beendigung des Nutzungsverhältnisses auszuschöpfen, ehe er unter Einhaltung einer angemessenen Frist den Zugang zu den virtuellen Räumlichkeiten sperren bzw. diese löschen kann.

Ob dem Betroffenen im Falle der rechtswidrigen Verletzung des virtuell-räumlichen Privatsphärebereiches ein immaterieller Schadensersatzanspruch zusteht, muss im Einzelfall entschieden werden. Zwar wiegen Störungen der virtuell-räumlichen Privatsphäre freilich nicht so schwer wie vergleichbare Verletzungen der physisch-gegenständlichen Privatsphäre in der „echten“ Welt. Trotzdem ist es nicht auszuschließen, dass auch Indiskretionen aus der virtuellen Wohnung zu einem schwerwiegenden Persönlichkeitsangriff – und damit zu einem Schmerzensgeldanspruch – führen können.[689]

IV. Exkurs: Virtuelles Hausrecht

Nicht mit dem virtuell-räumlichen Privatsphäreschutz zu verwechseln ist das sogenannte „virtuelle Hausrecht“. Diese Rechtsfigur wurde erstmals vom Landgericht Bonn entwickelt[690] und ist in Rechtsprechung und Literatur mittlerweile überwiegend anerkannt.[691] In dogmatischer Hinsicht wird das virtuelle Hausrecht mit dem Eigentum bzw. dem Besitzrecht an den für die jeweilige Plattform erforderlichen Servern begründet und auf eine analoge Anwendung der §§ 1004, 903 BGB bzw. §§ 858, 862 BGB gestützt.[692] Danach hat der Inhaber des virtuellen Hausrechts das Recht, auch ohne vertragliche Vereinbarung einem Nutzer den Zutritt zu seinem virtuellen Raum bzw. seiner Webseite zu verweigern.[693] Dieses Recht besteht allerdings nicht schrankenlos; bei der Ausübung des virtuellen Hausrechts muss insbesondere auf solchen digitalen Pattformen,

[689] So könnten etwa veröffentlichte Screenshots aus dem Inneren einer virtuellen Wohnung sensible Informationen über einen Nutzer hervorbringen, beispielsweise persönliche Kontakte mit „kontroversen“ Nutzern oder eine bestimmte politische oder sexuelle Einstellung, die durch Einrichtungs- bzw. Dekorationsbestandteile der virtuellen Räume sichtbar wird.

[690] LG Bonn, Urt. v. 16.11.1999 – 10 O 457/99, NJW 2000, 961 (962); bestätigt durch: OLG Köln, Beschl. v. 25.10.2000 – 19 U 2/00, MMR 2001, 52.

[691] Vgl. u.a.: BSG, Urt. v. 6.12.2012 – B 11 AL 25/11 R, MMR 2013, 675, Rn. 13; OLG Braunschweig, Urt. v. 5.2.2021 – 1 U 9/20, MMR 2021, 920, Rn. 113; OLG Karlsruhe, Beschl. v. 28.2.2019 – 6 W 81/18, MMR 2020, 52, Rn. 28; OLG Dresden, Beschl. v. 8.8.2018 – 4 W 577/18, NJW 2018, 3111 (3114); Röhricht/Graf v. Westphalen/Haas/Mock/Wöstmann-HGB/*Specht-Riemenschneider/Bernzen*, HGB, Plattformnutzungsverträge, Rn. 9; Gerecke-HdbSocialMedia/*Geidel/Männig*, Kap. 6, Rn. 176; Frey-eSportR/*Frey*, § 24, Rn. 21 ff.; Hoeren/Sieber/Holznagel-HdbMMR/*Seitz*, Teil 8, Rn. 60; jurisPK-InternetR/*Stadler/Roggenkamp*, Kap. 1.4, Rn. 596; *Conraths/Krüger*, MMR 2016, 310; *Maume*, MMR 2007, 620 (623 f.). Ablehnend: OLG Frankfurt a.M., Urt. v. 5.3.2009 – 6 U 221/08, MMR 2009, 400 (400); MüKo-BGB/*Raff*, § 1004, Rn. 33; *Hennemann/Heldt*, ZUM 2021, 981 (983).

[692] *Conraths/Krüger*, MMR 2016, 310 m.w.N.

[693] Statt vieler: Röhricht/Gaf v. Westphalen/Haas/Mock/Wöstmann-HGB/*Specht-Riemenschneider/Bernzen*, Plattformnutzungsverträge, Rn. 8.

die den Informations- und Meinungsaustausch zum Gegenstand haben, ein Ausgleich der kollidierenden Grundrechtspositionen nach dem Grundsatz der praktischen Konkordanz erfolgen.[694]

Im Metaversum wird das virtuelle Hausrecht regelmäßig den jeweiligen Plattformbetreibern zustehen, die ihre virtuellen Welten über eigene Server unterhalten.[695] Fraglich ist, ob das virtuelle Hausrecht darüber hinaus auch den Inhabern virtueller Immobilien zustehen kann. Virtuelle Grundstücke werden als NFT – also als digitaler Inhalt – gehandelt, bei welchen eine Einordnung in die sachenrechtlichen Kategorien von Eigentum und Besitz aufgrund ihrer fehlenden Körperlichkeit scheitert.[696] NFT begründen demnach keine eigentums- bzw. besitzähnliche Position ihres jeweiligen Inhabers. Vielmehr ist das Sachenrecht de lege lata nicht in der Lage, NFT rechtlich zu erfassen.[697] Aus diesem Grund muss auch die Anerkennung eines virtuellen Hausrechts, welches sich maßgeblich auf eine (analoge) Anwendung sachenrechtlicher Vorschriften stützt, für Inhaber von NFT ausscheiden.

Im Ergebnis steht das virtuelle Hausrecht im Metaversum daher nur den jeweiligen Plattformbetreibern zu. In der Praxis ist jedoch zu erwarten, dass Plattformbetreiber und NFT-Inhaber vertragliche Regelungen im Hinblick auf virtuelle Grundstücke treffen werden, womit die gegenseitigen Befugnisse und Pflichten geregelt werden.

E. Recht am eigenen Bild

Das Recht am eigenen Bild darf zweifelsohne als eines der wichtigsten Persönlichkeitsrechte angesehen werden. Es gewährt dem Individuum die grundsätzliche Befugnis, selbst darüber zu entscheiden, ob und in welcher Weise das eigene Bild in der Öffentlichkeit verwendet wird.[698] Dadurch wird nicht nur das Selbstbestimmungsrecht, sondern auch das Anonymitätsinteresse des jeweiligen Rechtsträgers, insbesondere jenes Interesse, nicht den Blicken der breiten Öffentlichkeit ausgesetzt zu sein, geschützt.[699] Das diesbezügliche Schutzbedürfnis

---

[694] Vgl.: OLG München, Urt. v. 7.1.2020 – 18 U 1491/19, MMR 2021, 79, Rn. 71 ff.

[695] Siehe oben D. II. 3.

[696] Steege/Chibanguza-Metaverse/*Schüller*, § 20, Rn. 10; *Guntermann*, RDi 2022, 200 (203 f.); *Rauer/Bibi*, ZUM 2022, 20 (24); *Heine/Stang*, MMR 2021, 755 (757).

[697] Statt vieler vgl. die ausführliche Darstellung bei: *Guntermann*, RDi 2022, 200 (208).

[698] Statt vieler: BGH, Urt. v. 19.12.1995 – VI ZR 15/95, NJW 1996, 1128 (1129); Dreier/Schulze-UrhG/*Specht-Riemenschneider*, KUG Vor § 22, Rn. 1.

[699] *Bienemann*, S. 119.

ergibt sich maßgeblich aus der Möglichkeit, durch Fotografien oder sonstige Abbildungen das Erscheinungsbild eines Menschen in einer bestimmten Situation von diesem abzulösen, datenmäßig zu fixieren und jederzeit vor einem unüberschaubaren Personenkreis zu reproduzieren.[700] Dabei gilt: Je fortschrittlicher die Aufnahmetechniken und je vielfältiger die Möglichkeiten der Bildnisverbreitung werden, desto größer kann das Schutzbedürfnis des Abgebildeten sein.[701]

In der virtuellen Realität des Metaversums wird der persönlichkeitsrechtliche Bildnisschutz aufgrund der Möglichkeit zur Schaffung fotorealistischer Avatare vor neue Herausforderung gestellt. Da die Nutzer – je nach Eigenart der jeweiligen Plattform – ihre Avatare individuell gestalten können, steht es ihnen offen, ob sie eine „Phantasiefigur" erstellen oder sich an dem Abbild einer real existierenden Person orientieren. Gerade im letzteren Falle besteht die Gefahr, dass die Ähnlichkeit eines Avatars mit einer dritten Person für betrügerische Absichten, insbesondere zur Identitätstäuschung oder Rufschädigung, genutzt wird. In solchen Fällen stellt sich die Frage, ob bzw. wie sich die durch den Avatar abgebildeten Menschen gegen die Verwendung ihrer Darstellung persönlichkeitsrechtlich wehren können. Gleichzeitig kann das Recht am eigenen Bild auch dort relevant werden, wo Screenshots oder Videos eines fotorealistischen Avatars ungehindert in der Öffentlichkeit verbreitet werden.

Anhand dieser Fallgestaltungen soll im Folgenden untersucht werden, auf welche Weise die Gewährleistungen des Rechts am eigenen Bild in der virtuellen Realität des Metaversums ihre Wirkung entfalten. Nach der Darstellung der rechtlichen Grundlagen des Bildnisschutzes werden diesbezüglich mehrere Aspekte aufgegriffen: Zuvorderst muss geklärt werden, ob ein Avatar bzw. die Abbildung eines Avatars ein Bildnis i.S.v. § 22 KUG darstellen kann. Sollte dies bejaht werden können, ist zu analysieren, worin die nach § 22 KUG sanktionierten Handlungsformen im Metaversum bestehen und unter welchen Umständen eine Einwilligung des Abgebildeten angenommen werden kann. Schließlich soll untersucht werden, inwiefern auch außerhalb des KUG ein Schutz vor unerwünschten Abbildungen im Metaversum gewährt werden kann.

---

[700] BVerfG, Beschl. v. 15.12.1999 – 1 BvR 653/96, NJW 2000, 1021 (1022).

[701] BVerfG, Beschl. v. 26.2.2008 – 1 BvR 1626/07 u.a., GRUR 2008, 539, Rn. 46.

I. Rechtliche Grundlagen

1. Kunsturhebergesetz und weitergehender Schutz

Das Recht am eigenen Bild bietet dem Einzelnen einen doppelschichtigen Schutz: Zum einen gewährt es negative Abwehrbefugnisse gegen Eingriffe Dritter, zum anderen räumt es dem Abgebildeten durch das grundsätzliche Erfordernis der Einwilligung die Möglichkeit ein, positiv selbst darüber zu entscheiden, ob und, wenn ja, auf welche Weise und in welchem Umfang sein Bildnis verbreitet werden soll.[702]

Das Recht am eigenen Bild ist in den §§ 22 ff. KUG spezialgesetzlich normiert. In dieser Form stellt es eine besondere Ausprägung des Allgemeinen Persönlichkeitsrechts dar und wird daher als „sonstiges Recht" im Sinne von § 823 Abs. 1 BGB abgesichert.[703] Tatbestandlich soll § 22 S. 1 KUG verhindern, dass Bildnisse ohne die Einwilligung des Abgebildeten verbreitet oder öffentlich zur Schau gestellt werden. Unter einem „Bildnis" wird dabei allgemein die für Dritte erkennbare Wiedergabe des äußeren Erscheinungsbildes einer Person verstanden.[704] Entscheidend für das Vorliegen eines Bildnisses im Gesetzessinne ist die Erkennbarkeit des Abgebildeten, welche sich vorwiegend aus der äußeren Erscheinung selbst ergibt.[705] Neben den Gesichtszügen kann eine Person dabei auch durch sonstige (Körper-)Merkmale, die sich aus dem Bild ergeben und die gerade ihm eigen sind, identifiziert werden – hierzu zählen insbesondere Statur, Haltung oder Haarschnitt.[706] Darüber hinaus soll sich die Erkennbarkeit nach herrschender Ansicht auch aus der Zusammenschau mit den Begleitumständen einer Abbildung, etwa aus einer begleitenden Namensnennung oder dem Zusammenhang mit früheren Veröffentlichungen, ergeben können.[707]

---

[702] Dreier/Schulze-UrhG/*Specht-Riemenschneider*, KUG Vor § 22, Rn. 1.

[703] Vgl. u.a.: BVerfG, Beschl. v. 14.2.2005 – 1 BvR 240/04, ZUM 2005, 384 (385); Urt. v. 5.6.1973 – 1 BvR 536/72, NJW 1973, 1226 (1227); BGH, Urt. v. 24.2.2022 – I ZR 2/21, NJW 2022, 1676, Rn. 13. Für die Literatur statt vieler: Dreier/Schulze-UrhG/*Specht-Riemenschneider*, KUG Vor § 22, Rn. 3.

[704] Statt vieler: BGH, Urt. v. 1.12.1999 – I ZR 226/97, NJW 2000, 2201 (2202); BeckOK-UrhR/*Engels*, KUG § 22, Rn. 19.

[705] Im Einzelnen: Dreier/Schulze-UrhG/*Specht-Riemenschneider*, KUG § 22, Rn. 3.

[706] BGH, Urt. v. 29.9.2020 – VI ZR 449/19, GRUR 2021, 106, Rn. 19; Urt. v. 26.6.1979 – VI ZR 108/78, GRUR 1979, 732 (733); Wandtke/Bullinger/*Fricke*, KUG § 22, Rn. 7; Dreier/Schulze-UrhG/*Specht-Riemenschneider*, KUG § 22, Rn. 3 BeckOK-UrhR/*Engels*, KUG § 22, Rn. 24; Schricker/Loewenheim-UrhR/*Götting*, KUG § 22, Rn. 16; Wenzel-WortuBildR/*v. Strobl-Albeg*, Kap. 7, Rn. 17.

[707] BGH, Urt. v. 1.12.1999 – I ZR 226/97, GRUR 2000, 715 (717); Urt. v. 9.6.1965 – Ib ZR 126/63, GRUR 1966, 102; OLG Stuttgart, Urt. v. 2.4.2014 – 4 U 174/13, GRUR-RR 2015, 80, Rn. 49; KG, Beschl. v. 5.9.2006 – 9 W 127/06, BeckRS 2006, 11108; OLG Hamburg, Urt. v. 13.1.2004 – 7 U 41/03, ZUM 2004, 309 (310); OLG Frankfurt a.M.,

Liegt nach diesen Grundsätzen ein Bildnis vor, darf es grundsätzlich nur mit der Einwilligung des Abgebildeten verbreitet bzw. öffentlich zur Schau gestellt werden. Dies gilt auch für einen Zeitraum von 10 Jahren nach dem Tod des Rechtsträgers, wobei es dann auf die Einwilligung der Angehörigen ankommt (§ 22 S. 3, 4 KUG). Das Erfordernis der Einwilligung erfährt in § 23 KUG eine entscheidende Einschränkung: Liegt ein Ausnahmetatbestand des § 23 Abs. 1 KUG vor, dürfen Bildnisse auch ohne Einwilligung des Abgebildeten bzw. seiner Angehörigen veröffentlicht werden, sofern dadurch nicht die berechtigten Interessen der wahrnehmungsberechtigten Person verletzt werden (§ 23 Abs. 2 KUG).

Soweit der spezialgesetzliche Anwendungsbereich der §§ 22, 23 KUG reicht, schließt dies den Rückgriff auf allgemeinere Regelungen aus.[708] Darüber hinaus bleibt ein weitergehender Bildnisschutz jedoch möglich.[709] So kann ein Rückgriff auf das Allgemeine Persönlichkeitsrecht erfolgen, wenn es zwar an der für das Vorliegen eines Bildnisses erforderlichen Erkennbarkeit des Abgebildeten fehlt, die Abbildung aber dennoch eine Persönlichkeitsverletzung darstellt – etwa im Falle der Veröffentlichung von Nacktbildern oder der suggerierten Verknüpfung mit einer Person.[710] Einen Schutz gegen das, nicht vom KUG erfasste, Anfertigen von Bildnissen kann das Allgemeine Persönlichkeitsrechts hingegen nur noch im analogen Umfeld und nur unter gewissen Voraussetzungen gewähren.[711] Die – für den Gegenstand dieser Untersuchung allein relevante – Herstellung digitaler Bildnisse stellt eine automatisierte Verarbeitung personenbezogener Daten i.S.v. Art. 4 Nr. 2 DSGVO dar, sodass ihre Zulässigkeit sich nunmehr

---

Urt. v. 12.7.1991 – 25 U 87/90, NJW 1992, 441 (442); Dreier/Schulze-UrhG/*Specht-Riemenschneider*, KUG § 22, Rn. 3; Schricker/Loewenheim-UrhR/*Götting*, KUG § 22, Rn. 23; BeckOK-InfoMedienR/*Herrmann*, KUG § 22, Rn. 5; Hoeren/Sieber/Holznagel-HdbMMR/*Solmecke*, Teil 21.1, Rn. 21. Kritisch: *Meyer*, S. 97; *Bienemann*, S. 239 f.; Wandtke/Bullinger/*Fricke*, KUG § 22, Rn. 7; *Hochrathner*, ZUM 2001, 669 (671 f.).

[708] Dreier/Schulze-UrhG/*Specht-Riemenschneider*, KUG Vor § 22, Rn. 3.

[709] BGH, Urt. v. 13.10.2015 – VI ZR 271/14, GRUR 2016, 315, Rn. 31; Urt. v. 2.7.1974 – VI ZR 121/73, NJW 1974, 1947 (1948); Dreier/Schulze-UrhG/*Specht-Riemenschneider*, KUG Vor § 22, Rn. 3; BeckOK-UrhR/*Engels*, KUG § 22, Rn. 10.1; Wenzel-WortuBildR/*v. Strobl-Albeg*, Kap. 7, Rn. 3 ff.; Götting/Schertz/Seitz-HdbPersR/*Schertz*, § 12, Rn. 2.

[710] Vgl: BGH, Urt. v. 13.10.2015 – VI ZR 271/14, GRUR 2016, 315, Rn. 31; Urt. v. 2.7.1974 – VI ZR 121/73, NJW 1974, 1947 (1948); OLG Karlsruhe, Beschl. v. 28.7.2004, GRUR 2004, 1058 (1059); BeckOK-UrhR/*Engels*, KUG § 22, Rn. 27; Dreier/Schulze-UrhG/*Specht-Riemenschneider*, KUG § 22, Rn. 5.

[711] *Bienemann*, S. 225. Eine Anwendbarkeit der persönlichkeitsrechtlichen Grundsätze kommt bei solchen nicht-automatisierten Datenverarbeitungen im Hinblick auf den Anwendungsbereich der DSGVO nach Art. 2 Abs. 1 DSGVO nur dann in Betracht, wenn die Speicherung nicht in einem Dateisystem erfolgt bzw. erfolgen soll, vgl. dazu: OLG Dresden, Urt. v. 4.4.2023 – 4 U 1486/22, GRUR-RS 2023, 6459, Rn. 11.

nach den Vorgaben der DSGVO richtet, die insofern die allgemeinen nationalen persönlichkeitsrechtlichen Grundsätze verdrängen.[712]

Da das Recht am eigenen Bild als „sonstiges Recht" i.S.v. § 823 Abs. 1 BGB geschützt ist, können bei einer Verletzung des Bildrechts die allgemeinen persönlichkeitsrechtlichen Ansprüche nach §§ 823 Abs. 1, 1004 Abs. 1 S. 2 BGB geltend gemacht werden, insbesondere Ansprüche auf Schadensersatz, (vorbeugende) Unterlassung und Beseitigung. Im Anwendungsbereich des KUG stehen dem Betroffenen darüber hinaus besondere, auf Vernichtung, Übernahme und Herausgabe von Bildnissen gerichtete Ansprüche zu (§§ 37 ff. KUG).[713] Soweit im Hinblick auf die Anfertigung von Bildnissen der Anwendungsbereich der DSGVO eröffnet ist, richten sich die Betroffenenrechte nach Art. 12 ff. DSGVO.

2. Verhältnis von Kunsturhebergesetz und Datenschutzrecht

Seit Inkrafttreten der Datenschutzgrundverordnung stellt sich die Frage nach dem Verhältnis von Kunsturheberrecht und europäischem Datenschutzrecht. Werden Bildnisse i.S.d. § 22 KUG verbreitet oder öffentlich zur Schau gestellt, stellt dies in der Regel – und außerhalb der Haushaltsausnahme des Art. 2 Abs. 2 lit. c DSGVO[714] – nämlich gleichzeitig eine Verarbeitung personenbezogener Daten nach Art. 2 Abs. 1, Art. 4 Nr. 1, Nr. 2 DSGVO dar.[715] Als EU-Verordnung geht die DSGVO dabei grundsätzlich dem kollidierenden nationalen Recht vor (vgl. Art. 288 UAbs. 2 AEUV). Fraglich ist jedoch, ob und, wenn ja, inwiefern über Art. 85 Abs. 1 und/oder Abs. 2 DSGVO als Öffnungsklauseln die Anwendbarkeit der §§ 22, 23 KUG aufrechterhalten werden kann.

---

[712] *Bienemann*, S. 225; Dreier/Schulze-UrhG/*Specht-Riemenschneider*, KUG Vor § 22, Rn. 3; BeckOK-UrhR/*Engels*, KUG § 22, Rn. 55.1; *Reuter/Schwarz*, ZUM 2020, 31 (32); *Krüger/Wiencke*, MMR 2019, 76 (80); *Ziebarth/Elsaß*, ZUM 2018, 578 (584). Ähnlich: OLG Dresden, Beschl. v. 19.4.2021 – 4 W 243/21, GRUR-RS 2021, 9603, Rn. 9, wonach der datenschutzrechtliche Schutz jedoch *neben* dem persönlichkeitsrechtlichen Anspruch existieren soll.

[713] Vgl. im Einzelnen: Dreier/Schulze-UrhG/*Specht-Riemenschneider*, KUG §§ 33-50, Rn. 10.

[714] Vgl.: *Bienemann*, S. 32 ff.; BeckOK-UrhR/*Engels*, KUG § 22, Rn. 10c; *Lauber-Rönsberg/Hartlaub*, NJW 2017, 1057 (1060).

[715] Vgl. u.a.: BGH, Urt. v. 24.2.2022 – I ZR 2/21, NJW 2022, 1676, Rn. 28 ff.; OLG Dresden, Urt. v. 4.4.2023 – 4 U 1486/22, GRUR-RS 2023, 6459, Rn. 10; *Bienemann*, S. 31; BeckOK-UrhR/*Engels*, KUG § 22, Rn. 10b; Dreier/Schulze-UrhG/*Specht-Riemenschneider*, KUG Vor § 22, Rn. 6a; *Ziebarth/Elsaß*, ZUM 2018, 578 (578 f.).

Während diese Frage in den vergangenen Jahren in der rechtswissenschaftlichen Literatur bereits umfassend diskutiert wurde,[716] hat die Rechtsprechung eine abschließende Einschätzung bisher vermieden.[717] Weitgehende Einigkeit dürfte jedenfalls darüber bestehen, dass das KUG für die Bildnisverwendung zu journalistischen, künstlerischen oder wissenschaftlichen Zwecken aufgrund der Öffnungsklausel des Art. 85 Abs. 2 DSGVO zumindest partiell weiterhin Anwendung findet.[718] Zwar muss dabei insbesondere der Begriff des „Journalismus" zum Schutze der Meinungs- und Informationsfreiheit weit verstanden werden, sodass etwa auch das Handeln von Online-Plattformen zur Ausübung der Meinungsfreiheit ihrer Nutzer von der Öffnungsklausel des Art. 85 Abs. 2 DSGVO umfasst wird.[719] Trotzdem würde eine nur partielle Anwendbarkeit der §§ 22, 23 KUG zu erheblichen Problemen in der Rechtspraxis führen: So ergäben sich auf einer ersten Ebene bereits Abgrenzungsschwierigkeiten hinsichtlich der Frage, welche Veröffentlichung als „journalistisch", „künstlerisch" oder „wissenschaftlich" zu beurteilen ist.[720] Auf zweiter Stufe bestünde Unsicherheit darüber, ob die Bildnisverwendung an den durch die Rechtsprechung ausgeformten Maßstäben des § 23 KUG oder an den wenig konkreten Voraussetzungen des Art. 6 Abs. 1 DSGVO zu messen ist.[721] Dies könnte dazu führen, dass vergleichbare Sachverhalte allein aufgrund verschiedener Zweckrichtungen nach unterschiedlichen Maßstäbe zu beurteilen wären.[722]

---

[716] Statt vieler vgl. die ausführliche Darstellung bei: *Bienemann*, S. 30 ff.

[717] Offenlassend: BGH, Urt. v. 24.2.2022 – I ZR 2/21, NJW 2022, 1676, Rn. 27. Für die Anwendbarkeit des KUG jedenfalls im journalistischen Bereich: BGH, Urt. v. 7.7.2020 – VI ZR 246/19, NJW 2020, 3715, Rn. 11; OLG Dresden, Urt. v. 4.4.2023 – 4 U 1486/22, GRUR-RS 2023, 6459, Rn. 10; OLG Köln, Beschl. v. 18.6.2018 – 15 W 27/18, ZUM-RD 2018, 549 (550).

[718] Vgl.: BGH, Urt. v. 29.9.2020 – VI ZR 449/19, ZUM 2021, 50, Rn. 15; Urt. v. 7.7.2020 – VI ZR 246/19, NJW 2020, 3715, Rn. 11; OLG Dresden, Urt. v. 4.4.2023 – 4 U 1486/22 = GRUR-RS 2023, 6459, Rn. 10; OLG Köln, Beschl. v. 18.6.2018 – 15 W 27/18, ZUM-RD 2018, 549 (550); Dreier/Schulze-UrhG/*Specht-Riemenschneider*, KUG Vor § 22, Rn. 6a; BeckOK-UrhR/*Engels*, KUG § 22, Rn. 10d; Soehring/Hoene-PresseR/*Soehring*, § 21, Rn. 21.1; *Reuter/Schwarz*, ZUM 2020, 31 (31 f.); *Krüger/Wiencke*, MMR 2019, 76 (78); *Raji*, ZD 2019, 61 (64); *Lauber-Rönsberg/Hartlaub*, NJW 2017, 1057 (1062). Nur für journalistische und künstlerische Zwecke bejahend: *Bienemann*, S.38 ff.

[719] Dreier/Schulze-UrhG/*Specht-Riemenschneider*, KUG Vor § 22 Rn. 6a, mit Verweis auf EGMR, Urt. v. 2.2.2016 – 22947/13, wonach das Verhalten sozialer Netzwerke entsprechend den für Presse geltenden Grundsätzen beurteilt werden müsse; Sydow/Marsch/*Bienemann*, DSGVO Art. 85, Rn. 24. Ähnlich: *Assmus/Winzer*, ZD 2018, 508, wonach das „Medienprivileg" im Einklang mit Erwägungsgrund 153 DSGVO weit zu verstehen sei.

[720] *Bienemann*, S. 41.

[721] *Lauber-Rönsberg/Hartlaub*, NJW 2017, 1057 (1061).

[722] *Bienemann*, S. 41 f.

Eine derartige Aufspaltung des individuellen Bildnisschutzes würde einen einheitlichen und konsistenten Ausgleich von Meinungs-, Informations-, Presse- und Kunstfreiheit sowie informationeller Selbstbestimmung, wie ihn Art. 85 DSGVO bezweckt,[723] ad absurdum führen. Daher ist es vorzugswürdig, mit der wohl herrschenden Ansicht eine vollumfängliche Anwendbarkeit der §§ 22, 23 KUG über Art. 85 Abs. 1 DSGVO anzunehmen.[724] Art. 85 Abs. 1 DSGVO ist insofern richtigerweise als eigenständige Öffnungsklausel zu verstehen.[725] Dafür spricht bereits der Wortlaut der Norm: Mit der Wortwahl der „Rechtsvorschriften" wird den Mitgliedstaaten eine eigenständige, abweichende Gesetzgebungsmöglichkeit eingeräumt.[726] Darüber hinaus wäre die Norm bei einem Verständnis als bloßer „Regelungsauftrag"[727] redundant, da die Mitgliedstaaten aufgrund der in Art. 288 Abs. 1 AEUV angeordneten unmittelbaren Wirkung der DSGVO ohnehin zur unmittelbaren Umsetzung der Verordnungsvorgaben verpflichtet sind.[728] Weiterhin kann das Argument der Gegenansicht, die fehlende Meldepflicht für Ausnahmen nach Art. 85 Abs. 1 DSGVO lasse eine Einordnung als Öffnungsklausel nicht zu,[729] nicht verfangen. Die fehlende Notifizierungspflicht wird zum Teil als bloßer Redaktionsfehler angesehen.[730] Näherliegend ist es jedoch, dass der europäische Gesetzgeber mit der Notifizierungspflicht des Art. 85 Abs. 2 DSGVO lediglich die effektive Gewährleistung von Presse- und Medienfreiheit bzw. Kunst- und Wissenschaftsfreiheit durch die nationalen Ausnahmeregelungen kontrollieren und keine generelle Notifizierungspflicht aufstellen wollte.[731]

Die besseren Gründe sprechen somit dafür, in Art. 85 Abs. 1 DSGVO eine eigenständige Öffnungsklausel zu sehen. Die §§ 22, 23 KUG erfüllen insofern die

---

[723] Zum Normzweck vgl.: Sydow/Marsch/*Bienemann*, DSGVO Art. 85, Rn. 1 f.

[724] Vgl.: *Bienemann*, S. 245; Dreier/Schulze-UrhG/*Specht-Riemenschneider*, KUG Vor § 22, Rn. 6a; BeckOK-UrhR/*Engels*, KUG § 22, Rn. 10e; Gola/Heckmann/*Pötters*, DS-GVO Art. 85, Rn. 21; *Nettesheim*, AfP 2019, 473 (479); *Krüger/Wiencke*, MMR 2019, 76 (78); *Ziebarth/Elsaß*, ZUM 2018, 578 (585); *Lauber-Rönsberg/Hartlaub*, NJW 2017, 1057 (1062).

[725] Vgl. statt vieler: *Bienemann*, S. 45 ff.

[726] *Bienemann*, S. 48.

[727] Vgl.: *Raji*, ZD 2019, 61 (64).

[728] *Bienemann*, S. 55 f.; BeckOK-InfoMedienR/*Cornils*, DS-GVO Art. 85, Rn. 23; *Krüger/Wiencke*, MMR 2019, 76 (78); *Ziebarth/Elsaß*, ZUM 2018, 578 (582).

[729] Vgl.: *Raji*, ZD 2019, 61 (64); *Assmus/Winzer*, ZD 2018, 508 (512).

[730] *Ziebarth/Elsaß*, ZUM 2018, 578 (582): *„Leicht wäre es, die Tatsache, dass die schon in ersten Entwürfen vorgesehene Notifizierungspflicht hinsichtlich einer dem heutigen Art. 85 Abs. 2 DSGVO entsprechende Regelung nach dem Hinzufügen des allgemeineren Art. 85 Abs. 1 DSGVO nicht auf diesen ausgeweitet wurde, als redaktionellen Fehler zu bezeichnen."* Ebenso: *Bienemann*, S. 52.

[731] *Bienemann*, S. 53.

Voraussetzungen der Öffnungsklausel.[732] Die Normen dienen (auch) dem Schutz personenbezogener Daten in Form von Bildnissen und schaffen praktische Konkordanz mit den kollidierenden Interessen der Meinungs-, Informations-, Presse- und Kunstfreiheit.[733] Das KUG stellt somit eine europarechtskonforme Abweichung der DSGVO dar und bleibt daher weiterhin der maßgebliche Rechtsrahmen für die Verbreitung und öffentliche Zurschaustellung von Bildnissen.

II. Wirkung des Bildnisschutzes gemäß §§ 22, 23 KUG in der virtuellen Welt

Nachdem die rechtlichen Rahmenbedingungen des Rechts am eigenen Bild geklärt sind, soll im Folgenden die Übertragbarkeit dieser Grundsätze auf die Besonderheiten des Metaversums untersucht werden. Im Hinblick auf den spezialgesetzlichen Bildnisschutz des Kunsturhebergesetzes stellt sich dabei hauptsächlich die Frage, ob und, wenn ja, inwiefern die §§ 22, 23 KUG die Abbildungen von Menschen durch Avatare erfassen und regulieren.

1. Vorliegen eines Bildnisses durch virtuelle Darstellung?

Damit der Bildnisschutz der §§ 22, 23 KUG greifen kann, ist das Vorliegen eines „Bildnisses" im Gesetzessinne erforderlich. Fraglich ist, ob virtuelle Darstellungen durch Avatare überhaupt den Bildnisbegriff des KUG erfüllen können.

Das Recht am eigenen Bild wurde als Teil des KUG bereits im Jahre 1907 kodifiziert und besteht seitdem nahezu unverändert fort. Es darf davon ausgegangen werden, dass der Gesetzgeber weder im Jahre 1907 noch im Jahre 1965, als die Fortgeltung der §§ 22 ff. KUG beschlossen wurde, Abbildungen in der digitalisierten Welt, geschweige denn die Existenz von Avataren, als Bildnisformen vorhergesehen hat. Dies darf jedoch nicht zu der Fehlannahme führen, der Bildnisschutz der §§ 22, 23 KUG sei nur auf den Bereich analoger Darstellungen beschränkt. Vielmehr gebietet der Schutzzweck des Rechts am eigenen Bild – die

---

[732] Vgl.: *Bienemann*, S. 76; BeckOK-UrhR/*Engels*, KUG § 22, Rn. 10e; Dreier/Schulze-UrhG/*Specht-Riemenschneider*, KUG Vor § 22, Rn. 6a; *Ziebarth/Elsaß*, ZUM 2018, 578 (583). Andere Ansicht: BeckOK-InfoMedienR/*Cornils*, DS-GVO Art. 85, Rn. 124; *Benedikt/Kranig*, ZD 2019, 4 (5 f.).

[733] Vgl. ausführlich: *Bienemann*, S. 72 ff.

Gewährleistung der personalen Selbstbestimmung sowie des individuellen Anonymitätsinteresses[734] – eine Anpassung des Bildnisschutzes an die sich stetig ändernden technischen Umstände; nur auf diese Weise kann ein effektiver Persönlichkeitsschutz erreicht werden.

Für das Vorliegen eines Bildnisses i.S.d. §§ 22, 23 KUG darf es daher alleine darauf ankommen, ob es sich bei einer Darstellung um eine erkennbare Abbildung eines Menschen handelt, die dessen Selbstbestimmungsrecht über die eigene bildliche Darstellung bzw. dessen Anonymitätsinteresse gefährdet. Die (technische) Art und Weise, wie das Bildnis hergestellt wird, spielt dabei keine Rolle.[735] Ebenso unerheblich ist es, ob mit der Darstellung eine reale oder eine fiktive Situation wiedergegeben wird.[736] Daher kann auch die Nachbildung von Personen in Computersimulationen dem Bildnisschutz der §§ 22, 23 KUG unterfallen;[737] dies hat die Rechtsprechung bereits für den Fall der erkennbaren Abbildung von Fußballspielern in Computerspielen entschieden.[738] Nichts anderes gilt für die Abbildung von Menschen in Form von virtuellen Avataren – auch darin kann eine Bildnis i.S.d. §§ 22, 23 KUG gesehen werden.[739]

a) Avatar als Bildnis der abgebildeten Person

Können Avatare also grundsätzlich Bildnisse i.S.d. §§ 22, 23 KUG darstellen, kommt es im Einzelfall entscheidend darauf an, ob der durch den Avatar abgebildete Mensch für Dritte erkennbar ist. Bei der Beurteilung der Erkennbarkeit ist maßgeblich auf die Sicht eines – mehr oder minder großen – Bekanntenkreises des Abgebildeten abzustellen.[740] Die alleinige Identifizierbarkeit durch den

---

[734] Siehe oben Kap. 2 C. VI. 2.

[735] So auch die allgemeine Ansicht, vgl. u.a.: BGH, Urt. v. 1.12.1999 – I ZR 49/97, NJW 2000, 2195 (2200); OLG Hamburg, Urt. v. 13.1.2004 – 7 U 41/03, ZUM 2004, 309 (310); LG Frankfurt a.M., Urt. v. 12.12.2008 – 2-06 O 249/06, SpuRt 2009, 207 (210); BeckOK-UrhR/*Engels*, KUG § 22, Rn. 20; Schricker/Loewenheim-UrhR/Götting, KUG § 22, Rn. 15; Dreier/Schulze-UrhG/*Specht-Riemenschneider*, KUG § 22, Rn. 1; Wenzel-WortuBildR/*v. Strobl-Albeg*, Kap. 7, Rn. 26.

[736] OLG Hamburg, Urt. v. 13.1.2004 – 7 U 41/03, ZUM 2004, 309 (310).

[737] Frey-eSportR/*Frey/van Baal*, § 10, Rn. 5; *Zagouras/Körber*, WRP 2006, 680 (682).

[738] OLG Hamburg, Urt. v. 13.1.2004 – 7 U 41/0, ZUM 2004, 309 (310); LG Frankfurt a.M., Urt. v. 12.12.2008 – 2-06 O 249/06, SpuRt 2009, 207 (210).

[739] Im Ergebnis ebenso: *Geis/Geis*, CR 2007, 721. Ähnlich zu verstehen: MüKo-BGB/*Rixecker*, Anh. § 12, Rn. 88, der von „virtuellen Bildnissen" spricht.

[740] BGH, Urt. v. 29.9.2020 – VI ZR 449/19, GRUR 2021, 106, Rn. 19; BGH, Urt. v. 26.6.1979 – VI ZR 108/78, GRUR 1979, 732 (733); BeckOK-UrhR/*Engels*, KUG § 22, Rn. 23; Schricker/Loewenheim-UrhR/*Götting*, KUG § 22, Rn. 17; Wandtke/Bullinger/*Fricke*, KUG § 22, Rn. 7; Dreier/Schulze-UrhG/*Specht-Riemenschneider*, KUG § 22, Rn. 4; MüKo-BGB/*Rixecker*, Anh. § 12, Rn. 87.

engsten Freundes- oder Familienkreis ist nach zutreffender Ansicht nicht ausreichend, da die Erkennbarkeit zumindest für einen Personenkreis bestehen muss, der nicht über etwaiges Sonderwissen verfügt bzw. den der Betroffene nicht ohne weiteres selbst unterrichten kann.[741] Bei Streitigkeiten über die Frage der Erkennbarkeit kommt es entscheidend darauf an, dass der Abgebildete bergründeten Anlass zu der Annahme hat, er könne nach der Art der Abbildung erkannt werden.[742] Eines Beweises, dass Dritte die Person tatsächlich erkannt haben, bedarf es insofern nicht.[743]

aa) Erkennbarkeit anhand der äußeren Darstellung

Die Erkennbarkeit wird vornehmlich durch die Darstellung der Gesichtszüge oder anderer charakteristischer (Körper-)Merkmale des Abgebildeten herbeigeführt.[744] In der virtuellen Realität des Metaversums wird es also entscheidend sein, dass diese Merkmale in einem Avatar derart realitätsgetreu abgebildet werden, das Dritte den Abgebildeten darin erkennen können. Wann dies der Fall ist, hängt von verschiedenen Faktoren im Einzelfall ab, insbesondere von den verfügbaren Konzeptionsmöglichkeiten, den Grafikoptionen sowie der Leistungsfähigkeit der VR-Technologie.

Dort, wo Avatare „manuell" geschaffen werden, bedarf es einer breiten Palette von Anpassungsoptionen zur Gestaltung von Gesichtszügen, Frisuren, Körperproportionen oder Kleidungsstilen, um Avatare detailgetreu gemäß ihrem realen Vorbild erstellen zu können. Beim Einsatz von KI-gestützten Programmen kommt es wiederum auf die gestalterischen Fähigkeiten des genutzten Programmes an. Je genauer ein Avatar die Merkmale der echten Person nachbildet, desto

---

[741] OLG Dresden, Urt. v. 4.4.2023 – 4 U 1486/22, GRUR-RS 2023, 6459, Rn. 25; OLG Köln, Urt. v. 6.3.2014 – 15 U 133/13, GRUR-RR 2015, 318, Rn. 26; KG, Urt. v. 2.11.2010 – 9 U 208/09, ZUM-RD 2012, 27 (28); BeckOK-UrhR/*Engels*, KUG § 22, Rn. 23; Wandtke/Bullinger/*Fricke*, KUG § 22, Rn. 7; Wenzel-WortuBildR/*v. Strobl-Albeg*, Kap. 7, Rn. 20. Andere Ansicht: Dreier/Schulze-UrhG/*Specht-Riemenschneider*, KUG § 22, Rn. 4; Schricker/Loewenheim-UrhR/*Götting*, KUG § 22, Rn. 17.

[742] BGH, Urt. v. 29.9.2020 –VI ZR 449/19, GRUR 2021, 106, Rn. 19; BGH, Urt. v. 26.6.1979 – VI ZR 108/78, GRUR 1979, 732 (733); BGH, Urt. v. 26.1.1971 – VI ZR 95/70, NJW 1971, 698 (700); Dreier/Schulze-UrhG/*Specht-Riemenschneider*, KUG § 22, Rn. 4; Wandtke/Bullinger/*Fricke*, KUG § 22, Rn. 7; Schricker/Loewenheim-UrhR/*Götting*, KUG § 22, Rn. 24; BeckOK-UrhR/*Engels*, KUG § 22, Rn. 22. Differenzierend: Wenzel-WortuBildR/*v. Strobl-Albeg*, Kap. 7, Rn. 20, wonach dieser Grundsatz nur bei Bildnisses aus der Intimsphäre gelten soll.

[743] BGH, Urt. v. 26.1.1971 – VI ZR 95/70, NJW 1971, 698 (700); Dreier/Schulze-UrhG/*Specht-Riemenschneider*, KUG § 22, Rn. 4; BeckOK-UrhR/*Engels*, KUG § 22, Rn. 22.

[744] Siehe oben E. I. 1.

größer ist die Wahrscheinlichkeit, dass Dritte den Abgebildeten erkennen können. Dabei bestimmt die verwendete Grafik-Engine[745], wie realistisch die Darstellung einer Person wahrgenommen wird; feine Details der individuellen Gesichtszüge wie Hauttextur, Falten oder Sommersprossen können die Erkennbarkeit erheblich verstärken. Schließlich spielt auch die Leistungsfähigkeit der eingesetzten VR-Technologie eine Rolle, ist sie doch für die visuelle Einbettung des Avatars in seine virtuelle Umgebung verantwortlich.

Nach diesen Maßstäben wird die Erkennbarkeit einer Avatardarstellung in der Regel dort ausscheiden, wo Avatare nur nach standardisierten, vorgegebenen Bausteinen geschaffen werden können.[746] Zwar haben Plattformen wie etwa *Second Life* oder *Decentraland* die Bandbreite der Anpassungsoptionen für Avatare in den vergangenen Jahren stetig erweitert, sodass eine immer vielfältigere Gestaltung der virtuellen Figuren möglich ist. Sofern Nutzer jedoch nur aus vorgegebenen Gestaltungsoptionen wählen können, sind die individuellen Merkmale einer echten Person nur in Ausnahmefällen derart auf den Avatar übertragbar, dass Dritte darin einen bestimmten Menschen erkennen können. Vielmehr dürften die vorgegebenen Anpassungsbausteine oftmals gerade nicht ausreichen, um besonders persönliche äußere Merkmale einer Person, die maßgeblich zu ihrer Erkennbarkeit beitragen, in einem Avatar darzustellen.

Anders verhält es sich, wenn Avatare mithilfe des Einsatzes spezialisierter KI gestaltet werden. Für den Bereich des Bildnisschutzes stellt dies einen echten „Game Changer" dar, da mithilfe der KI virtuelle „Kopien" eines Menschen geschaffen werden können. Bereits zum Zeitpunkt der Erstellung dieser Arbeit existieren zahlreiche KI-gestützte Programme, die durch die Nutzung fortschrittlicher Computergrafik in der Lage sind, auf Basis einer Fotografie fotorealistische Avatare zu erstellen, welche eine große Ähnlichkeit mit ihren realen Vorbildern aufweisen.[747] Waren diese Programme zunächst auf die zweidimensionale Darstellung von Gesichtern – ähnlich einer Portrait-Fotografie – ausgelegt,

---

[745] Die Grafik-Engine ist der Teil eines Computerprogrammes, der für die Darstellung der Grafik zuständig ist.

[746] Vgl. ebenso: *Geis/Geis*, CR 2007, 721 (724).

[747] Beispielhaft können hier die Programme „Pinscreen", „Daz Studio" oder „Reallusion Character Creator" genannt werden. Sie bieten unterschiedliche Funktionen und Komplexitätsgrade für die Erstellung von 3D-Modellen, einschließlich fotorealistischer Avatare, und ermöglichen Nutzern, hochdetaillierte Anpassungen vorzunehmen und Avatare für verschiedene Zwecke zu verwenden, von Animationen über Spiele bis hin zu virtuellen Umgebungen.

sind mittlerweile fortschrittlichere Softwares auf dem Markt, die 3D-Avatare erzeugen, die ihrem Vorbild nicht nur in Aussehen, Körperbau und Kleidungsstil ähneln, sondern auch seine typische Gangart, Mimik oder Gestik in einer virtuellen Umgebung abbilden können.[748]
Aus technischer Perspektive ergeben sich hinsichtlich der fotorealistischen, durch KI erzeugten Avatare zwar noch zahlreiche Herausforderungen, insbesondere bezüglich deren „reibungsloser" Implementierung in die Echtzeit-Aktionen der jeweiligen VR-Plattform. Aus rechtlicher Sicht lässt sich aber schon zum jetzigen Zeitpunkt feststellen, dass solche Avatare – sofern sie einem echten Menschen nachgebildet sind – regelmäßig ein Bildnis i.S.v. §§ 22, 23 KUG darstellen werden. Insofern kann die Erkennbarkeit der durch den Avatar abgebildeten Person bereits aufgrund der fotorealistischen Nachzeichnung der individuellen Gesichtszüge angenommen werden. Des Weiteren kann auch die „physische" Gestaltung des Avatars zu einer Erkennbarkeit des Abgebildeten führen, etwa wenn dieser durch einen besonders einzigartigen Haarschnitt, einen unverwechselbaren Gang oder einen typischen Kleidungsstil identifizierbar ist.

bb) Erkennbarkeit anhand der Begleitumstände?

Ergibt sich eine Erkennbarkeit nicht unmittelbar aus der bildlichen Darstellung, soll es nach herrschender Ansicht für das Vorliegen eines Bildnisses i.S.v. § 22 S. 1 KUG ausreichen, wenn die abgebildete Person aufgrund der Begleitumstände, insbesondere einer begleitenden Namensnennung, erkannt werden kann.[749] Überträgt man dieses weite Verständnis auf Avatare im Metaversum, würde es für die kunsturheberrechtliche Erkennbarkeit wohl bereits genügen, wenn der Name des Avatars, seine Teilnahme an virtuellen Aktivitäten, seine Präsenz an virtuellen Orten oder eine sonstige Datenverknüpfung Rückschlüsse

[748] Zu nennen ist hier u.a. die Software „Phorum" von *Google*, welche aus einem einzelnen Bild von einem Menschen einen umfassend nutzbaren 3D-Avatar erschaffen kann, vgl.: *Schreiner*, „Google KI generiert glaubhafte 3D-Avatare aus einzelnem Foto", abrufbar unter: https://the-decoder.de/google-ki-generiert-glaubhafte-3d-avatare-aus-einem-foto/, abgerufen am 20.06.2024.

[749] BGH, Urt. v. 1.12.1999 – I ZR 226/97, GRUR 2000, 715 (717); Urt. v. 9.6.1965 – Ib ZR 126/63, GRUR 1966, 102; OLG Stuttgart, Urt. v. 2.4.2014 – 4 U 174/13; GRUR-RR 2015, 80, Rn. 49; KG, Beschl. v. 5.9.2006 – 9 W 127/06, BeckRS 2006, 11108; OLG Hamburg, Urt. v. 13.1.2004 – 7 U 41/03, ZUM 2004, 309 (310); OLG Frankfurt a.M., Urt. v. 12.7.1991 – 25 U 87/90, NJW 1992, 441 (442); Dreier/Schulze-UrhG/*Specht-Riemenschneider*, KUG § 22, Rn. 3; Schricker/Loewenheim-UrhR/*Götting*, KUG § 22, Rn. 23; BeckOK-InfoMedienR/*Herrmann*, KUG § 22, Rn. 5; Hoeren/Sieber/Holznagel-HdbMMR/*Solmecke*, Teil 21.1, Rn. 21.

auf eine bestimmte Person zulassen und dadurch zu einer Identifizierung des Abgebildeten führen.

Der Einbeziehung von Merkmalen, die nicht in der Person des Abgebildeten liegen, stehen jedoch grundlegende Bedenken entgegen.[750] § 22 KUG schützt ausschließlich das äußere Erscheinungsbild eines Menschen, nicht jedoch dessen Persönlichkeit im Übrigen.[751] Der kunsturheberrechtliche Bildnisschutz kann daher nur insofern greifen, wie eine Person durch die bildliche Darstellung identifiziert wird. Die gegenteilige, weite Auffassung überdehnt den Bildnisbegriff des Kunsturhebergesetzes.[752] Ist das äußere Erscheinungsbild einer Person auf einem Bild nicht zu erkennen, so wird dieses Bild in seiner Illustration nicht dadurch zu einem Bildnis, dass die Begleitumstände auf eine bestimmte Person hindeuten.[753] Ergibt sich die Erkennbarkeit allein aus begleitenden Umständen, die außerhalb der Abbildung liegen, richtet sich die Zulässigkeit vielmehr nach den persönlichkeitsrechtlichen Fragen des Anonymitätsschutzes, sodass die für das allgemeine Persönlichkeitsrecht geltenden Kriterien und Abwägungsgrundsätzen herangezogen werden müssen;[754] im Falle der begleitenden Namensnennung sind also etwa die Grundsätze des Namensrechts aus § 12 BGB zu beachten.[755] Ein Rechtsschutz nach § 22 KUG kommt indes nicht in Betracht.

Im Ergebnis kann die Erkennbarkeit einer Avatardarstellung also nicht mit der Heranziehung ihrer Begleitumstände begründet werden. Voraussetzung für das Vorliegen eines kunsturheberrechtlichen Bildnisses ist, dass sich die Erkennbarkeit des Abgebildeten aus dem Avatar selbst ergibt.[756]

b) Screenshot des Avatars als Bildnis der abgebildeten Person

Können Avatare also unter den oben genannten Voraussetzungen der Erkennbarkeit ein Bildnis i.S.v. §§ 22, 23 KUG darstellen, stellt sich die Frage, ob dies

[750] Vgl.: *Bienemann*, S. 236 ff.; *Meyer*, S. 97; Wandtke/Bullinger-UrhR/*Fricke*, KUG § 22, Rn. 7; HK-MedienR/*Kröner*, KUG § 22, Rn. 13; *Sajuntz*, NJW 2015, 595 (597 f.); *Hochrathner*, ZUM 2001, 669 (671 f.).

[751] *Meyer*, S. 97; HK-MedienR/*Kröner*, KUG § 22, Rn. 13; Wandtke/Bullinger-UrhR/*Fricke*, KUG § 22, Rn. 7; *Hochrathner*, ZUM 2001, 669 (671 f.).

[752] *Bienemann*, S. 239; *Meyer*, S. 97.

[753] HK-MedienR/*Kröner*, KUG § 22, Rn. 13.

[754] *Meyer*, S. 97; Wandtke/Bullinger-UrhR/*Fricke*, KUG § 22, Rn. 7; HK-MedienR/*Kröner*, KUG § 22, Rn. 13; *Hochrathner*, ZUM 2001, 669 (671 f.).

[755] Siehe unten F.

[756] *Bienemann*, S. 239 f. spricht insofern von dem Erfordernis der „visuellen Erkennbarkeit".

auch für die bildliche Reproduktion der Avatare, insbesondere in Form von Screenshots, gilt.

Nach der allgemeinen Definition des Bildnisbegriffes muss es sich bei einem Bildnis um die Wiedergabe des äußeren Erscheinungsbildes einer *Person*, mithin um die Abbildung eines „echten" Menschen handeln.[757] Im Gegensatz dazu erfüllen Darstellungen von Sachen nicht den Tatbestand der §§ 22, 23 KUG – ein „Recht am Bild der eigenen Sache" existiert insofern nicht.[758] Dies rührt daher, dass der Gesetzeswortlaut in § 22 S. 1 KUG von dem „Abgebildeten" spricht und sich damit eindeutig auf einen Menschen bezieht. Auch der Telos des KUG spricht gegen einen Bildnisschutz für Sachen, will das Gesetz doch allein das Selbstbestimmungsrecht des Einzelnen über den Umgang mit seinem äußeren Erscheinungsbild sowie sein Recht auf Anonymität schützen, welche durch eine Darstellung von (persönlichen) Sachen nicht gefährdet werden.

Für das Foto eines Avatars in der virtuellen Welt ergibt sich damit folgendes Problem: Wird ein Screenshot des (fotorealistischen) Avatars angefertigt, handelt es sich nicht um die unmittelbare Abbildung einer Person im Sinne eines „echten" Menschen. Vielmehr wird lediglich die virtuelle Darstellung der natürlichen Person fotografiert – es handelt sich mithin um die „Abbildung einer Abbildung". Die Grundsätze zur Darstellung von Doppelgängern bzw. Doubeln, mit denen das Vorliegen eines kunsturheberrechtlichen Bildnisses bejaht wird,[759] können an dieser Stelle nicht herangezogen werden. In solchen Fällen handelt es sich nämlich immer gleichzeitig um die Abbildung eines „echten" Menschen (nämlich des jeweiligen Doppelgängers bzw. Doubels); dies ist bei dem Screenshot eines Avatars gerade nicht gegeben. Im Gegenteil: Es ließe sich argumentieren, der abgebildete Avatar stelle – mangels eigener (Persönlichkeits-

---

[757] So ausdrücklich: OLG München, Beschl. v. 14.9.2007 – 18 W 1902/07, NJW-RR 2008, 1220 (1221); MüKo-BGB/*Rixecker*, Anh § 12, Rn. 86; Wenzel-WortuBildR/*v. Strobl-Albeg*, Kap. 7, Rn. 11, 16.

[758] BGH, Urt. v. 17.12.2010 – V ZR 45/10, NJW 2011, 749, Rn. 15; OLG Köln, Urt. v. 25.2.2003 – 15 U 138/02, NJW 2004, 619 (620); Wandtke/Bullinger/*Fricke*, KUG § 22, Rn. 21; BeckOK-InfoMedienR/*Hermann*, KUG § 22, Rn. 7; BeckOK-UrhR/*Engels*, KUG § 22, Rn. 21.

[759] BGH, Urt. v. 24.2.2022 – I ZR 2/21, NJW 2022, 1676, Rn. 16: *„Als Bildnis der dargestellten Person ist die Darstellung (erst) dann zu sehen, wenn der täuschend echte Eindruck erweckt wird, es handele sich um die dargestellte Person selbst, wie dies etwa bei dem Einsatz eines Doppelgängers oder ‚look-alike' oder einer nachgestellten berühmten Szene oder Fotografie der Fall sein kann*". Für die Literatur vgl.: Dreier/Schulze-UrhG/*Specht-Riemenschneider*, KUG § 22, Rn. 2 m.w.N.

)Rechte[760] – nur einen virtuellen Gegenstand dar, welcher zwar nicht als Sache i.S.d. § 90 BGB behandelt wird,[761] für welchen aber aufgrund einer vergleichbaren Sachlage ebenso wenig ein Bildnisschutz in Betracht kommen könne. So könnte man zu dem Schluss kommen, dass der Screenshot eines (fotorealistischen) Avatars mangels Abbildung eines „echten" Menschen kein Bildnis i.S.v. §§ 22, 23 KUG darstelle.

Eine solche Ansicht verkennt jedoch, dass es beim Bildnisschutz allein darauf ankommen muss, ob eine Person in erkennbarer Weise in ihrem äußeren Erscheinungsbild abgebildet wird.[762] Dabei ist es nicht nur vollkommen unerheblich, in welcher (technischen) Art und Weise die Abbildung erfolgt, sondern es darf auch keinen Unterschied machen, ob eine Person unmittelbar – also „direkt" durch den Avatar – oder lediglich „mittelbar" – also durch den Screenshot eines (fotorealistischen) Avatars – in erkennbarer Weise abgebildet wird. Die §§ 22, 23 KUG sollen gerade verhindern, dass das Abbild eines Menschen – egal in welcher Form – unbefugterweise in die Hände Dritter gelangt. Würde man die Bildniseigenschaft des Screenshots pauschal verneinen, würde dies zu dem Ergebnis führen, dass sich der Betroffenen zwar gegen seine erkennbare Abbildung durch einen Avatar mit bildnisrechtlichen Mitteln wehren könnte, die Wiedergabe desselben (!) Abbilds durch öffentliche Zurschaustellung des Screenshots aber schutzlos hinnehmen müsste. Dadurch würde nicht nur das Selbstbestimmungsrecht des Betroffenen bezüglich des Umgangs mit seiner Abbildung, sondern auch sein Anonymitätsinteresse empfindlich eingeschränkt werden. Es kann daher nicht im Sinne des kunsturheberrechtlichen Bildnisschutzes sein, zwischen dem Avatar „an sich" und einer bildlichen Reproduktion desselben zu differenzieren. Entscheidend ist alleine, dass aus der Abbildung die äußere Gestalt eines Menschen erkennbar wird.

Nach diesen Grundsätzen stellt daher auch der Screenshot eines Avatars ein Bildnis dar, wenn der Avatar wiederum als Bildnis zu qualifizieren ist. Wird nicht der gesamte Avatar, durch den Screenshot abgebildet, kommt es im Einzelfall darauf an, ob der Betroffenen durch den Ausschnitt noch zu erkennen ist.

---

760 Siehe oben Kap. 2 B.

761 Virtuelle Gegenstände (z.B. virtuelle Charaktere) stellen mangels Körperlichkeit sonstige Gegenstände i.S.v. § 453 BGB dar, BeckOK-BGB/*Fritzsche*, § 90, Rn. 29.

762 Siehe oben E. II. 1. a).

2. Vom Bildnisschutz erfasste Handlungsformen

Liegt nach den oben ausgearbeiteten Voraussetzungen ein Bildnis vor, stellt sich die Frage, welche Handlungen im Metaversum durch § 22 S. 1 KUG im Einzelnen untersagt werden.

§ 22 S. 1 KUG reguliert die Verbreitung und öffentliche Zurschaustellung von Bildnissen, nicht jedoch deren Herstellung oder Vervielfältigung.[763] Unter einer „Verbreitung" versteht man jede Art der Weitergabe von Bildnissen bzw. deren Vervielfältigungsstücke an Dritte.[764] Da es dabei nicht auf eine gewisse Öffentlichkeit, sondern auf die Wahrung der individuellen Kontrolle über das eigene Bildnis ankommt, kann bereits die Weitergabe an Einzelpersonen eine Verbreitung im Gesetzessinne darstellen.[765] Dabei ist es entscheidend, dass einem Dritten die tatsächliche Verfügungsgewalt über das Bildnis eingeräumt wird.[766]

Demgegenüber bedeutet „öffentliche Zurschaustellung" die Sichtbarmachung des Bildnisses für die Öffentlichkeit, ohne dass diese die Verfügungsgewalt über das Bildnis erhält.[767] Die mediale Form spielt dabei keine Rolle, sodass insbesondere auch das digitale Sichtbarmachen eines Bildnisses eine Zurschaustellung darstellen kann.[768] Für den Begriff der „Öffentlichkeit" kann dabei grundsätzlich auf § 15 Abs. 3 UrhG zurückgegriffen werden, wonach die Wiedergabe öffentlich ist, wenn sie für eine Mehrzahl von Personen bestimmt ist, es sei denn, dass diese Personen durch gegenseitige Beziehungen oder durch Beziehung zum

---

763 BGH, Urt. v. 27.2.2018 – VI ZR 86/16, GRUR 2018, 75, Rn. 31; Dreier/Schulze-UrhG/*Specht-Riemenschneider*, KUG § 22, Rn. 11; HK-MedienR/*Kröner*, KUG § 22, Rn. 16; BeckOK-UrhR/*Engels*, KUG § 22, Rn. 51; Staudinger-BGB/Hager, § 823, Rn. C.157;

764 Statt vieler: Dreier/Schulze-UrhG/*Specht-Riemenschneider*, KUG § 22, Rn. 9.

765 BGH, Urt. v. 27.2.2018 – VI ZR 86/16, GRUR 2018, 757, Rn. 31; Dreier/Schulze-UrhG/*Specht-Riemenschneider*, KUG § 22, Rn. 9; Schricker/Loewenheim-UrhR/*Götting*, KUG § 22, Rn. 36.

766 BGH, Urt. v. 27.2.2018 – VI ZR 86/16, GRUR 2018, 757, Rn. 31; OLG Celle, Urt. v. 25.08.2010 – 31 Ss 30/10, ZUM 2011, 341 (343); *Bienemann*, S. 198 ff.; *Plum*, S. 199; Dreier/Schulze-UrhG/*Specht-Riemenschneider*, KUG § 22, Rn. 9; Wenzel-WortuBildR/*v. Strobl-Albeg*, Kap. 7, Rn. 139.

767 *Plum*, S. 201; *Bienemann*, S. 201; BeckOK-UrhR/*Engels*, KUG § 22, Rn. 54; Dreier/Schulze-UrhG/*Specht-Riemenschneider*, KUG § 22, Rn. 10; HK-MedienR/*Kröner*, KUG § 22, Rn. 17; Schricker/Loewenheim-UrhR/*Götting*, KUG § 22, Rn. 37; Wandtke/Bullinger/*Fricke*, KUG § 22, Rn. 9; Staudinger-BGB/*Hager*, § 823, Rn. C.157; Wenzel-WortuBildR/*v. Strobl-Albeg*, Kap. 7, Rn. 140.

768 *Plum*, S. 201; Dreier/Schulze-UrhG/*Specht-Riemenschneider*, KUG § 22, Rn. 10a; Gerecke-HdbSocialMedia/*Kraetzig*, Kap. 4, Rn. 175; BeckOK-UrhR/*Engels*, KUG § 22, Rn. 54.2; HK-MedienR/*Kröner*, KUG § 22, Rn. 17; Wandtke/Bullinger/*Fricke*, KUG § 22, Rn. 9; Wenzel-WortuBildR/*v. Strobl-Albeg*, Kap. 7, Rn. 140; *Lauber-Rönsberg*, NJW 2016, 744 (745).

Rechteinhaber persönlich untereinander verbunden sind.[769] Allerdings unterliegen die kunsturheberrechtlichen Begrifflichkeiten nicht zwingend den Definitionen des Urheberrechtsgesetzes, sondern können autonom ausgelegt werden.[770] Aufgrund der unterschiedlichen Schutzrichtung von Urheber- und Bildrecht – das Urheberrecht schützt vorrangig die vermögenswerten Interessen des Urhebers, während das Recht am Bild rein persönlichkeitsrechtlicher Natur ist – ist es daher angezeigt, mit verschiedenen Öffentlichkeitsbegriffen zu operieren.[771] Um dem durch § 22 S. 1 KUG bezweckten Schutz des Selbstbestimmungsrechts des Abgebildeten gerecht zu werden, muss der Öffentlichkeitsbegriff im Kunsturheberrecht großzügiger aufgefasst werden, sodass bereits eine Zurschaustellung in kleineren Öffentlichkeiten als tatbestandlich anzusehen ist.[772] Insbesondere ist das in § 15 Abs. 3 S. 2 UrhG aufgestellte Kriterium der „persönlichen Verbundenheit" im Kunsturheberrecht restriktiv auszulegen; es wird erst dann erfüllt, wenn zwischen dem Zurschaustellenden und dem Adressaten ein besonderes Vertrauensverhältnis besteht.[773]

a) Abgrenzungskriterium im digitalen Zeitalter

§ 22 S. 1 KUG geht mit dem Dualismus der untersagten Handlungsformen erkennbar noch von den Gegebenheiten der analogen Welt aus, wonach der Kontrollverlust des Abgebildeten hauptsächlich mit der körperlichen Weitergabe des Bildnisses, sein visuelles Selbstbestimmungsrecht hingegen mit der ungewollten öffentlichen Zurschaustellung seines Abbildes assoziiert wurde.[774] Daher wollen auch heutzutage noch vereinzelte Stimmen in der Literatur unter der „Verbreitung" allein die Weitergabe körperlicher Bildnisse erfasst wissen, während dort,

---

[769] LG Oldenburg, Urt. v. 22.3.1990 – 5 O 3328/89, AfP 1991, 652; Dreier/Schulze-UrhG/*Specht-Riemenschneider*, KUG § 22, Rn. 10a; BeckOK-UrhR/*Engels*, KUG § 22, Rn. 54; HK-MedienR/*Kröner*, KUG § 22, Rn. 17; BeckOK-InfoMedienR/*Herrmann*, KUG § 22, Rn. 12; Wenzel-WortuBildR/*v. Strobl-Albeg*, Kap. 7, Rn. 140; *Lauber-Rönsberg*, NJW 2016, 744 (745).

[770] Vgl. hierzu die ausführlichen Untersuchungen bei: *Plum*, S. 169 ff.; *Bienemann*, S. 190 ff. Vgl. ebenso: Dreier/Schulze-UrhG/*Specht-Riemenschneider*, KUG § 22, Rn. 10a.

[771] Gerecke-HdbSocialMedia/*Kraetzig*, Kap. 4, Rn. 175. Vgl. ebenso: *Bienemann*, S. 196; Schricker/Loewenheim-UrhR/*Götting*, KUG § 22, Rn. 37; Dreier/Schulze-UrhG/*Specht-Riemenschneider*, KUG § 22, Rn. 10a.

[772] *Plum*, S. 207 ff.; *Bienemann*, S. 197; Dreier/Schulze-UrhG/*Specht-Riemenschneider*, KUG § 22, Rn. 10a; Gerecke-HdbSocialMedia/*Kraetzig*, Kap. 4, Rn. 175; Schricker/Loewenheim-UrhR/*Götting*, KUG § 22, Rn. 37.

[773] *Plum*, S. 206.

[774] *Bienemann*, S. 199.

wo eine solche körperliche Weitergabe nicht möglich ist, lediglich eine öffentliche Zurschaustellung in Betracht kommen soll.[775]

Im digitalen Zeitalter ist das Abgrenzungskriterium der Körperlichkeit jedoch nicht mehr zeitgemäß, da die Weitergabe von Bildnissen ist den allermeisten Fällen unverkörpert erfolgt, indem ein Bilddatensatz über das Internet an eine andere Person übermittelt wird.[776] Darüber hinaus kann ein öffentlich einsehbares Bildnis jederzeit und nahezu ohne Qualitätsverluste mittels Screenshot abfotografiert und wiederum an Dritte verbreitet werden.[777] Der Kontrollverlust des Abgebildeten über sein Bildnis ist also bei weitem nicht mehr an die Weitergabe eines körperlichen Exemplars geknüpft.[778] Würde man trotz dieser Umstände weiterhin auf die Körperlichkeit der Bildnisverbreitung abstellen, würden sämtliche Fälle der Weitergabe von Fotos über das Internet, die in privaten Konversationen und daher nicht öffentlich erfolgen, nicht vom Bildnisschutz der §§ 22, 23 KUG erfasst werden. Dies kann nicht im Sinne des kunsturheberrechtlichen Persönlichkeitsschutzes sein, der ein umfassendes Selbstbestimmungsrecht des Abgebildeten über den Umgang mit seinem Bildnis gewährleisten soll. Daher muss unter der Verbreitung i.S.v. § 22 S. 1 Alt. 1 KUG richtigerweise auch die Weitergabe digitaler, unkörperlicher Bildnisse verstanden werden.[779] Dabei kommt es darauf an, ob durch die Verbreitung unmittelbar Verfügungsgewalt über das Bildnis erlangt wurde.[780] Dieses Erfordernis darf jedoch nicht dahingehend verstanden werden, dass die theoretische Möglichkeit, per Screenshot Verfügungsgewalt über ein Bild zu erlangen, dazu führt, dass in jedem öffentlichen Upload eines Bildnisses eine kunsturheberrechtliche Verbreitung zu

---

775 Vgl.: BeckOK-InfoMedienR/*Herrmann*, KUG § 22, Rn. 11; Götting/Schertz/Seitz-Hdb-PersR/*Schertz*, § 12, Rn. 32; Gerecke-HdbSocialMedia/*Kraetzig*, Kap. 4, Rn. 175.

776 *Bienemann*, S. 200.

777 *Bienemann*, S. 200; *Plum*, S. 200.

778 *Bienemann*, S. 200; *Specht*, MMR 2017, 577 (578).

779 So auch die überwiegende Ansicht, vgl.: OLG Celle, Urt. v. 25.10.2010 – 31 Ss 30/10, ZUM 2011, 341 (343); LG Frankfurt a.M., Urt. v. 29.6.2019 – 2-03 O 402/18, ZUM-RD 2020, 371 (375); LG Heidelberg, Urt. v. 2.12.2015 – 1 O 54/15, MMR 2016, 481, Rn. 27; *Bienemann*, S. 200; *Plum*, S. 199; Dreier/Schulze-UrhG/*Specht-Riemenschneider*, KUG § 22, Rn. 9; Wandtke/Bullinger/*Fricke*, KUG § 22, Rn. 8; BeckOK-UrhR/*Engels*, KUG § 22, Rn. 53; Wenzel-WortuBildR/*v. Strobl-Albeg*, Kap. 7, Rn. 139; *Specht*, MMR 2017, 577 (578).

780 BGH, Urt. v. 27.2.2018 – VI ZR 86/16, GRUR 2018, 757, Rn. 31; OLG Celle, Urt. v. 25.10.2010 – 31 Ss 30/10, ZUM 2011, 341 (343); *Bienemann*, S. 200; *Plum*, S. 199; Dreier/Schulze-UrhG/*Specht-Riemenschneider*, KUG § 22, Rn. 9; Wenzel-WortuBildR/*v. Strobl-Albeg*, Kap. 7, Rn. 139; *Specht*, MMR 2017, 577 (578).

sehen ist.[781] Ein solches Verständnis hätte die Konsequenz, dass der Anwendungsbereich des § 22 S. 1 Alt. 2 KUG – auch im analogen Umfeld – auf ein Minimum reduziert werden würde, da jede theoretische Möglichkeit des Abfotografierens zu der Annahme einer Verbreitungshandlung führen müsste.[782] Dadurch liefe die durch § 22 S. 1 Alt. 2 KUG vorgesehene Privilegierung der Bildkommunikation im privaten Bereich faktisch leer.[783] Darüber hinaus verkennt ein solches Verständnis die Tatsache, dass das bloße Hochladen eines Bildnisses nicht zu einer unmittelbaren Verschaffung der Verfügungsgewalt führt, sondern zusätzlich die aktive Handlung des Rezipienten (Aufnahme des Screenshots) erforderlich ist.[784]

In Abgrenzung zur öffentlichen Zurschaustellung ist daher auf den primären Zweck der Handlung abzustellen.[785] Beim Upload eines Bildnisses kommt es dem Handelnden vorrangig darauf an, die Abbildung anderen Nutzern gegenüber sichtbar zu machen; dass diese in einem zweiten Schritt einen Screenshot des Bildnisses erstellen können, ist für die kunsturheberrechtliche Bewertung zweitrangig. Daher ist in diesem Falle von einer (öffentlichen) Zurschaustellung des Bildnisses auszugehen.[786]

b) Verbreitung des Avatar-Bildnisses im Metaversum

Da die Verbreitung i.S.v. § 22 S. 1 Alt. 1 KUG nach den aufgestellten Grundsätzen also nicht rein körperlich zu verstehen ist, kann grundsätzlich auch die Weitergabe digitaler (unkörperlicher) Avatar-Bildnisse vom kunsturheberrechtlichen Bildnisschutz erfasst werden. Dabei kommt es entscheidend darauf an, ob die für die Verbreitung erforderliche Verfügungsgewalt über ein Avatar-Bildnis erlangt wird.[787] In dieser Hinsicht ist es zweckdienlich, zwischen dem Avatar „an sich" und dem Foto bzw. Screenshot des Avatars zu differenzieren.

---

[781] *Bienemann*, S. 203; *Plum*, S. 200. Andere Ansicht: *Tausch*, S. 78.

[782] *Plum*, S. 200. Vgl. ebenso: *Bienemann*, S. 204.

[783] *Plum*, S. 200.

[784] *Plum*, S. 200.

[785] *Bienemann*, S. 203

[786] *Bienemann*, S. 203; *Plum*, S. 200. Im Ergebnis ebenso: BeckOK-UrhR/*Engels*, KUG § 22, Rn. 54.2; Wenzel-WortuBildR/*v. Strobl-Albeg*, Kap. 7, Rn. 140; *Lauber-Rönsberg*, NJW 2016, 744 (745).

[787] BGH, Urt. v. 27.2.2018 – VI ZR 86/16, GRUR 2018, 757, Rn. 31; OLG Celle, Urt. v. 25.08.2010 – 31 Ss 30/10, ZUM 2011, 341 (343); *Bienemann*, S. 198 ff.; *Plum*, S. 199; Dreier/Schulze-UrhG/*Specht-Riemenschneider*, KUG § 22, Rn. 9; Wenzel-WortuBildR/*v. Strobl-Albeg*, Kap. 7, Rn. 139.

Die Verfügungsgewalt über den Avatar „an sich" liegt im Ausgangspunkt beim Inhaber desjenigen Nutzerkontos, welches mit der virtuellen Figur verknüpft ist. Der Kontoinhaber kann den Avatar nach eigenem Belieben in der virtuellen Welt steuern und über dessen virtuelles Auftreten befinden. Stellt der Avatar ein Bildnis i.S.d. §§ 22, 23 KUG dar, ist eine Verbreitung darin zu sehen, dass der Kontoinhaber Dritten uneingeschränkten Zugang zu seinem Nutzerkonto gewährt. Die ermächtigten Personen werden dadurch in die Lage versetzt, mit dem Avatar –dem Bildnis des Betroffenen – nach ihren Belieben zu verfahren und über dessen virtuelles Schicksal zu entscheiden; sie erhalten somit die Verfügungsgewalt über das Avatar-Bildnis. Dass der Kontoinhaber die Zugangsberechtigung für Dritte zu seinem Nutzerkonto in der Regel jederzeit widerrufen kann, steht einer kunsturheberrechtlichen Verbreitung nicht im Weg.[788] Bereits mit der einmaligen Einräumung eines Zugangsrechts und der damit verbundenen Möglichkeit des Dritten, Verfügungen über das Bildnis vorzunehmen, wird der Kontrollverlust des Abgebildeten bezüglich des Umgangs mit seinem Bildnis ausgelöst bzw. verstärkt. Daher ist aus teleologischer Sicht ein diesbezüglicher Bildnisschutz nicht nur geboten, sondern auch zur Wahrung des individuellen Bildrechts erforderlich.

Im Hinblick auf die von Avatar-Bildnissen angerfertigten Screenshots ergeben sich demgegenüber keine Besonderheiten zum „herkömmlichen" Bildnisschutz in der digitalen Welt. Wird ein solches Bildnis an andere Personen über das Internet versendet oder „altmodisch" ausgedruckt und an Dritte übergeben, liegt darin der „klassische" Fall der Bildnisverbreitung i.S.v. § 22 S. 1 Alt. 1 KUG. Keine Verbreitung ist dagegen in der bloßen Nutzung des Avatars in der virtuellen Welt zu sehen. Obwohl sich andere Nutzer durch die Anfertigung eines Screenshots die Verfügungsmacht über das Bildnis verschaffen können, muss – wie bereits gezeigt wurde[789] – auf den primären Zweck der Avatarnutzung abgestellt werden. Dieser liegt gerade nicht in der Verschaffung der Verfügungsmacht über das Avatar-Bildnis. Vielmehr kommt es dem jeweiligen Nutzer vorrangig darauf an, seinen Avatar gegenüber anderen Nutzern darzustellen, sodass eine Interaktion mit diesen bzw. mit der virtuellen Umgebung möglich wird.

---

788 Vgl. ebenso: *Bienemann*, S. 186 f., wonach § 22 S. 1 KUG auch den Schutz vor einer zeitlich begrenzten Weitergabe umfasst.

789 Siehe oben E. II. 2. a).

Eine kunsturheberrechtliche Verbreitung muss somit ausscheiden. Es kann jedoch eine öffentliche Zurschaustellung des Avatar-Bildnisses gegeben sein; dies soll im folgenden Abschnitt untersucht werden.

c) Öffentliche Zurschaustellung des Avatar-Bildnisses im Metaversum

Anders als die Verbreitung setzt die Zurschaustellung eines Bildnisses nicht die Weitergabe der Verfügungsgewalt voraus, sondern erfordert lediglich die Sichtbarmachung des Bildnisses gegenüber Dritten.[790] In der virtuellen Realität des Metaversums dürfte eine solche Sichtbarmachung des Avatar-Bildnisses regelmäßig durch die avatarbasierte Nutzung einer VR-Plattform begründet werden. Avatare werden innerhalb der Plattformen im Metaversum nämlich zwangsläufig für andere Nutzer in verschiedenen Kontexten angezeigt, etwa in Profilen, sozialen Interaktionen oder virtuellen Spielen und Veranstaltungen. Verwendet ein Nutzer einen fotorealistischen Avatar in den entsprechenden Kontexten, wird der Avatar somit für andere Personen, die Zugriff auf das Profil des jeweiligen Nutzers haben, den Avatar in der virtuellen Umgebung „treffen“ oder zusammen mit ihm an Veranstaltungen bzw. Spielen teilnehmen, sichtbar. Dabei ist es für die kunsturheberrechtliche Wertung unerheblich, ob diese Sichtbarmachung dauerhaft erfolgt (z.B. durch ein Profilbild) oder nur einen kurzen Zeitraum andauert (z.B. im „Vorbeigehen“ innerhalb der virtuellen Welt).[791] Somit ist in der Verwendung eines Avatars auf einer VR-Plattform eine Zurschaustellung des Bildnisses durch den Verwender des Avatars zu sehen.[792] Auch der Plattformbetreiber kann eine solche Zurschaustellung „begehen“, indem er den jeweiligen Avatar für plattforminterne Zwecke gegenüber dritten Nutzern reproduziert.

Kann eine Zurschaustellung nach diesen Grundsätzen bejaht werden, ist es gemäß § 22 S. 1 Alt. 2 KUG weiterhin erforderlich, dass sie auch öffentlich erfolgt. Für die Bestimmung der Öffentlichkeit muss dabei auf den besonderen

---

[790] *Plum*, S. 201; *Bienemann*, S. 201; BeckOK-UrhR/*Engels*, KUG § 22, Rn. 54; Dreier/Schulze-UrhG/*Specht-Riemenschneider*, KUG § 22, Rn. 10; HK-MedienR/*Kröner*, KUG § 22, Rn. 17; Schricker/Loewenheim-UrhR/*Götting*, KUG § 22, Rn. 37; Wandtke/Bullinger/*Fricke*, KUG § 22, Rn. 9; Staudinger-BGB/*Hager*, § 823, Rn. C.157; Wenzel-WortuBildR/*v. Strobl-Albeg*, Kap. 7, Rn. 140.

[791] Gerecke-HdbSocialMedia/*Kreaetzig*, Kap. 4, Rn. 175.

[792] Vgl. für das Einstellen von Bildnissen in „herkömmlichen“ sozialen Netzwerken: *Bienemann*, S. 203; *Plum*, S. 200; BeckOK-UrhR/*Engels*, KUG § 22, Rn. 54.2; Wenzel-WortuBildR/*v. Strobl-Albeg*, Kap. 7, Rn. 140; Gerecke-HdbSocialMedia/*Kraetzig*, Kap. 4, Rn. 175; *Lauber-Rönsberg*, NJW 2016, 744 (745).

Öffentlichkeitsbegriff des Kunsturheberrechts zurückgegriffen werden, der gegenüber dem Öffentlichkeitsbegriff in § 15 Abs. 3 UrhG wegen der persönlichkeitsrechtlichen Natur des Bildrechts restriktiver zu verstehen ist.[793]

Eine öffentliche Zurschaustellung ist danach insbesondere in solchen Fällen gegeben, in denen der Avatar im Rahmen des „virtuellen Lebens" für einen unbestimmten und unbegrenzten Personenkreis sichtbar wird. Dies ist – ähnlich wie bei „herkömmlichen" sozialen Netzwerken – zum einen anzunehmen, wenn der Avatar als Profilbild genutzt werden, welches innerhalb (und ggf. auch außerhalb) der Plattform allgemein einsehbar ist.[794] Im Hinblick auf die Besonderheiten des Metaversums liegt eine öffentliche Zurschaustellung zum anderen immer dann vor, wenn sich der Avatar in einem virtuellen Raum mit einer Vielzahl von anderen, gleichzeitig anwesenden Nutzern befindet, die den Avatar als 3D-Figur sehen können. In diesem Falle kann jeder Nutzer, der sich in derselben Welt befindet, den Avatar solange bildlich wahrnehmen, wie er sich in dessen virtueller Nähe befindet. Gleiches gilt bei der gleichzeitigen Teilnahme an virtuellen (Groß-)Veranstaltungen, sofern die Avatare den teilnehmenden Nutzern gegenseitig angezeigt werden.

Können nur bestimmte Personen, etwa bestätigte Kontakte aus einer Freundesliste, den Avatar sehen, wird man grundsätzlich ebenfalls eine Öffentlichkeit bejahen müssen, da ein über das Internet geschlossener Kontakt regelmäßig nicht den im Kunsturheberrecht zu fordernden Grad der persönlichen Verbundenheit erreicht.[795] Gleiches gilt für den Fall, dass sich ein Nutzer mit dem Avatar-Bildnis innerhalb von „geschlossenen" virtuellen Räumen bewegt, zu denen zwar nur eine begrenzte und bestimmte Zahl anderer Nutzer Zutritt hat, zwischen welchen jedoch keine besondere persönliche Verbundenheit existiert. Die Öffentlichkeit der Zurschaustellung ist lediglich dann abzulehnen, wenn tatsächlich ein solches besonderes Vertrauensverhältnis zwischen den jeweiligen Nutzern besteht und das Bildnis allein in diesem Rahmen sichtbar gemacht wird.[796] Ein

---

[793] Siehe oben E. II. 2.

[794] Vgl. für „herkömmliche" soziale Netzwerke: *Fritzsche/Knapp*, FamRZ 2019, 1905 (1907); *Lauber-Rönsberg*, NJW 2016, 744 (745).

[795] Vgl.: Dreier/Schulze-UrhG/*Specht-Riemenschneider*, KUG § 22, Rn. 10a; Schricker/Loewenheim-UrhR/*Götting*, KUG § 22, Rn. 37; *Wandtke*, MMR 2019, 142 (145); *Lauber-Rönsberg*, NJW 2016, 744 (745).

[796] Dreier/Schulze-UrhG/*Specht-Riemenschneider*, KUG § 22, Rn. 10a; Gerecke-HdbSocialMedia/*Kraetzig*, Kap. 4, Rn. 175.

derartiges Vertrauensverhältnis dürfte aufgrund der Anonymität des Metaversums jedoch wohl nur mit entsprechenden Beziehungen in der „echten“ Welt begründet werden können.

Im Hinblick auf die von Avatar-Bildnissen angefertigten Screenshots ergeben sich dieselben Grundsätze. Eine öffentliche Zurschaustellung liegt insbesondere dann vor, wenn der Screenshot auf einer frei verfügbaren Webseite bzw. innerhalb eines sozialen Netzwerks hochgeladen wird oder für die öffentliche Berichterstattung genutzt wird. Auch das bloße Herumzeigen des Screenshots, etwa auf einem Smartphone, kann eine öffentliche Zurschaustellung darstellen, sofern zwischen den Beteiligten kein besonderes Vertrauensverhältnis besteht.[797]

d) Teilweiser Schutz gegen KI-basierte Anfertigung von Avatar-Bildnissen

Die Anfertigung von Bildnissen ist nicht vom Wortlaut des § 22 S. 1 KUG erfasst; auch eine diesbezügliche analoge Anwendung der Vorschrift scheidet wegen der in § 33 KUG geregelten Strafbewehrung aus.[798] Dies bedeutet, dass die bloße Herstellung fotorealistischer Avatare grundsätzlich keinen spezialgesetzlichen Bildnisschutz auslösen kann.

Im Hinblick auf den künftig vermehrt zu erwartenden Einsatz von KI-Programmen bei der Anfertigung fotorealistischer Avatare könnte jedoch unter gewissen Voraussetzungen ein kunsturheberrechtlicher Bildnisschutz eingreifen. In vielen Fällen wird die KI nämlich eine Fotografie der abzubildenden Person als Vorlage für die Avatargestaltung benötigen. Es darf davon ausgegangen werden, dass dem KI-Programm dabei meist eine erkennbare fotografische Abbildung des Betroffenen, also ein Bildnis, zur Verfügung gestellt wird. Dieses Zur-Verfügung-Stellen – was in der Praxis oftmals durch das Hochladen eines digitalen Bildnisses innerhalb des jeweiligen KI-Programms bewirkt werden dürfte – könnte wiederum eine Verbreitung i.S.v. § 22 S. 1 Alt. 1 KUG darstellen.

Gegen eine Einstufung als Verbreitungshandlung im Gesetzessinne ließe sich anführen, dass das Bildnis in diesem Falle nicht unmittelbar einem Menschen

---

[797] Vgl.: LG Oldenburg, Beschl. v. 21.04.1988 – 5 S 1656/87, GRUR 1988, 694 (695); Wenzel-WortuBildR/*v. Strobl-Albeg*, Kap. 7, Rn. 140; Dreier/Schulze-UrhG/*Specht-Riemenschneider*, KUG § 22, Rn. 10a; BeckOK-UrhR/*Engels*, KUG § 22, Rn. 54.

[798] Statt vieler: OLG Dresden, Urt. v. 31.7.2018 – 4 U 381/18, ZD 2018, 585, Rn. 3; Dreier/Schulze-UrhG/*Specht-Riemenschneider*, KUG § 22, Rn. 11.

zugänglich gemacht wird, sondern „nur“ einer künstlichen Intelligenz, die in der Regel gänzlich ohne menschliche Interferenz arbeitet. In vielen Fällen dürften Menschen das hochgeladene Bildnis daher gar nicht zu Gesicht bekommen, weshalb es an der Weitergabe des Bildnisses an eine *Person* fehlen könnte.[799] Diese Erwägung kann jedoch gleich in doppelter Hinsicht nicht verfangen.

Zunächst ist es nicht ersichtlich, warum sich eine Bildnisverbreitung nur auf die Weitergabe der Verfügungsgewalt an einen Menschen erstrecken sollte. Die kunsturheberrechtliche Regulierung der Verbreitungshandlung soll gewährleisten, dass der Betroffene die Kontrolle über sein eigenes Abbild behält. In der digitalisierten Welt geht jedoch auch von einer selbstlernenden und autonom handelnden KI die Gefahr eines Kontrollverlustes aus, da sie – wenn überhaupt – nur ein eingeschränktes Gefühl für ethische und rechtliche Wertungen entwickeln kann und oftmals nicht nachvollziehbar ist, nach welchen Entscheidungsmustern die KI handelt. Es besteht daher die berechtigte Sorge, dass der Kontrollverlust über das eigene Bildnis bei der Weitergabe an eine KI sogar größer ist, als wenn ein Mensch, der sich ethischen und rechtlichen Grenzen unterwirft bzw. unterwerfen muss, die Verfügungsgewalt über das Bildnis erhält. Es würde dem Zweck des Kunsturhebergesetzes, welches gerade das Selbstbestimmungsrecht des Menschen über seine Abbildung schützen will, somit zuwiderlaufen, wenn die Tatbestandsmäßigkeit der Verbreitungshandlung auf eine Weitergabe des Bildnisses an Menschen beschränkt werden würde. Daher muss schon aus teleologischer Sicht ein kunsturheberrechtlicher Schutz auch für die Bildnisweitergabe an eine künstliche Intelligenz greifen.

Zum anderen ist nicht auszuschließen, dass im Falle des Uploads eines Bildnisses in ein KI-Programm auch Menschen Zugriff auf dieses Bildnis bekommen. Es ist vielmehr davon auszugehen, dass die eingespeisten Fotos auf einem Server gespeichert werden, der dem jederzeitigen Zugriff autorisierter Personen unterliegt. Diese können dadurch die Verfügungsgewalt über das gespeicherte Bildnis erlangen, was den Kontrollverlust des Betroffenen bezüglich des Schicksals seiner Abbildung zusätzlich verstärkt.

---

[799] Ausdrücklich auf die Verbreitung an eine „Person“ bzw. „Dritten“ abstellend: LG Heidelberg, Urt. v. 2.12.2015 – 1 O 54/15, ZUM-RD 2016, 385 (387); *Bienemann*, S. 201; Wenzel-WortuBildR/*v. Strobl-Albeg*, Kap. 7, Rn. 139.

Insgesamt stellt somit das Zur-Verfügung-Stellen eines Bildnisses an eine künstliche Intelligenz zwecks Herstellung eines fotorealistischen Avatars eine Bildnisverbreitung i.S.v. § 22 S. 1 Alt. 1 KUG dar, die nur unter den Voraussetzungen der §§ 22, 23 KUG zulässig ist. Ein von der ungewollten Verwendung seines Bildnisses Betroffener kann sich in dieser Hinsicht somit bereits gegen die Anfertigung des (fotorealistischen) Avatars durch die KI wehren.[800]

e) Nicht erfasste Handlungsformen

Sofern die Gestaltung des (fotorealistischen) Avatars nicht durch ein KI-Programm, sondern „manuell" durch den jeweiligen Plattformnutzer erfolgt, handelt es sich um die bloße, nicht mit einer Bildnisverbreitung verbundene, Herstellung eines Bildnisses, welche nicht vom Anwendungsbereich der §§ 22, 23 KUG erfasst wird. Gleiches gilt für die Anfertigung eines Screenshots, wogegen ebenfalls kein spezialgesetzlicher Bildnisschutz greifen kann. Auch die Vervielfältigung solcher Bildnisse – etwa durch die Erstellung (digitaler) Kopien von Avataren oder ihrer Screenshots – wird nicht vom Schutzbereich der §§ 22, 23 KUG erfasst.[801] Vielmehr ist die Zulässigkeit der Anfertigung sowie Vervielfältigung von (digitalen) Bildnissen anhand der Maßstäbe der DSGVO zu beurteilen.[802]

3. Einwilligung des Abgebildeten

Ist der Anwendungsbereich der §§ 22, 23 KUG unter den vorgenannten Voraussetzungen eröffnet, bedarf es für die Zulässigkeit der Bildnisverwendung im Metaversum grundsätzlich einer Einwilligung des Abgebildeten (§ 22 S. 1 KUG).

a) Rechtsnatur und allgemeine Grundsätze der Einwilligung

Die Rechtsnatur der Einwilligungserklärung ist seit jeher umstritten. Während der Bundesgerichtshof die Einwilligung zunächst als Realakt einordnete,[803] muss das Gericht nunmehr so verstanden werden, dass die Einwilligung – im

[800] In der Praxis kann dies insbesondere über einen vorbeugenden Unterlassungsanspruch analog § 1004 Abs. 1 S. 2 BGB erfolgen, sofern die Anfertigung des KI-Avatars – und damit die Verbreitung des Bildnisses – zu befürchten ist.
[801] Statt vieler: Dreier/Schulze-UrhG /*Specht-Riemenschneider*, KUG § 22, Rn. 11.
[802] Siehe unten E. III.
[803] BGH, Urt. v. 18.3.1980 – VI ZR 155/75, NJW 1980, 1903 (1904).

Einklang mit der oberlandesgerichtlichen Rechtsprechung[804] – als rechtsgeschäftsähnliche Handlung oder sogar Willenserklärung gesehen wird.[805] Auch in der Literatur wird überwiegend davon ausgegangen, dass es sich um eine Willenserklärung, mindestens jedoch um eine rechtsgeschäftsähnliche Handlung handelt.[806] Die finale Klärung der Streitfrage kann an dieser Stelle jedoch offenbleiben, da nach beiden Ansichten die für Willenserklärungen geltenden Grundsätze (§§ 104 ff. BGB) zumindest analog heranzuziehen sind.[807]

Nach diesen Maßstäben kann eine Einwilligung nicht nur ausdrücklich erklärt werden, sondern sich unter (analoger) Heranziehung der §§ 133, 157 BGB auch konkludent aus den Begleitumständen ergeben;[808] ein Formerfordernis besteht insofern nicht.[809] Die Wirksamkeit der Einwilligung setzt voraus, dass dem Abgebildeten Zweck, Art und Umfang der geplanten Bildnisverwendung bekannt sind.[810] Liegen diese Voraussetzungen vor, kann die Einwilligung unbeschränkt erklärt oder auf räumliche, zeitliche bzw. inhaltliche Aspekte beschränkt werden.[811] Sofern dies nicht ausdrücklich erfolgt, ist die Reichweite durch Auslegung anhand den Umständen des Einzelfalls zu ermitteln.[812] Hinsichtlich der inhaltlichen Reichweite ist dabei maßgeblich auf die urheberrechtliche Zweckübertragungsregel (vgl. § 31 Abs. 5 UrhG) abzustellen – dies gilt auch für grundsätzlich unbeschränkt erteilte Einwilligungen.[813] Danach ist eine Einwilligung in die Bildnisverwendung im Zweifel nur insoweit anzunehmen, wie dies

---

804 OLG Koblenz, Urt. v. 20.5.2014 – 3 U 1288/13, ZUM 2015, 58 (61); OLG München, Urt. v. 30.5.2001 – 21 U 1997/00, ZUM 2001, 708 (709); Urt. v. 17.3.1989 – 21 U 4729/88, NJW-RR 1990, 999 (1000).

805 BeckOK-UrhR/*Engels*, KUG § 22, Rn. 29 mit Verweis auf BGH, Urt. v. 29.10.2010 – I ZR 69/08, GRUR 2010, 628, Rn. 35.

806 Zusammenfassend: Wenzel-WortuBildR/*v. Strobl-Albeg*, Kap. 7, Rn. 185 m.w.N.

807 BeckOK-UrhR/*Engels*, KUG § 22, Rn. 29; HK-MedienR/*Kröner*, KUG § 22, Rn. 19. Dies gilt selbst dann, wenn die Einwilligung mit der früheren BGH-Rechtsprechung als Realakt gesehen wird, vgl.: BGH, Urt. v. 18.3.1980 – VI ZR 155/78, NJW 1980, 1903 (1904).

808 Im Einzelnen: Dreier/Schulze-UrhG/*Specht-Riemenschneider*, KUG § 22, Rn. 17 ff.

809 Anders: BAG, Urt. v. 11.12.2014 – 8 AZR 1010/13, NJW 2015, 2140, Rn. 26, wonach für die Einwilligung von Arbeitnehmern ein Schriftformerfordernis gilt. Dieses Urteil trägt jedoch den arbeitsrechtlichen Besonderheiten Rechnung und kann daher nicht auf Fallgestaltungen außerhalb von Arbeitsverhältnissen übertragen werden, vgl.: BeckOK-UrhR/*Engels*, KUG § 22, Rn. 30.

810 KG, Beschl. v. 19.12.2017 – 10 W 163/17, ZUM 2018, 191; OLG Hamburg, Urt. v. 28.6.2011 – 7 U 39/11, ZUM-RD 2011, 589 (590); OLG München, Beschl. v.13.1.2009 – 18 U 4520/08, ZUM 2009, 429; OLG Hamburg, Urt. v. 4.5.2004 – 7 U 10/04, GRUR-RR 2005, 140; BeckOK-UrhR/*Engels*, KUG § 22, Rn. 33; Dreier/Schulze-UrhG/*Specht-Riemenschneider*, KUG § 22, Rn. 19; Wandtke/Bullinger/*Fricke*, KUG § 22, Rn. 15; Schricker/Loewenheim-UrhR/*Götting*, KUG § 22, Rn. 44.

811 Statt vieler: Dreier/Schulze-UrhG/*Specht-Riemenschneider*, KUG § 22, Rn. 21.

812 BGH, Urt. v. 28.9.2004 – VI ZR 305/03, NJW 2005, 56 (57).

813 Wandtke/Bullinger/*Fricke*, KUG § 22, Rn. 17; BeckOK-UrhR/*Engels*, KUG § 22, Rn. 37.1.

zur Erfüllung des mit dem zugrundeliegenden Vertrag verfolgten Zwecks unbedingt notwendig ist.[814] In der digitalisierten Welt erfordert dieser Grundsatz eine genaue Betrachtung des ursprünglichen Verwendungsfeldes eines Bildnisses sowie die Berücksichtigung etwaiger Schranken, die den (öffentlichen) Zugriff auf selbiges verhindern sollen.[815]

Da die rechtgeschäftlichen Regelungen zumindest analog heranzuziehen sind, setzt die Einwilligung die Geschäftsfähigkeit des Erklärenden voraus. Ist der Abgebildete geschäftsunfähig (§ 104 BGB), kann er folglich nicht selbst in die Bildnisveröffentlichung einwilligen, sondern es bedarf der Erklärung der gesetzlichen Vertreter.[816] Auch bei beschränkt geschäftsfähigen Minderjährigen (§ 106 BGB) ist wegen der vermögensrechtlichen Komponente des Rechts am eigenen Bild grundsätzlich allein die Einwilligung der gesetzlichen Vertreter, also regelmäßig der erziehungsberechtigten Eltern (§ 1629 BGB), maßgeblich, vgl. §§ 107, 108 BGB.[817] Angesicht des starken persönlichkeitsrechtlichen Charakters der Einwilligung muss jedoch auch der Minderjährige selbst über das Schicksal seiner Bildnisse bestimmen können, sobald er die Konsequenzen einer entsprechenden Entscheidung in vollem Maße überblicken kann (Einsichtsfähigkeit).[818] In diesem Falle ist nach zutreffender Ansicht von einer sogenannten „Doppelzuständigkeit" der Einwilligung auszugehen, sodass nicht nur die Erziehungsberechtigten, sondern auch der Minderjährige in die Bildnisverwendung einwilligen müssen.[819]

Unterliegt der Einwilligende zum Zeitpunkt der Einwilligung einem Irrtum, kann er seine Erklärung in direkter bzw. analoger Anwendung der

[814] Vgl. u.a.: BGH, Urt. v. 6.6.2023 – VI ZR 309/22, MMR 2023, 839, Rn. 17 m.Anm. *Kern*; Urt. v. 13.10.2015 – VI ZR 271/14, NJW 2016, 1094, Rn. 38; OLG Dresden, Urt. v. 2.6.2020 – 4 U 51/20, GRUR-RS 2020, 13958, Rn. 10; OLG Köln, Urt. v. 5.11.2013 – 15 U 44/13, ZUM 2014, 416 (418); Dreier/Schulze-UrhG/*Specht-Riemenschneider*, KUG § 22, Rn. 21; BeckOK-UrhR/*Engels*, KUG § 22, Rn. 37; Wandtke/Bullinger/*Fricke*, KUG § 22, Rn. 16.

[815] Vgl.: *Ohly*, GRUR 2012, 983 (987 f.).

[816] BeckOK-UrhR/*Engels*, KUG § 22, Rn. 41; Dreier/Schulze-UrhG/*Specht-Riemenschneider*, KUG § 22, Rn. 25; Wenzel-WortuBildR/*v. Strobl-Albeg*, Kap. 7, Rn. 176; Wandtke/Bullinger/*Fricke*, KUG § 22, Rn. 14. Für die Bildnisveröffentlichung kurz nach der Geburt des Abgebildeten: BGH, Urt. v. 5.10.2004 – VI ZR 255/03, GRUR 2005, 179 (180).

[817] Dreier/Schulze-UrhG/*Specht-Riemenschneider*, KUG § 22, Rn. 26; BeckOK-UrhR/*Engels*, KUG § 22, Rn. 42; Wenzel-WortuBildR/*v. Strobl-Albeg*, Kap. 7, Rn. 177; BeckOK-InfoMedienR/*Herrmann*, KUG § 22, Rn. 17.

[818] Vgl. dazu: *Kern*, MMR 2023, 839 (844).

[819] BGH, Urt. v. 28.9.2004 – VI ZR 305/03, NJW 2005, 56 (57); Dreier/Schulze-UrhG/*Specht-Riemenschneider*, KUG § 22, Rn. 26; BeckOK-UrhR/*Engels*, KUG § 22, Rn. 42; Wandtke/Bullinger/*Fricke*, KUG § 22, Rn. 14; Wenzel-WortuBildR/*v. Strobl-Albeg*, Kap. 7, Rn. 178; BeckOK-InfoMedienR/*Herrmann*, KUG § 22, Rn. 17; *Lauber-Rönsberg*, NJW 2016, 744 (749); *Ohly*, GRUR 2012, 983 (991); *Libertus*, ZUM 2007, 621 (624).

§§ 119, 123 BGB anfechten.[820] Strittig ist hingegen, ob eine einmal wirksam erteilte Einwilligung durch den Berechtigten nachträglich widerrufen werden kann. Geht man nach den allgemeinen rechtsgeschäftlichen Grundsätzen, müsste die Einwilligung als Willenserklärung bzw. rechtsgeschäftsähnliche Handlung – mit Ausnahme der in §§ 130 Abs. 1 S. 2 BGB genannten Fälle – unwiderruflich sein. Dies kann jedoch im Hinblick auf den Bildnisschutz nicht überzeugen, da das Recht am eigenen Bild als Ausfluss des allgemeinen Persönlichkeitsrechts eine unwiderrufliche Bindung an die Einwilligungserklärung nicht erlaubt.[821] Richtigerweise ist der Widerruf der Einwilligung daher bei Vorliegen eines wichtigen Grundes zuzulassen.[822] Ein solcher kann in Anlehnung an § 42 Abs. 1 UrhG insbesondere in jenen Fällen angenommen werden, in denen die Weiterverwendung des Bildnisses den Abgebildeten aufgrund geänderter individueller Überzeugungen in nicht (mehr) zumutbarer Weise in seinem Persönlichkeitsrecht verletzt.[823] Darüber hinaus liegt ein wichtiger Grund immer dann vor, wenn das persönlichkeitsrechtliche Interesse des Betroffenen, ohne eine Bindung an frühere Einwilligungen die eigene Persönlichkeit weiterzuentwickeln oder zu verändern, vorzugswürdig erscheint.[824] Demgegenüber kann die bloße Tatsache, dass ein Bildnis (wider Erwarten) für eine kritische Auseinandersetzung mit der Person des Abgebildeten genutzt wird, einen Widerruf der Einwilligung nicht rechtfertigen.[825]

---

[820] Dreier/Schulze-UrhG/*Specht-Riemenschneider*, KUG § 22, Rn. 34; Wenzel-WortuBildR/*v. Strobl-Albeg*, Kap. 7, Rn. 203; *Frömming*, NJW 1996, 958 (959).

[821] OLG München, Urt. v. 17.3.1989 – 21 U 4729/88, NJW-RR 1990, 999 (1000); Wenzel-WortuBildR/*v. Strobl-Albeg*, Kap. 7, Rn. 204; *Ludyga*, MMR 2017, 158 (160). Ähnlich: OLG Koblenz, Urt. v. 20.4.2014 – 3 U 1288/13, ZUM 2015, 58 (61).

[822] Vgl.: OLG München, Urt. v. 17.3.1989 – 21 U 4729/88, NJW-RR 1990, 999 (1000); LG Bielefeld, Urt. v. 18.9.2007 – 6 O 360/07, NJW-RR 2008, 715 (717); BeckOK-UrhR/*Engels*, KUG § 22, Rn. 46; Götting/Schertz/Seitz-HdbPersR/*Schertz*, § 12, Rn. 41; Gerecke-HdbSocialMedia/*Kraetzig*, Kap. 4, Rn. 178; Wandtke/Bullinger-UrhR/*Fricke*, KUG § 22, Rn. 20; HK-MedienR/*Kröner*, KUG § 22, Rn. 33.

[823] Vgl.: OLG Koblenz, Urt. v. 20.4.2014 – 3 U 1288/13, ZUM 2015, 58 (61); Götting/Schertz/Seitz-HdbPersR/*Schertz*, § 12, Rn. 41; Wenzel-WortuBildR/*v. Strobl-Albeg*, Kap. 7, Rn. 206; BeckOK-UrhR/*Engels*, KUG § 22, Rn. 20; *Ludyga*, MMR 2017, 158 (160); *Frömming*, NJW 1996, 958 (959). Ähnlich: Dreier/Schulze-UrhG/*Specht-Riemenschneider*, KUG § 22, Rn. 35.

[824] *Ludyga*, MMR 2017, 158 (161); dabei sei u.a. zu berücksichtigen, ob sich der Abgebildete von seiner Vergangenheit distanzieren wolle oder die fortdauernde Veröffentlichung der Bildnisse zu erheblichen psychischen Belastungen des Abgebildeten führe. Ähnlich: OLG Koblenz, Urt. v. 20.4.2014 – 3 U 1288/13, ZUM 2015, 58 (61).

[825] OLG Frankfurt a.M., Urt. v. 24.2.2011 – 16 U 172/10, ZUM-RD 2011, 408 (410).

b) Einwilligung bei einem Avatar als Bildnis des dahinterstehenden Nutzers

Tritt ein Nutzer auf einer VR-Plattform mit einem Avatar auf, der ein Bildnis von ihm selbst darstellt, ergibt sich die Frage, inwiefern er damit in die Verwendung des Avatars selbst bzw. eines Screenshots desselben durch den Plattformbetreiber oder sonstige Dritte (konkludent) einwilligt.

aa) Einwilligung in die Verwendung des Bildnisses durch den Plattformbetreiber

Im Hinblick auf den Plattformbetreiber ist davon auszugehen, dass der jeweilige Nutzer im Rahmen der Allgemeinen Geschäftsbedingungen, die bei der Anmeldung in das Vertragsverhältnis zwischen dem Nutzer und dem Plattformbetreiber einbezogen werden, ausdrücklich in die Verwendung seiner Inhalte – also auch in die Verwendung des Avatars – einwilligt.[826] So lässt sich etwa das Unternehmen *Meta* für jegliche Inhalte, die ein Nutzer innerhalb der unternehmenseigenen VR-Plattform erstellt, eine „nicht-ausschließliche, übertragbare, unterlizenzierbare und weltweite Lizenz" einräumen, um die Inhalte (gemäß den individuellen Privatsphäre-Einstellungen) zu hosten, zu verwenden, zu verbreiten, zu modifizieren, auszuführen, zu kopieren, öffentlich vorzuführen oder anzuzeigen, zu übersetzen und abgeleitete Werke davon zu erstellen.[827] Dabei ist zu beachten, dass solche Klauseln freilich den Maßstäben der §§ 307 ff. BGB entsprechen müssen.[828] Wird beispielsweise eine generelle Unentgeltlichkeit der Rechteübertragung vereinbart oder ist deren Zweck nicht hinreichend konkret geregelt, ist ein Fall der unangemessenen Benachteiligung nach § 307 BGB und damit die Unwirksamkeit der Einwilligungsklausel anzunehmen.[829]

Liegen keine oder lediglich allgemein gehaltene vertragliche Abreden vor, ist mit der Nutzung des eigenen Bildnisses in Gestalt des Avatars nach den Um-

---

[826] Vgl.: *Lauber-Rönsberg*, NJW 2016, 744 (749).

[827] Ziff. 3.3.1 der allgemeinen Nutzungsbedingungen i.V.m. Ziff. 3.1 der ergänzenden Nutzungsbedingungen von Meta Platforms Technologies, abrufbar unter: https://www.meta.com/de/legal/supplemental-terms-of-service/ (abgerufen am 24.8.2023).

[828] Ausführlich: Röhricht/Graf v. Westphalen/Haas/Mock/Wöstmann-HGB/*Specht-Riemenschneider*, HGB, Plattformnutzungsverträge, Rn. 48 ff.

[829] So im Hinblick auf entsprechende, frühere AGB von Facebook: KG, Urt. v. 24.1.2014 – 5 U 42/12, ZD 2014, (417 f.). Vgl. ebenso: Hoeren/Sieber/Holznagel-HdbMMR/*Solmecke*, Teil 21.1, Rn. 7; *Lauber-Rönsberg*, NJW 2016, 744.

ständen des Einzelfalles jedenfalls eine konkludente Einwilligung in die Bildnisverwendung durch den Plattformbetreiber verbunden.[830] Nach dem insofern entscheidenden objektiven Empfängerhorizont (§§ 133, 157 BGB) muss nämlich von dem dahingehenden Bewusstsein des jeweiligen Nutzers ausgegangen werden, dass die Plattformbetreiber im Metaversums – ähnlich wie „herkömmliche" soziale Netzwerke – die eingestellten Inhalte, insbesondere die hochgeladenen Bildnisse, (mindestens) für plattforminterne Zwecke, etwa zur Anzeige gegenüber anderen Nutzern oder zu Werbezwecken, verwenden. Mit der Verwendung eines Avatars innerhalb der jeweiligen Plattform erklärt sich der Nutzer somit stillschweigend mit der grundsätzlichen Verwendung seines Bildnisses einverstanden. Die inhaltliche Reichweite dieser konkludenten Einwilligung ist davon getrennt, jedoch ebenfalls anhand einer Auslegung nach den Umständen des Einzelfalles sowie unter Zugrundlegung der urheberrechtlichen Zweckübertragungsregel zu beurteilen.[831]

Für die vorliegende Konstellation ergibt sich danach Folgendes: Der Zweck, der mit der Nutzung einer VR-Plattform im Metaversum – und damit mit dem zugrundeliegenden Plattformnutzungsvertrag – verfolgt wird, liegt in den allermeisten Fällen in der vielfältigen Vernetzung und Interaktion mit anderen Menschen, die in Gestalt von Avataren auftreten. Damit dieser Zweck erfüllt werden kann, müssen die jeweiligen Nutzer mit ihren Avataren innerhalb der Plattform füreinander sichtbar und auffindbar sein. Dabei spielt der Avatar als virtuelle Repräsentation eines Nutzers eine entscheidende Rolle, kann doch ohne ihn eine Interaktion nicht bzw. nur eingeschränkt stattfinden. Verwendet ein Nutzer in diesem Bewusstsein sein eigenes Bildnis in Form des Avatars, umfasst seine (konkludente) Einwilligung daher jedenfalls die öffentliche Zurschaustellung des Avatars für andere Nutzer innerhalb der jeweiligen Plattform.[832] Der Plattformbetreiber ist demnach befugt, den Avatar in der virtuellen Landschaft, in virtuellen Veranstaltungen und Spielen oder auf sonstigen Abbildungen (z.B. als „Profilbild") gegenüber anderen Nutzern sichtbar zu machen.

---

[830] Für den Fall des Hochladens eigener Bildnisse in „herkömmlichen" sozialen Netzwerken vgl.: BeckOK-UrhR/*Engels*, KUG § 22, Rn. 38; *Gerecke*, GRUR 2019, 1120 (1125); *Lauber-Rönsberg*, NJW 2016, 744 (749).

[831] Siehe oben E. II. 3. a).

[832] Für „herkömmliche" soziale Netzwerke vgl.: BeckOK-UrhR/*Engels*, KUG § 22, Rn. 38; *Lauber-Rönsberg*, NJW 2016, 744; *Gerecke*, GRUR 2019, 1120.

Dies kann jedoch nur insoweit gelten, wie sich aus den Umständen des Einzelfalles nichts Gegenteiliges ergibt. Hat ein Nutzer beispielsweise von der Möglichkeit Gebrauch gemacht, die Auffindbarkeit des Avatars auf einen gewissen Personenkreis zu begrenzen (z.B. Kontakte aus einer „Freundesliste"), wird sich die konkludente Einwilligung in die öffentliche Zurschaustellung nur auf diesen Personenkreis beziehen.[833] Der Plattformbetreiber ist in einem solchen Fall nicht berechtigt, den Avatar gegenüber Nutzern außerhalb dieses Kreises darzustellen. Ebenso wie die Sichtbarmachung des Avatars für andere Nutzer ist auch die Verwendung des Bildnisses zu Werbezwecken innerhalb der Plattform vom Zweck des Plattformnutzungsvertrages umfasst, da dies die Grundlage für die zumeist kostenlose Bereitstellung des jeweiligen Dienstes darstellt. Daher darf der Plattformbetreiber den Avatar eines Nutzers verwenden, um ihm gegenüber virtuelle oder tatsächliche Gegenstände zu bewerben.

Nicht von der Einwilligung des Nutzers umfasst ist hingegen der Gebrauch des Avatar-Bildnisses außerhalb der Funktionalitäten der jeweiligen Plattform.[834] Zum einen ist eine solche Verwendung nicht vom Zweck des Plattformnutzungsvertrages gedeckt. Zum anderen ist die autonome Entscheidung des Abgebildeten, auf welcher Plattform er Bildnisse von sich veröffentlicht und auf welcher er dies gerade nicht tut, vom Plattformbetreiber zu respektieren.[835] Dies muss auch für den Fall gelten, dass ein Unternehmen mehrere Plattformen gleichzeitig betreibt.

bb) Einwilligung in die Verwendung des Bildnisses durch andere Nutzer

Andere Plattformnutzer haben zwar regelmäßig keinen technischen Zugriff auf den Avatar „an sich". Fertigen sie jedoch Screenshots des Avatars an, die wiederum ein Bildnis darstellen,[836] ist für deren Verbreitung bzw. öffentliche Zurschaustellung ebenso die Einwilligung des Abgebildeten erforderlich.

Eine ausdrückliche Einwilligung wird nur in Ausnahmefällen vorliegen. Zwar ist es durchaus denkbar, dass die AGB der Plattformbetreiber, denen der Nutzer im Zuge der Plattformregistrierung zustimmt, eine Verwendung der Inhalte des

---

[833] Wandtke/Bullinger/*Fricke*, KUG § 22, Rn. 17; Wenzel-WortuBildR/*v. Strobl-Albeg*, Kap. 7, Rn. 173; *Gerecke*, GRUR 2019, 1120. Ähnlich: Schricker/Loewenheim-UrhR/*Götting*, KUG § 22, Rn. 44.

[834] Wenzel-WortuBildR/*v. Strobl-Albeg*, Kap. 7, Rn. 173; *Gerecke*, GRUR 2019, 1120 (1125).

[835] *Gerecke*, GRUR 2019, 1120 (1125).

[836] Siehe oben E. II. 1. b).

Nutzers durch Dritte vorsehen. Aufgrund der Relativität der Schuldverhältnisse wird dadurch jedoch nur das Rechtsverhältnis zwischen dem jeweiligen Nutzer und dem Plattformbetreiber, nicht jedoch das Rechtsverhältnis der Nutzer untereinander geregelt.[837] Die Bestimmungen Vereinbarungen in den Plattform-AGB können daher keine ausdrückliche Einwilligung in die Bildnisverwendung für Dritte begründen.

Fraglich ist, ob in der Nutzung des eigenen Bildnisses in Gestalt des Avatars eine konkludente Einwilligung in die Verbreitung bzw. öffentliche Zurschaustellung des Screenshots innerhalb der Plattform gesehen werden kann. Im Hinblick auf „herkömmliche" soziale Netzwerke wird eine solche Einwilligung – teilweise mit Verweis auf die Weiterverbreitung-Funktionen der Plattformen (z.B. Retweet, Repost) – überwiegend bejaht.[838] Zwar ist zum jetzigen Zeitpunkt nicht ersichtlich, ob VR-Plattformen im Metaversum ebenfalls solche Funktionen enthalten werden. Trotzdem muss ein Nutzer, der sich mit seinem Bildnis bewusst in die virtuelle Öffentlichkeit begibt, nach den Gesamtumständen, insbesondere aufgrund der Interaktions- und Kommunikationsfunktion des Metaversums, auch im Metaversum damit rechnen, dass sein Avatar von anderen Nutzern bildlich reproduziert und weiterverbreitet wird. Wer in diesem Bewusstsein sein eigenes Bildnis als Avatar im Metaversum nutzt, willigt somit konkludent in die plattforminterne Weiterverwendung seines Bildnisses durch andere Nutzer ein. Existieren darüber hinaus bestimmte Klauseln innerhalb der Plattform-AGB, welche eine Verwendung von Inhalten durch Dritte erlauben, kann dies im Wege der Auslegung (analog) §§ 133, 157 BGB unterstützend herangezogen werden.[839]

Nach der Zweckübertragungsregel ist die Einwilligung jedoch auf die Weiterverwendung innerhalb jenes Personenkreises beschränkt, dem der Betroffene ursprünglich Zugang zu seinem Bildnis verschafft hat. Ist der Avatar also etwa nur für bestätigte Kontakte oder innerhalb eines bestimmten virtuellen Raums sichtbar, ist die Weiterverbreitung des Avatar-Bildnisses bzw. des Screenshots nur

837 *Gerecke*, GRUR 2019, 1120 (1124).

838 Vgl.: BeckOK-UrhR/*Engels*, KUG § 22, Rn. 38; Hoeren/Sieber/Holznagel-HdbMMR/*Solmecke*, Teil 21.1, Rn. 22; *Gerecke*, GRUR 2019, 1120 (1125).

839 Vgl.: BGH, Urt. v. 28.9.2022 – VIII ZR 319/20, MMR 2023, 138, Rn. 16 m.w.N.; Urt. v. 8.6.2011 – VIII ZR 305/10, NJW 2011, 2643, Rn. 15; Urt. v. 7.11.2001 – VIII ZR 13/01, NJW 2002, 363 (364).

innerhalb dieses Nutzerkreises von der (konkludenten) Einwilligung des Abgebildeten gedeckt. Nicht von der Einwilligung umfasst ist hingegen die Weiterverwendung des Bildnisses außerhalb dieser Kreise oder gar außerhalb der jeweiligen Plattform, auf welcher der abgebildete Nutzer seinen Avatar verwendet.

cc) (Keine) Einwilligung in die Verwendung des Bildnisses durch Medien oder Suchmaschinen

Wie bereits gesehen, erteilt der abgebildete Nutzer nach der Zweckübertragungsregel durch die Verwendung des Avatars grundsätzlich keine (konkludente) Einwilligung in die Verwendung seines Bildnisses außerhalb der jeweiligen Plattform. Daher ist die öffentliche Zurschaustellung des Avatars bzw. seines Screenshots in jenem Rahmen, insbesondere in der Medienberichterstattung oder zu externen Werbezwecken, nicht von einer Einwilligung gedeckt. Dies gilt unabhängig davon, ob das Nutzerprofil mit dem Avatar öffentlich sichtbar ist oder nicht.[840]

Von diesem Grundsatz muss jedoch abgewichen werden, wenn es dem abgebildeten Nutzer nach den Begleitumständen aus objektiver Sicht gerade darauf ankommt, durch seinen virtuellen Auftritt in der Medienöffentlichkeit präsentiert zu werden. Stellen sich etwa prominente Personen (Politiker, Sportler, Influencer etc.), die ihr Nutzerprofil (auch) zur Profilschärfung oder für Werbebotschaften nutzen, mit ihrem Avatar-Bildnis in besonders aufmerksamkeitserregender Weise in der virtuellen Welt dar, dürfen Medien nach den Gesamtumständen davon ausgehen, dass die Abgebildeten auch mit der öffentlichen Zurschaustellung ihrer Avatare außerhalb der Plattform – ggf. in Verbindung mit einer weiteren (Wort-)Berichterstattung – einverstanden sind.[841]

Eine weitere Ausnahme ergibt sich aus der „Vorschaubilder“-Rechtsprechung des Bundesgerichtshofs für Anbieter von Suchmaschinen. Die dort entwickelten Grundsätze betreffen zwar originär die Einwilligung im Urheberrecht, sie sind jedoch auf die Frage der Rechtmäßigkeit der Nutzung von Bildnissen i.S.v. §

[840] OLG München, Urt. v. 1.3.2018 – 29 U 1156/17, MMR 2018, 691, Rn. 24; Urt. v. 17.3.2016 – 29 U 368/16, NJW-RR 2016, 871, Rn. 19; BeckOK- UrhR/*Engels*, KUG § 22, Rn. 38; Schricker/Loewenheim-UrhR/*Götting*, KUG § 22, Rn. 44; Wandtke/Bullinger/*Fricke*, KUG § 22, Rn. 17; Wenzel-WortuBildR/*v. Strobl-Albeg*, Kap. 7, Rn. 173; Götting/Schertz/Seitz-Hdb-PersR/*Schertz*, § 12, Rn. 38.

[841] *Brost/Frank*, ZUM 2022, 700 (704).

22 S. 1 KUG übertragbar.[842] Danach stellt die Veröffentlichung eines geschützten Inhalts durch den Berechtigten im Internet eine konkludente Einwilligung in die nachfolgende Vervielfältigung des Werkes in Form von Vorschaubildern durch Suchmaschinen dar, sofern der Berechtigte von einer ihm eingeräumten Möglichkeit zur Blockade der Suchmaschinenindexierung keinen Gebrauch macht.[843] Dies gilt auch für solche Fälle, in denen eine Suchmaschine Inhalte anzeigt, die nicht vom Berechtigten selbst bzw. mit seiner Zustimmung von einem Dritten, sondern von einem Nichtberechtigten ins Internet eingestellt worden sind.[844]

Können Avatar-Bildnisse also künftig durch Suchmaschinen gefunden werden, etwa in Form von öffentlich einsehbaren Profilbildern, richtet sich das Vorliegen einer (konkludenten) Einwilligung in die Veröffentlichung als Vorschaubilder danach, ob der betroffene Nutzer eine existierende Sperrmöglichkeit gegenüber der Suchmaschinenindexierung genutzt hat oder nicht. Bietet eine Plattform keine solche Sperrmöglichkeit an, muss grundsätzlich – vorbehaltlich individueller Umstände – von dem Fehlen einer konkludenten Einwilligung in die Verwendung des Avatar-Bildnisses durch Suchmaschinen ausgegangen werden.

Unabhängig davon ist hingegen das (gutgläubige) Setzen von Hyperlinks, mit denen die Suchmaschine zu einer Webseite verweist, auf welcher die geschützte Avatarabbildung in unrechtmäßiger Weise dargestellt wird, zulässig.[845] Der Abgebildete hat erst dann einen Unterlassungsanspruch gegen den Suchmaschinenanbieter als Störer, wenn er diesen auf die jeweilige Rechtsverletzung hinweist und der Hyperlink daraufhin nicht entfernt wird.[846]

---

[842] Ausdrücklich: LG Hamburg, Urt. v. 12.4.2011 – 310 O 201/10, ZUM-RD 2011, 503 (504); Dreier/Schulze-UrhG/*Specht-Riemenschneider*, KUG § 22, Rn. 18; Wenzel-WortuBildR/*v. Strobl-Albeg*, Kap. 7, Rn. 170. Vgl. im Ergebnis ebenso: OLG Köln, Urt. v. 9.2.2010 – 15 U 107/09, MMR 2011, 323 (324); BeckOK-UrhR/*Engels*, KUG § 22, Rn. 38; Wandtke/Bullinger/*Fricke*, KUG § 22, Rn. 17; HK-MedienR/*Kröner*, KUG § 22, Rn. 24; MüKo-BGB/*Rixecker*, Anh. § 12, Rn. 91.

[843] BGH, Urt. v. 29.4.2010 – I ZR 69/08, GRUR 2010, 628, Rn. 36.

[844] BGH, Urt. v. 19.10.2011 – I ZR 140/10, NJW 2012, 1886, Rn. 28.

[845] Vgl.: *Bienemann*, S. 217; BeckOK-UrhR/*Engels*, KUG § 22, Rn. 39; Wandtke/Bullinger/*Fricke*, KUG § 22, Rn. 17. Vgl. ebenso: BGH, Urt. v. 21.9.2017 – I ZR 11/16, NJW 2018, 772, Rn. 60 ff.

[846] BGH, Urt. v. 21.9.2017 – I ZR 11/16, NJW 2018, 772, Rn. 74; *Bienemann*, S. 217; *Lauber-Rönsberg*, NJW 2016, 744 (746).

dd) Besonderheiten bei Avataren von minderjährigen Nutzern

Verwenden minderjährige Nutzer das eigene Bildnis als Avatar, ist dessen Verbreitung bzw. öffentliche Zurschaustellung grundsätzlich nur mit Zustimmung der vertretungsberechtigten Personen zulässig; in der Regel kommt es daher auf die Einwilligung der erziehungsberechtigten Elternteile an.[847] Dem Verwender des Bildnisses obliegt dabei die Darlegungs- und Beweislast für das Vorliegen der Einwilligung.[848]

Im Hinblick auf die Plattformnutzung im Metaversum kann davon ausgegangen werden, dass die Erklärung bzw. Zustimmung[849] der gesetzlichen Vertreter zum Abschluss des Plattformnutzungsvertrages gleichzeitig die (konkludente) Einwilligung in die für die Nutzung typische Bildnisverwendung beinhaltet. Dazu gehört u.a. die plattforminterne Verwendung von bereitgestellten Bildnissen durch den Plattformbetreiber oder andere Nutzer gemäß den gewählten Sichtbarkeitseinstellungen. Darauf, dass zwar in die Nutzung der Plattform durch den Minderjährigen, nicht jedoch in die plattformtypische Verwendung seiner (persönlichkeitsrechtlich) geschützten Inhalte durch Dritte eingewilligt wird, können sich die gesetzlichen Vertreter nach dem Grundsatz „venire contra factum proprium" nicht berufen.[850]

Verfügt der beschränkt geschäftsfähige minderjährige Nutzer über die für die Einwilligung erforderliche Einsichtsfähigkeit,[851] muss sich der Bildnisverwender aufgrund der bildnisrechtlichen „Doppelzuständigkeit"[852] neben der Einwilligung der gesetzlichen Vertreter auch der (konkludenten) Einwilligung des Minderjährigen vergewissern. Verwendet der betroffene Nutzer sein eigenes

---

847 Siehe oben E. II. 3. a).

848 OLG München, Urt. v. 31.3.1995 – 21 U 3377/94, NJW-RR 1996, 93 (94); BeckOK-InfoMedienR/*Herrmann*, KUG § 22, Rn. 18; Wandtke/Bullinger/*Fricke*, KUG § 22, Rn. 18.

849 Im Falle beschränkt geschäftsfähiger Minderjähriger ist die Zustimmung der Vertreter erforderlich (§ 107 BGB), da der Plattformnutzungsvertrag – trotz einer oftmals bestehenden Unentgeltlichkeit – nicht lediglich rechtlich vorteilhaft für die Nutzer ist, werden die Dienste doch mit der Bereitstellung von personenbezogenen Daten „bezahlt", die der Plattformbetreiber nicht nur zur Erfüllung vertraglicher oder gesetzlicher (Leistungs-)Pflichten, sondern auch zu kommerziellen Zwecken gegenüber Dritten nutzen darf. Vgl. dazu: Röhricht/Graf v. Westphalen/Haas/Mock/Wöstmann-HGB/*Specht-Riemenschneider*, HGB, Plattformnutzungsverträge, Rn. 18.

850 Nach diesem Grundsatz liegt treuwidriges Verhalten insb. dann vor, wenn eine Partei die Vorteile für sich in Anspruch nimmt, ohne die damit korrespondierenden Nachteile tragen zu wollen, vgl.: MüKo-BGB/*Schubert*, § 242, Rn. 426.

851 Die Einsichtfähigkeit wird mehrheitlich mit Vollendung des 14. Lebensjahres angenommen, vgl. statt vieler: BeckOK-UrhR/Engels, KUG § 22, Rn. 42 m.w.N. Andere Ansicht: Dreier/Schulze-UrhG/*Specht-Riemenschneider*, KUG § 22, Rn. 26, wonach die Einsichtsfähigkeit in Einklang mit der DSGVO erst ab Vollendung des 16. Lebensjahres bestehen soll.

852 Siehe oben E. II. 3. a).

Bildnis als Avatar, ist jedoch davon auszugehen, dass er ebenfalls in die plattformtypische Verwendung dieses Inhalts – sprich in die plattforminterne Zurschaustellung des Bildnisses gemäß den individuellen Sichtbarkeitseinstellungen – einwilligt.

ee) Zeitliche Beschränkung und Widerruf der Einwilligung

Liegt eine Einwilligung des Abgebildeten in die Verbreitung bzw. öffentliche Zurschaustellung des Avatar-Bildnisses vor, stellt sich die Frage nach der zeitlichen Reichweite. Diesbezüglich muss zwischen der Art der Einwilligung sowie ihrem Adressaten differenziert werden.

Hat der Betroffene dem Plattformbetreiber eine ausdrückliche Einwilligung in die Bildnisverwendung (z.B. durch Vereinbarung in den Plattform-AGB) erteilt, enthält diese Abrede in der Regel gleichzeitig eine Aussage über die zeitliche Dimension der Rechteeinräumung.[853] Existiert keine solche Regelung oder liegt „lediglich" eine konkludente Einwilligung vor, ist eine zeitliche Beschränkung der Einwilligung nach den Begleitumständen zu ermitteln:[854] Zum Zeitpunkt der (konkludenten) Einwilligungserklärung kann aus objektiver Sicht nicht davon ausgegangen werden, dass der betroffene Nutzer dem Plattformbetreiber die Verwendung seiner Inhalte bzw. seines Bildnisses auf unbestimmte Zeit erlauben will. Vielmehr ergibt sich aus den Umständen, dass die Einwilligung in zeitlicher Hinsicht mit der Nutzung der jeweiligen Plattform verknüpft werden soll. Diese Auslegung wird durch den Zweckübertragungsgedanken gestützt. Danach ist die Zustimmung in die Bildnisverwendung nur so lange anzunehmen, wie dies zur Erfüllung des mit ihr verfolgten Zwecks erforderlich ist.[855]

Für die virtuelle Welt ergibt sich demnach folgende Konsequenz: Die (konkludente) Einwilligung des Nutzers in die Verwendung seines Avatar-Bildnisses

---

[853] So ist in den Nutzungsbedingungen von Meta festgelegt, dass die Einwilligung („Lizenz") endet, wenn die entsprechenden Inhalte aus dem System gelöscht wurden, vgl.: Ziff. 3.1 der ergänzenden Nutzungsbedingungen von Meta Platforms Technologies, abrufbar unter: https://www.meta.com/de/legal/supplemental-terms-of-service/ (abgerufen am 30.8.2023).

[854] BGH, Urt. v. 13.10.2015 – VI ZR 271/14, NJW 2016, 1097, Rn. 38; Schricker/Loewenheim-UrhR/*Götting*, KUG § 22, Rn. 43; HK-MedienR/Kröner, KUG § 22, Rn. 26; Wenzel-WortuBildR/*v. Strobl-Albeg*, Kap. 7, Rn. 189; BeckOK-InfoMedienR/Herrmann, KUG § 22, Rn. 22.

[855] OLG Köln, Urt. v. 5.11.2013 – 15 U 44/13, ZUM 2014, 416 (418); KG, Urt. v. 28.08.1998 – 25 U 7198/97, ZUM-RD 1998, 554; Dreier/Schulze-UrhG/*Specht-Riemenschneider*, KUG § 22, Rn. 21; Wenzel-WortuBildR/*v. Strobl-Albeg*, Kap. 7, Rn. 191; BeckOK-UrhR/*Engels*, KUG § 22, Rn. 37; BeckOK-InfoMedienR/*Herrmann*, KUG § 22, Rn. 22; Gerecke-HdbSocialMedia/*Kraetzig*, Kap. 4, Rn. 178.

verfolgt den Zweck, die Interaktion mit anderen Nutzern in der virtuellen Umgebung zu ermöglichen. Sobald der Avatar jedoch bildlich umgestaltet oder das Nutzerkonto gänzlich gelöscht wird, ist eine Verwendung des ursprünglichen Avatar-Bildnisses durch den Plattformbetreiber zwecks Ermöglichung virtueller Interaktion nicht mehr erforderlich. Daraus folgt, dass die Einwilligung in die Bildnisverwendung lediglich für denjenigen Zeitraum erteilt wird, in welchem der betroffene Nutzer sein Avatar-Bildnis innerhalb der Plattform verwendet.
Gleiches gilt für die Verbreitung bzw. öffentliche Zurschaustellung des Bildnisses durch andere Nutzer. Auch diesbezüglich kann nach den Gesamtumständen nicht davon ausgegangen werden, dass der Abgebildete durch die Verwendung des Avatars anderen Nutzer auf unbestimmte Zeit die plattforminterne Verwendung seines Bildnisses erlauben will. Vielmehr ist die Einwilligung aus objektiver Sicht von Beginn an auf denjenigen Zeitraum beschränkt, in welchem der betroffene Nutzer sein Bildnis in Gestalt des Avatars anderen Nutzern gegenüber sichtbar macht. Wird der Avatar umgestaltet oder das Nutzerprofil gänzlich gelöscht, endet somit die Einwilligung des Abgebildeten.
Anders verhält es sich hingegen, wenn eine (konkludente) Einwilligung zur Verwendung des Avatar-Screenshots gegenüber plattformexternen Dritten, insbesondere gegenüber Medien, existiert.[856] In solchen Fällen kann aus objektiver Sicht keine zeitliche Beschränkung auf die Dauer der Plattformnutzung angenommen werden, wird doch die Einwilligung gerade nicht für die Zwecke der Plattformnutzung, sondern für externe (Berichterstattungs-)Zwecke erteilt. Dementsprechend fehlt es an einem objektiv erkennbaren Willen des Abgebildeten, die Einwilligung zur Bildberichterstattung mit dem Zeitpunkt enden zu lassen, in welchem der Avatar auf der genutzten Plattform umgestaltet oder das Nutzerprofil gelöscht wird. Vielmehr wird sich aus den Gesamtumständen oftmals gar keine zeitliche Beschränkung der Einwilligung erkennen lassen. Für den Abgebildeten kommt dann nur ein Widerruf seiner Einwilligung in Betracht. Da der Widerruf jedoch einen wichtigen Grund verlangt, wird es im Einzelfall darauf ankommen, ob dem Abgebildeten das schutzwürdige Interesse zugesprochen wird, seine Persönlichkeit ohne Bindung an die Einwilligung weiterzuentwickeln.[857] Im Hinblick auf prominente Personen bedeutet dies, dass sie ihren

[856] Siehe oben E. II. 3. b) cc).
[857] Siehe oben E. II. 3. a).

Wunsch, nicht mehr bildlich in der Öffentlichkeit zu erscheinen, situationsübergreifend – also gegenüber jeglichen Medien – und konsistent zum Ausdruck bringen müssen.[858]

ff) Ausnahmen vom Einwilligungserfordernis nach § 23 KUG

Das Avatar-Bildnis kann auch ohne Einwilligung des abgebildeten Nutzers verbreitet bzw. öffentlich zur Schau gestellt werden, soweit ein Ausnahmetatbestand i.S.v. § 23 Abs. 1 KUG vorliegt und die kunsturheberrechtliche Bildnisverwendung die berechtigten Interessen des Betroffenen nicht verletzt (§ 23 Abs. 2 KUG).

(1) Darstellung des Avatars durch den Plattformbetreiber als „Beiwerk"

Wird ein Avatar durch den Plattformbetreiber ohne die Einwilligung des Abgebildeten gegenüber anderen Nutzern in einer virtuellen Umgebung angezeigt, könnte der Ausnahmetatbestand des § 23 Abs. 1 Nr. 2 KUG eingreifen. Danach ist die Verbreitung bzw. öffentliche Zurschaustellung zulässig, wenn die betroffene Person auf einem Bild nur als Beiwerk neben einer Landschaft oder sonstigen Örtlichkeit erscheint. Ein solches „Beiwerk" ist die Personendarstellung immer dann, wenn sie der Landschafts- bzw. Umgebungsdarstellung derart untergeordnet ist, dass sie auch entfallen könnte, ohne dass sich der Gegenstand und der Charakter des Bildes verändern würden.[859] Gleichzeitig muss die Abbildung der Landschaft oder der sonstigen Örtlichkeit das Bild prägen und darf nicht selbst lediglich „Beiwerk" sein.[860] Für die Beurteilung kommt es entscheidend auf den objektiven Gesamteindruck der Darstellung an.[861]

Im Hinblick auf die Darstellung eines Avatars innerhalb der virtuellen Umgebung ist es somit ausschlaggebend, wie stark die Avatardarstellung aus objektiver Sicht bildlich hervortritt. Läuft ein Nutzer mit seinem Avatar „ziellos"

---

[858] Dreier/Schulze-UrhG/*Specht-Riemenschneider*, KUG § 22, Rn. 35 mit Verweis auf die Voraussetzungen zur Beendigung der Selbstöffnung, die das BVerfG in seiner „Caroline"-Entscheidung aufgestellt hat, vgl.: BVerfG, Urt. v. 15.12.1999 – 1 BvR 653/96, GRUR 2000, 446 (450).

[859] Statt vieler: Dreier/Schulze-UrhG/*Specht-Riemenschneider*, KUG § 23, Rn. 35 m.w.N.

[860] BGH, Urt. v. 21.4.2015 – VI ZR 245/14, NJW 2015, 2500, Rn. 23; Wenzel-WortuBildR/*v. Strobl-Albeg*, Kap. 8, Rn. 71; Dreier/Schulze-UrhG/*Specht-Riemenschneider*, KUG § 23, Rn. 36.

[861] BeckOK-UrhR/*Engels*, KUG § 23, Rn. 13; Schricker/Loewenheim-UrhR/*Götting*, KUG § 23, Rn. 81; Wenzel-WortuBildR/*v. Strobl-Albeg*, Kap. 8, Rn. 71.

zwecks Erkundung seiner Umgebung durch die virtuelle Welt und werden ihm dabei wahllos andere Avatare, die sich in derselben Umgebung aufhalten, abgebildet, kann davon ausgegangen werden, dass diese Abbildungen ohne weiteres aus der virtuellen Darstellung herausfallen könnten, ohne dass sich der Aussagegehalt (Darstellung einer konkreten virtuellen Umgebung) ändern würde.[862] Der Fokus liegt in diesen Fällen auf der Beobachtung bzw. Erkundung der virtuellen Umgebung, die ggf. mit zusätzlichen Informationen überlagert werden kann, sodass die Darstellung der einzelnen, „vorbeilaufenden" Avatare für den objektiven Betrachter nur untergeordneten Charakter entfaltet.[863] Die Avatardarstellungen können somit als „Beiwerk" i.S.v. § 23 Abs. 1 Nr. 2 KUG gelten, weshalb der Plattformbetreiber in solchen Fällen keine Einwilligung der betroffenen Nutzer zur Darstellung ihrer Avatare benötigt.[864]

Wird ein Avatar durch einen anderen Nutzer hingegen gezielt angesteuert (z.B. zum Zwecke der sozialen Interaktion), ändert sich der Schwerpunkt der virtuellen Darstellung. Der adressierte Avatar ist nicht mehr nur als Beiwerk, sondern wird zum Mittelpunkt der virtuellen Darstellung. Der Plattformbetreiber kann sich in diesen Situationen nicht mehr auf § 23 Abs. 1 Nr. 2 KUG berufen. In der Praxis führt dieses Ergebnis dazu, dass im Zweifel zwischen einer „Nahaufnahme" des Avatar-Bildnisses sowie einer Abbildung als Beiwerk (technisch) differenziert werden muss.

(2) Darstellung des Avatars in der medialen Berichterstattung als „Bildnis aus dem Bereich der Zeitgeschichte"

Im Hinblick auf die Bildnisverwendung durch Medien außerhalb der jeweiligen Plattform könnte der Ausnahmetatbestand des § 23 Abs. 1 Nr. 1 KUG eingreifen. Dies setzt voraus, dass es sich bei einem Avatar-Bildnis aus dem Metaversum um ein Bildnis aus dem Bereich der Zeitgeschichte handelt.

862 Vgl. für AR-Umgebungen: Leupold/Wiebe/Glossner-ITR/*Hilgert*, Teil 17, Rn. 48.
863 Vgl. für AR-Umgebungen: Leupold/Wiebe/Glossner-ITR/*Hilgert*, Teil 17, Rn. 48.
864 Vgl. für AR-Umgebungen: Leupold/Wiebe/Glossner-ITR/*Hilgert*, Teil 17, Rn. 48.

Allgemein gesprochen unterfallen dem Bereich der Zeitgeschichte alle Ereignisse von gesellschaftlicher Relevanz.[865] Seit dem sogenannten „Caroline"-Urteil des Europäischen Gerichtshofs für Menschenrechte (EGMR)[866] ist der Begriff der „Zeitgeschichte" jedoch anhand einer einzelfallbezogenen Abwägung der widerstreitenden (Grund-)Rechtspositionen zu beurteilen.[867] Entscheidend ist demnach, ob das durch die Meinungs- und Pressefreiheit (Art. 5 Abs. 1 S. 2 GG; Art. 10 EMRK) geschützte Informationsinteresse der Öffentlichkeit die Belange des individuellen Persönlichkeitsschutzes (Art. 2 Abs. 1 i.V.m. Art. 1 Abs. 1 GG; Art. 8 EMRK) überwiegt.[868] Je größer das öffentliche Informationsinteresse ist, desto mehr muss das Schutzinteresse des Betroffenen zurücktreten – und umgekehrt.[869] Dabei ist zu Gunsten der Pressefreiheit ein weites Verständnis der „Zeitgeschichte" zugrundezulegen, sodass nicht nur politisch-historische Vorgänge, sondern auch rein gesellschaftlich-unterhaltende Sachverhalte ein Informationsinteresse begründen können.[870] Lediglich die bloße Befriedigung gesellschaftlicher Neugier kann mangels eines Beitrages zur öffentlichen Meinungsbildung nicht unter den Begriff der „Zeitgeschichte" fallen.[871]

Nach diesen Grundsätzen hängt die Frage, ob ein Avatar-Bildnis als Bildnis aus dem Bereich der Zeitgeschichte in den Medien veröffentlicht werden darf, maßgeblich von den Umständen des jeweiligen Einzelfalles ab und lässt sich daher nicht pauschal beantworten. Im Hinblick auf das öffentliche Informationsinteresse müssen für Bildnisse aus dem Metaversums jedoch großzügige Maßstäbe

---

865 Statt vieler: Dreier/Schulze-UrhG/*Specht-Riemenschneider*, KUG § 23, Rn. 11 m.w.N.

866 EGMR, Urt. v. 24.6.2004 – 59320/00, NJW 2004, 2647.

867 Vgl.: BVerfG, Beschl. v. 26.2.2008 – 1 BvR 1602/07 u.a., AfP 2008, 163, Rn. 80 f.; BGH, Urt. v. 3.7.2007 – VI ZR 164/06, GRUR 2007, 902, Rn. 7 f.; Urt. v. 6.3.2007 – VI ZR 13/06, GRUR 2007, 523, Rn. 14. Zur Entwicklung der Rechtsprechung vgl.: Dreier/Schulze-UrhG/*Specht-Riemenschneider*, KUG § 23, Rn. 4 ff.

868 BGH, Urt. v. 3.7.2007 – VI ZR 164/06, GRUR 2007, 902, Rn. 7 f.; Urt. v. 6.3.2007 – VI ZR 13/06, GRUR 2007, 523, Rn. 14; Dreier/Schulze-UrhG/*Specht-Riemenschneider*, KUG § 23, Rn. 10 ff.; Wandtke/Bullinger-UrhR/*Fricke*, KUG § 23, Rn. 8; BeckOK-UrhR/*Engels*, KUG § 23, Rn. 2.

869 Statt vieler: Dreier/Schulze-UrhG/*Specht-Riemenschneider*, KUG § 23, Rn. 11.

870 BVerfG, Beschl. v. 26.2.2008 – 1 BvR 1602/07 u.a., NJW 2008, 1793, Rn. 62; BGH, Urt. v. 3.7.2007 – VI ZR 164/06, GRUR 2007, 902, Rn. 7; Urt. v. 6.3.2007 – VI ZR 13/06, GRUR 2007, 523, Rn. 17; Urt. v. 9.12.2003 – VI ZR 373/02, NJW 2004, 762 (764); Dreier/Schulze-UrhG/*Specht-Riemenschneider*, KUG § 23, Rn. 10; BeckOK-UrhR/*Engels*, KUG § 23, Rn. 4; Wenzel-WortuBildR/*v. Strobl-Albeg*, Kap. 8, Rn. 28; HK-MedienR/*Kröner*, KUG § 23, Rn. 46.

871 BGH, Urt. v. 17.12.2019 – VI ZR 249/18, GRUR 2020, 664, Rn. 42; Urt. v. 18.10.2011 – VI ZR 5/10, ZUM 2012, 140, Rn. 9; Urt. v. 14.10.2008 – VI ZR 272/06, GRUR 2009, 86, Rn. 15; Dreier/Schulze-UrhG/*Specht-Riemenschneider*, KUG § 23, Rn. 11; MüKo-BGB/*Rixecker*, Anh. § 12, Rn. 100.

gelten. Dies rührt daher, dass sich nach der jetzigen Konzeption des Metaversums Teile des gesellschaftlichen und politischen Lebens in der virtuellen Welt abspielen werden. Das Geschehen auf Metaversums-Plattformen wird daher einen wichtigen Teil der öffentlichen Meinungsbildung einnehmen, sodass das Interesse der Medien an einer Bildberichterstattung über gewisse Nutzer und ihre Avatare zunehmend an Gewicht gewinnt. Veranstaltet ein Politiker mit seinem fotorealistischen Avatar etwa Wahlkampfauftritte in der virtuellen Welt oder nimmt ein Prominenter mit seinem Avatar an virtuellen, gesellschaftlichen Ereignissen teil, besteht ein – grundsätzlich anzuerkennendes – öffentliches Interesse an der Veröffentlichung der Avatar-Bildnisse in der Medienberichterstattung für die „analoge“ Welt.

Schwieriger gestaltet sich diese Beurteilung hingegen für Avatar-Bildnisse von Nutzern, die in der Öffentlichkeit unbekannt sind. Diese können grundsätzlich einen besonderen Schutz gegen die Veröffentlichung ihrer Bildnisse beanspruchen.[872] Zwar sind auch Handlungen oder Äußerungen von Privatpersonen in der virtuellen Welt als Teil der gesellschaftlichen Meinungsbildung in der Lage, ein öffentliches Informationsinteresse zu begründen.[873] Gegen die Veröffentlichung von Bildnissen im Rahmen der Berichterstattung spricht jedoch die Tatsache, dass für die Auseinandersetzung mit solchen Geschehnisse mangels Bekanntheit der betroffenen Person oftmals keine Identifizierung – und somit keine Darstellung des Bildnisses – erforderlich ist. Das Informationsinteresse an der Veröffentlichung des Avatar-Bildnisses ist daher gering, während das individuelle Interesse des Abgebildeten, nicht in der (Medien-)Öffentlichkeit dargestellt zu werden, schwer wiegt. Auch eine bewusste Selbstöffnung für die Medienberichterstattung kann in diesem Falle nicht angenommen werden, da sich der jeweilige Nutzer mit den Handlungen seines Avatars nur innerhalb der virtuellen Plattform zeigen, nicht jedoch in die Medien begeben will.[874] Sofern also nicht gerade das Aussehen bzw. die Identität der abgebildeten Person für die Berichterstattung relevant ist, ist die Veröffentlichung des Avatar-Bildnisses von in der Öffentlichkeit unbekannten Privatpersonen in den Medien unzulässig.[875]

---

872 BGH, Urt. v. 9.4.2019 – VI ZR 533/16, ZD 2019, 460, Rn. 14 m.w.N. zur Rechtsprechung des EGMR.

873 Vgl.: *Ludyga*, AfP 2017, 196 (199).

874 Anders: *Ludyga*, AfP 2017, 196 (199).

875 So auch das OLG München, welches die Veröffentlichung des Profilbildes einer Facebook-Nutzerin, die öffentlich gegen Flüchtlinge hetzte, für unzulässig erklärt hat: OLG München,

Kann nach diesen Grundsätzen also insbesondere im Hinblick auf Avatar-Bildnisse Prominenter von einem Bildnis aus dem Bereich der Zeitgeschichte i.S.v. § 23 Abs. 1 KUG ausgegangen werden, ist „auf zweiter Stufe" im Rahmen von § 23 Abs. 2 KUG zu prüfen, ob eine Verbreitung bzw. öffentliche Zurschaustellung des Bildnisses trotz des Bestehens eines grundsätzlich vorrangigen öffentlichen Informationsinteresses gegen die berechtigten Interessen des Abgebildeten verstößt. Diesbezüglich ist ein im Verhältnis zu § 23 Abs. 1 KUG eigenständiger Verletzungseffekt zu verlangen, der sich insbesondere aus den (äußeren) Umständen der Bildnisverwendung ergibt.[876] So können etwa die Verwendung des Avatar-Bildnisses zu Werbezwecken[877] oder die Verbreitung bzw. öffentliche Zurschaustellung von durch Täuschung erlangten Screenshots einen Verstoß gegen die berechtigten Interessen des Abgebildeten begründen. Insgesamt ist diesbezüglich abermals eine Bewertung anhand des Einzelfalls erforderlich.

c) Einwilligung bei einem Avatar als Bildnis eines Dritten

Stellt der Avatar nicht das Bildnis des dahinterstehenden Nutzers, sondern das Bildnis eines (unbeteiligten) Dritten dar, setzt die Zulässigkeit der Avatarnutzung durch den Privatnutzer als Bildnisverwendung i.S.v. § 22 KUG voraus, dass der Abgebildete in die Darstellung seiner Person durch den Avatar in Kenntnis von Art, Zweck und Umfang eingewilligt hat. Will der Plattformbetreiber den Avatar im Rahmen der Plattformfunktionalitäten verwenden, muss er sich darüber informieren, ob und in welchem Umfang eine Einwilligung des Abgebildeten erteilt wurde.[878] Allein aus der Nutzung des fremden Avatar-Bildnisses durch den jeweiligen Privatnutzer kann sich für den Plattformbetreiber nach den objektiven Umständen keine konkludente Einwilligung des abgebildeten Dritten ergeben. Dies gilt auch dann, wenn der den Avatar verwendende Nutzer in den Plattform-AGB die Freiheit seiner Inhalte von Persönlichkeitsrechten

---

Urt. v. 17.3.2016 – 29 U 168/16, ZUM-RD 2016, 381 (384). Anders noch: LG München I, Urt. v. 10.12.2015 – 7 O 20028/15, ZUM-RD 2016, 406 (409).

[876] Vgl. ausführlich: Dreier/Schulze-UrhG/*Specht-Riemenschneider*, KUG § 23, Rn. 48 m.w.N. zur Rechtsprechung.

[877] VG Hannover, Urt. v. 27.11.2019 – 10 A 820/19, ZD 2020, 269, Rn. 39; Dreier/Schulze-UrhG/*Specht-Riemenschneider*, KUG § 23, Rn. 38.

[878] Vgl. zur die Prüfpflicht von „herkömmlichen" Bildnisverwertern: Dreier/Schulze-UrhG/*Specht-Riemenschneider*, KUG § 22, Rn. 38 m.w.N.; BeckOK-UrhR/*Engels*, KUG § 22, Rn. 48.

Dritter erklärt hat. Eine solche Vereinbarung kann lediglich die Freistellung des Plattformbetreibers gegenüber Ansprüchen des Abgebildeten begründen.[879]
Liegt keine Einwilligung des Abgebildeten vor, kommt eine Bildnisverwendung nur nach Maßgabe des § 23 KUG in Betracht. Verwendet ein privater Nutzer das Bildnis eines Dritten als Avatar, ist eine Ausnahme nach § 23 Abs. 1 Nr. 1 KUG jedoch fernliegend. Im Gegensatz zu dem in Dogmatik und Kasuistik des § 23 Abs. 1 Nr. 1 KUG überwiegend behandelten Bereich der Presseerzeugnisse, kann die Darstellung eines Avatars durch einen Privatnutzer in der virtuellen Realität keine öffentlichkeitsrelevanten Erkenntnisse über die abgebildete Person abliefern. Es ist keine Situation denkbar, in der die Verwendung eines fremden Bildnisses in Form des Avatars ein wie auch immer geartetes Informationsinteresse für die Allgemeinheit bereithalten könnte. Vielmehr wird der jeweilige Nutzer den Avatar regelmäßig nur zur eigenen Belustigung oder zum Erhalt einer gesteigerten Aufmerksamkeit (Stichwort: Identitätsverwechslung) verwenden. Diese Motive sind jedoch nicht dazu geeignet, einen Eingriff in das Recht am eigenen Bild des Abgebildeten zu rechtfertigen. Daher liegt in diesen Fällen kein zeitgeschichtliches Ereignis i.S.v. § 23 Abs. 1 Nr. 1 KUG vor. Ein Nutzer, der ein fremdes Bildnis als Avatar verwenden will, muss somit stets die Einwilligung des Abgebildeten einholen.
Eine Veröffentlichung des in unbefugter Weise verwendeten Avatar-Bildnisses durch die Medien kann zwar in bestimmten Situationen als zeitgeschichtliches Ereignis i.S.v. § 23 Abs. 1 Nr. 1 KUG gelten, insbesondere wenn über die Gefahren des Missbrauchs von Bildrechten berichtet werden soll. Die Zurschaustellung des Avatar-Bildnisses wird jedoch regelmäßig gegen die berechtigten Interessen des Abgebildeten (§ 23 Abs. 2 KUG) verstoßen, da dem Betroffenen in solchen Fällen das vorzugswürdige Recht zugesprochen werden muss, sich gegen die Reproduktion der bereits ursprünglich rechtswidrigen Bildnisverwendung wehren zu können.
Gleiches gilt für den Plattformbetreiber: Dessen grundsätzliche Befugnis, auf Grundlage des § 23 Abs. 1 Nr. 2 KUG den Avatar in einer virtuellen Landschaft oder Örtlichkeit lediglich untergeordnet und ohne Aussagegehalt als Beiwerk

[879] Vgl. zu den sog. Freistellungsklauseln: Dreier/Schulze-UrhG/*Specht-Riemenschneider*, KUG § 22, Rn. 39.

gegenüber anderen Nutzern darzustellen, verstößt ebenfalls gegen die berechtigten Interessen des Abgebildeten.

4. Zwischenergebnis

Avatare gelten als Bildnisse i.S.d. §§ 22, 23 KUG, sofern sie das Erscheinungsbild eines Menschen in erkennbarer Weise abbilden. Zwar wird die Erkennbarkeit bei einer lediglich „manuellen" Gestaltung des Avatars aus vorgegebenen Gestaltungsoptionen nur in Ausnahmefällen erreicht; durch den Einsatz von KI-Programmen ist jedoch die Schaffung fotorealistischer Avatare möglich geworden, sodass immer öfter eine Erkennbarkeit der Avatar-Darstellung gegeben ist. Dabei stellt nicht nur der Avatar selbst, sondern auch dessen bildliche Reproduktion in Form eines Screenshots ein Bildnis im kunsturheberrechtlichen Sinne dar.

Verwendet ein Nutzer sein eigenes Bildnis als Avatar auf einer Plattform, liegt darin gleichzeitig die (konkludente) Einwilligung gegenüber dem Plattformbetreiber, das Avatar-Bildnis gegenüber anderen Nutzern und gemäß den ggf. bestehenden Sichtbarkeitseinstellungen während der Zeit der Plattformnutzung für plattforminternen Zwecke zu verwenden. Dies gilt auch hinsichtlich der Bildnisverwendung durch andere Nutzer, sofern sie im Rahmen der Plattformfunktionalitäten erfolgt. Nicht von der Einwilligung des abgebildeten Nutzers gedeckt ist hingegen die Veröffentlichung bzw. Verbreitung des Avatar-Bildnisses außerhalb der jeweiligen Plattform. Daher ist auch die Verwendung des Bildnisses in der externen Medienberichterstattung grundsätzlich nicht von der Einwilligung des Abgebildeten gedeckt – selbst dann nicht, wenn das Avatar-Bildnis nach den Sichtbarkeitseinstellungen der Plattform öffentlich einsehbar ist. Etwas anderes dürfte nur für prominente Personen gelten, die im Einzelfall mit ihrem Auftritt in der virtuellen Welt aus objektiver Sicht die Erregung öffentlicher Aufmerksamkeit und Bekanntheit bezwecken und daher auch von der Veröffentlichung ihres Avatar-Bildnisses in den Medien ausgehen müssen. Darüber hinaus ist auch die Darstellung des Avatar-Bildnisses als „Vorschaubild" durch die Anbieter von Suchmaschinen zulässig, sofern die Möglichkeit existiert, die Suchmaschinenindexierung zu blockieren, und der Abgebildete nicht von dieser Möglichkeit Gebrauch gemacht hat.

Im Hinblick auf Prominente dürfte ein Aufgreifen des Bildnisses durch die Medien in vielen Fällen auch ohne Einwilligung nach § 23 Abs. 1 Nr. 1 KUG zulässig sein, da ein großer Teil der öffentlichen Meinungsbildung künftig im Metaversum stattfinden wird und somit ein grundsätzliches Informationsinteresse an den Avatar-Bildnissen Prominenter anzunehmen ist. Hinsichtlich unbekannter Privatpersonen ist eine Bildnisveröffentlichung nach diesen Grundsätzen dagegen nur zulässig, wenn es im Rahmen einer öffentlich relevanten Diskussion gerade auf die Identität der abgebildeten Person ankommt.

Verwendet ein Nutzer nicht sein eigenes Bildnis, sondern das Bildnis eines (unbeteiligten) Dritten als Avatar, ist er dazu nur mit Einwilligung des Abgebildeten befugt. Liegt eine solche Zustimmung nicht vor, kann sich der Betroffene nicht nur gegen die Veröffentlichung seines Bildnisses auf der Metaversums-Plattform, sondern bereits gegen die Anfertigung des fotorealistischen Avatars durch ein KI-Programm wehren, da in der notwendigen vorherigen Einspeisung seines Fotos eine Bildnisverbreitung i.S.v. § 22 S. 1 KUG zu sehen ist. Darüber hinaus ist auch die Verwendung seiner Avatarabbildung durch den Plattformbetreiber oder externe Medien unzulässig. Zwar kann in einigen Fällen ein Ausnahmetatbestand nach § 23 Abs. 1 Nr. 1 bzw. Nr. 2 KUG eingreifen; die Verbreitung bzw. öffentliche Zurschaustellung des Bildnisses verstößt jedoch gegen die berechtigten Interessen des Abgebildeten (§ 23 Abs. 2 KUG), da die ursprünglich unzulässige Bildnisverwendung durch den den Avatar steuernden Nutzer nicht in zulässiger Weise durch andere Akteure reproduziert werden darf.

III. Schutz gegen Herstellung des Avatar-Bildnisses nach DSGVO

Die Herstellung eines Bildnisses ist nicht vom Schutzbereich der §§ 22, 23 KUG erfasst.[880] Wie gesehen,[881] kann zwar die Erstellung fotorealistischer Avatare mittels eines KI-Programms teilweise in den kunsturheberrechtlichen Anwendungsbereich fallen; dies betrifft jedoch nur die vorgeschaltete Weitergabe eines Fotos des Abgebildeten an die entsprechende Software und hat mit dem eigentlichen „Herstellungsakt“ nichts zu tun. Dort, wo es allein um die Anfertigung

---

[880] Statt vieler: OLG Dresden, Urt. v. 31.7.2018 – 4 U 381/18, ZD 2018, 585, Rn. 4; Dreier/Schulze-UrhG/*Specht-Riemenschneider*, KUG § 22, Rn. 11.

[881] Siehe oben E. II. 2. d).

des Avatar-Bildnisses geht – also bei der „manuellen" oder KI-basierten Erstellung eines fotorealistischen Avatars sowie bei der Anfertigung eines Screenshots – können die §§ 22, 23 KUG folglich keinen bildnisrechtlichen Schutz entfalten. In solchen Fällen beurteilen sich die Rechtmäßigkeit der Bildnisanfertigung sowie die Betroffenenrechte nach den Vorgaben der DSGVO.[882]

1. Anwendungsbereich der DSGVO

Wird durch den Avatar bzw. den Screenshot das erkennbare Abbild einer Person wiedergegeben, handelt es sich um personenbezogene Daten i.S.v. Art. 4 Nr. 1 DSGVO.[883] Bei der Erstellung des Avatars werden diese Daten von dem genutzten KI-Programm bzw. dem System des Plattformbetreibers erfasst und auf deren Servern gespeichert, sodass eine automatisierte Verarbeitung i.S.v. Art. 4 Nr. 2 DSGVO vorliegt.[884] Gleiches gilt für den Fall der Aufnahme eines Screenshots, wodurch die Bilddaten auf dem Endgerät der aufnehmenden Person gespeichert werden. Somit ist der Anwendungsbereich der DSGVO (Art. 2 Abs. 1 DSGVO) im Hinblick auf die genannten Konstellationen eröffnet.

2. Rechtmäßigkeit der Bildnisanfertigung nach Art. 6 DSGVO

Als Verarbeitung personenbezogener Daten ist die Herstellung des Avatars bzw. die Anfertigung eines Avatar-Screenshots an den Voraussetzungen des Art. 6 Abs. 1 DSGVO zu messen. Hat der Abgebildete nicht in die jeweilige Handlung eingewilligt (Art. 6 Abs. 1 lit. a DSGVO), kommt die Bildnisanfertigung regelmäßig nur nach Maßgabe des Erlaubnistatbestands gemäß Art. 6 Abs. 1 lit. f DSGVO infrage. Ein dafür erforderliches „berechtigtes Interesse" des Verarbeiters kann sich einerseits aus (grund-)rechtlichen, andererseits jedoch auch aus rein wirtschaftlichen oder ideellen Erwägungen ergeben.[885]

---

[882] Siehe oben E. I. 1.

[883] Vgl.: EuGH, Urt. v. 8.12.2022 – C-460/20, NJW 2023, 747, Rn. 91; OLG Dresden, Beschl. v. 19.4.2021 – 4 W 243/21, GRUR-RS 2021, 9603, Rn. 9; Dreier/Schulze-UrhG/*Specht-Riemenschneider*, KUG Vor §§ 22 ff., Rn. 3; Wenzel-WortuBildR/*v. Strobl-Albeg*, Kap. 7, Rn. 29; *Jangl*, ZUM 2021, 103 (105); *Dregelies*, AfP 2019, 298 (299); *Krüger/Wiencke*, MMR 2019, 76 (77); *Raji*, ZD 2019, 61 (62); *Benedikt/Kranig*, ZD 2019, 4 (4); *Ziebarth/Elsaß*, ZUM 2018, 578 (578).

[884] Zur Erfassung und Speicherung als Verarbeitungsform vgl.: BeckOK-DatenschutzR/*Schild*, DSGVO Art. 4, Rn. 42; Paal/Pauly/*Ernst*, DSGVO Art. 4, Rn. 24 f.; Sydow/Marsch/*Ziebarth*, DSGVO Art. 4, Rn. 56 f., 61.

[885] BeckOK-DatenschutzR/*Albers/Veit*, DSGVO Art. 6, Rn. 68; Gola/Heckmann/*Schulz*, DSGVO Art. 6, Rn. 63; Paal/Pauly/*Frenzel*, DSGVO Art. 6, Rn. 28.

Für die Betreiber von KI-Programmen ist ein solches berechtigtes Interesse nicht ersichtlich. Zwar haben sie regelmäßig ein wirtschaftliches Interesse an der Datenverarbeitung, da sie für die Erstellung des fotorealistischen Avatars ein Entgelt oder vergleichbare, nicht-monetäre Leistungen (insbesondere Daten) erhalten. Dieses Interesse muss in Abwägung mit dem Recht des Abgebildeten, die Kontrolle über seine Daten zu behalten (Art. 8 GrCh), jedoch zurücktreten. Der Betroffene kann sich dahingehend auf die zu schützende Erwartung berufen, dass sein Bildnis nicht für Zwecke der Nutzung in der virtuellen Welt durch einen unbefugten und unbekannten Dritten hergestellt wird.[886]

Gleiches gilt, wenn ein Privatnutzer das Avatar-Bildnis eines Dritten „manuell" nach den vorgegeben Gestaltungsoptionen einer Plattform anfertigt, wobei in diesem Fall das Interesse des verarbeitenden Nutzers, mit dem Bildnis eines Dritten in der virtuellen Welt aufzutreten, noch geringer zu gewichten ist. In beiden Konstellationen ist die Herstellung des Avatars nach den Maßgaben der DSGVO somit unzulässig.

Etwas anderes dürfte für Medienunternehmen gelten, die Screenshots eines Bildnis-Avatars anfertigen, um diese für eine Berichterstattung zu verwenden. Sie können ein berechtigtes Interesse für die Bildnisanfertigung aus der Meinungs- und Pressefreiheit (Art. 11 GrCh) herleiten,[887] sofern die identifizierende Berichterstattung zur Wahrung dieser Interessen tatsächlich erforderlich ist.[888] Für die Abwägung mit dem Anonymitätsinteresse des Abgebildeten (Art. 7 GrCh) gelten dabei ähnliche Grundsätze wie bei der Interessenabwägung im Rahmen des § 23 Abs. 1 Nr. 1 KUG: Handelt es sich um das Bildnis einer prominenten Persönlichkeit, ist die Anfertigung des Screenshots regelmäßig durch das öffentliche Berichterstattungsinteresse gerechtfertigt. Personen, die nicht in der Öffentlichkeit stehen, müssen die Bildnisanfertigung hingegen grundsätzlich nicht hinnehmen.[889]

---

[886] Zu den Kriterien im Rahmen der Interessenabwägung vgl.: BeckOK-DatenschutzR/*Albers/Veit*, DSGVO Art. 6, Rn. 72.

[887] Vgl. zur Fotografie im öffentlichen Raum: *Dregelies*, AfP 2019, 298 (299).

[888] Zur Bedeutung der Erforderlichkeit vgl.: BeckOK-DatenschutzR/*Albers/Veit*, DSGVO Art. 6, Rn. 69.

[889] Siehe oben E. II. 3. b) ff) (2).

3. Besondere personenbezogene Daten i.S.v. Art. 9 DSGVO

Enthält ein Avatar-Bildnis besondere personenbezogene Daten i.S.v. Art. 9 Abs. 1 DSGVO, richtet sich die Rechtmäßigkeit der Bildnisanfertigung nicht nach Art. 6 DSGVO, sondern ist an den strengeren Anforderungen des Art. 9 Abs. 2 DSGVO zu messen.[890] In der virtuellen Realität des Metaversums liegen solche besonderen personenbezogenen Daten insbesondere dann vor, wenn die Abbildung des Avatars Rückschlüsse auf die politische, religiöse oder weltanschauliche Einstellung der abgebildeten Person zulässt. Ist ein Nutzer beispielsweise besonders religiös und hat er seinen ihn darstellenden Avatar mit entsprechenden virtuellen Kleidungsstücken ausgestattet (Kreuzkette, Kippa, Hijab etc.), geht mit der Aufnahme eines Screenshots des Avatars gleichzeitig die Offenlegung der religiösen Überzeugung i.S.v. Art. 9 Abs. 1 DSGVO einher.[891] Des Weiteren kann aus der Abbildung des Avatars bei der Teilnahme an virtuellen politischen bzw. gewerkschaftlichen Veranstaltungen eine politische Überzeugung oder Gewerkschaftszugehörigkeit hervorgehen, sodass ebenfalls besondere personenbezogene Daten i.S.v. Art. 9 Abs. 1 DSGVO vorliegen.[892]

Ist der Anwendungsbereich des Art. 9 DSGVO eröffnet, ist die Bildnisanfertigung bei einer ausdrücklichen Einwilligung des Abgebildeten zulässig, Art. 9 Abs. 2 lit. a DSGVO. Liegt eine solche Einwilligung nicht vor, könnte – sofern der den Avatar steuernde Nutzer identisch mit der abgebildeten Person ist – in der Nutzung des Avatars in der virtuellen Welt jedoch ein „offensichtliches Öffentlichmachen“ nach Art. 9 Abs. 2 lit. e DSGVO gesehen werden. Im Hinblick auf „herkömmliche“ soziale Netzwerke wird ein Öffentlichmachen für solche Konstellationen angenommen, in denen der Betroffene die Preisgabe seiner Daten nicht auf einen bestimmten Personenkreis (z.B. bestätigte Kontakte, geschlossene Gruppen) begrenzt, sondern für die Allgemeinheit der Nutzer zugänglich macht.[893] Dieser Grundsatz kann auf die Avatarnutzung in der virtuellen Realität des Metaversums übertragen werden: Hat die betroffene Person die Sichtbarkeit ihres Avatars auf eine bestimmte sowie begrenzte Anzahl anderer

---

[890] Vgl.: *Bienemann*, S. 226; *Dregelies*, AfP 2019, 298 (300).

[891] Vgl. für Fotografien im öffentlichen Raum: *Dregelies*, AfP 2019, 298 (300).

[892] Vgl. für Fotografien im öffentlichen Raum: *Dregelies*, AfP 2019, 298 (300).

[893] Spindler/Schuster-eMedienR/*Spindler/Dalby*, DSGVO Art. 9, Rn. 14; Gola/Heckmann/*Schulz*, DSGVO Art. 9, Rn. 33; BeckOK-DatenschutzR/*Albers/Veit*, DSGVO Art. 9, Rn. 76; *Dallmann/Busse*, ZD 2019, 394 (396). Ebenfalls in diese Richtung tendierend: Gerecke-HdbSocialMedia/*Füllsack/Kirschke-Biller*, Kap. 5, Rn. 150.

Nutzer bzw. auf geschlossene Gruppen beschränkt, liegt kein Öffentlichmachen vor. Nimmt ein Nutzer mit seinem Avatar-Bildnis hingegen an (plattform-)öffentlichen virtuellen Veranstaltungen teil oder bewegt er sich ohne Eingrenzung der Avatarsichtbarkeit durch die virtuelle Welt, nimmt er bewusst in Kauf, dass eine unbegrenzte Anzahl von Nutzern seinen Avatar inklusive der sensiblen Daten sehen kann. Es kann daher von einem Öffentlichmachen der Daten durch den Nutzer i.S.v. Art. 9 Abs. 2 lit. e DSGVO ausgegangen werden.

Das zusätzlich erforderliche Merkmal der „Offensichtlichkeit" setzt ferner voraus, dass das Öffentlichmachen eindeutig auf einem Willensakt der betroffenen Person beruht.[894] Für die Anfertigung von Avatar-Bildnissen bedeutet dies, dass der Ausnahmetatbestand des Art. 9 Abs. 2 lit. e DSGVO nur eingreifen kann, wenn hinter dem Avatar-Bildnis der abgebildete Nutzer steht, der den Avatar steuert. Sind der steuernde Nutzer und die abgebildete Person hingegen nicht identisch, kann in dem Auftreten des Avatar-Bildnisses in der virtuellen Welt hingegen kein offensichtliches Öffentlichmachen der besonderen Daten durch den Betroffenen liegen, da dieser keinen Einfluss auf die Nutzung des Avatars hat und das Öffentlichmachen daher nicht (eindeutig) auf seinem Willensakt beruht.

IV. Subsidiärer Schutz durch das Allgemeine Persönlichkeitsrecht bei fehlender Erkennbarkeit des Abgebildeten

Mangelt es einer Avatardarstellung an der Erkennbarkeit bzw. Identifizierbarkeit der abgebildeten Person, liegt weder ein Bildnis i.S.d. §§ 22, 23 KUG noch ein personenbezogenes Datum i.S.v. Art. 2 Abs. 1 DSGVO vor,[895] sodass ein persönlichkeitsrechtlicher Schutz nach diesen Rechtsgrundlagen ausscheidet. Unter gewissen Umständen können dem Betroffenen jedoch Ansprüche aus dem Allgemeinen Persönlichkeitsrecht zustehen.[896] Dies wird bisher insbesondere für solche Fälle angenommen, in denen der Betroffene zwar erkennbar nicht bildlich dargestellt wird, die Gesamtumstände der Abbildung jedoch zu einer geistigen Verknüpfung mit seiner Person führen und er dadurch – nach einer im Einzelfall

---

[894] BeckOK-DatenschutzR/*Albers/Veit*, DSGVO Art. 9, Rn. 77.

[895] Vgl. ausführlich zum Erfordernis der Identifizierbarkeit nach Art. 4 Nr. 1 DSGVO: BeckOK-DatenschutzR/*Schild*, DSGVO Art. 4, Rn. 14 ff.

[896] Zum Verhältnis von Allgemeinem Persönlichkeitsrecht und spezialgesetzlichem Bildnisschutz siehe oben E. I. 1.

vorzunehmenden Interessenabwägung – in seinem Persönlichkeitsrecht verletzt wird (1.).[897] Ferner ist auch der unbefugte Besitz bzw. die ungewollte Veröffentlichung von Nacktbildern, auf denen der Abgebildete nicht erkennbar ist, wegen einer Verletzung der individuellen Intimsphäre unzulässig (2.).[898]

1. Persönlichkeitsverletzung nach den Begleitumständen

Ist ein Avatar nicht als Personenabbildung erkennbar, kann sich dennoch eine Persönlichkeitsverletzung aus der Einbettung der Figur in konstante Begleitumstände oder gewisse Szenerien ergeben, sofern dadurch vom Durchschnittspublikum[899] ein geistiger Bezug zu der betroffenen Person hergestellt werden kann. Diesbezüglich kommen insbesondere Darstellungen von Avataren im Rahmen zeithistorischer VR-Erlebnisse in Betracht.[900] Führt die Verknüpfung von Avatar und realer Person nach Abwägung der widerstreitenden Interessen – etwa wegen Preisgabe intimer Informationen oder der Kontextuierung unwahrer Tatsachenbehauptungen – zu einer Verletzung des Allgemeinen Persönlichkeitsrechts, kann der Betroffene analog §§ 1004 Abs. 1, 823 BGB die Unterlassung der Darstellung verlangen und ggf. weitere Ansprüche (z.B. Schadensersatz, Schmerzensgeld) geltend machen.

2. Persönlichkeitsverletzung bei Bildern nackter Avatare

Für die Darstellung von nackten Avatarbildern, die das Erscheinungsbild eines echten Menschen wiedergeben sollen, ist eine solche Persönlichkeitsverletzung in der virtuellen Welt hingegen nur in Ausnahmefällen denkbar. Die Rechtsprechung begründet den Persönlichkeitsschutz für den Umgang mit Nacktbildern

[897] Für die Darstellung einer Person in einem zeitgeschichtlichen Film: OLG München, Beschl. v. 14.9.2007 – 18 W 1902/07, NJW-RR 2008, 1220 (1222). Für die Darstellung eines Bildfragments: OLG Karlsruhe, Beschl. v. 28.7.2004 – 6 U 39/04, GRUR 2004, 1058 (1059).

[898] LG Frankfurt a.M., Urt. v. 19.1.2006 – 2/03 O 457/05, AfP 2006, 380; BeckOK-UrhR/*Engels*, KUG § 22, Rn. 27; Dreier/Schulze-UrhG/*Specht-Riemenschneider*, KUG § 22, Rn. 6; Wenzel-WortuBildR/*v. Strobl-Albeg*, Kap. 7, Rn. 16. Vgl. ebenso: BGH, Urt. v. 2.7.1974 – VI ZR 121/73, GRUR 1975, 561 (562), der einen Anspruch jedoch wegen des Vorliegens einer Einwilligung verneint. Ist der Betroffene auf der Abbildung erkennbar, kann er sich mit dem Allgemeinen Persönlichkeitsrecht gegen den unbefugten Besitz der Nacktbilder wehren, vgl.: BGH, Urt. v. 13.10.2015 – VI ZR 271/14, GRUR 2016, 315, Rn. 28 ff.

[899] Vgl.: OLG München, Beschl. v. 14.9.2007 – 18 W 1902/07, NJW-RR 2008, 1220 (1222), welches auf den „Zuschauer" abstellt.

[900] Man denke hier etwa an VR-Spiele, in denen gewisse politisch-historische Ereignisse simuliert werden und die beteiligten Figuren aufgrund ihrer Rolle bzw. sonstiger Merkmale Verbindungen zu bestimmten (historischen) Personen aufweisen.

maßgeblich mit dem Selbstbestimmungsrecht des Individuums über die Abbildung des eigenen biologischen Intimbereichs.[901] Durch einen Avatar kann jedoch nicht der tatsächliche, physische Intimbereich eines Menschen, sondern immer nur der entblößte Genitalbereich einer virtuellen Figur dargestellt werden. Dies ist grundsätzlich nicht mit der tatsächlichen Darstellung intimer Körperteile durch ein Lichtbild vergleichbar.

Etwas anderen gilt nur dann, wenn ein Nacktbild für die Erstellung eines fotorealistischen Avatars genutzt wird, sodass der Avatar nunmehr der tatsächlichen, nackten Erscheinungsform des Betroffenen im Detail ähnelt. In diesem Falle kann kein Unterschied zu der rechtlichen Beurteilung einer „klassischen" Fotografie gemacht werden. Vielmehr muss eine Verletzung der Intimsphäre des Abgebildeten angenommen werden, denn es sind im Ergebnis „seine" (fotorealistischen) Geschlechtsteile, die virtuell dargestellt werden.

V. Ergebnis

Im Ergebnis ist festzuhalten, dass das Recht am eigenen Bild auch in der virtuellen Realität des Metaversums umfassenden Persönlichkeitsschutz gewährleisten kann.

Wird durch den Avatar eine Person in erkennbarer Weise abgebildet, unterfällt sowohl die Nutzung des Avatars innerhalb einer Plattform als auch dessen Reproduktion in externen Medien dem Bildnisschutz der §§ 22, 23 KUG. Auch die der Erstellung fotorealistischer Avatare mittels eines KI-Programmes vorgelagerte Weitergabe eines Bildnisses an eine Software ist als Bildnisverbreitung i.S.v. § 22 S. 1 Alt. 1 KUG nur nach den kunsturheberrechtlichen Voraussetzungen zulässig, sodass sich der Abgebildete bereits im Vorfeld gegen die KI-basierte Erstellung eines fotorealistischen Avatars wehren kann.

Handelt es sich hingegen um den reinen Herstellungsakt eines Avatar-Bildnisses, ist das KUG nicht anwendbar. Die Erstellung von Avataren bzw. das Anfertigen von Screenshots sind jedoch an den Voraussetzungen der DSGVO zu messen, die in dieser Hinsicht Anwendung findet. Liegt keine Einwilligung des Betroffenen vor, kann sich die Rechtmäßigkeit der Bildnisherstellung insbesondere

[901] BGH, Urt. v. 13.10.2015 – VI ZR 271/14, GRUR 2016, 315, Rn. 34; Urt. v. 22.1.1985 – VI ZR 28/83, NJW 1985, 1671 (1619); Urt. v. 2.7.1974 – VI ZR 121/73, GRUR 1975, 561 (562).

für die Medienberichterstattung aus Art. 6 Abs. 2 lit. f DSGVO ergeben, sofern die Presse- bzw. Meinungsfreiheit das Persönlichkeitsrecht des Abgebildeten nach den Umständen des Einzelfalles überwiegt. Treten aus dem Avatar-Bildnis besonders sensible Informationen über den Abgebildeten hervor, muss die Bildnisanfertigung hingegen den Voraussetzungen des Art. 9 Abs. 2 DSGVO genügen. Diesbezüglich kann sich im Hinblick auf die Anfertigung von Screenshots eine Rechtmäßigkeit der Datenverarbeitung nach Art. 9 Abs. 2 lit. e DSGVO ergeben, sofern der Nutzer hinter dem Avatar selbst der Abgebildete ist.
Fehlt es der Avatardarstellung an der Erkennbarkeit, kann schließlich unter gewissen Umständen Persönlichkeitsschutz nach dem Allgemeinen Persönlichkeitsrecht gewährt werden. Dies betrifft zum einen solche Fälle, in denen durch den Kontext einer nicht erkennbaren bildlichen Darstellung ein (persönlichkeitsverletzender) geistiger Bezug zu einer Person hergestellt wird. Zum anderen kann sich ein Betroffener in Ausnahmefällen mit dem Allgemeinen Persönlichkeitsrecht – genauer gesagt: mit dem Recht auf Achtung seiner Intimsphäre – gegen die fotorealistische Darstellung seiner Geschlechtsteile durch einen Avatar wehren.

F. Namensrecht

Im Rahmen des individuellen Identitätsschutzes spielt neben dem Recht am eigenen Bild auch das durch § 12 BGB garantierte Namensrecht eine wichtige Rolle. Das Namensrecht dient dem Zweck, Individuen bzw. Organisationen zu identifizieren und voneinander zu unterscheiden.[902] Es ermöglicht, Rechtssubjekte in sozialen und rechtlichen Kontexten eindeutig zu benennen bzw. zu bestimmen, wodurch die Grundlage für persönliche bzw. korporative Identität und rechtliche Zugehörigkeit geschaffen wird. In ideeller Hinsicht dient der Name insbesondere als wesentlicher Bestandteil der individuellen Selbstwahrnehmung, indem er jeden Einzelnen befähigt, sich selbst als einzigartiges Individuum innerhalb einer Gemeinschaft zu definieren.[903] In wirtschaftlicher Hinsicht ist der Name hingegen entscheidender Anknüpfungspunkt für den Abschluss von Verträgen sowie die Zuordnung von Rechten und Pflichten.[904]

---

[902] MüKo-BGB/*Säcker*, § 12, Rn. 1; BeckOK-BGB/*Förster*, § 12, Rn. 1; BeckOGK-BGB/*Niebel*, § 12, Rn. 3.
[903] BeckOK-BGB/*Förster*, § 12, Rn. 7.
[904] BeckOK-BGB/*Förster*, § 12, Rn. 8 f.

In der virtuellen Realität des Metaversums, in der die (rechtlichen) Grenzen zwischen Realität und Virtualität verschwimmen, besteht die Gefahr, dass Namen zum Zwecke der Identitätstäuschung missbraucht werden. Böswillige Nutzer könnten für ihren Avatar etwa den Namen einer (bekannten) Person verwenden, um deren Ruf für die Verbreitung von gefälschten Informationen oder beleidigenden Inhalten auszunutzen. Ebenso könnte ein fremder Name im Metaversum zur Durchführung von betrügerischen oder irreführenden Handlungen genutzt werden, indem andere Nutzer im Hinblick auf den Erwerb von virtuellen Gütern und Dienstleistungen über die Identität ihres Geschäftspartners getäuscht werden. Ein derartiger unbefugter Namensgebrauch würde nicht nur zu Schädigungen Dritter führen, sondern auch die Reputation des wahren Namensträgers erheblich beeinträchtigen. Dem Inhaber eines Namens dürfte also daran gelegen sein, Verletzungen seines Namensrechts in der virtuellen Welt zu unterbinden. Im Folgenden sollen die rechtlichen Wirkungen des Namensrechts in der virtuellen Realität des Metaversums untersucht werden. Dazu sind zunächst die Rahmenbedingungen des Rechts am eigenen Namen darzustellen. Diese Ausführung sollen sodann auf die Besonderheiten des Metaversums übertragen werden. Dabei soll insbesondere untersucht werden, inwiefern (Nutzer-)Namen im Metaversum namensrechtlichen Schutz erfahren können und unter welchen Voraussetzungen eine Namensverletzung anzunehmen ist.

I. Rechtliche Rahmenbedingungen

Das Recht am eigenen Namen ist spezialgesetzlich in § 12 BGB normiert. Es ist in seiner Grundfunktion, die dem Schutz der Identität und Individualität eines Menschen dient, als besonderes Persönlichkeitsrecht allgemein anerkannt.[905] Soweit das Namensrecht hingegen auch den Schutz von Unternehmenskennzeichen im Wirtschaftsverkehr erfasst, wird es mehrheitlich als Immaterialgüterrecht charakterisiert.[906] Für die weitere Untersuchung spielt die Frage nach der

[905] Vgl.: BVerfG, Beschl. v. 21.8.2006 – 1 BvR 2047/03, NJW 2007, 671; Urt. v. 18.2.2004 – 1 BvR 193/97, NJW 2004, 1155; BGH, Urt. v. 1.12.1999 – I ZR 49/79, NJW 2000, 709 (712); Urt. v. 18.3.1959 – IV ZR 182/58, NJW 1959, 430 (431); BeckOGK-BGB/*Niebel*, § 12, Rn. 6; BeckOGK-BGB/*Specht-Riemenschneider*, § 823, Rn. 1242; MüKo-BGB/*Säcker*, § 12, Rn. 2; BeckOK-BGB/*Förster*, § 12, Rn. 12; Erman-BGB/*Saenger*, § 12, Rn. 2; Staudinger-BGB/*Fritzsche*, § 12, Rn. 19.

[906] Vgl.: Staudinger-BGB/*Fritzsche*, § 12, Rn. 19; Erman-BGB/*Saenger*, § 12, Rn. 2; BeckOK-BGB/*Förster*, § 12, Rn. 12; BeckOGK-BGB/*Niebel*, § 12, Rn. 12. Für die Einordnung als „zweipoliges" Recht: MüKo-BGB/*Säcker*, § 12, Rn. 3.

Rechtsnatur indes keine Rolle, kommt ihr für die Beurteilung der rechtlichen Wirkung des Namensschutzes doch nur geringe Bedeutung zu.[907]

In seinem Anwendungsbereich schützt § 12 BGB vor einer Namensbestreitung (§ 12 S. 1 Alt. 1 BGB) sowie vor einer unbefugten Namensverwendung durch Dritte (§ 12 S. 1 Alt. 2 BGB). Da Gefährdungen für das Namensrecht in der virtuellen Realität des Metaversums hauptsächlich durch den Gebrauch fremder Namen zu befürchten sind, soll sich die Darlegung der rechtlichen Rahmenbedingungen im Folgenden auf die Handlungsalternative der unbefugten Namensverwendung beschränken.

Im Falle der Verletzung des Namensrechts stehen dem Berechtigten aus § 12 BGB Beseitigung- sowie Unterlassungsansprüche gegen den unbefugten Namensverwender zu. Darüber hinaus kann er nach Maßgabe des § 823 Abs. 1 BGB Schadensersatz verlangen, da das Namensrecht als „absolutes Recht" deliktsrechtlich geschützt wird.[908] Als besondere Ausprägung des Allgemeinen Persönlichkeitsrechts begründet die Verletzung des Namensrechts zudem einen Anspruch auf Ersatz des immateriellen Schadens aus Art. 1 Abs. 1 i.V.m. Art. 2 Abs. 1 GG, soweit der persönlichkeitsrechtliche Gehalt des Namens getroffen wird.[909] Fehlt es an einem für den Schadensersatzanspruch erforderlichen Verschulden des Nichtberechtigten, kann eine Namensanmaßung i.S.v. § 12 S. 1 Alt. 2 BGB schließlich auch einen Bereicherungsanspruch gemäß § 812 Abs. 1 S. 1 Alt. 2 BGB nach sich ziehen, womit der Namensinhaber insbesondere Wertersatz in Form einer hypothetischen Lizenz für die Namensnutzung verlangen kann.[910]

1. Geschützte Namen

Die Anwendbarkeit des § 12 BGB setzt voraus, dass ein rechtlich geschützter Name vorliegt. Diesbezüglich kann zwischen den Namen natürlicher Personen

---

907 So auch: MüKo-BGB/*Säcker*, § 12, Rn. 3, der die Diskussion um die Rechtsnatur als „wenig ergiebig" beschreibt.

908 MüKo-BGB/*Säcker*, § 12, Rn. 167; BeckOK-BGB/*Förster*, § 12, Rn. 383; BeckOGK-BGB/*Niebel*, § 12, Rn. 185; Staudinger-BGB/*Fritzsche*, § 12, Rn. 350. Vgl. ebenso: LG München I, Urt. v. 8.3.2007 – 4 HK O 12806/06, NJW-RR 2007, 921 (923), wonach § 823 Abs. 1 i.V.m. § 12 BGB die Anspruchsgrundlage darstellt.

909 MüKo-BGB/*Säcker*, § 12, Rn. 172; BeckOK-BGB/*Förster*, § 12, Rn. 389; BeckOGK-BGB/*Niebel*, § 12, Rn. 189.

910 Vgl.: BGH, Urt. v. 5.6.2008, Urt. v. 5.6.2008 – I ZR 223/05, NJOZ 2008, 4549, Rn. 12; Urt. v. 14.4.1992 – VI ZR 285/91, GRUR 1992, 557 (558). Vgl. ebenso: MüKo-BGB/*Säcker*, § 12, Rn. 173; BeckOGK-BGB/*Niebel*, § 12, Rn. 197; BeckOK-BGB/*Förster*, § 19, Rn. 399.

im „privaten“ Verkehr und den Namen juristischer Personen bzw. Personenvereinigungen im geschäftlichen Verkehr unterschieden werden.

a) Namen natürlicher Personen

Im Hinblick auf natürliche Personen schützt § 12 BGB in erster Linie den kraft Gesetzes erworbenen bürgerlichen Namen, bestehend aus der Kombinationen von einem oder mehreren Vor- und Familiennamen.[911] Die unbefugte Verwendung allein des Vornamens begründet regelmäßig keinen namensrechtlichen Schutz, da Vornamen in Alleinstellung meist nicht als Hinweis auf eine bestimmte Person verstanden werden.[912] Eine ausreichende Kennzeichnungskraft des Namens ist jedoch ausnahmsweise für solche Namensträger anzuerkennen, die unter ihrem Vornamen in der Öffentlichkeit allgemein bekannt sind.[913] Der isolierte Gebrauch des Nachnamens kann hingegen jederzeit den Schutz des § 12 BGB auslösen, da er insofern zu einer hinreichenden Individualisierung des Namensträgers im Rechtsverkehr führt.[914]

Darüber hinaus kann sich der Namensschutz auch auf einen selbstgewählten Wahlnamen – das sogenannte Pseudonym – erstrecken, sofern dieser Name Verkehrsgeltung erlangt hat.[915] Dabei kommt dem Erfordernis der Verkehrsgeltung laut Bundesgerichtshof entscheidende Bedeutung zu. Stünde nämlich jedem Pseudonym bereits mit Aufnahme der Namensnutzung ein eigenständiger Namensschutz zu, könnte sich der Träger des Pseudonyms gegenüber dem Inhaber eines wortgleichen bürgerlichen Namens von Beginn an auf das Recht der Gleichnamigen berufen.[916] Dadurch würde der Namensschutz jedoch erheblich beeinträchtigt, „*weil jeder Nichtberechtigte sich auf den Standpunkt stellen*

---

[911] MüKo-BGB/*Säcker*, § 12, Rn. 8; BeckOK-BGB/*Förster*, § 12, Rn. 20; BeckOGK-BGB/*Niebel*, § 12, Rn. 8; Jauernig-BGB/*Mansel*, § 12, Rn. 2; Spindler/Schuster-eMedienR/*Müller*, BGB § 12, Rn. 9.

[912] BGH, Urt. v. 1.12.1999 – I ZR 49/79, GRUR 2000, 709 (715); MüKo-BGB/*Säcker*, § 12, Rn. 9; BeckOGK-BGB/*Niebel*, § 12, Rn. 19.

[913] BGH, Urt. v. 25.10.2002 – V ZR 279/01, NJW 2003, 1120; Urt. v. 1.12.1999 – I ZR 49/79, GRUR 2000, 709 (715); MüKo-BGB/*Säcker*, § 12, Rn. 9; BeckOGK-BGB/*Niebel*, § 12, Rn. 19; BeckOK-BGB/*Förster*, § 12, Rn. 26.

[914] Vgl.: BGH, Urt. v. 25.10.2002 – V ZR 279/01, NJW 2003, 1120: „*[Der Familienname] individualisiert nämlich den Unterzeichner hinreichend, weil die Kennzeichnung einer Person zur Unterscheidung von anderen im allgemeinen Sprachgebrauch jedenfalls außerhalb des Familien- und engeren Bekanntenkreises und erst recht im Rechtsverkehr durch den Familiennamen erfolgt.*“

[915] BGH, Urt. v. 26.6.2003 – I ZR 296/00, GRUR 2003, 897 (898).

[916] BGH, Urt. v. 26.6.2003 – I ZR 296/00, GRUR 2003, 897 (898).

könnte, er verwende nicht einen fremden Namen, sondern einen eigenen Aliasnamen.“[917] Um eine solche Benachteiligung bürgerlicher Namensträger zu verhindern, kann ein Pseudonym daher nur unter der zusätzlichen Voraussetzung Namensschutz erlangen, dass es tatsächlich im Verkehr zur Bezeichnung einer Person verwendet wird, also Verkehrsgeltung besitzt.[918]

Schließlich können auch Spitznamen natürlicher Personen namensrechtlichen Schutz genießen.[919] Anders als Pseudonyme werden Spitznamen nicht vom Namensträger selbst gewählt, sondern diesem durch Dritte verliehen. Greift der Bezeichnete den Spitznamen auf und verwendet diesen, liegt daher bereits aufgrund der vorherigen Fremdbezeichnung oftmals eine gewisse Verkehrsgeltung vor.[920] Dies dürfte der Grund dafür sein, warum die Rechtsprechung ohne konkrete Prüfung der Verkehrsgeltung den Schutz eines Spitznamens bereits mit der Ingebrauchnahme durch den Bezeichneten bejaht und lediglich einen „Zuordnungszusammenhang“ zwischen dem Namen und der bezeichneten Person verlangt.[921] Dies darf jedoch nicht darüber hinwegtäuschen, dass auch ein Spitzname vor dem Hintergrund des potentiellen Konfliktes mit gleichlautenden bürgerlichen Namen nur dann namensrechtlichen Schutz genießen kann, wenn er in den relevanten Verkehrskreisen eine gewisse Kennzeichnungskraft, sprich Verkehrsgeltung, besitzt.[922] Folgerichtig wird in der Rechtsprechung davon ausgegangen, dass ein Spitzname ohne Ingebrauchnahme durch den Bezeichneten nur insoweit vom Namensrecht erfasst wird, wie er in der Öffentlichkeit, insbesondere durch die Medien, zur Bezeichnung einer bestimmten Person Verkehrsdurchsetzung erlangt hat.[923]

---

[917] BGH, Urt. v. 26.6.2003 – I ZR 296/00, GRUR 2003, 897 (898).

[918] So auch die herrschende Ansicht in der Literatur, vgl.: MüKo-BGB/*Säcker*, § 12, Rn. 11; BeckOK-BGB/*Förster*, § 12, Rn. 29; Jauernig-BGB/*Mansel*, BGB § 12, Rn. 3; Spindler/Schuster-eMedienR/*Müller*, BGB § 12, Rn. 9; Schulze-BGB/*Dörner*, BGB § 12, Rn. 7; Staudinger-BGB/*Fritzsche*, § 12, Rn. 30. Andere Ansicht: BeckOGK-BGB/*Niebel*, § 12, Rn. 24; *Heyers*, JR 2006, 94 (96), wonach der den Namensschutz bereits mit Aufnahme der Namensnutzung zubilligen will.

[919] OLG Hamburg, Urt.v. 1.11.2001 – 3 U 127/01, GRUR 2002, 450 (451); LG München I, Urt. v. 8.3.2007 – 4 HK O 12806/06, GRUR-RR 2007, 214 (215); Staudinger-BGB/*Fritzsche*, § 12, Rn. 39; MüKo-BGB/*Säcker*, § 12, Rn. 11; BeckOGK-BGB/*Niebel*, § 12, Rn. 25; BeckOK-BGB/*Förster*, § 12, Rn. 29.

[920] Staudinger-BGB/*Fritzsche*, § 12, Rn. 39; MüKo-BGB/*Säcker*, § 12, Rn. 11.

[921] Vgl.: OLG Hamburg, Urt.v. 1.11.2001 – 3 U 127/01, GRUR 2002, 450 (451); LG München I, Urt. v. 8.3.2007 – 4 HK O 12806/06, GRUR-RR 2007, 214 (215). Vgl. ebenso: BeckOGK-BGB/*Niebel*, § 12, Rn. 25.

[922] Vgl.: BeckOK-BGB/*Förster*, § 12, Rn. 29, der ausdrücklich eine Verkehrsgeltung verlangt.

[923] LG München I, Urt. v. 8.3.2007 – 4 HK O 12806/06, GRUR-RR 2007, 214 (215). Vgl. ebenso: Staudinger-BGB/*Fritzsche*, § 12, Rn. 39.

b) Namen juristischer Personen und Personenvereinigungen

Der Namensschutz des § 12 BGB erstreckt sich nicht nur auf natürliche Personen, sondern umfasst grundsätzlich auch Namen von juristischen Personen, Personengesellschaften und sonstigen im Rechtsleben auftretenden Personenvereinigungen.[924] Dies gilt unabhängig davon, ob der Namensträger rechtsfähig ist oder nicht.[925]

Sofern solche Unternehmenskennzeichen im geschäftlichen Verkehr verwendet werden, gehen jedoch die markenrechtlichen Spezialvorschriften der §§ 5, 15 MarkenG dem „allgemeinen" Anspruch aus § 12 BGB vor und verdrängen diesen.[926] Der namensrechtliche Schutz von Unternehmen nach § 12 BGB kommt daher nur dort in Betracht, wo die Unternehmensbezeichnung im nichtgeschäftlichen Verkehr oder außerhalb der Branchennähe benutzt wird.[927]

2. Verletzung des Namensrechts

Eine Namensanmaßung i.S.v. § 12 S. 1 Alt. 2 BGB liegt vor, wenn ein Nichtberechtigter einen fremden Namen gebraucht, dadurch eine Zuordnungsverwirrung auslöst und schutzwürdige Interessen des Namensträgers verletzt.[928] Dabei ist zu beachten, dass § 12 BGB nur auf solche Konstellationen Anwendung findet, in denen zumindest eine Partei nicht im geschäftlichen Verkehr agiert.[929] Handelt es sich hingegen um einen rein geschäftlichen Namenskonflikt, sind die Regelungen der §§ 5, 15 MarkenG als leges speciales maßgeblich.[930]

---

[924] MüKo-BGB/*Säcker*, § 12, Rn. 18; Erman-BGB/*Saenger*, § 12, Rn. 12. Zu den einzelnen Ausprägungen vgl. ausführlich: Staudinger-BGB/*Fritzsche*, § 12, Rn. 63 ff. m.w.N. zur Rechtsprechung.

[925] BGH, Urt. v. 29.10.1992 – I ZR 164/90, NJW 1993, 459 (460). Vgl. ebenso: OLG Jena, Urt. v. 17.10.2012 – 2 U 41/12, GRUR-RS 2013, 6043; Spindler/Schuster-eMedienR/*Müller*, BGB § 12, Rn. 10 m.w.N.

[926] BGH, Urt. v. 6.11.2013 – I ZR 153/12, NJW 2014, 506, Rn. 8; Urt. v. 19.2.2009 – I ZR 135/06, GRUR 2009, 658, Rn. 32; Urt. v. 9.9.2004 – I ZR 65/02, NJW 2004, 430. Vgl. ebenso: MüKo-BGB/*Säcker*, § 12, Rn. 197; BeckOK-BGB/*Förster*, § 12, Rn. 34; BeckOGK-BGB/*Niebel*, § 12, Rn. 210; Erman-BGB/*Saenger*, § 12, Rn. 37.

[927] BGH, Urt. v. 6.11.2013 – I ZR 153/12, NJW 2014, 506, Rn. 8 m.w.N. Vgl. ebenso: BeckOGK-BGB/*Niebel*, § 12, Rn. 211.

[928] BGH, Urt. v. 28.7.2022 – I ZR 171/21, NJW 2022, 3783, Rn. 14; Urt. v. 24.2.2022 – I ZR 2/21, NJW 2022, 1676, Rn. 78 m.w.N.; Staudinger-BGB/*Fritzsche*, § 12, Rn. 27; BeckOGK-BGB/*Niebel*, § 12, Rn. 100.

[929] MüKo-BGB/*Säcker*, § 12, Rn. 133.

[930] MüKo-BGB/*Säcker*, § 12, Rn. 133.

Der Gebrauch eines Namens kann zuvorderst dadurch erfolgen, dass der Nichtberechtigte den fremden Namen zur Selbstbezeichnung verwendet.[931] Darüber hinaus kann auch in der Bezeichnung einer dritten Person[932] oder in der entsprechenden Benennung von Unternehmen, Einrichtungen, Waren oder Dienstleistungen[933] ein Namensgebrauch liegen. Dabei ist es nicht zwingend notwendig, dass der genutzte Name exakt dem geschützten Namen entspricht; geringe Abweichungen in Schrift oder Klang des Namens sind unschädlich, soweit die beteiligten Verkehrskreise den Namen dennoch dem wahren Namensträger zuordnen können.[934] Entscheidend ist, dass der Namensgebrauch Rückschlüsse auf die Person des Namensträgers zulässt und dadurch zu einem Irrtum über die Identität des Bezeichneten führt (Zuordnungsverwirrung).[935]

Eine solche Zuordnungsverwirrung liegt vor, wenn die abstrakte Gefahr besteht, dass die beteiligten Verkehrskreise den Namen als Hinweis auf eine bestimmte Person begreifen und dadurch über die wahre Identität des Namensverwenders irren (Zuordnungsverwirrung im engeren Sinne).[936] Dabei ist vor allem die Kennzeichnungskraft des verwendeten Namens zu beachten.

Darüber hinaus erfasst § 12 S. 1 Alt. 2 BGB auch solche Fälle, in denen der Verkehr zwar Unterschiede zwischen den verwendeten Namen erkennt, aufgrund einer Namensähnlichkeit jedoch befürchtet werden muss, dass die beteiligten Verkehrskreise von einer organisatorischen, familiären oder sonstigen, insbesondere vertraglichen, Verbindungen zwischen den Namensträgern ausgehen (Zuordnungsverwirrung im weiteren Sinne).[937]

Unbefugt ist der Namensgebrauch, wenn dem Verwender kein eigenes (gesetzliches oder vertragliches) Benutzungsrecht zusteht.[938] Die redliche Verwendung

---

[931] MüKo-BGB/*Säcker*, § 12, Rn. 97; BeckOGK-BGB/*Niebel*, § 12, Rn. 106; Staudinger-BGB/*Fritzsche*, § 12, Rn. 278 ff.; BeckOK-BGB/*Förster*, § 12, Rn. 77.

[932] BeckOGK-BGB/*Niebel*, § 12, Rn. 118; Staudinger-BGB/*Fritzsche*, § 12, Rn. 280; BeckOK-BGB/*Förster*, § 12, Rn. 78.

[933] BeckOGK-BGB/*Niebel*, § 12, Rn. 109 ff.; Staudinger-BGB/*Fritzsche*, § 12, Rn. 288.

[934] *Meyer*, S. 87; MüKo-BGB/*Säcker*, § 12, Rn. 98. Vgl. ebenso: Spindler/Schuster-eMedienR/*Müller*, BGB § 12, Rn. 28; Staudinger-BGB/*Fritzsche*, § 12, Rn. 293. Für den Gebrauch eines Wappens: BGH, Urt. v. 28.3.2002 – I ZR 235/99, GRUR 2002, 917 (919).

[935] BGH, Urt. v. 10.12.2015 – I ZR 177/14, MMR 2016, 616, Rn. 24; Urt. v. 28.9.2011 – I ZR 188/09, MMR 2012, 376, Rn. 12; MüKo-BGB/*Säcker*, § 12, Rn. 98; BeckOK-BGB/*Förster*, § 12, Rn. 75.

[936] MüKo-BGB/*Säcker*, § 12, Rn. 98; BeckOGK-BGB/*Niebel*, § 12, Rn. 158; BeckOK-BGB/*Förster*, § 12, Rn 75.

[937] MüKo-BGB/*Säcker*, § 12, Rn. 98 m.w.N.; BeckOGK-BGB/*Niebel*, § 12, Rn. 158.

[938] BGH, Urt. v. 10.12.2015 – I ZR 177/14, GRUR 2016, 749, Rn. 36; Urt. v. 6.11.2013 – I ZR 153/12, GRUR 2014, 507, Rn. 19. Vgl. ebenso: BeckOK-BGB/*Förster*, § 12, Rn. 80;

des eigenen bürgerlichen Namens im außergeschäftlichen Bereich ist grundsätzlich stets von einem solchen Nutzungsrecht gedeckt.[939] Auch der private Gebrauch eines nach § 12 BGB geschützten Pseudonyms bzw. Spitznamens ist grundsätzlich zulässig und muss einem gleichen bürgerlichen Namen nicht weichen.[940] Zwischen dem Schutz eines bürgerlichen Namens und dem Schutz eines Wahlnamens existiert insofern kein Stufenverhältnis.[941] Allerdings müssen in einer solchen Kollisionslage die Grundsätze des Gleichnamigenrechts beachtet werden,[942] wonach zwischen den Namensberechtigten ein Interessenausgleich vorzunehmen ist.[943] Kollidieren hingegen zwei Wahlnamen, gilt das Prioritätsprinzip: Derjenige Name, der zuerst in Gebrauch genommen wurde, hat – vorbehaltlich einer Interessenabwägung im Einzelfall – Vorrang.[944]

Eine Verletzung des Namensrechts kann in jedem Falle abschließend nur festgestellt werden, wenn geschützte Interessen des Berechtigten beeinträchtigt sind.[945] Dabei ist ein sehr großzügiger Maßstab anzulegen, sodass persönliche oder ideelle, aber auch bloße Affektionsinteressen genügen.[946] Im Bereich des bürgerlichen Namens reicht daher bereits das Interesse des Namensträgers aus, nicht mit anderen Personen verwechselt oder in Beziehung gesetzt zu werden.[947] Im Hinblick auf Pseudonyme oder Spitznamen ist hingegen einschränkend zu

---

BeckOGK-BGB/*Niebel*, § 12, Rn. 127; Staudinger-BGB/*Fritzsche*, § 12, Rn. 298; Spindler/Schuster-eMedienR/*Müller*, BGB § 12, Rn. 30.

[939] MüKo-BGB/*Säcker*, § 12, Rn. 130; BeckOK-BGB/*Förster*, Rn. 80; BeckOGK-BGB/*Niebel*, § 12, Rn. 131; Staudinger-BGB/*Fritzsche*, § 12, Rn. 299. Vgl. ebenso: BGH, Urt. v. 22.11.2001 – I ZR 138/99, GRUR 2002, 622 (624), wonach jedoch die Nutzung des Namens zu privaten Zwecken ausnahmsweise eingeschränkt werden kann, wenn die Gefahr der Verwechslung mit einem anderen Namensträger besteht und das Interesse an der uneingeschränkten Verwendung des Namens gegenüber dem Interesse des Gleichnamigen, eine Verwechslung beider Namensträger zu vermeiden, klar zurücktritt.

[940] OLG München, Urt. v. 28.01.1960 – 6 U 1651/59, GRUR 1961, 46 (47); Staudinger-BGB/*Fritzsche*, § 12, Rn. 32; MüKo-BGB/*Säcker*, § 12, Rn. 11.

[941] OLG Köln, Urt. v. 6.7.2000 – 18 U 34/00, MMR 2001, 170 (171). Zwar wurde das Urteil des OLG Köln später durch den BGH aufgehoben; dies beruhte jedoch nicht auf den Ausführungen zum Verhältnis von bürgerlichen Namen und Wahlnamen, sondern maßgeblich auf der Frage nach der Erforderlichkeit der Verkehrgeltung von Pseudonymen, vgl.: BGH, Urt. v. 26.6.2003 – I ZR 296/00, MMR 2003, 726.

[942] Vgl.: BGH, Urt. v. 26.6.2003 – I ZR 296/00, MMR 2003, 726 (727).

[943] Zum Gleichnamigenrecht vgl. ausführlich: MüKo-BGB/*Säcker*, § 12, Rn. 134 ff.

[944] MüKo-BGB/*Säcker*, § 12, Rn. 142; BeckOK-BGB/*Förster*, § 12, Rn. 83; Spindler/Schuster-eMedienR/*Müller*, BGB § 12, Rn. 36.

[945] Vgl. hierzu ausführlich: BeckOK-BGB/*Förster*, § 12, Rn. 89 ff.

[946] BGH, Urt. v. 10.12.2015 – I ZR 177/14, GRUR 2016, 749, Rn. 32 m.w.N. Vgl. ebenso: BeckOK-BGB/*Förster*, § 12, Rn. 89; BeckOGK-BGB/*Niebel*, § 12, Rn. 165; MüKo-BGB/*Säcker*, § 12, Rn. 144; Staudinger-BGB/*Fritzsche*, § 12, Rn. 338.

[947] BGH, Urt. v. 10.12.2015 – I ZR 177/14, GRUR 2016, 749, Rn. 32; BeckOK-BGB/*Förster*, § 12, Rn. 89; MüKo-BGB/*Säcker*, § 12, Rn. 144.

verlangen, dass die Namensverletzung die Namensträger in ihrem jeweiligen Tätigkeitsfeld trifft.[948]

3. Subsidiärer Namensschutz durch das Allgemeine Persönlichkeitsrecht

Der Namensschutz nach § 12 BGB zielt darauf ab, den Namen als äußeres Individualisierungskennzeichen einer Person zu schützen und Identitätstäuschungen bzw. Zuordnungsverwirrungen im Rechtsverkehr zu unterbinden. Der Schutzbereich des § 12 BGB ist nur insoweit eröffnet, wie die Gefahr der Identitätstäuschung besteht oder jemandem der Gebrauch des Namens streitig gemacht wird.[949] Wird ein geschützter Name hingegen dergestalt verwendet, dass es nicht zu einer Zuordnungsverwirrung oder Namensbestreitung kommt, scheidet eine Anwendung des § 12 BGB aus. In diesem Falle kann ein Namensschutz jedoch nach den Maßgaben des Allgemeinen Persönlichkeitsrechts aus §§ 823 Abs. 1, 1004 Abs. 1 BGB gewährt werden.[950] Die Rechtsprechung etwa bejaht eine Verletzung des Allgemeinen Persönlichkeitsrechts, sofern ein geschützter Name unbefugterweise zu Werbezwecken genutzt wird.[951] Darüber hinaus kann das Persönlichkeitsrecht des Namensträgers verletzt sein, wenn sein Name in einem falschen Zusammenhang oder generell öffentlich wiedergegeben wird.[952]

II. Der Namensschutz nach § 12 BGB in der virtuellen Realität des Metaversums

Unter Zugrundelegung der dargestellten rechtlichen Rahmenbedingungen des Namensschutzes soll im Folgenden untersucht werden, unter welchen Voraussetzungen das Recht am eigenen Namen Nutzernamen in der virtuellen Welt des Metaversums schützt.

---

[948] MüKo-BGB/*Säcker*, § 12, Rn. 144. Vgl. ebenso: BeckOK-BGB/*Förster*, § 12, Rn. 89.
[949] MüKo-BGB/*Säcker*, § 12, Rn. 5.
[950] Vgl.: BGH, Urt. v. 28.7.2022 – I ZR 171/21, GRUR 2022, 1694, Rn. 17 ff.; Urt. v. 26.6.1981 – I ZR 73/79, NJW 1981, 2402; Urt. v. 18.3.1959 – IV ZR 182/58, GRUR 1959, 430 (431). Vgl. ebenso: MüKo-BGB/*Säcker*, § 12, Rn. 5.
[951] BGH, Urt. v. 28.7.2022 – I ZR 171/21, GRUR 2022, 1694, Rn. 17 ff.; Urt. v. 26.6.1981 – I ZR 73/79, NJW 1981, 2402; Urt. v. 18.3.1959 – IV ZR 182/58, GRUR 1959, 430 (431).
[952] MüKo-BGB/*Säcker*, § 12, Rn. 136; Staudinger-BGB/*Fritzsche*, § 12, Rn. 22.1. Für die rufschädigende Behauptung einer Scientology-Mitgliedschaft vgl.: BVerfG, Beschl. v. 10.11.1998 – 1 BvR 1531-96, NJW 1999, 1322 (1324).

Ähnlich wie bei „herkömmlichen“ sozialen Netzwerken werden Nutzer innerhalb der einzelnen Plattformen im Metaversum mit ihrem Avatar regelmäßig unter einem Nutzernamen auftreten. Die Nutzer können dabei einerseits ihren echten Namen verwenden; andererseits muss ihnen aufgrund von § 19 Abs. 2 S. 1 TDDDG jedoch auch die Möglichkeit offenstehen, ein selbst gewähltes Pseudonym zu verwenden.[953] Die freie Wahl eines Nutzernamens erlangt typischerweise nur insoweit eine Einschränkung, als dass die doppelte Nutzung eines identischen Namens innerhalb derselben Plattform nicht möglich ist. Um die Wirkung des Namensschutzes für die virtuelle Welt des Metaversums beurteilen zu können, muss zunächst die Frage geklärt werden, ob Nutzernamen überhaupt Namen im rechtlichen Sinne darstellen. Daraufhin wird analysiert, unter welchen Voraussetzungen ein Nutzername namensrechtlichen Schutz erlangen kann und durch welche Handlungen ein solches Namensrecht verletzt wird. Schließlich werden die namensrechtlichen Besonderheiten im virtuellen Geschäftsverkehr dargestellt.

1. Vorüberlegung: Namensfunktion von Nutzernamen?

Damit Nutzernamen im Metaversum überhaupt namensrechtlichen Schutz genießen können, ist es erforderlich, dass ihnen Namensfunktion zukommt. Dies ergibt sich aus der Ratio des Namensschutzes: Der Zweck des Namensrechts liegt maßgeblich darin begründet, dass Namen als sprachliche Kennzeichen zur Identifizierung und Unterscheidung von Personen oder Organisationen im Rechtsverkehr genutzt werden und daher als besonders schutzwürdig anzusehen sind.[954] Für die rechtliche Schutzfähigkeit eines Nutzernamens im Metaversum ist es daher entscheidend, dass mit dem Namen eine Person bzw. Organisation individualisierend gekennzeichnet wird.[955]

Um die Kennzeichnungswirkung von Nutzernamen beurteilen zu können, muss man sich die Funktion solcher Namen vor Augen zu führen. Nutzernamen dienen als Identitätsmarker, die es ermöglichen, sich im Metaversum zu präsentieren

[953] Zur Pflicht der Ermöglichung einer pseudonymen Nutzung im „Außenverhältnis“ vgl.: BGH, Urt. v. 27.1.2022 – III ZR 3/21, MMR 2022, 375, Rn. 40 ff. Vgl. ebenso: Steege/Chibanguza-Metaverse/*Busch*, § 16, Rn. 6; *Kaulartz/Schmid/Müller-Eising*, RDi 2022, 521 (525).

[954] BeckOK-BGB/*Förster*, § 12, Rn. 1. Vgl. ebenso: BeckOGK-BGB/*Niebel*, § 12, Rn. 3; BeckOGK-BGB/*Specht-Riemenschneider*, § 823, Rn. 1242; Staudinger-BGB/*Fritzsche*, § 12, Rn. 2; Erman-BGB/*Saenger*, § 12, Rn. 1.

[955] Vgl.: BeckOK-BGB/*Förster*, § 12, Rn. 2.

und sich mit dem eigenen Avatar von anderen Nutzern zu unterscheiden. Durch die Nutzernamen können Nutzer miteinander kommunizieren und interagieren, sei es in virtuellen Umgebungen, in Chats, in Spielen oder in anderen gemeinsamen Aktivitäten im Metaversum. Dabei ermöglicht es die Wahl einzigartiger Nutzernamen, sich im Rahmen der virtuellen Kommunikation gegenseitig wiederzuerkennen und individuelle Beziehungen aufzubauen. Schließlich können Nutzernamen auch dazu dienen, individuelle Persönlichkeitsmerkmale oder Interessen in der virtuellen Welt zu präsentieren und sich dadurch ein digitales „Image" aufzubauen.

Dies zeigt, dass Nutzernamen im Metaversum vor allem zur Abgrenzung und Individualisierung im Rahmen der virtuellen Interaktion zwischen den Nutzern verwendet werden. Dabei kommt es den einzelnen Nutzern gerade darauf an, mit der Person (oder Organisation) hinter dem jeweiligen Avatar zu kommunizieren. Das Nutzerprofil bzw. der nutzergesteuerte Avatar dienen als „Medium", über welches eine Kommunikation zwischen zwei Menschen erfolgt. Die Zuordnung dieses „Mediums" zu einer bestimmten Person wird wiederum anhand des Nutzernamens vorgenommen. Der Nutzernamen dient also dazu, die hinter dem Avatar stehende Person oder Organisation zu kennzeichnen.[956]

Dies gilt unabhängig davon, ob ein bürgerlicher Name oder ein Wahlname, insbesondere ein Pseudonym, als Nutzername gewählt wird. Ein Pseudonym dient nämlich gerade nicht dazu, die Person hinter dem Namen unkenntlich zu machen.[957] Es soll lediglich den bürgerlichen Namen verdecken, erfüllt bei entsprechender Verkehrsgeltung jedoch ebenso Kennzeichnungs- und Individualisierungsfunktion für die dahinterstehende Person.[958] Als Ausdruck einer persönlichen Individualität und Identität des hinter dem Avatar bzw. Nutzerprofil stehenden Menschen haben Nutzernamen daher Namensfunktion – ungeachtet davon, ob es sich um bürgerliche Namen oder Wahlnamen handelt.

Im Ergebnis ist die rechtliche Schutzfähigkeit eines Nutzernamens somit zu bejahen. Liegen die sonstigen Voraussetzungen des Namensrechts vor, kann der

---

[956] *Meyer*, S. 82.
[957] *Heyers*, JR 2006, 94 (95).
[958] *Heyers*, JR 2006, 94 (95).

durch den Namen bezeichnete Nutzer im Falle einer unbefugten Namensverwendung namensrechtlichen Schutz geltend machen.[959]

2. Geschützte Nutzernamen

Sind Nutzernamen im Metaversum also grundsätzlich schutzfähig, stellt sich die Frage, wann ein solcher Namensschutz im konkreten Fall greift. Diesbezüglich ist zwischen der Verwendung bürgerlicher Namen sowie der Verwendung von Wahlnamen (Pseudonymen und Spitznamen) zu unterscheiden.

a) Bürgerliche Namen

Der Schutz des bürgerlichen Namens entsteht, sobald der Name einer Person kraft Gesetzes durch Geburt, Heirat oder Adoption (§§ 1616 ff. BGB, § 1355 BGB, § 1757 BGB) zugesprochen wird.[960] Von diesem Moment an kann sich der Namensträger gegen den unbefugten Gebrauch seines Namens zur Wehr setzen. Verwendet der Namensträger seinen eigenen bürgerlichen Namen als Nutzernamen, ist dieser somit „von Anfang an" und unabhängig einer tatsächlichen „Präsenz" im Metaversum durch das Namensrecht geschützt.

b) Pseudonyme

Im Metaversum wird es jedoch häufig vorkommen, dass Nutzer nicht mit ihrem eigenen bürgerlichen Namen, sondern mit einem selbstgewählten Pseudonym auftreten. Anders als bürgerliche Namen entfalten Pseudonyme nur Namensschutz, sofern sie Verkehrsgeltung erlangt haben.[961]

aa) Verkehrsgeltung im Metaversum

In Anlehnung an die im Markenrecht (vgl. § 4 Nr. 2 MarkenG) geltenden Grundsätze[962] ist eine Verkehrsgeltung von Pseudonymen nach allgemeiner

---

[959] Im Ergebnis vgl. ebenso: *Meyer*, S. 73; Chibanguza/Steege-Metaverse/*Kettemann/Böck*, § 6, Rn. 33; MüKo-BGB/*Säcker*, § 12, Rn. 11; Staudinger-BGB/*Fritzsche*, § 12, Rn. 292a; Frey-eSportR/*Frey/van Baal*, § 10, Rn. 14; Redeker-ITR/*Redeker*, Rn. 1453; *Kaulartz/Schmid/Müller-Eising*, RDi 2022, 521 (525); *Geis/Geis*, CR 2007, 721 (724).

[960] MüKo-BGB/*Säcker*, § 12, Rn. 40; BeckOGK-BGB/*Niebel*, § 12, Rn. 23; BeckOK-BGB/*Förster*, § 12, Rn. 53.

[961] Siehe oben F. I. 1. a).

[962] Vgl.: BGH, Urt. v. 26.6.2008 – I ZR 190/05, GRUR 2008, 917, Rn. 38; Fezer-MarkenR/*Fezer*, MarkenG § 4, Rn. 103 ff.

Auffassung dann erreicht, wenn ein jedenfalls nicht unerheblicher Teil der beteiligten Verkehrskreise unter dem Namen einen Hinweis auf den Namensinhaber versteht.[963] Es kommt also gerade nicht darauf an, dass eine breite Öffentlichkeit dem Pseudonym Kennzeichnungscharakter zuschreibt.[964] Der einzelne Nutzername ist vielmehr bereits dann namensrechtlich geschützt, wenn er in dem für ihn relevanten Nutzerkreis Individualisierungsfunktion erlangt hat.

(1) Bestimmung der relevanten Verkehrskreise

Um die Verkehrsgeltung eines Nutzernamens im Metaversum beurteilen zu können, ist es somit zunächst unerlässlich, die jeweils relevanten Verkehrskreise zu identifizieren. Dies kann grundsätzlich anhand örtlicher sowie thematischer Aspekte erfolgen.[965]

Eine Bestimmung von Verkehrskreisen nach „klassischen" örtlichen Aspekten, also abgegrenzt nach physischen Regionen, erweist sich für das Metaversum als ungeeignet. Im Gegensatz zur physischen Welt, in der territoriale Grenzen und geografische Gebiete die Kennzeichnungsfunktion von Namen bestimmen können,[966] sind solche Grenzen im internetbasierten Metaversum nicht zu definieren. Vielmehr interagieren die Nutzer miteinander gänzlich unabhängig von physischen Standorten, sodass Nutzernamen grundsätzlich an jedem Ort der Welt Bekanntheit erlangen können, ohne dass eine klare geographische Abgrenzung möglich wäre. Auch die Definition des gesamten Metaversums als relevanter „Ort" ist aus Gründen eines effektiven Persönlichkeitsschutzes abzulehnen.[967] In Anbetracht der zu erwartenden Vielzahl der Nutzer sowie der heterogenen Struktur des virtuellen Raums wäre die Verkehrsgeltung eines Pseudonyms – und damit die Anwendbarkeit des Namensschutzes – auf diese Weise nämlich kaum zu erreichen.[968]

---

[963] BGH, Urt. v. 28.9.2011 – I ZR 188/09, GRUR 2012, 534, Rn. 31; Urt. v. 24.2.1965 – IV ZR 81/64, NJW 1965, 859 (860); *Meyer*, S. 84 f.; MüKo-BGB/*Säcker*, § 12, Rn. 55; BeckOK-InfoMedienR/*Leyendecker-Langner*, BGB § 12, Rn. 17.

[964] *Meyer*, S. 85; MüKo-BGB/*Säcker*, § 12, Rn. 55.

[965] *Meyer*, S. 85; BeckOK-InfoMedienR/*Leyendecker-Langner*, BGB § 12, Rn. 17.

[966] Für das Markenrecht vgl.: Fezer-MarkenR/*Fezer*, MarkenG § 4, Rn. 129.

[967] Im Hinblick auf das gesamte Internet: *Meyer*, S. 85. Vgl. ebenso: Spindler/Schuster-eMedienR/*Müller*, MarkenG § 4, Rn. 19; *Heyers*, JR 2006, 94 (97).

[968] Vgl.: *Meyer*, S. 85.

Geeigneter erscheint eine Definition der Verkehrskreise nach den an der Namensnutzung beteiligten Nutzern. Tritt der Namensinhaber mit seinem Nutzernamen auf einer Plattform innerhalb des Metaversums auf, bilden grundsätzlich sämtliche Nutzer, die regelmäßig dieselbe Plattform besuchen, den relevanten Verkehrskreis. Der Nutzername erlangt seine Bedeutung nämlich nur für die plattforminterne Kommunikation mit diesen anderen Nutzern.[969] Nicht selten dürfte sich jedoch die Inbezugnahme aller Nutzer einer Plattform als zu weit erweisen. Handelt es sich etwa um eine international zugängliche Plattform mit mehreren Millionen Nutzern könnte eine Verkehrsgeltung innerhalb eines „nicht unerheblichen" Teiles dieser Nutzer nur in Ausnahmefällen angenommen werden. Hier sollten im Sinne eines effektiven Namensschutzes weitere Differenzierungen erfolgen.

Existieren innerhalb einer Plattform verschiedenste virtuelle Welten, könnte man daran denken, den relevanten Verkehrskreis auf solche Nutzer zu beschränken, die sich nicht nur auf derselben Plattform, sondern auch in derselben virtuellen Welt wie der Namensinhaber bewegen. Eine solche Differenzierung ist jedoch nur sinnvoll, wenn die Fluktuation zwischen den unterschiedlichen Welten einer Plattform derart gering ist, dass sich in den jeweiligen Welten ein fester Nutzerkreis etabliert. In der Praxis ist allerdings nicht von einer solchen Beschränkung der virtuellen „Bewegungsfreiheit" auszugehen, ist das Metaversum doch gerade von der Idee getragen, dass sich die Nutzer jederzeit zwischen den verschiedenen virtuellen Welten bewegen können.[970] Eine derartige Abgrenzung der Verkehrskreise ist daher im Regelfall nicht sachdienlich.

Eine Eingrenzung der Verkehrskreise kann jedoch anhand der Sprache erfolgen. Findet die Kommunikation des Namensinhabers allein in einer Sprache statt, kommen nur gleichsprachige Nutzer als Kommunikationspartner in Betracht, unter welchen eine Verkehrsgeltung des Pseudonyms erreicht werden kann.[971] In solchen Fällen ist es daher angebracht, den für den Namensschutz relevanten Verkehrskreis auf Nutzer derselben Sprache zu beschränken.[972] Verwendet ein

---

[969] Vgl.: *Meyer*, S. 85.

[970] Dies zeigt auch ein Blick auf die bisher existierenden Plattformen. So können die Nutzer in *Horizon Worlds* jederzeit von einer „Plaza" aus zwischen den verschiedenen Welten wechseln. Auch in *Second Life* ist es möglich, verschiedene „Regionen" der virtuellen Lanschaft zu besuchen und sich zwischen diesen zu bewegen.

[971] *Meyer*, S. 85.

[972] *Meyer*, S. 85.

Nutzer in der plattforminternen Kommunikation mehrere Sprachen, erweitert sich der relevante Verkehrskreis entsprechend.

Darüber hinaus sollten bei der Eingrenzung von Verkehrskreisen auch thematische Aspekte berücksichtigt werden.[973] Dies gilt insbesondere dann, wenn ein Nutzer mit seinem Pseudonym gleichzeitig auf mehreren Plattformen innerhalb des Metaversums auftritt und der Kreis der zu berücksichtigenden, gleichsprachigen Plattformnutzer daher unverhältnismäßig groß wäre. Die thematische Bestimmung der relevanten Verkehrskreise muss sich daran orientieren, ob und, wenn ja, welches Interessengebiet der betroffene Nutzer mit seinem Pseudonym „bespielt". Innerhalb des Metaversums werden sich oftmals „Communities" bilden, die sich um bestimmte Interessen oder Themen drehen. Diejenigen, die Teil solcher „Communities" sind, können dann als Mitglieder des relevanten Verkehrskreises betrachtet werden. Ist ein Nutzer mit seinem Nutzernamen etwa im Bereich der Online-Spiele aktiv, könnte sich der Verkehrskreis aus Spielern, Streamern, Entwicklern und anderen Personen zusammensetzen, die regelmäßig an der virtuellen Spielwelt teilhaben. Beteiligt sich ein Nutzer mit seinem Pseudonym hingegen am politischen Meinungskampf, gehören solche Personen dem Verkehrskreis an, die regelmäßig an der politisch-gesellschaftlichen Debatte im virtuellen Raum teilhaben. Diese zwei Beispiele verdeutlichen, dass sich für jeden einzelnen Themenbereich, in denen ein Nutzer aktiv ist, ein entsprechender Verkehrskreis bilden lässt.

Im Ergebnis setzt sich die Bildung relevanter Verkehrskreise im Metaversum somit aus mehreren Aspekten zusammen: Zunächst dürfen nur solche Nutzer berücksichtigt werden, die regelmäßig dieselbe Plattform wie der Namensinhaber besuchen. In den meisten Fällen wird diese Nutzergruppe jedoch so groß sein, dass eine Verkehrsgeltung nur in Ausnahmefällen zu erreichen wäre. Daher müssen die relevanten Verkehrskreise nach sprachlichen sowie thematischen Kriterien weiter ausdifferenziert werden: Es können nur solche Nutzer einem relevanten Verkehrskreis angehören, die die Sprache des Namensinhabers sprechen sowie regelmäßig am gleichen Themen- bzw. Interessenkreis beteiligt sind.

---

[973] Vgl.: *Meyer*, S. 86.

(2) Kennzeichnungsfunktion für einen nicht unerheblichen Teil des Verkehrskreises

Sind die relevanten Verkehrskreise nach den aufgestellten Grundsätzen identifiziert, muss der jeweilige Nutzername zum Erreichen einer Verkehrsgeltung innerhalb dieser Kreise Kennzeichnungsfunktion besitzen. Dabei ist es nicht erforderlich, dass sämtliche Mitglieder des relevanten Verkehrskreises das Pseudonym kennen. Verkehrsgeltung existiert bereits dann, wenn ein „nicht unerheblicher Teil" der Mitglieder der Verkehrskreise unter dem Namen einen Hinweis auf den Namensinhaber versteht.[974]

Ab welcher Zahlengröße von einem „nicht unerheblichen Teil" der relevanten Verkehrskreise auszugehen ist, lässt sich nicht pauschal beziffern. Der notwendige Grad der Verkehrsgeltung hängt im Einzelfall maßgeblich von der originären Unterscheidungskraft des jeweiligen Pseudonyms ab.[975] Je geringer die Unterscheidungskraft des Namens ist, desto höhere Anforderungen sind an seine Verkehrsdurchsetzung zu stellen.[976]

Eine eher schwache Unterscheidungskraft ergibt sich, wenn Nutzernamen lediglich aus beschreibenden Gattungsbezeichnungen bestehen oder dem allgemeinen Sprachgebrauch entnommen sind.[977] Als Beispiele können Pseudonyme wie „Gamer123", „Metaverse-Player99" oder „VR-Fanatic" gelten. In solchen Fällen ist es nicht unwahrscheinlich, dass gleiche oder ähnliche Namen auch von anderen Nutzern eines Verkehrskreises verwendet werden. Damit Verkehrsgeltung – und somit Namensschutz – an diesen Nutzernamen entsteht, müssen sie innerhalb ihres Verkehrskreises daher einen vergleichsweise hohen Kennzeichnungsrad erreichen. In der markenrechtlichen Rechtsprechung wird regelmäßig ein Bekanntheitsgrad von deutlich über 50% des Verkehrskreises gefordert.[978] Ein solcher Wert fußt auf der Erwägung, dass im geschäftlichen Verkehr ein grundsätzliches Interesse etwaiger Mitbewerber an der Freihaltung allgemeiner

---

[974] BGH, Urt. v. 28.9.2011 – I ZR 188/09, GRUR 2012, 534, Rn. 31; *Meyer*, S. 84 f.; MüKo-BGB/*Säcker*, § 12, Rn. 55; BeckOK-InfoMedienR/*Leyendecker-Langner*, BGB § 12, Rn. 17.

[975] MüKo-BGB/Säcker, § 12, Rn. 56.

[976] *Meyer*, S. 86; MüKo-BGB/*Säcker*, § 12, Rn. 56. Vgl. ebenso für das Markenrecht: OLG Köln, Urt. v. 26.2.2003 – 6 U 201/02, GRUR-RR 2003, 187 (188); Fezer-MarkenR/*Fezer*, MarkenG § 4, Rn. 123b.

[977] *Meyer*, S. 86. Vgl. ebenso: Fezer-MarkenR/*Fezer*, MarkenG § 4, Rn. 123b.

[978] BGH, Urt. v. 20.3.1997 – I ZR 246/94, GRUR 1997, 754 (755); Urt. v. 8.3.1990 – I ZR 65/88, GRUR 1990, 681 (683); Urt. v. 25.1.1990 – I ZR 83/88, GRUR 1990, 453 (455). Vgl. ebenso: Fezer-MarkenR/*Fezer*, MarkenG § 4, Rn. 123b; Spindler/Schuster-eMedienR/*Müller*, MarkenG § 4, Rn. 20.

bzw. gattungsbeschreibender Begriffe anzuerkennen ist.[979] Für den Fall der privaten Nutzung eines Pseudonyms im Metaversum wiegt ein solches Freihaltebedürfnis mangels geschäftlicher Interessen jedoch weniger schwer. Im Hinblick auf die durch eine missbräuchliche Namensnutzung drohenden Gefahren für die Rechte und Interessen des betroffenen Nutzers sollte der Namensschutz im Privatverkehr bereits bei einer geringeren Kennzeichnungskraft greifen. Die Verkehrsgeltung eines Nutzernamens mit geringer originärer Unterscheidungskraft sollte daher angenommen werden, wenn circa ein Drittel der Mitglieder der beteiligten Verkehrskreise den Namen als Hinweis auf einen bestimmten Namensinhaber versteht bzw. verstehen kann.

Bei Pseudonymen mit hoher originärer Unterscheidungskraft gelten hingegen weniger strenge Anforderungen an die Verkehrsdurchsetzung. Dies liegt darin begründet, dass Namen mit einem besonders eigentümlichen und einzigartigen Charakter bereits von sich aus geeignet sind, eine gewisse Kennzeichnungsfunktion zu erfüllen.[980] Im Metaversum kann sich eine hohe Unterscheidungskraft etwa für solche Nutzernamen ergeben, die aus völlig neuen oder ungewöhnlichen Begriffen bestehen, die nicht im allgemeinen Sprachgebrauch vorkommen. Gleiches gilt für fantasievollen Kombinationen von Buchstaben, Wörtern oder Zeichen, die sonst keinen erkennbaren Bedeutungszusammenhang aufzeigen. Beispiele für solche Pseudonyme finden sich bisher insbesondere im Bereich des Online-Gamings: Nutzernamen wie „Trymacs", „MontanaBlack" oder „Gronkh" weisen eine gewisse Ungewöhnlichkeit bzw. Einzigartigkeit auf und haben daher eine hohe originäre Unterscheidungskraft.[981] In diesen Fällen erachtet es die markenrechtliche Literatur überwiegend als ausreichend, wenn der jeweilige Name für 20 Prozent des relevanten Verkehrskreises Kennzeichnungsfunktion erfüllt.[982] Für die private Nutzung des Pseudonyms im Metaversum muss aus genannten Gründen jedoch eine niedrigere Verkehrsdurchsetzung genügen. Für Nutzernamen mit hoher originärer Unterscheidungskraft sollte daher bereits Verkehrsgeltung angenommen werden, wenn circa 10 bis 15 Prozent der Mitglieder der beteiligten Verkehrskreise den Namen als Hinweis auf eine Person verstehen.

---

[979] Statt vieler: Fezer-MarkenR/*Fezer*, MarkenG § 4, Rn. 123b.
[980] MüKo-BGB/*Säcker*, § 12, Rn. 45.
[981] Siehe auch die Beispiele bei: Frey-eSportR/*Frey/van Baal*, § 10, Rn. 14.
[982] Statt vieler: Fezer-MarkenR/*Fezer*, MarkenG § 4, Rn. 123 m.w.N.

bb) Erkennbarkeit des bezeichneten Nutzers erforderlich?

Kommt es für die Verkehrsgeltung von Pseudonymen also entscheidend darauf an, dass ein gewisser Teil der relevanten Verkehrskreise mit dem Nutzernamen eine bestimmte Person verbindet, stellt sich die Frage, ob diese Person auch erkennbar sein muss. Im Metaversum werden die beteiligten Nutzerkreise oftmals nicht wissen, wer sich hinter einem Pseudonym verbirgt. Sie können den Nutzernamen in solchen Fällen zwar einem Avatar zuordnen, die tatsächliche Person des Namensträgers bleibt jedoch regelmäßig unerkannt.

Dass die Erkennbarkeit des Namensinhabers für den Schutz von Nutzernamen jedoch keine Rolle spielen darf, zeigt eine vergleichende Betrachtung mit dem Namensrecht von Schriftstellerpseudonymen.[983] Veröffentlicht ein Autor sein Werk unter einem Wahlnamen, ist seine Person der Öffentlichkeit regelmäßig unbekannt; teilweise kennen selbst die Verlage die Identität nicht. Trotzdem ist ein namensrechtlicher Schutz für solche Pseudonyme bei entsprechender Verkehrsgeltung allgemein anerkannt.[984] Dem liegt der Gedanke zugrunde, dass ein Pseudonym die Identität des Namensträgers zwar für einen bestimmten Bereich verdecken soll, gleichzeitig jedoch dem Zweck dient, den Namensträger für diesen Bereich zu bezeichnen und seine Handlungen von denen anderer Personen zu unterscheiden.[985]

Nicht anders verhält es sich im Hinblick auf Nutzernamen im Metaversum. Durch die Verwendung von Pseudonymen können virtuelle Aktivitäten innerhalb einer Plattform eindeutig einem Nutzerprofil bzw. einem Avatar zugeordnet werden. Dadurch ist es den jeweiligen Nutzern möglich, unter ihrem Pseudonym einen virtuellen Ruf aufzubauen, unabhängig davon, ob sie erkennbar sind oder nicht. Es ist lediglich entscheidend, dass andere Nutzer anhand des Nutzernamens erkennen, dass es sich bei dem Namensinhaber um eine bestimmte, individualisierbare Person handelt, welcher aufgrund ihrer virtuellen Aktivitäten spezielle Eigenschaften zugesprochen werden können. In diesem Fall erfüllt der pseudonyme Nutzernamen die namensrechtliche Kennzeichnungsfunktion, ohne dass es auf eine Identifizierbarkeit der natürlichen Person ankäme.

---

983 *Meyer*, S. 83.

984 Vgl.: MüKo-BGB/*Säcker*, § 12, Rn. 10; BeckOK-BGB/*Förster*, § 12, Rn. 29; Staudinger-BGB/*Fritzsche*, § 12, Rn. 28 ff.

985 *Meyer*, S. 83.

Ist es also gelungen, mit einem selbst gewählten Nutzernamen Verkehrsgeltung zu erlangen, besteht namensrechtlicher Schutz unabhängig von der Erkennbarkeit der dahinterstehenden Person.[986]

c) Spitznamen

Neben bürgerlichen Namen und selbst gewählten Pseudonymen kommen auch Spitznamen als Nutzernamen in Betracht. Anders als Pseudonyme beruhen Spitznamen nicht auf der eigenständigen Wahl des Bezeichneten, sondern werden diesem durch Dritte „auferlegt". Als Wahlnamen bedürfen sie jedoch ebenso wie Pseudonyme einer Verkehrsgeltung, damit namensrechtlicher Schutz greifen kann.[987] Insofern kann auf die bereits ausgeführten Grundsätze verwiesen werden.[988]

d) Zwischenergebnis

Nutzernamen können aus bürgerlichen Namen, Pseudonymen oder Spitznamen bestehen. Bürgerlichen Namen sind als Nutzernamen „von Anfang an" und unabhängig einer tatsächlichen „Präsenz" im Metaversum durch das Namensrecht geschützt. Pseudonyme und Spitznamen können Namensschutz hingegen nur für sich beanspruchen, wenn sie in den relevanten Verkehrskreisen Kennzeichnungskraft erlangt haben.

Die Beurteilung der Verkehrsgeltung bedarf im Einzelfall einer passgenauen, die Gesamtumstände berücksichtigenden Abgrenzung des relevanten Verkehrskreises. Im Metaversum sind die Verkehrskreise zunächst nach den Nutzern einer Plattform zu bilden, auf denen der Namensinhaber mit seinem Avatar auftritt. Darüber hinaus sind regelmäßig weitere Eingrenzungen vorzunehmen, da eine Verkehrsgeltung aufgrund der Vielzahl der (zu erwartenden) Nutzer ansonsten kaum erreicht werden könnte. Als zusätzliche Differenzierungskriterien können insofern die genutzte Sprache sowie die thematische Ausrichtung der Nutzeraktivität herangezogen werden.

---

[986] Vgl. ebenso: *Meyer*, S. 84.
[987] Siehe oben F. I. 1. a).
[988] Siehe oben F. II. 2. b).

Gleichzeitig muss die originäre Unterscheidungskraft des jeweiligen Namens berücksichtigt werden. Je unterscheidungskräftiger der Nutzername ist, desto geringere Anforderungen sind an dessen Verkehrsdurchsetzung zu stellen. Dabei darf die maßgebliche Bezugsgröße im Sinne eines effektiven Persönlichkeitsschutzes nicht zu eng gefasst werden: Nutzernamen mit geringer originärer Unterscheidungskraft genießen Verkehrsgeltung, wenn circa ein Drittel der beteiligten Verkehrskreise unter dem Namen einen Hinweis auf den Namensinhaber versteht. Bei Namen mit hoher Unterscheidungskraft reicht die Bekanntheit innerhalb von 10 bis 15 Prozent der Mitglieder der Verkehrskreise aus.
Eine Identifizierbarkeit bzw. Erkennbarkeit der hinter dem Avatar stehenden natürlichen Person ist für den Namensschutz von Pseudonymen oder Spitznamen nicht erforderlich. Durch ihre zuordnende Wirkung erfüllen Nutzernamen Kennzeichnungsfunktion unabhängig davon, ob andere Nutzer die Person hinter dem Nutzernamen erkennen können oder nicht.

3. Verletzung des Namensrechts

Handelt es sich nach Maßgabe der aufgezeigten Grundsätze um einen geschützten Nutzernamen, stellt sich die Frage, unter welchen Voraussetzungen im Metaversum eine Namensanmaßung i.S.v. § 12 S. 1 Alt. 2 BGB angenommen werden kann. Im Folgenden sollen daher die diesbezüglichen Tatbestandsmerkmale – Namensgebrauch mit Zuordnungsverwirrung (a)), Unbefugtheit (b)) und Interessenverletzung (c)) – im Hinblick auf die Eigenarten des Metaversums untersucht werden.

a) Namensgebrauch mit Zuordnungsverwirrung

Im Metaversum wird ein Namensgebrauch regelmäßig dadurch erfolgen, dass ein Nutzer einen fremden Namen als Bezeichnung für sein Nutzerprofil bzw. für seinen Avatar verwendet.[989] Aufgrund der Kennzeichnungsfunktion von Nutzernamen im Metaversum[990] ist eine derartige Benennung des eigenen Nutzerpro-

[989] Vgl.: Steege/Chibanguza-Metaverse/*Kettemann/Böck*, § 6, Rn. 33. Im Hinblick auf „herkömmliche“ soziale Netzwerke vgl. ebenso: Staudinger-BGB/*Fritzsche*, § 12, Rn. 292a.
[990] Siehe oben F. II. 1.

fils bzw. des eigenen Avatars dazu geeignet, eine Identitätstäuschung herbeizuführen und damit in den Schutzgehalt des § 12 BGB einzugreifen.[991] Davon abzugrenzen ist die bloße Nennung eines fremden Namens im Rahmen der virtuellen Kommunikation.[992] Versieht beispielsweise ein Nutzer sein Profil mit einem Hinweis auf andere Nutzer (z.B. durch Verlinkung) oder setzt er sich im virtuellen Diskurs unter entsprechender Namensnennung mit diesen auseinander, ist dadurch keine Identitätstäuschung zu befürchten. Die Verwendung des fremden Namens erfüllt in solchen Fällen lediglich eine beschreibende, keine bezeichnende Funktion, sodass ein Namensgebrauch i.S.v. § 12 S. 1 Alt. 2 BGB nicht vorliegt.[993] Erfolgt die Namensnennung zu (virtuellen) Werbezwecken, kann ausnahmsweise ein tatbestandsmäßiger Namensgebrauch vorliegen, sofern der Werbende damit den Eindruck erweckt, die angepriesenen Leistungen oder Erzeugnisse seien dem Genannten zuzurechnen oder sollten unter seinem Namen in Erscheinung treten, und dadurch eine Zuordnungsverwirrung bewirkt.[994] Insgesamt ist das Erfordernis der Zuordnungsverwirrung das entscheidende Kriterium für die Tatbestandsmäßigkeit des Namensgebrauchs. Ein Namensgebrauch führt zur Zuordnungsverwirrung, wenn die abstrakte Gefahr besteht, dass die beteiligten Verkehrskreise den Namen als Hinweis auf eine bestimmte Person begreifen und dadurch über die wahre Identität des Namensverwenders irren.[995]

Verwendet ein Nutzer einen fremden Namen innerhalb der relevanten Verkehrskreise zur Bezeichnung seines Nutzerprofils bzw. seines Avatars, stellt sich die Frage, ob diese Voraussetzungen vorliegen. Nimmt etwa ein Avatar mit dem Namen „Angela Merkel" an einer virtuellen Podiumsdiskussion teil oder lädt ein Nutzer mit dem Pseudonym „Gronkh" zum virtuellen Minecraft-Spiel ein, wird wohl kaum ein Mitglied der beteiligten Verkehrskreise davon ausgehen, dass dahinter tatsächlich die ehemalige deutsche Bundeskanzlerin bzw. ein deutschlandweit bekannter Video-Streamer stehen – zu frei und unkontrolliert erfolgt

[991] Vgl. dazu: MüKo-BGB/*Säcker*, § 12, Rn. 97.

[992] Zur fehlenden Tatbestandsmäßigkeit der Namensnennung vgl.: MüKo-BGB/Säcker, § 12, Rn. 113; BeckOGK-BGB/*Niebel*, § 12, Rn. 119; BeckOK-BGB/*Förster*, § 12, Rn. 75; Spindler/Schuster-eMedienR/*Müller*, BGB § 12, Rn. 40.

[993] Die nicht autorisierte Nennung eines fremden Namens kann jedoch eine Verletzung des Allgemeinen Persönlichkeitsrechts darstellen, siehe unten III.

[994] BGH, Urt. v. 28.7.2022 – I ZR 171/21, GRUR 2022, 1694, Rn. 18 m.w.N.

[995] MüKo-BGB/*Säcker*, § 12, Rn. 98; BeckOGK-BGB/*Niebel*, § 12, Rn. 158; BeckOK-BGB/*Förster*, § 12, Rn 75.

die Namenswahl auf den jeweiligen Plattformen. Allerdings ist es für das Vorliegen einer Zuordnungsverwirrung nicht erforderlich, dass der Verwender eines Namens mit dem rechtmäßigen Namensinhaber verwechselt wird.[996] Vielmehr reicht es aus, wenn der Verkehr dem Verwender den Namen als eigenen zuordnet[997] oder ihn aus sonstigen Gründen für berechtigt hält, den Namen zu führen.[998] Dies wird teilweise auch als „gedankliche Verbindung" zu der zur Namensführung berechtigten Person umschrieben.[999] In den genannten Beispielen ist daher bereits eine Zuordnungsverwirrung anzunehmen, wenn nicht ausgeschlossen werden kann (abstrakte Gefahr), dass Teile der relevanten Verkehrskreise die Personen hinter den Avataren fälschlicherweise für Menschen mit den Namen „Angela Merkel" oder „Gronkh" halten bzw. von einer Befugnis zur Namensnutzung ausgehen.

Dass im Metaversum bei einer Profilnutzung unter fremdem Namen von einer solchen Zuordnungsverwirrung auszugehen ist, zeigt ein vergleichender Blick auf die Rechtsprechung des Bundesgerichtshofs zu Domainnamen. Auch Domains können, sofern sie noch nicht vergeben sind, von jedermann unkontrolliert und ohne Identitätsprüfung registriert werden. Ähnlich wie bei Avataren können Internetnutzer also nicht pauschal davon ausgehen, dass eine Internetseite tatsächlich durch den rechtmäßigen Namensinhaber geführt wird. Trotzdem liegt in der Registrierung eines geschützten Namens als Internet-Domain laut Bundesgerichtshof ein tatbestandsmäßiger Namensgebrauch: *„Denn der Verkehr sieht in der Verwendung eines unterscheidungskräftigen [...] Zeichens als Internetadresse einen Hinweis auf den (bürgerlichen) Namen des Betreibers des jeweiligen Internetauftritts.*"[1000] Kann also bereits die Verwendung eines fremden Namens für eine Domain zu einer Zuordnungsverwirrung führen, obwohl sich diese Verwirrung durch einen Blick auf die Homepage oftmals rasch wieder beseitigen lässt,[1001] muss Entsprechendes erst Recht für die Nutzung eines Avatars

[996] BGH, Urt. v. 26.6.2003 – I ZR 296/00, MMR 2003, 726 (727); Urt. v. 24.11.1993 – XII ZR 51/92, NJW 1994, 245 (247); MüKo-BGB/*Säcker*, § 12, Rn. 99.

[997] Vgl.: BGH, Urt. v. 26.6.2003 – I ZR 296/00, MMR 2003, 726 (727): *„[Es] reicht aus, dass der Dritte, der diesen Namen verwendet, als Namensträger identifiziert wird.*"

[998] MüKo-BGB/*Säcker*, § 12, Rn. 99. Es genügt, dass der Eindruck entsteht, der Namensträger habe dem Benutzer ein Recht zu entsprechender Verwendung des Namens erteilt, vgl.: BGH, Urt. v. 23.9.1992 – I ZR 251/90, GRUR 1993, 151 (153).

[999] Gerecke-HdbSocialMedia/*Geidel/Männing*, Kap. 6, Rn. 30; BeckOK-BGB/*Förster*, § 12, Rn. 73. Vgl. ebenso: Hoeren/Sieber/Holznagel-HdbMMR/*Solmecke*, Teil 21.1, Rn. 11; Spindler/Schuster-eMedienR/*Müller*, BGB § 12, Rn. 39.

[1000] BGH, Urt. v. 26.6.2003 – I ZR 296/00, MMR 2003, 726 (727).

[1001] BGH, Urt. v. 26.6.2003 – I ZR 296/00, MMR 2003, 726 (727).

im Metaversum gelten, bei welcher die wahre Identität des dahinterstehenden Nutzers kaum herauszufinden ist. Die Verwendung eines fremden Namens als Nutzername führt zu einer gedanklichen Verbindung des jeweiligen Nutzers mit dem wahren Namensträger und begründet dadurch eine Zuordnungsverwirrung.[1002]

Ausnahmen von diesem Grundsatz können jedoch gelten, wenn es sich bei dem jeweiligen Nutzernamen um einen bürgerlichen „Allerweltsnamen" handelt, der aus weit verbreiten Vor- und Nachnamen besteht (z.B. Andreas Müller, Katharina Meier, Thomas Schmitt). In solchen Fällen fehlt es dem verwendeten Namen regelmäßig an der individualisierenden Kennzeichnungskraft, sodass der Namensgebrauch keine Rückschlüsse auf eine bestimmte Person zulässt und daher keine Zuordnungsverwirrung auslöst.[1003] Dies bedeutet allerdings nicht, dass „Allerweltsnamen" gar keinen Namensschutz genießen. Vielmehr kann es immer dann zu einer Zuordnungsverwirrung kommen, wenn derartige Nutzernamen in einem Kontext genutzt werden, der Hinweise auf eine bestimmte Person zulässt.[1004] Im Metaversum sind solche Konstellationen insbesondere im Hinblick auf bekannte Persönlichkeiten denkbar: Verwendet ein Nutzer für seinen Avatar etwa den fremden Namen „Thomas Müller",[1005] kann eine Zuordnungsverwirrung mit dem gleichnamigen Fußballspieler für jene virtuellen Bereiche angenommen werden, die sich im weitesten Sinne um das Thema „Sport" oder „Prominenz" drehen. Eine Zuordnungsverwirrung scheidet hingegen aus, wenn sich der Avatar „Thomas Müller" als einer von vielen Nutzern am Interaktionsprozess in der allgemeinen, offenen virtuellen Welt beteiligt, ohne besonderen Bezug auf einschlägige Themen zu nehmen.

Ähnliche Differenzierungserfordernisse treten auf, wenn ein geschützter Name nicht in identischer Form, sondern mit kleineren Abweichungen als Nutzername gebraucht wird. Für das Vorliegen einer Zuordnungsverwirrung kommt es dann maßgeblich darauf an, ob dem geschützten Namen eine schwache oder starke

[1002] Gerecke-HdbSocialMedia/*Geidel/Männing*, Kap. 6, Rn. 30; Hoeren/Sieber/Holznagel-HdbMMR/*Solmecke*, Teil 21.1, Rn. 11.

[1003] *Meyer*, S. 90; BeckOK-BGB/*Förster*, § 12, Rn. 89; MüKo-BGB/*Säcker*, § 12, Rn. 100; Staudinger-BGB/*Fritzsche*, § 12, Rn. 346.

[1004] *Meyer*, S. 90; BeckOGK-BGB/*Niebel*, § 12, Rn. 123.

[1005] Für diesen Namen vgl.: BeckOGK-BGB/*Niebel*, § 12, Rn. 123.

originäre Unterscheidungskraft zukommt.[1006] „Schwache" Namen haben grundsätzlich eine geringe Individualisierungskraft, sodass schon bei geringfügigen Abweichungen eine Zuordnungsverwirrung ausscheidet.[1007] Wird also statt des Namens „Thomas Müller" der Nutzername „Thomas Möller" oder anstelle des Pseudonyms „Metaverse-Player99" der Nutzername „Metaverse-Player98" verwendet, liegt mangels eindeutigen Hinweises auf den Namensträger kein tatbestandsmäßiger Namensgebrauch vor. Anders verhält es sich bei Namen mit starker Kennzeichnungskraft. Diese sind derart unterscheidungskräftig, dass auch geringfügige Abweichungen einem Rückschluss auf den Namensträger nicht im Wege stehen.[1008] Wird beispielsweise nicht „Gronkh", sondern „Gronk" als Nutzername verwendet, können die beteiligten Verkehrskreise den Namen aufgrund seiner Einzigartigkeit dennoch als Hinweis auf den bekannten deutschen Video-Streamer verstehen. Entscheidend ist insofern, dass die wesentlichen Bestandteile übereinstimmen, sodass der Verkehr einen Konnex zwischen dem Namen und seinem rechtmäßigen Träger herstellen kann.[1009] Eine Zuordnungsverwirrung wäre demnach – trotz der originären Unterscheidungskraft des Namens – nicht mehr gegeben, wenn statt des Pseudonyms „MontanaBlack" der Nutzername „ArizonaBlack" verwendet werden würde.

Schließlich scheidet eine Zuordnungsverwirrung auch dort aus, wo ein Nutzername zwar nur geringfügig abgewandelt, jedoch erkennbar zu parodistischen bzw. satirischen Zwecken genutzt wird.[1010] Wird beispielsweise der Gründer des Unternehmens *Meta*, Mark Zuckerberg, durch den Nutzernamen „Mark Zuckerzwerg" parodiert, zwingt sich für den Verkehr der Eindruck der satirischen Falschbenennung auf und es kann nicht davon ausgegangen werden, Mark Zuckerberg habe die Namensverwendung tatsächlich gestattet. Auf Seiten des Namensverwenders streiten zudem seine Kunst- bzw. Meinungsfreiheit aus Art. 5

[1006] BeckOK-BGB/*Förster*, § 12, Rn. 75a m.w.N.

[1007] BeckOK-BGB/*Förster*, § 12, Rn. 75a. Vgl. ebenso: BGH, Urt. v. 26.1.1960 – I ZR 5/59, GRUR 1960, 296 (297) m.w.N.; OLG Koblenz, Urt. v. 1.10.2002 – 4 U 621/02, NJW 2004, 605.

[1008] BeckOGK-BGB/*Niebel*, § 12, Rn. 104; BeckOK-BGB/*Förster*, § 12, Rn. 75a.

[1009] BeckOGK-BGB/*Niebel*, § 12, Rn. 104.

[1010] BeckOGK-BGB/*Niebel*, § 12, Rn. 124; MüKo-BGB/*Säcker*, § 12, Rn. 122; BeckOK-BGB/*Förster*, § 12, Rn. 79a. Vgl. ebenso: BGH, Urt. v. 3.6.1986 – VI ZR 102/85, NJW 1986, 1951.

GG, die bei der Beurteilung des Namensgebrauchs berücksichtigt werden müssen.[1011] Vor dem Hintergrund des Allgemeinen Persönlichkeitsrechts des Namensinhabers darf das Vorliegen einer Parodie bzw. Satire jedoch nicht zu leichtfertig angenommen werden.

b) Unbefugtheit

Kann ein Namensgebrauch mit Zuordnungsverwirrung bejaht werden, setzt der namensrechtliche Schutz nach § 12 BGB weiterhin voraus, dass der Namensverwender in unbefugter Weise handelt. Der Gebrauch eines Namens erfolgt immer dann unbefugt, wenn dem Verwender kein eigenes Nutzungsrecht zusteht.[1012] Ein solches Recht zur Namensnutzung kann sich zum einen aus einer vertraglichen Abrede mit dem Namensinhaber ergeben.[1013] Zum anderen kann der Verwender aus einem originären eigenen Namensrecht zur Namensführung berechtigt sein.[1014] Hinsichtlich dieses originären Namensrechts muss zwischen bürgerlichen Namen sowie Wahlnamen differenziert werden.

aa) Bürgerlicher Name

Die Verwendung des eigenen bürgerlichen Namens ist stets zulässig, sofern die Namensnutzung im außergeschäftlichen Bereich erfolgt.[1015] Eine Person, die ihren eigenen bürgerlichen Namen als Nutzernamen für private Zwecke gebraucht, ist daher im Hinblick auf gleichnamige Nutzer keinen namensrechtlichen Ansprüchen ausgesetzt. Der Namensträger kann insbesondere nicht dazu verpflichtet werden, sein privates Nutzerkonto zu löschen bzw. einen anderen Namen zu wählen. Ebenso wenig muss er zur Vorbeugung etwaiger Verwechslungen seinen Nutzernamen mit unterscheidungskräftigen Zusätzen versehen oder nur Teile des bürgerlichen Namens (z.B. nur Vor- oder Nachname) verwenden.[1016] Hat ein Namensträger sein Nutzerkonto also einmal unter seinem bürgerlichen Namen registriert, kann er seinen Avatar im außergeschäftlichen Bereich fortan

---

[1011] Staudinger-BGB/*Fritzsche*, § 12, Rn. 284.

[1012] Siehe oben G. I. 2.

[1013] Zu den vertraglichen Benutzungsrechten vgl. ausführlich: BeckOGK-BGB/*Niebel*, § 12, Rn. 147 ff.

[1014] Statt vieler: Staudinger-BGB/*Fritzsche*, § 12, Rn. 299 m.w.N.

[1015] MüKo-BGB/*Säcker*, § 12, Rn. 130; BeckOK-BGB/*Förster*, § 12, Rn. 80; BeckOGK-BGB/*Niebel*, § 12, Rn. 131; Staudinger-BGB/*Fritzsche*, § 12, Rn. 299. Vgl. ebenso: BGH, Urt. v. 22.11.2001 – I ZR 138/99, GRUR 2002, 622 (624), der jedoch Ausnahmen zulässt.

[1016] MüKo-BGB/*Säcker*, § 12, Rn. 130.

ohne Rücksicht auf potentielle Namenskonflikte nutzen. Auf Plattformen, welche die mehrmalige Registrierung eines identischen Nutzernamens zulassen, müssen gleichnamige Personen daher grundsätzlich hinnehmen, dass die jeweils andere Partei denselben bürgerlichen Namen als Nutzernamen verwendet.

Kann ein Nutzername hingegen nur einmalig vergeben werden, stellt sich die Frage, wie der Namenskonflikt zwischen zwei gleichlautenden bürgerlichen Namen aufzulösen ist. Für den Bereich der Domainnamen, wo ein ähnliches Problem auftritt, wendet die Rechtsprechung das Prioritätsprinzip an, wonach derjenige Name „ungestört" genutzt werden darf, der zuerst registriert wurde.[1017] Der Bundesgerichtshof begründet dies damit, dass bei zwei grundsätzlich gleichberechtigten Namen die Frage der zeitlichen Priorität dem Gerechtigkeitsgedanken am ehesten nachkommen würde.[1018] Dem ist zuzustimmen. Dort, wo sich zwei Namensrechte unvereinbar gegenüberstehen, kann die Festlegung einer zeitlichen Rangfolge eine vorhersehbare, und damit „gerechte", Konfliktlösung bieten. Auch dem Gesetzgeber ist das Prioritätsprinzip zur Auflösung vermeintlich unlösbarer Konflikte nicht fremd; so wird etwa im Grundbuchrecht dessen Anwendung ausdrücklich vorgeschrieben (vgl. § 17 GBO). Für die Nutzung von Plattformen im Metaversum ist daher ebenfalls auf das Prioritätsprinzip zurückzugreifen.[1019] Derjenige, der seinen bürgerlichen Namen zuerst als Nutzernamen registriert hat, besitzt danach das Recht zur „ungestörten" Namensführung. Personen mit identischen Namen, die sich zeitlich nachrangig auf einer Plattform anmelden, müssen sich hingegen darauf verweisen lassen, dass sie ihre Namen nur unter weiteren Zusätzen als Nutzernamen verwenden können.

Für den Bereich des Domainrechts macht der Bundesgerichtshof von diesem Grundsatz allerdings eine Ausnahme. Demnach soll der derjenige, der seinen eigenen bürgerlichen Namen als prioritätsälteren Domainnamen verwendet, verpflichtet sein, dem Namen einen unterscheidenden Zusatz beizufügen, wenn der andere, prioritätsjüngere Namensträger eine überragende Bekanntheit genießt und der Verkehr seinen Internet-Auftritt unter diesem Namen erwartet, während

[1017] BGH, Urt. v. 24.3.2016 – I ZR 185/14, GRUR 2016, 1093, Rn. 13; Urt. v. 25.10.2012 – VII ZR 146/11, MMR 2013, 30, Rn. 37; Urt. v. 26.6.2005 – I ZR 288/02, GRUR 2006, 159 (160); Urt. v. 22.11.2001 – I ZR 138/99, GRUR 2002, 622 (625).

[1018] Der BGH spricht insofern vom „Gerechtigkeitsprinzip der Priorität", vgl.: BGH, Urt. v. 24.3.2016 – I ZR 185/14, GRUR 2016, 1093, Rn. 13 m.w.N.

[1019] Vgl. ebenso für „herkömmliche" soziale Netzwerke: Gerecke-HdbSocialMedia/*Geidel/Männig*, Kap. 6, Rn. 28.

der prioritätsältere Inhaber des Domainnamens kein besonderes Interesse an der speziellen Internetadresse vorweisen kann.[1020] Der Bundesgerichtshof begründet dies damit, dass in diesem Falle die Interessen der Parteien von derart unterschiedlichem Gewicht seien, dass eine Anwendung der Prioritätsregel nicht mehr sachdienlich erscheine.[1021]

Fraglich ist, ob im Hinblick auf Nutzernamen im Metaversum eine vergleichbare Interessenkonstellation vorliegt, sodass eine solche Ausnahme auch auf den dortigen Namensschutz übertragen werden muss. Anders als Domainnamen, welche ihre Geltung für das gesamte Internet entfalten und in Gestalt einer Internetadresse oftmals als erste Anlaufstelle für Informationen über eine Person bzw. ein Unternehmen dienen, sind Nutzernamen im Metaversum mit ihren jeweiligen Profilen stets an eine bestimmte Plattform gebunden. Sie bezwecken nicht vorrangig die Bereitstellung allgemein auffindbarer Informationen über den Namensträger, sondern werden insbesondere zur sozialen oder kommerziellen Interaktion mit anderen Nutzern derselben Plattform genutzt. Eine allgemeine, den Domainnamen vergleichbare Adressfunktion kommt ihnen somit nicht zu. Darüber hinaus sind Nutzernamen – im Gegensatz zu Domainnamen – weiteren Konkretisierungen zugänglich. Während bei Domainnamen nur die jeweilige Internetadresse in textlicher Form als Identifizierungsoption existiert, aus welcher nicht direkt erkennbar ist, ob es sich dabei um die Seite eines bestimmten Namensinhabers handelt, besteht bei Avataren im Metaversum durchaus die (technische) Möglichkeit zusätzlicher Differenzierung. Zum einen kann der Nutzername in Verbindung mit dem Aussehen des jeweiligen Avatars, einer Profilbeschreibung oder aussagekräftigen Symbolen dazu führen, dass die beteiligten Verkehrskreise das für sie „richtige" Nutzerprofil erkennen können. Zum anderen dürfte es auf einigen Plattformen möglich sein, „offizielle" Profile bekannter Persönlichkeiten oder Unternehmen mit einer entsprechenden Kennzeichnung zu versehen.[1022] Im Gegensatz zu Domainnamen ist einem prominenten Namensträger im Metaversum somit nicht das überragende Interesse zuzusprechen,

---

[1020] BGH, Urt. v. 22.11.2001 – I ZR 138/99, GRUR 2002, 622 (625). Vgl. ebenso: MüKo-BGB/*Heine*, § 12, Rn. 270 m.w.N.

[1021] BGH, Urt. v. 22.11.2001 – I ZR 138/99, GRUR 2002, 622 (625).

[1022] Als Beispiel kann hier der „blaue Haken" auf der Plattform *Instagram* dienen, welcher die Echtheit von Nutzerkonten bekannter Persönlichkeiten und Unternehmen kennzeichnet.

ein Konto unter seinem Namen und ohne Beifügung von unterscheidungskräftigen Zusätzen zu führen. Eine entsprechende Ausnahme vom Prioritätsgrundsatz ist daher nicht vorzunehmen.

Etwas anderes muss jedoch für solche Fälle gelten, in denen ein Namensträger seinen eigenen Namen in unredlicher Weise als Nutzernamen verwendet.[1023] Dies ist immer dann anzunehmen, wenn ein Nutzer den Ruf einer anderen gleichnamigen Person bzw. eines gleichnamigen Unternehmens für sich ausnutzen will.[1024] Der unredliche Nutzer ist in diesem Fall, ungeachtet der Priorität der Registrierung, verpflichtet, seinem Nutzernamen einen unterscheidungskräftigen Zusatz beizufügen.

bb) Wahlnamen

Verwendet ein Nutzer im außergeschäftlichen Bereich nicht seinen eigenen bürgerlichen Namen, sondern einen Wahlnamen (Pseudonym oder Spitzname) als Nutzernamen, kann er sich diesbezüglich ebenso auf sein Namensrecht berufen, soweit die Schutzvoraussetzungen des § 12 BGB, insbesondere die erforderliche Verkehrsgeltung, gegeben sind. Ein insofern geschützter Nutzername muss weder einem gleichlautenden bürgerlichen Namen noch einem identischen Wahlnamen weichen.[1025] Für die Befugtheit der Namensnutzung gelten daher dieselben Grundsätze, die bereits für bürgerliche Namen ausgeführt wurden. Der einzige Unterschied: Kann ein Nutzername nur einmalig vergeben werden, darf es bei der Bestimmung des relevanten Zeitpunkts nach dem Prioritätsprinzip nicht auf die erstmalige Registrierung des Nutzernamens ankommen, sondern alleine darauf, wann er seine Verkehrsgeltung erlangt hat.

Im Hinblick auf Wahlnamen liegt der Prüfungsschwerpunkt jedoch regelmäßig nicht in der Frage, ob die Namensnutzung in befugter Weise erfolgt, sondern darin, ob aufgrund der Existenz eines anderen gleichlautenden Namens überhaupt Verkehrsgeltung erlangt werden kann. Viele Kollisionsfälle dürften bereits dadurch aufgelöst werden, dass dem prioritätsjüngeren Wahlnamen aufgrund eines bereits bestehenden kollidierenden Namens keine individualisierte

[1023] Vgl.: BeckOGK-BGB/*Niebel*, § 12, Rn. 131; HK-MedienR/*Vendt*, BGB § 12, Rn. 16.
[1024] BeckOK-BGB/*Förster*, § 12, Rn. 85; HK-MedienR/*Vendt*, BGB § 12, Rn. 16.
[1025] Siehe oben F. I. 2.

Kennzeichnungsfunktion innerhalb der relevanten Verkehrskreise – und damit keine Verkehrsgeltung – zukommt.

c) Interessenverletzung

Kann ein unbefugter Namensgebraucht nach den dargelegten Grundsätzen bejaht werden, bedarf es zum Eingreifen des namensrechtlichen Schutzes schließlich einer Verletzung der Interessen des Namensinhabers. Dabei ist ein großzügiger Maßstab anzulegen.[1026]

Im Hinblick auf bürgerliche Namen ist eine Interessenverletzung regelmäßig durch den unbefugten Gebrauch des Namens indiziert, da die tatbestandsmäßige Namensanmaßung bereits das Bestehen einer Zuordnungsverwirrung – und damit eine (abstrakte) Verwechslungsgefahr[1027] – impliziert.[1028] Aufgrund der Tatsache, dass der bürgerliche Name „aus sich heraus" und ohne Voraussetzung einer Verkehrsgeltung namensrechtlichen Schutz genießt, ist das Interesse des Namensinhabers an der ungestörten Namensführung zudem nicht auf bestimmte Bereiche bzw. Plattformen im Metaversum begrenzt. Vielmehr ist eine Interessenverletzung auch dann anzunehmen, wenn ein geschützter bürgerlicher Name in unbefugter und zuordnungsverwirrender Weise auf einer Plattform verwendet wird, auf welcher der Namensinhaber selbst gar nicht auftritt bzw. auftreten möchte. In solchen Fällen besteht nämlich ebenso die (abstrakte) Gefahr, dass die Verwendung des bürgerlichen Namens durch einen Nichtberechtigten eine in Wahrheit nicht bestehende Verbindung zum Namensinhaber suggeriert.

Anders verhält es sich hingegen bei Wahlnamen. Diese werden nur insofern vom namensrechtlichen Schutz umfasst, wie sie Verkehrsgeltung erlangt haben. Dies bedeutet im Umkehrschluss, dass eine Interessensverletzung nur dann vorliegen kann, wenn der geschützte Name in den Verkehrskreisen gebraucht wird, in welchen er Kennzeichnungsfunktion besitzt.[1029] Außerhalb dieser Kreise kann der Namensinhaber keine Verletzung seiner Interessen geltend machen, da der Na-

---

[1026] Siehe oben F. I. 2.

[1027] Vgl.: BGH, Urt. v. 10.12.2015 – I ZR 177/14, GRUR 2016, 479, Rn. 32: *„Im Bereich des bürgerlichen Namens reicht bereits das Interesse des Namensträgers, nicht mit anderen Personen verwechselt oder in Beziehung gebracht zu werden."*

[1028] MüKo-BGB/*Säcker*, § 12, Rn. 144. Vgl. ebenso: BeckOGK-BGB/*Niebel*, § 12, Rn. 165; BeckOK-BGB/*Förster*, 89; Erman-BGB/*Saenger*, § 12, Rn. 27.

[1029] *Meyer*, S. 90. Vgl. ebenso: BeckOK-BGB/*Förster*, § 12, Rn. 89; MüKo-BGB/*Säcker*, § 12, Rn. 144.

mensschutz dort schlicht nicht greift. Im Hinblick auf Wahlnamen im Metaversum resultiert daraus ein eingeschränkter Maßstab für die Annahme einer Interessenverletzung. Dort, wo die Kennzeichnungsfunktion eines Nutzernamens auf Nutzer einer bestimmten Plattform beschränkt ist, kann der unbefugte Gebrauch desselben Namens auf einer anderen Plattform keine Interessenverletzung des Namensinhabers begründen. Gleiches gilt für den Fall, dass ein Wahlname nur in einer bestimmten „Community" Verkehrsgeltung erlangt hat und von einem Dritten in einem gänzlich anderen Themenbereich verwendet wird, der sich in keiner Weise mit dem thematischen Tätigkeitsbereich des Namensinhabers überschneidet. Eine Interessenverletzung ist somit nur nach vorheriger Analyse der „räumlichen" sowie thematischen Verkehrskreise eines Wahlnamens anzunehmen.

Sind die Grenzen für die Annahme einer Interessenverletzung definiert, stellt sich unabhängig der Differenzierung zwischen bürgerlichen Namen und Wahlnamen die Frage, ab welcher „Schwelle" der Namensnutzung eine Beeinträchtigung namensrechtlicher Interessen angenommen werden kann. Für den Bereich der „herkömmlichen" sozialen Netzwerke wird eine Interessenverletzung bereits mit der Registrierung eines geschützten Nutzernamens durch den Nichtberechtigten bejaht, ohne dass es auf die tatsächliche Ingebrauchnahme des Nutzerkontos ankäme.[1030] Dies soll jedenfalls insoweit gelten, wie mit der Registrierung eine Sperrwirkung zu Lasten der zur Namensführung berechtigten Person einhergeht.[1031] Dem ist zuzustimmen. Dort, wo Plattformen im Metaversum nur die einmalige Registrierung eines Nutzernamens zulassen, muss sich der Namensinhabers schon gegen die bloße Registrierung seines Namens durch einen Nichtberechtigten wehren können, da er als Namensinhaber ab diesem Zeitpunkt nicht mehr in der Lage ist, auf derselben Plattform mit seinem eigenen Namen aufzutreten. Darüber hinaus besteht bereits mit der Anmeldung eines Nutzernamens potentielle Verwechslungsgefahr, kann doch das betroffene Nutzerprofil, einmal mit dem geschützten Namen registriert, durch andere Nutzer derselben Plattform regelmäßig mit Hilfe systeminterner Suchfunktionen aufgefunden werden.

[1030] Hoeren/Sieber/Holznagel-HdbMMR/*Solmecke*, Teil 21.1, Rn. 11; Gerecke-HdbSocialMedia/*Geidel/Männig*, Kap. 6, Rn. 29. Für den Schutz eines Domain-Namens vgl.: BGH, Urt. v. 26.6.2003 – I ZR 296/00, GRUR 2003, 897 (898).

[1031] Hoeren/Sieber/Holznagel-HdbMMR/*Solmecke*, Teil 21.1, Rn. 11; Gerecke-HdbSocialMedia/*Geidel/Männig*, Kap. 6, Rn. 29.

Anders verhält es sich, wenn Plattformen im Metaversum die mehrmalige Anmeldung eines identischen Nutzernamens zulassen. Mit der bloßen Registrierung des Namens durch den Nichtberechtigten tritt dann weder eine Sperrwirkung zulasten des Namensinhabers ein, noch können die anderen Nutzer derselben Plattform aufgrund der Möglichkeit der Mehrfachregistrierung davon ausgehen, dass es sich tatsächlich um den berechtigten Namensträger handelt. In solchen Fällen ist für eine Interessenverletzung vielmehr zu verlangen, dass der Nichtberechtigte das Nutzerkonto tatsächlich aktiv nutzt. Erst mit diesem Zeitpunkt tritt der Nichtberechtigte in Interaktion mit anderen Nutzern, sodass eine (potentielle) Verwechslungsgefahr mit dem wahren Namensträger nicht mehr ausgeschlossen werden kann.

d) Zwischenergebnis

Eine Verletzung des Namensrechts im Metaversum setzt voraus, dass ein Nichtberechtigter einen geschützten Namen als Nutzernamen gebraucht, damit eine Zuordnungsverwirrung auslöst und die Interessen des Namensinhabers verletzt. Die Benennung des eigenen Nutzerprofils bzw. des eigenen Avatars mit einem fremden Namen ist aufgrund der Kennzeichnungsfunktion des Profils grundsätzlich dazu geeignet, eine Identitätstäuschung herbeizuführen. Ähnlich wie bei Domainnamen führt die Verwendung eines fremden Namens als Nutzername zu einer gedanklichen Verbindung des jeweiligen Nutzers mit dem wahren Namensträger und begründet eine Zuordnungsverwirrung. Eine Ausnahme besteht bei „Allerweltsnamen", die keine individualisierende Kennzeichnungskraft besitzen, es sei denn, sie werden in einem Kontext verwendet, der Hinweise auf eine bestimmte Person zulässt. Werden Nutzernamen verwendet, die sich nur geringfügig von geschützten Namen unterscheiden, kommt es für die Beurteilung der Zuordnungsverwirrung auf die originäre Unterscheidungskraft des geschützten Namens an: Je größer dessen Unterscheidungskraft ist, desto weniger können kleine Änderungen eine Zuordnungsverwirrung ausräumen. Anders verhält es sich lediglich dort, wo ein Nutzername erkennbar zu parodistischen bzw. satirischen Zwecken genutzt wird. Hier scheidet eine Zuordnungsverwirrung auch dann aus, wenn sich der Name nur geringfügig von dem geschützten Namen unterscheidet.

Liegt ein Namensgebrauch mit Zuordnungsverwirrung vor, kommt es für die Unbefugtheit darauf an, ob dem Verwender ein eigenes Nutzungsrecht an dem Namen zusteht. Ein solches kann sich insbesondere aufgrund eines originären eigenen Namensrechts ergeben. Demnach ist die außergeschäftliche Verwendung des eigenen bürgerlichen Namens als Nutzername grundsätzlich erlaubt, sofern die Namensnutzung nicht in unredlicher Weise, etwa zum Zwecke der Rufschädigung eines anderen Namensträgers, erfolgt. Dort, wo Plattformen im Metaversum nur die einmalige Registrierung eines Nutzernamens zulassen, gilt das Prioritätsprinzip: Derjenige Nutzer, der sich zuerst mit seinem Namen registriert, darf diesen ungestört nutzen. Für die Träger von Wahlnamen gelten ähnliche Grundsätze. Der einzige Unterschied: Kann ein Nutzername nur einmalig vergeben werden, darf es bei der Bestimmung des relevanten Zeitpunkts nach dem Prioritätsprinzip nicht auf die erstmalige Registrierung des Nutzernamens ankommen, sondern alleine darauf, wann er seine Verkehrsgeltung erlangt hat. Eine Interessenverletzung ist im Hinblick auf bürgerliche Namen regelmäßig bereits durch die Anmeldung des Namens im Metaversum indiziert. Bei Wahlnamen liegt eine Interessenverletzung hingegen nur dann vor, wenn der Name in den Verkehrskreisen, in denen er Verkehrsgeltung erlangt hat, auch tatsächlich gebraucht wird. Als relevanter Zeitpunkt des Namensgebrauchs ist dabei bereits die Registrierung des geschützten Nutzernamens durch einen Nichtberechtigten zu sehen, sofern durch die erstmalige Registrierung eine Sperrwirkung begründet wird. Ist dies nicht der Fall, kann eine Interessenverletzung erst bei Ingebrauchnahme des Nutzerprofils vorliegen.

4. Besonderheiten im Geschäftsverkehr

Aufgrund des großen wirtschaftlichen Potentials des Metaversums ist davon auszugehen, dass die virtuelle Welt künftig immer stärker von einer geschäftlichen Nutzung geprägt sein wird. Ähnlich wie in den „herkömmlichen" sozialen Medien, werden auch im Metaversum zahlreiche Unternehmen oder Individuen, insbesondere sogenannte Influencer, die virtuelle Öffentlichkeit zur Vermarktung ihrer Produkte und Dienstleistungen nutzen. Die Nutzernamen der jeweiligen Avatare sind dann nicht mehr nur persönliche Kennungen zur sozialen Interaktion, sondern sie werden zu wertvollen Assets, die Geschäftsleute für ihre Präsenz im Metaversum nutzen können. Dementsprechend ist zu erwarten, dass sich im Metaversum viele Namenskonflikte zwischen Akteuren abspielen werden, die einen bestimmten Nutzernamen im Rahmen ihrer wirtschaftlichen Tätigkeit verwenden möchten.

Handeln beide Parteien eines Namenskonflikts im geschäftlichen Verkehr, gehen die markenrechtlichen Vorschriften der §§ 5, 15 MarkenG in ihrem Anwendungsbereich dem Namensschutz des § 12 BGB als leges speciales vor.[1032] Neben den „klassischen" Unternehmens- bzw. Produktbezeichnungen können auch sonstige Nutzernamen im Metaversum als Zeichen gemäß § 3 MarkenG schutzfähig sein.[1033] Vermarktet etwa ein Influencer mit seinem Avatar gewerbsmäßig Waren oder Dienstleistungen, betreibt er sein eigenes Unternehmen und sein Nutzername wird zum Markenzeichen.[1034] Erlangt der Nutzername unter diesen Voraussetzungen einen bestimmten Bekanntheitsgrad, so ist ihm auch ohne eine Eintragung ins Markenregister ein Schutz aufgrund von Verkehrsgeltung zuzusprechen (vgl. § 4 Nr. 2 MarkenG).[1035]

Auch im Anwendungsbereich des Markenrechts gelten für den Schutz von bürgerlichen Namen und Wahlnamen als Nutzernamen großenteils die ausgeführten Prinzipien des § 12 BGB, da der bürgerlich-rechtliche Namensschutz durch die §§ 5, 15 MarkenG kongruent abgebildet wird.[1036] Einzig im Hinblick auf die Befugtheit der Namensnutzung können sich Unterschiede ergeben. So ist zwar der Gebrauch des eigenen bürgerlichen Namens auch im Geschäftsverkehr grundsätzlich zulässig (vgl. § 23 MarkenG), allerdings hat im Falle identischer bzw. verwechslungsfähiger Bezeichnungen eine umfassende Interessenabwägung stattzufinden, ob einer Partei unterscheidungskräftige Zusätze beim weiteren Gebrauch des Namens zumutbar sind.[1037] Dabei kann insbesondere die Frage des

---

[1032] St.Rspr., vgl. u.a.: BGH, Urt. v. 6.11.2013 – I ZR 153/12, GRUR 2014, 506, Rn. 8; Urt. v. 9.9.2004 – I ZR 65/02, NJW 2005, 1196 m.w.N. Vgl. ebenso: MüKo-BGB/*Säcker*, § 12, Rn. 198; BeckOK-BGB/*Förster*, § 12, Rn. 15; BeckOGK-BGB/*Niebel*, § 12, Rn. 10 f.; Staudinger-BGB/*Fritzsche*, § 12, Rn. 9; Hoeren/Sieber/Holznagel-HdbMMR/*Solmecke*, Teil 21.1, Rn. 12.

[1033] Frey-eSportR/*Frey/van Baal*, § 10, Rn. 17; *Baumann*, SpoPrax 2023, 40 (44).

[1034] Vgl.: Frey-eSportR/*Frey/van Baal*, § 10, Rn. 17; *Baumann*, SpoPrax 2023, 40 (44).

[1035] Frey-eSportR/*Frey/van Baal*, § 10, Rn. 17.

[1036] MüKo-BGB/*Säcker*, § 12, Rn. 195. Vgl. ebenso: Staudinger-BGB/*Fritzsche*, § 12, Rn. 6; BeckOK-BGB/Förster, § 12, Rn. 82. Zu den Schutzvoraussetzungen vgl.: BGH, Urt. v. 30.1.2008 – I ZR 134/05, GRUR 2008, 801.

[1037] BeckOK-BGB/*Förster*, § 12, Rn. 86. Vgl. ebenso: BGH, Urt. v. 30.1.2008 – I ZR 134/05, GRUR 2008, 801 (802); BeckOGK-BGB/*Niebel*, § 12, Rn. 135 ff.; MüKo-BGB/*Säcker*, § 12, Rn. 137 ff.

zeitlichen Vorrangs eine Rolle spielen;[1038] eine starre Anwendung des Prioritätsprinzips findet jedoch nicht statt.[1039] Anders verhält es sich hingegen bei kollidierenden Wahlnamen: Diesbezüglich gilt der in § 6 MarkenG verankerte Grundsatz der Priorität, wonach derjenige Name Vorrang genießt, der zuerst Kennzeichnungsschutz erlangt hat.[1040]

5. Ergebnis

Nutzernamen im Metaversum haben Namensfunktion. Sie dienen dazu, eine Person bzw. Organisation „hinter" dem Avatar zu kennzeichnen, und können in dieser Kennzeichnungsfunktion Gegenstand des namensrechtlichen Schutzes nach § 12 BGB sein. Dies gilt unabhängig davon, ob andere Nutzer die Person hinter dem Nutzernamen erkennen können oder nicht.

Der Namensschutz im Metaversum kann sich sowohl auf bürgerliche Namen als auch auf Wahlnamen (Pseudonyme oder Spitznamen) erstrecken. Im Hinblick auf Wahlnamen ist es jedoch erforderlich, dass diese in den relevanten Verkehrskreisen eine gewisse Verkehrsgeltung erlangt haben. Im Metaversum sind die Verkehrskreise vorwiegend nach den Nutzern einer Plattform zu bilden. Darüber hinaus sind regelmäßig weitere Eingrenzungen, z.B. nach einer gemeinsamen Sprache oder gleichen Interessensgebieten, vorzunehmen. Dabei gilt: Je unterscheidungskräftiger der Nutzername ist, desto geringere Anforderungen sind an dessen Verkehrsdurchsetzung zu stellen.

Die Verwendung eines fremden geschützten Namens als Nutzername führt regelmäßig zu einer Zuordnungsverwirrung, sofern es sich nicht um einen – in der Regel bürgerlichen – „Allerweltsnamen" handelt, der in seiner Nutzung keine Hinweise auf eine bestimmte Person zulässt. Soweit Gleichnamige ihren Namen im Metaversum nutzen möchten, kommt es dort, wo Plattformen nur die einmalige Registrierung eines Nutzernamens zulassen, auf die Priorität der Namensnutzung an. Für bürgerliche Namen gilt hierbei der Zeitpunkt der Registrierung als maßgeblich, bei Wahlnahmen kommt es hingegen auf die Erlangung der Ver-

---

[1038] BGH, Urt. v. 30.1.2008 – I ZR 134/05, GRUR 2008, 801 (802) m.w.N.; BeckOGK-BGB/*Niebel*, § 12, Rn. 135 ff.; BeckOK-BGB/*Förster*, § 12, Rn. 86.

[1039] Vgl. ausführlich: BeckOK-BGB/*Förster*, § 12, Rn. 87 m.w.N.

[1040] BGH, Urt. v. 29.10.1992 – I ZR 264/90, NJW 1993, 459 (460); BeckOK-BGB/*Förster*, § 12, Rn. 83; MüKo-BGB/*Säcker*, § 12, Rn. 142; Staudinger-BGB/*Fritzsche*, § 12, Rn. 323.

kehrsgeltung an. Eine Interessenverletzung des Namensinhabers wird regelmäßig durch den unbefugten Gebrauch des Namens im Metaversum indiziert. Für Wahlnamen ist eine Interessenverletzung hingegen erst anzunehmen, wenn der Name tatsächlich in den Verkehrskreisen gebraucht wird, in denen er Verkehrsgeltung erlangt hat.

Im Geschäftsverkehr werden die Grundsätze des bürgerlich-rechtlichen Namensschutzes durch die markenrechtlichen Vorschriften der §§ 5, 15 MarkenG modifiziert. Der Gebrauch des eigenen bürgerlichen Namens ist demnach zwar auch im Geschäftsverkehr grundsätzlich zulässig (vgl. § 23 MarkenG), im Konflikt mit Gleichnamigen hat jedoch eine umfassende Interessenabwägung stattzufinden, ob einer Partei unterscheidungskräftige Zusätze beim weiteren Gebrauch des Namens zumutbar sind. Bei Wahlnamen gilt der Prioritätsgrundsatz (vgl. § 8 MarkenG).

III. Schutz von Nutzernamen durch das Allgemeine Persönlichkeitsrecht

Die vorstehenden Ausführungen zeigen, dass der unbefugte Gebrauch fremder Nutzernamen im Metaversum durch den spezialgesetzlichen Namensschutz weitgehend unterbunden werden kann. Die diesbezüglichen Regelungen greifen jedoch nur insoweit, wie es sich um einen Namensgebrauch mit Zuordnungsverwirrung handelt. Wird ein geschützter Name hingegen dergestalt verwendet, dass es nicht zu einer Namensverwechslung oder Namensbestreitung kommen kann, bleibt dem Inhaber eines geschützten Namens nur der Rückgriff auf den Schutzgehalt des Allgemeinen Persönlichkeitsrechts aus § 823 Abs. 1 BGB i.V.m. Art. 1 Abs. 1, 2 Abs. 1 GG.[1041]

Ansprüche aus dem Allgemeinen Persönlichkeitsrecht können dort in Betracht kommen, wo Dritte einen Nutzer unter Nennung seines geschützten Nutzernamens zum Gegenstand beschreibender Äußerungen machen. In diesem Fall wird der Name nicht zur Selbst- bzw. Fremdbezeichnung verwendet, sodass eine Zuordnungsverwirrung, und somit eine Anwendung des spezialgesetzlichen Namensschutzes, ausscheidet.[1042] Die Namensnennung kann jedoch aufgrund ihres

---

[1041] Siehe oben F. I. 3.

[1042] MüKo-BGB/*Säcker*, § 12, Rn. 124; BeckOGK-BGB/*Niebel*, § 12, Rn. 119; Staudinger-BGB/*Fritzsche*, § 12, Rn. 22.1. Vgl. ebenso: OLG München, Urt. v. 29.9.2011 – 29 U 1747/11, MMR 2012, 108 (112); LG Hamburg, Urt. v. 4.11.2011 – 324 O 167/11, BeckRS 2011, 142052, Rn. 33.

Kontextes einen Eingriff in das Persönlichkeitsrecht des Namensträgers darstellen. Im Hinblick auf Nutzernamen im Metaversum sind diesbezüglich insbesondere zwei Konstellationen denkbar: Die Nennung eines Namens zwecks Rufschädigung sowie zu Werbezwecken.

Erfolgt die Namensnennung im Zusammenhang mit kritischen, beleidigenden oder unwahren Aussagen, die eine Rufschädigung bewirken, ist das Allgemeine Persönlichkeitsrecht des Namensinhabers verletzt, wenn keine überwiegenden schutzwürdigen Interessen an der Namensnennung bestehen.[1043] Insofern weist das sich aus dem Persönlichkeitsrecht ergebende Namensrecht Überschneidungen mit dem Recht der persönlichen Ehre auf. Für die Voraussetzungen einer Persönlichkeitsverletzung im Metaversum kann daher auf die Ausführungen zum Schutz der persönlichen Ehre verwiesen werden.[1044]

Ebenfalls nicht vom Schutzbereich des § 12 BGB erfasst ist die unbefugte Namensnennung im Rahmen einer Werbung, sofern der Werbende „lediglich" die Bekanntheit des Namensträgers ausnutzt, ohne damit den zuordnungsverwirrenden Eindruck zu erwecken, die angepriesenen Leistungen oder Erzeugnisse seien dem Genannten zuzurechnen oder sollten unter seinem Namen in Erscheinung treten.[1045] Die Entscheidung, ob und in welcher Weise der eigene Name für Werbezwecke zur Verfügung gestellt werden soll, wird in diesen Fällen durch den Schutzbereich des Allgemeinen Persönlichkeitsrechts garantiert.[1046] Danach stellt die unbefugte Nutzung eines Namens für Werbezwecke einen Eingriff in den vermögensrechtlichen Zuweisungsgehalt des Persönlichkeitsrechts in seiner Ausprägung als Recht am eigenen Namen dar.[1047] Voraussetzung für einen solchen Eingriff ist, dass der Werbende die Bekanntheit, Wertschätzung oder die fachliche Autorität des Namensträgers zu seinen Zwecken ausnutzt.[1048] Dabei ist die bloße Namensnennung nicht ausreichend; vielmehr muss der Verkehr einen

---

[1043] BeckOGK-BGB/*Niebel*, § 12, Rn. 119. Der BGH gewichtet die Interessen des Namensträgers umso höher, je stärker ideelle Bestandteile des Namensrechts betroffen sind, vgl.: BGH, Urt. v. 28.7.2022 – I ZR 171/21, GRUR 2022, 1694, Rn. 25.

[1044] Siehe oben A. II.

[1045] BGH, Urt. v. 28.7.2022 – I ZR 171/21, GRUR 2022, 1694, Rn. 18 m.w.N.; MüKo-BGB/*Säcker*, § 12, Rn. 117; BeckOGK-BGB/*Niebel*, § 12, Rn. 115; BeckOK-BGB/*Förster*, § 12, Rn. 79; Erman-BGB/*Saenger*, § 12, Rn. 23.

[1046] BGH, Urt. v. 28.7.2022 – I ZR 171/21, GRUR 2022, 1694, Rn. 21.

[1047] BGH, Urt. v. 28.7.2022 – I ZR 171/21, GRUR 2022, 1694, Rn. 21.

[1048] BGH, Urt. v. 28.7.2022 – I ZR 171/21, GRUR 2022, 1694, Rn. 18. Vgl. ebenso: MüKo-BGB/*Säcker*, § 12, Rn. 117; BeckOK-BGB/*Förster*, § 12, Rn. 79.

Zusammenhang zwischen der beworbenen Ware und der benannten Person herstellen können.[1049]

Wird ein geschützter (Nutzer-)Name nach diesen Maßgaben zum Zwecke der (virtuellen) Werbung verwendet, ist die Rechtswidrigkeit des Persönlichkeitseingriffes abermals anhand einer umfassenden Interessen- und Güterabwägung zu bestimmen.[1050] Die Namensnennung kann insbesondere dann gerechtfertigt sein, wenn der Werbende – neben den eigenen Geschäftsinteressen – auch ein schützenswertes Informationsinteresse der Allgemeinheit bedient.[1051] Gleiches gilt für Werbeanzeigen, die mit einer kommerziellen Meinungsäußerung verbunden sind.[1052] In beiden Fällen kann sich der Werbende auf seine Meinungsfreiheit nach Art. 5 Abs. 1 S. 1 GG berufen.[1053] Anders verhält es sich nur bei einer inhaltsleeren Namensnennung ohne aktuellen Bezug oder meinungsbildenden Charakter; diesbezüglich sind auf der Seite des Werbenden regelmäßig keine schutzwürdigen Interessen auszumachen.[1054]

Bei der Gewichtung der Interessen des Namensinhabers ist zum einen die Intensität des Persönlichkeitseingriffes zu berücksichtigen. Besonderes Gewicht kommt dem Eingriff zu, wenn die Werbung den Eindruck erweckt, der Namensträger identifiziere sich mit dem beworbenen Produkt, empfehle es bzw. preise es an.[1055] Gleiches gilt, wenn das Interesse der Öffentlichkeit an der Person und deren Beliebtheit auf die beworbene Ware übertragen wird, weil der Durchschnittsleser eine gedankliche Verbindung zwischen dem Namensträger und dem Produkt herstellt, die zu einem „Imagetransfer“ führt.[1056] Zum anderen kommt es darauf an, welche Bestandteile des Allgemeinen Persönlichkeitsrechts durch den Eingriff berührt werden. Sind lediglich kommerzielle Interessen tan-

[1049] Staudinger-BGB/*Fritzsche*, § 12, Rn. 288.
[1050] BGH, Urt. v. 28.7.2022 – I ZR 171/21, GRUR 2022, 1694, Rn. 22 m.w.N.; BeckOK-BGB/*Förster*, § 12, Rn. 157b.
[1051] BGH, Urt. v. 28.7.2022 – I ZR 171/21, GRUR 2022, 1694, Rn. 23.
[1052] BGH, Urt. v. 5.6.2008 – I ZR 96/07, GRUR 2008, 1124, Rn. 16 m.w.N.; BeckOGK-BGB/*Specht-Riemenschneider*, § 823, Rn. 1474.
[1053] Zum diesbezüglichen Schutzbereich vgl.: Dürig/Herzog/Scholz-GG/*Grabenwarter*, Art. 5 Abs. 1, Rn. 64 m.w.N.
[1054] BeckOGK-BGB/*Specht-Riemenschneider*, § 823, Rn. 1474. Vgl. ebenso für das Recht am Bild: LG München I, Urt. v. 22.2.2006 – 21 O 17367/03, NJOZ 2006, 4633 (4636).
[1055] BGH, Urt. v. 28.7.2022 – I ZR 171/21, GRUR 2022, 1694, Rn. 24.
[1056] BGH, Urt. v. 28.7.2022 – I ZR 171/21, GRUR 2022, 1694, Rn. 24.

giert, kommt dem Persönlichkeitsrecht gegenüber der Meinungsäußerungsfreiheit kein grundsätzlicher Vorrang zu.[1057] Werden durch die Werbung, insbesondere durch die satirische Auseinandersetzung mit einer Person oder durch das Unterschieben von Falschzitaten, jedoch auch ideelle Bestandteile des Persönlichkeitsrechts beeinträchtigt, wiegen die Interessen des Namensinhabers umso schwerer.[1058]

Wird ein Nutzername im Metaversum gegen den Willen des Namensträgers zu virtuellen Werbezwecken genutzt, ohne dass es zu einer Zuordnungsverwirrung kommt, muss also für jeden Einzelfall anhand der dargestellten Grundsätze abgewogen werden, ob sich aus der Namensnennung eine Verletzung des Allgemeinen Persönlichkeitsrechts ergibt. Grundsätzlich gilt jedoch: Je stärker ein in Wahrheit nicht bestehender Zusammenhang zwischen dem beworbenen Produkt und dem Namensträgers suggeriert wird und je intensiver dadurch kommerzielle oder ideelle Interessen des Namensinhabers berührt werden, desto eher ist eine rechtswidrige Verletzung des Allgemeinen Persönlichkeitsrechts anzunehmen. Der Betroffenen kann in diesem Falle nicht nur die „allgemeinen" Beseitigungs- und Unterlassungsansprüche nach §§ 823 Abs. 1, 1004 Abs. 1 BGB geltend machen, sondern auch die Zahlung einer fiktiven Lizenzgebühr verlangen.[1059]

IV. Ergebnis

Nutzernamen im Metaversum dienen dazu, die jeweilige Person „hinter" dem Avatar zu individualisieren, und haben daher Namensfunktion. Sie werden vom Recht am eigenen Namen als Teil des Allgemeinen Persönlichkeitsrechts erfasst, wenn sie bürgerliche Namen oder Wahlnamen (Pseudonyme und Spitznamen) mit Verkehrsgeltung darstellen.

Im außergeschäftlichen Bereich schützt § 12 BGB den Namensinhaber davor, dass sein Nutzername unter der Gefahr einer Zuordnungsverwirrung durch unbefugte Dritte im Metaversum verwendet wird. Im geschäftlichen Bereich bieten

---

[1057] BGH, Urt. v. 21.1.2021 – I ZR 207/19, GRUR 2021, 643, Rn. 30 m.w.N.; Urt. v. 5.6.2008 – I ZR 96/07, GRUR 2008, 1124, Rn. 14.

[1058] BGH, Urt. v. 28.7.2022 – I ZR 171/21, GRUR 2022, 1694, Rn. 25.

[1059] Dabei kann es sich um Schadensersatz- oder Bereicherungsansprüche handeln, vgl.: BGH, Urt. v. 1.12.1999 – I ZR 49/97, GRUR 2000, 709 (715); Urt. v. 26.6.1981 – I ZR 73/79, NJW 1981, 2402 (2403). Vgl. ebenso: BGH, Urt. v. 5.6.2008 – I ZR 96/07, GRUR 2008, 1124, Rn. 10; MüKo-BGB/*Rixecker*, Anh. § 12, Rn. 351, 376; BeckOGK-BGB/*Hermann*, § 12, Rn. 1814; Erman-BGB/*Saenger*, Anh. § 12, Rn. 310.

die zeichenrechtlichen Vorschriften der §§ 5, 15 MarkenG entsprechenden Schutz.

Werden Nutzernamen im Metaversum durch Nichtberechtigte genutzt, ohne dass es zu einer Zuordnungsverwirrung kommt, bleibt dem Namensinhaber ein Rückgriff auf das Allgemeine Persönlichkeitsrecht. Danach kann der Betroffene – nach Abwägung der widerstreitenden Interessen – Anspruch darauf haben, dass sein Name nicht in Zusammenhang mit ehrverletzenden bzw. rufschädigenden Äußerungen genannt wird. Ebenso kann eine Persönlichkeitsverletzung vorliegen, wenn der Name gegen den Willen des Namensinhabers zu Werbezwecken kommerzialisiert wird.

Insgesamt bietet der bestehende Rechtsrahmen somit auch in der virtuellen Realität des Metaversums umfassenden Namensschutz. Nutzernamen, die in den Schutzbereich des Namensrechts fallen, sind sowohl bei privater als auch bei kommerzieller Nutzung gegen eine rechtswidrige Verwendung durch Unbefugte geschützt.

G. Postmortaler Persönlichkeitsschutz und „digitaler Nachlass“

Die bisherigen Untersuchungen dieser Arbeit zeigen deutlich, dass mit dem Metaversum ein virtueller Raum geschaffen wird, der die „traditionelle“ Perzeption des Persönlichkeitsschutzes vor neue Herausforderungen stellt. Dies gilt nicht nur zu Lebzeiten eines Nutzers, sondern betrifft auch Fragestellungen nach dessen Tod. Unter dem Stichwort des „digitalen Nachlasses“ wird im Hinblick auf „herkömmliche“ Internetplattformen bereits seit Jahren diskutiert, nach welchen rechtlichen Rahmenbedingungen die digitalen Inhalte eines Verstorbenen posthum eingesehen oder weiterverwendet werden dürfen. Diese Frage dürfte für die virtuelle Welt des Metaversums eine nochmals verstärkte Bedeutung erlangen, da das Metaversums aufgrund seiner bisher nicht erfahrbaren Immersion ökonomische und insbesondere private Interaktionen ungekannter Qualität zulässt, deren ungeklärtes „Schicksal“ nach dem Tod des Nutzers zu einer Gefährdung seines postmortalen Persönlichkeitsrechts führen könnte.[1060]

Der Begriff des „digitalen Nachlasses“ ist ein Sammelbegriff für jede Art von digitalen Inhalten, die ein Verstorbener der Nachwelt zurücklässt. Laut *Herzog*, deren Definition von vielen Autoren aufgegriffen wurde, fallen darunter u.a.

[1060] Vgl.: Steege/Chibanguza-Metaverse/*Meder/Theissen*, § 19, Rn. 8.

sämtliche gespeicherten Daten ungeachtet ihrer Speicherform, Vertragsbeziehungen zu Diensteanbietern, Urheberrechte sowie sämtliche Rechte an Bildern, Beiträgen und Videos.[1061] In der virtuellen Welt des Metaversums erfasst der Terminus des „digitalen Nachlasses“ demnach nicht nur das Vertragsverhältnis des Verstorbenen mit dem Plattformbetreiber, sondern auch das Nutzerkonto selbst mit jeglichen Inhalten sowie die im Metaversum durch den Avatar vorgenommenen Handlungen des Nutzers, die als (personenbezogene) Daten gespeichert wurden.[1062]

Das Schicksal dieses „digitalen Nachlasses“ soll im Folgenden hinsichtlich zweier Aspekte untersucht werden. Zunächst stellt sich die Frage, wie der erbrechtliche Übergang der digitalen Inhalte im Metaversum erfolgt. Daraufhin soll geprüft werden, welche Einschränkungen sich für die posthume Verwendung des digitalen Nachlasses aus dem postmortalen Persönlichkeitsrecht des Verstorbenen oder aus (Persönlichkeits-)Rechten Dritter ergeben können.

I. Erbrechtlicher Übergang des „digitalen Nachlasses“

Lange Zeit war unklar, wie der erbrechtliche Übergang des „digitalen Nachlasses“ zu behandeln ist.[1063] Der Bundesgerichtshof hatte im Jahre 2018 schließlich über diese Frage zu urteilen und äußerte sich im Rahmen einer Grundsatzentscheidung zu zahlreichen, bis dato umstrittenen, rechtlichen Aspekten.[1064]

Im Folgenden sollen die Grundzüge der BGH-Entscheidung dargestellt (1.) und anhand ihrer Rezeption in der Literatur eingeordnet werden (2.), ehe auf die sich daraus ergebenden Konsequenzen für die erbrechtliche Behandlung des „digitalen Nachlasses“ im Metaversum (3.) sowie die Möglichkeit abweichender vertraglicher Abreden (4.) eingegangen wird.

[1061] *Herzog*, NJW 2013, 3745. Vgl. ebenso: Röhricht/Graf v. Westphalen/Haas/Mock/Wöstmann-HGB/*Bernzen/Specht-Riemenschneider*, Plattformnutzungsverträge, Rn. 132; MAH-ErbR/*Biermann*, § 50, Rn. 3; MüKo-BGB/*Leipold*, § 1922, Rn. 31; BeckOK-BGB/*Müller-Christmann*, § 1922, Rn. 99; Steege/Chibanguza-Metaverse/*Meder/Theissen*, § 19, Rn. 7.

[1062] Steege/Chibanguza-Metaverse/*Meder/Theissen*, § 19, Rn. 7 f.

[1063] Vgl. hierzu die Darstellungen bei: *Herzog*, NJW 2013, 3745.

[1064] BGH, Urt. v. 12.7.2018 – III ZR 183/17, NJW 2018, 3178.

1. Die Entscheidung des Bundesgerichtshof

Nach dem Urteil des Bundesgerichtshofs geht der Plattformnutzungsvertrag zwischen dem Erblasser und dem Plattformbetreiber im Wege der Universalsukzession (vgl. § 1922 BGB) auf die Erben über.[1065] Der sich aus dem Nutzungsvertrag ergebende Zugangsanspruch zum Nutzerkonto sei kein höchstpersönlicher, unvererbbarer Anspruch. Der Plattformbetreiber habe lediglich die rein technische, nicht personenbezogene Pflicht, „*die Kommunikationsplattform zur Verfügung zu stellen und entsprechend dem Auftrag des Nutzers Inhalte zu veröffentlichen oder Nachrichten an ein anderes Benutzerkonto zu übermitteln sowie die übermittelten Nachrichten bzw. die mit diesem Konto geteilten Inhalte zugänglich zu machen.*“[1066] Die Vertragspflicht des Diensteanbieters beziehe sich somit allein auf die Bereitstellung der Inhalte für das angegebene Konto, nicht auf deren Übermittlung an eine bestimmte Person, sodass die Vererbbarkeit nicht ausgeschlossen sei.[1067] Eine Differenzierung des Erbrechts nach dem Inhalt des Nutzerkontos sei darüber hinaus abzulehnen, da das Erbrecht nach der gesetzgeberischen Wertung (vgl. § 2047 Abs. 2 BGB; § 2373 S. 2 BGB) auch höchstpersönliche Inhalte umfasse.[1068]

Einem danach bestehenden Anspruch der Erben auf Zugang zum Nutzerkonto stehen laut Bundesgerichtshof weder das postmortale Persönlichkeitsrecht noch das Fernmeldegeheimnis, datenschutzrechtliche Regelungen oder persönlichkeitsrechtliche Belange der Kommunikationspartner des Erblassers entgegen.[1069] Hinsichtlich des postmortalen Persönlichkeitsrechts führt das Gericht aus, dass bei einem Eingriff in dessen Bestandteile zwar die nächsten Angehörigen, die nicht zwingend Erben sein müssen, Abwehransprüche geltend machen können; dadurch werde jedoch explizit nicht ein dem Erbrecht vorgehendes Recht an den höchstpersönlichen digitalen Inhalten begründet.[1070] Eine Vereinbarkeit des Erbrechts mit dem Fernmeldegeheimnis nach § 88 Abs. 3 TKG a.F. (§ 3 Abs. 3 TDDDG n.F.) ergebe sich daraus, dass die Erben mit dem Erbfall zu Teilnehmern der dem Schutz des Fernmeldegeheimnisses unterliegenden Kom-

[1065] BGH, Urt. v. 12.7.2018 – III ZR 183/17, NJW 2018, 3178, Rn. 17 f.
[1066] BGH, Urt. v. 12.7.2018 – III ZR 183/17, NJW 2018, 3178, Rn. 35.
[1067] BGH, Urt. v. 12.7.2018 – III ZR 183/17, NJW 2018, 3178, Rn. 41.
[1068] BGH, Urt. v. 12.7.2018 – III ZR 183/17, NJW 2018, 3178, Rn. 49.
[1069] BGH, Urt. v. 12.7.2018 – III ZR 183/17, NJW 2018, 3178, Rn. 17.
[1070] BGH, Urt. v. 12.7.2018 – III ZR 183/17, NJW 2018, 3178, Rn. 53.

munikationsvorgänge werden und daher nicht als „andere“ im Rechtssinne gelten.[1071] Aus datenschutzrechtlicher Sicht könne die dauerhafte Bereitstellung der Inhalte für die Erben zudem auf die Rechtmäßigkeitstatbestände der Art. 6 Abs. 1 lit. b, lit. f DSGVO gestützt werden.[1072] Das nach Art. 7, 8 GrCh zu beachtende Persönlichkeitsrecht der Kommunikationspartner des Erblassers stehe dem nicht entgegen; laut Bundesgerichtshof müssen diese vernünftigerweise absehen, dass die mit dem Nutzerkonto geteilten Inhalte nach dem Tod des ursprünglichen Kontoberechtigten durch die Erben eingesehen werden können.[1073]

Die Entscheidung des Bundesgerichtshofs für eine uneingeschränkte Vererbbarkeit eines Nutzerkontos nach § 1922 BGB hat im Ergebnis zur Folge, dass den Erben ein Anspruch auf Zugang zum Nutzerkonto des Erblassers inklusive der gesamten darin enthaltenen Inhalte zusteht. Davon ist nicht nur der Zugang zu den Kommunikationsinhalten, sondern auch der Zugang zu dem Konto selbst erfasst.[1074] Die Erben müssen vom Nutzerkonto und dessen Inhalt auf dieselbe Art und Weise Kenntnis nehmen können, wie dies der Erblasser konnte.[1075]

2. Einordnung der Entscheidung

Mit seinem Urteil schloss sich der Bundesgerichtshof dem Großteil der wissenschaftlichen Literatur an, welcher bereits vor der Entscheidung von der Vererbbarkeit eines digitalen Nutzerkontos ausgegangen war.[1076] Daher ist es wenig verwunderlich, dass der Urteilsspruch aus Karlsruhe in seinem Nachgang überwiegend Zuspruch erfahren hat.[1077]

Kritik wurde vereinzelt von denjenigen Autoren vorgebracht, die im Vorfeld der Entscheidung vertreten hatten, dass nichtvermögensrechtliche, höchstpersönliche Inhalte (z.B. private Nachrichten oder intime Fotos) wegen des postmortalen

---

[1071] BGH, Urt. v. 12.7.2018 – III ZR 183/17, NJW 2018, 3178, Rn. 58 ff.
[1072] BGH, Urt. v. 12.7.2018 – III ZR 183/17, NJW 2018, 3178, Rn. 70 ff.
[1073] BGH, Urt. v. 12.7.2018 – III ZR 183/17, NJW 2018, 3178, Rn. 91.
[1074] BGH, Beschl. v. 27.8.2020 – III ZB 30/20, NJW 2021, 160, Rn. 14.
[1075] BGH, Beschl. v. 27.8.2020 – III ZB 30/20, NJW 2021, 160, Rn. 14.
[1076] Vgl.: BGH, Urt. v. 12.7.2018 – III ZR 183/17, NJW 2018, 3178, Rn. 17 m.w.N. zur Literatur.
[1077] Vgl. u.a.: *Preuß*, NJW 2018, 3146; *Ludyga*, ZEV 2018, 582 (592 f.); *Apel*, ZD 2018, 477 (487 ff.); *Gloser*, DNotZ 2018, 846 (859 ff.); *Litzenburger*, FD-ErbR 2018, 407688.

Persönlichkeitsrechts des Verstorbenen nicht auf die Erben übergehen dürften.[1078] Eine solche Aufteilung des Erbrechts ist jedoch in Einklang mit dem Bundesgerichtshof sowie der überwiegenden Literaturmeinung abzulehnen.[1079] Die Vorschriften der §§ 2047 Abs. 2, 2373 S. 2 BGB zeigen, dass das Gesetz von einer Vererbbarkeit persönlicher, ja sogar intimer Gegenstände ausgeht. Es ist nicht ersichtlich, warum von diesem Grundsatz für den Bereich digitaler Hinterlassenschaften abgewichen werden sollte. Allein die Art der Verkörperung bzw. Speicherung vermag keine unterschiedliche Behandlung zu begründen.[1080] Auch das Argument, Internetnutzer würden unter dem vermeintlichen „Schutzmantel der Anonymität“ wesentlich mehr von sich preisgeben und seien deshalb vor einem Zugriff der Erben auf ihre Kommunikationsinhalte zu schützen, kann angesichts der grundsätzlichen Sicherheitsrisiken digitaler Kommunikation nicht überzeugen.[1081] Einen postmortalen „Geheimhaltungsanspruch“ dergestalt, dass die Erben vertrauliche Inhalte des Erblassers, welche sie im Wege der Universalsukzession erhalten haben, nicht zur Kenntnis nehmen dürfen, kennt das deutsche Recht vielmehr nicht.[1082] Dies hat der Gesetzgeber im Hinblick auf das Fernmeldegeheimnis mittlerweile auch ausdrücklich in § 4 TDDDG geregelt. Darüber hinaus würde eine erbrechtliche Differenzierung zu schwerwiegenden praktischen Problemen führen, da digitale Inhalte nicht selten sowohl vermögensrechtliche als auch höchstpersönliche Elemente gleichzeitig umfassen.[1083] Es ist somit nur folgerichtig, keine Unterscheidung nach dem Inhalt der vererbten Daten vorzunehmen.

[1078] Vgl.: *Hoeren*, MMR 2018, 740 (749 f.). Für den Ausschluss der Vererbbarkeit höchstpersönlicher Inhalte vgl. ebenso: *Brinkert/Stolze/Heidrich*, ZD 2013, 153 (154); *Martini*, JZ 2012, 1145 (1152); *Hoeren*, NJW 2005, 2113 (2114).

[1079] BGH, Urt. v. 12.7.2018 – III ZR 183/17, NJW 2018, 3178, Rn. 47 ff.; MAH-ErbR/*Biermann*, § 50, Rn. 21 ff.; MüKo-BGB/*Leipold*, § 1922, Rn. 36; BeckOK-BGB/*Müller-Christmann*, § 1922, Rn. 100; BeckOGK-BGB/*Preuß*, § 1922, Rn. 394; Röhricht/Graf v. Westphalen/Haas/Mock/Wöstmann-HGB/*Specht-Riemenschneider/Bernzen*, Plattformnutzungsverträge, Rn. 136; Steege/Chibanguza-Metaverse/*Meder/Theissen*, § 19, Rn. 14.

[1080] Statt vieler: MAH-ErbR/*Biermann*, § 50, Rn. 24 m.w.N.

[1081] *Seidler*, NFamZ 2020, 141 (142).

[1082] Staudinger-BGB/*Kunz*, § 1922, Rn. 611; Röhricht/Graf v. Westphalen/Haas/Mock/Wöstmann-HGB/*Specht-Riemenschneider/Bernzen*, Plattformnutzungsverträge, Rn. 135; MAH-ErbR/*Biermann*, § 50, Rn. 27; *Herzog*, NJW 2013, 3745 (3748).

[1083] Statt vieler: BGH, Urt. v. 12.7.2018 – III ZR 183/17, NJW 2018, 3178, Rn. 51 m.w.N. zur Literatur.

Des Weiteren wurde im Nachgang der BGH-Entscheidung vereinzelt kritisiert, das Gericht habe sich nicht ausreichend mit den Interessen der Kommunikationspartner des Erblassers auseinandergesetzt.[1084] Im Hinblick auf das Fernmeldegeheimnis ist diese Kritik mittlerweile hinfällig geworden, da der Gesetzgeber mit dem Erlass des § 4 TDDDG ausdrücklich festgeschrieben hat, dass das Fernmeldegeheimnis (§ 3 TDDDG) der Wahrnehmung von Rechten gegenüber Anbietern von Telekommunikationsdiensten durch die Erben nicht entgegensteht. Auch eine fehlerhafte Interessengewichtung im Rahmen von Art. 6 Abs. 1 lit. f DSGVO kann dem Bundesgerichtshof nicht vorgehalten werden.[1085] Zwar ist durchaus anzuerkennen, dass die bilaterale Kommunikation auf digitalen Plattformen allgemein als vertraulich angesehen wird. Dem steht die Einsichtnahme privater Kommunikation durch die Erben allerdings nicht entgegen, wird doch die Kenntnisnahme vom Inhalt höchstpersönlicher Gegenstände durch den Regelungsgehalt der §§ 2047 Abs. 2, 2373 S. 2 BGB, welcher auf den digitalen Raum übertragen werden kann, gesetzlich ermöglicht.[1086] Darüber hinaus weist der Bundesgerichtshof zurecht darauf hin, dass die Vertraulichkeitserwartung der Kommunikationspartner im digitalen Raum insofern erschüttert wird, dass der Erblasser bereits zu Lebzeiten jederzeit Dritten Kenntnis von seinen privaten Nachrichten verschaffen kann.[1087] Da die Pflicht des Plattformbetreibers zur Bereitstellung der Kontoinhalte nicht personenbezogen sondern kontobezogen ist,[1088] können die Kommunikationspartner gerade nicht darauf vertrauen, dass ihre private Korrespondenz mit dem Erblasser vertraulich bleibt.[1089]

Im Ergebnis ist dem Bundesgerichtshof also vollumfänglich darin zuzustimmen, dass das Nutzerkonto eines Verstorbenen samt seiner Inhalte gemäß § 1922 BGB auf die Erben übergeht. Eine Vererbbarkeit des Nutzerkontos in seiner Gänze bedeutet jedoch nicht, dass die Erben jegliche Inhalte nach ihrem Belieben verwenden dürfen. Der Bundesgerichtshof hat in seiner Entscheidung anklingen lassen, dass die Erben im Umgang mit dem Nutzerkonto durchaus

---

[1084] Vgl.: *Gössl*, ZfPW 2021, 105 (109 f.); *Martini/Kienle*, JZ 2019, 235 (236 ff.).

[1085] So jedoch: *Gössl*, ZfPW 2021, 105 (109 f.); *Martini/Kienle*, JZ 2019, 235 (238 f.).

[1086] Steege/Chibanguza-Metaverse/*Meder/Theissen*, § 19, Rn. 15.

[1087] BGH, Urt. v. 12.7.2018 – III ZR 183/17, NJW 2018, 3178, Rn. 44.

[1088] Vgl.: BGH, Urt. v. 12.7.2018 – III ZR 183/17, NJW 2018, 3178, Rn. 35.

[1089] Röhricht/Graf v. Westphalen/Haas/Mock/Wöstmann-HGB/*Specht-Riemenschneider/Bernzen*, Plattformnutzungsverträge, Rn. 138; Steege/Chibanguza-Metaverse/*Meder/Theissen*, § 19, Rn. 15.

Einschränkungen unterliegen könnten.[1090] Der Übergang höchstpersönlicher Inhalte auf die Erben schließt insofern einen postmortalen Persönlichkeitsschutz durch die Angehörigen, der sich auch gegen Handlungen der Erben richten kann, nicht aus.[1091]

3. Bedeutung für den Übergang des „digitalen Nachlasses" im Metaversum

Die Grundsätze, die der Bundesgerichtshof für die Vererbbarkeit eines Nutzerkontos in sozialen Medien aufgestellt hat, können auch für das Metaversum fruchtbar gemacht werden. In der virtuellen Welt gilt daher: Stirbt ein Nutzer, treten dessen Erben gemäß § 1922 BGB in den mit dem Betreiber der Metaversum-Plattform geschlossenen Nutzungsvertrag ein und erhalten einen Anspruch auf Zugang zum vollständigen Nutzerkonto. Sie erwerben mit dem Erbfall die Berechtigung, von dem Konto selbst und von dessen Inhalt auf dieselbe Art und Weise Kenntnis nehmen zu können, wie dies der Erblasser konnte.[1092]

In der Praxis kann dieser Anspruch insbesondere dadurch erfüllt werden, dass die Plattformbetreiber die Anmeldung der Erben mit den Zugangsdaten des Erblassers zulassen.[1093] Im Hinblick auf „herkömmliche" soziale Netzwerke soll laut Bundesgerichtshof darüber hinaus auch die Einrichtung eines „read only"-Zugangs in der Lage sein, den Anspruch der Erben zu befriedigen.[1094] Für die virtuelle Welt des Metaversums kann dies in einer solchen Pauschalität hingegen nicht gelten. Die dortigen Plattformen werden nicht nur zur Verbreitung von Texten, Bildern oder Videos, sondern auch zur Interaktion mit der virtuellen Umgebung genutzt, indem Nutzer an virtuellen Veranstaltungen teilnehmen, virtuelle Landschaften erkunden oder eigene virtuelle Gegenstände erschaffen. Ein posthumer Kontozugang der Erben, welcher lediglich auf das Lesen der grafisch festgehaltenen Inhalte beschränkt ist, vermag daher einen vollumfänglichen Zu-

---

[1090] Konkret ging es um die Frage der aktiven Weiternutzung des Kontos, die im Falle der BGH-Entscheidung jedoch nicht beabsichtigt war, vgl.: BGH, Urt. v. 12.7.2018 – III ZR 183/17, NJW 2018, 3178, Rn. 36.

[1091] Staudinger-BGB/*Kunz*, § 1922, Rn. 611. Ähnlich: Röhricht/Graf v. Westphalen/Haas/Mock/Wöstmann-HGB/*Specht-Riemenschneider/Bernzen*, Plattformnutzungsverträge, Rn. 135; *Raude*, RNotZ 2017, 17 (20).

[1092] Vgl.: BGH, Beschl. v. 27.8.2020 – III ZB 30/20, NJW 2021, 160, Rn. 14.

[1093] Vgl.: BGH, Beschl. v. 27.8.2020 – III ZB 30/20, NJW 2021, 160, Rn. 46.

[1094] Vgl.: BGH, Beschl. v. 27.8.2020 – III ZB 30/20, NJW 2021, 160, Rn. 46. Zur Frage nach der Berechtigung zur aktiven Weiternutzung durch die Erben s. unten G. II. 2.

gangsanspruch nicht zu erfüllen. Vielmehr muss den Erben neben der Kenntnisnahme der textlichen Inhalte auch die Interaktion mit den zum digitalen Nachlass gehörenden Elementen der virtuellen 3D-Welt (z.B. Avatar oder virtuelle Grundstücke) ermöglicht werden, ohne dass dies eine aktive Weiternutzung des Nutzerkontos impliziert.

Entscheidend ist, dass die Erben Zugriff auf sämtliche Inhalte des Nutzerkontos erhalten. Dazu gehört nicht nur die Kommunikation des Erblassers mit Dritten, sondern auch der Avatar sowie die Informationen über virtuelle Aktivtäten des Verstorbenen, soweit diese datenmäßig dokumentiert sind (z.B. durch ein Aktivitätenprotokoll).[1095] Zwar können die Interaktionen im Metaversum aufgrund der starken Immersion und Interoperabilität eine noch privatere bzw. intimere Ebene als in „herkömmlichen" sozialen Medien erreichen.[1096] Dennoch unterliegen auch solche Inhalte dem Zugangsanspruch der Erben, da die erbrechtliche Wertung des Bundesgerichtshofs hinsichtlich höchstpersönlicher Inhalte auf einem generellen gesetzlichen Gedanken fußt, der eine Differenzierung nach dem Grad der Höchstpersönlichkeit verbietet.[1097] Dies schließt jedoch nicht aus, dass die Erben im Umgang mit sensiblen Inhalten weitergehenden Beschränkungen unterliegen können, als dies für „herkömmliche" Plattformen anzunehmen ist.[1098]

Neben dem vollumfänglichen Zugangsanspruch zum Nutzerkonto erwerben die Erben nach § 1922 BGB auch sämtliche mit der Plattformnutzung verbundenen kommerziellen Immaterialgüter des Verstorbenen. Dies betrifft etwa die durch NFT abgebildeten Vermögensrechte an virtuellen Grundstücken oder sonstigen virtuellen Gegenstände.[1099] Darüber hinaus gehen Urheber- bzw. (ausschließliche) Nutzungsrechte an virtuellen Werken, etwa an Avataren oder Gebäuden, auf die Erben über,[1100] sofern diese nicht qua Plattform-AGB an den Plattform-

---

[1095] Steege/Chibanguza-Metaverse/*Meder/Theissen*, § 19, Rn. 21.

[1096] Steege/Chibanguza-Metaverse/*Meder/Theissen*, § 19, Rn. 21.

[1097] Vgl.: Steege/Chibanguza-Metaverse/*Meder/Theissen*, § 19, Rn. 21

[1098] Siehe unten II.

[1099] Als erbrechtlicher Bezugspunkt soll hier der „private Schlüssel" dienen, welcher Zugriff auf die entsprechenden Token gewährt. Aus dem übergegangenen Nutzungsverhältnis sollen die Erben Anspruch auf Verschaffung vollständigen Zugangs zu diesem Schlüssel haben, vgl. u.a.: *Thelen*, RNotZ 2023, 425 (432 f.); *v. Oerzen/Biermann/Lindermann*, ErbR 2022, 762 (765).

[1100] Ausdrücklich: Staudinger-BGB/*Kunz*, BGB § 1922, Rn. 622. Zur grundsätzlichen Vererbbarkeit von Immaterialgütern vgl.: Staudinger-BGB/*Kunz*, BGB § 1922, Rn. 445 ff.; BeckOK-BGB/*Müller-Christmann*, § 1922, Rn. 98; MüKo-BGB/*Leipold*, § 1922, Rn. 155.

betreiber abgetreten wurden. Zudem werden die vermögensrechtlichen Bestandteile des Persönlichkeitsrechts vererbt.[1101] Stellt der Avatar ein Bildnis des Verstorbenen dar oder ist der Nutzername namensrechtlich geschützt, können die Erben daher bei unbefugter kommerzieller Verwendung dieser Rechtsgüter u.a. Schadensersatzansprüche geltend machen.[1102] Nicht vererbt werden hingegen die rein ideellen Bestandteile des Persönlichkeitsrechts.[1103]

4. Vertraglicher Ausschluss des Erbrechts

Gilt im Grundsatz also, dass die Erben gemäß § 1922 BGB vollumfänglichen Zugriff auf das Nutzerkonto des Erblassers erhalten, stellt sich die Frage, ob bzw. inwiefern von dieser Regel vertraglich abgewichen werden kann.

Aufgrund der schuldrechtlichen Vertragsfreiheit steht es den Parteien eines Schuldverhältnisses grundsätzlich frei, die Vererbbarkeit vertraglicher Pflichten auszuschließen.[1104] Wollen Erblasser und Plattformbetreiber den erbrechtlichen Übergang des Nutzungsverhältnisses im Metaversum verhindern, können sie daher individualvertraglich einen solchen Ausschluss vereinbaren.[1105] Dies kann in praktischer Hinsicht dadurch erfolgen, dass für den Fall des Versterbens die Löschung des Nutzerkontos vereinbart wird, der Nutzungsvertrag unter die auflösende Bedingung des Ablebens gestellt wird oder die Rechte und Pflichten aus dem Vertragsverhältnis im Todesfall suspendiert werden.[1106]

[1101] BGH, Urt. v. 1.12.1999 – I ZR 49/97, NJW 2000, 2195 (2197 f.). Bestätigt durch: BVerfG, Beschl. v. 22.8.2006 – 1 BvR 1168/04, NJW 2006, 3409. Vgl. ebenso: MüKo-BGB/*Leipold*, § 1922, Rn. 178; BeckOK-BGB/*Müller-Christmann*, § 1922, Rn. 32; Staudinger-BGB/*Kunz*, BGB § 1922, Rn. 303 m.w.N.; MAH-ErbR/*Wachter*, § 4, Rn. 13.

[1102] Statt vieler: BeckOK-BGB/*Müller-Christmann*, § 1922, Rn. 32 m.w.N. Im Hinblick auf den Namen erfolgt der postmortale Schutz nicht über § 12 BGB, sondern über das postmortale Allgemeine Persönlichkeitsrecht, BGH, Urt. v. 5.10.2006 – I ZR 277/03, ZUM 2007, 54, Rn. 8.

[1103] u.a.: BGH, Urt. v. 1.12.1999 – I ZR 49/97, NJW 2000, 2195 (2197); BeckOGK-BGB/*Specht-Riemenschneider*, § 823, Rn. 1190; BeckOGK-BGB/*Preuß*, § 1922, Rn. 367; MAH-ErbR/*Wachter*, § 4, Rn. 13; Staudinger-BGB/*Kunz*, § 1922, Rn. 301. Kritisch: *Ludyga*, ZEV 2022, 693 (695).

[1104] Vgl. u.a.: MüKo-BGB/*Leipold*, § 1922, Rn. 26; BeckOK-BGB/*Müller-Christmann*, § 1922, Rn. 35; Staudinger-BGB/*Kunz*, § 1922, Rn. 166; Erman-BGB/*Saenger*, § 1922, Rn. 8a.

[1105] Vgl.: BGH, Urt. v. 12.7.2018 – III ZR 183/17, NJW 2018, 3178, Rn. 24; Röhricht/Graf v. Westphalen/Haas/Mock/Wöstmann-HGB/*Specht-Riemenschneider/Bernzen*, Plattformnutzungsverträge, Rn. 139; Staudinger-BGB/*Kunz*, BGB § 1922, Rn. 596.22 ff.; MüKo-BGB/*Leipold*, § 1922, Rn. 44; Hoeren/Sieber/Holznagel-HdbMMR/*Roos*, Teil 12, Rn. 150; BeckOK-BGB/*Müller-Christmann*, § 1922, Rn. 35; BeckOGK-BGB/*Preuß*, § 1922, Rn. 393; *Gloser*, MittBayNot 2016, 12 (14).

[1106] Röhricht/Graf v. Westphalen/Haas/Mock/Wöstmann-HGB/*Specht-Riemenschneider/Bernzen*, Plattformnutzungsverträge, Rn. 139 m.w.N.

Ob die Vererbbarkeit des Plattformnutzungsverhältnisses auch mittels AGB ausgeschlossen werden kann, ist in der rechtswissenschaftlichen Literatur umstritten.[1107] Der Bundesgerichtshof hat diese Frage ausdrücklich offengelassen.[1108] Richtigerweise ist in einem formularmäßigen, pauschalen Ausschluss der Vererbbarkeit eine unangemessene Benachteiligung des Erblassers nach § 307 Abs. 1, Abs. 2 Nr. 1 BGB zu sehen. Durch eine solche Klausel wird von dem wesentlichen Grundgedanken des § 1922 BGB abgewichen, wonach das Vermögen des Erblassers inklusive der Schuldverhältnisse mit allen Rechten und Pflichten auf die Erben übergeht.[1109] Zwar stellt § 1922 BGB kein zwingendes Recht dar, weshalb (individual-)vertraglich abweichende Regelungen grundsätzlich zulässig sind. Allerdings gilt dies nur unter der Prämisse, dass der Erblasser tatsächlich selbst entscheiden kann, ob er eine Vermögensposition vererben will oder nicht.[1110] AGB-Klauseln werden jedoch einseitig vom Plattformbetreiber gestellt (vgl. § 305 Abs. 1 S. 1 BGB) und lassen keinen Raum für eine inhaltliche Einflussnahme durch den Vertragspartner, sodass in der Regel nicht von einer freien Entscheidung des Erblassers über das postmortale Schicksal seines Nutzungsverhältnisses ausgegangen werden kann.[1111] Dadurch wird gleichzeitig die grundrechtlich verankerte Testierfreiheit (Art. 2 Abs. 1 i.V.m. Art. 14 Abs. 1 S. 1 GG), die dem Erblasser die Befugnis einräumt, frei über seine Rechte von Todes wegen zu disponieren, unangemessen beeinträchtigt.[1112] Mithin kann die Vererbbarkeit eines Plattformnutzungsverhältnisses im Metaversum nicht wirksam qua AGB ausgeschlossen werden.

Die Unwirksamkeit eines solchen formularmäßigen Ausschlusses bedeutet jedoch nicht, dass Plattformbetreiber in ihren AGB gar keine Regelungen zum

1107 Befürwortend i.R.e. Einzelfallabwägung: Hoeren/Sieber/Holznagel-HdbMMR/*Roos*, Teil 12, Rn. 150; Staudinger-BGB/*Kunz*, § 1922, Rn. 596.26 f.; Praxis-HdB ErbR/*Bock*, Digitaler Nachlass, Rn. 20.129; *Raude*, ZEV 2017, 433 (437). Ablehnend: MAH-ErbR/*Biermann*, § 50, Rn. 50; Röhricht/Graf v. Westphalen/Haas/Möck/Wöstmann-HGB/*Specht-Riemenschneider/Bernzen*, Plattformnutzungsverträge, Rn. 139; MüKo-BGB/*Leupold*, § 1922, Rn. 46; NK-NachfolgeR/*Herzog*, Kap. 9, Rn. 124; BeckOGK-BGB/*Preuß*, § 1922, Rn. 393; *Seidler*, NFamZ 2020, 141 (144); *Ludyga*, ZEV 2018, 1 (3); *Gloser*, MittBayNot 2016, 12 (19).

1108 Vgl.: BGH, Urt. v. 12.7.2018 – III ZR 183/17, NJW 2018, 3178, Rn. 25.

1109 Vgl.: MAH-ErbR/*Biermann*, § 50, Rn. 50; Röhricht/Graf v. Westphalen/Haas/Möck/Wöstmann-HGB/*Specht-Riemenschneider/Bernzen*, Plattformnutzungsverträge, Rn. 139; BeckOGK-BGB/*Preuß*, § 1922, Rn. 393; *Seidler*, NFamZ 2020, 141 (144); *Ludyga*, ZEV 2018, 1 (3); *Gloser*, MittBayNot 2016, 12 (19).

1110 Röhricht/Graf v. Westphalen/Haas/Mock/Wöstmann-HGB/*Specht-Riemenschneider/Bernzen*, Plattformnutzungsverträge, Rn. 139; Staudinger-BGB/*Kunz*, § 1922, Rn. 596.26.

1111 Staudinger-BGB/*Kunz*, § 1922, Rn. 636.

1112 Vgl. zu diesem Aspekt: Praxis-Hdb ErbR/*Bock*, digitaler Nachlass, Rn. 20.129.

postmortalen Umgang mit einem Nutzerkonto treffen dürfen. Vielmehr ist (auch) im Metaversum das berechtigte Interesse der Betreiber anzuerkennen, ihre Plattformen von „Karteileichen" freizuhalten und das Entstehen eines „digitalen Friedhofs" zu verhindern.[1113] Daher sind solche AGB-Regelungen zulässig, die das Erbrecht nicht pauschal ausschließen, sondern „lediglich" den postmortalen Zugang durch die Erben ausgestalten. Keine unangemessene Benachteiligung des Erblassers liegt beispielsweise vor, wenn formularmäßig bestimmt wird, dass sein Konto nach einer angemessenen Frist, während derer sich kein Erbe gemeldet hat, gelöscht wird.[1114] Ebenfalls zulässig ist es, wenn der Plattformbetreiber in seinen AGB einen Legitimationsnachweis durch die Erben verlangt.[1115] Dabei ist jedoch zu beachten, dass solche Regelungen keine übermäßigen Anforderungen an den Legitimationsprozess stellen dürfen. Entsprechend der BGH-Rechtsprechung zur Legitimation gegenüber Kreditinstituten[1116] ist es daher als unangemessen im Sinne von § 307 Abs. 1 S. 1 BGB anzusehen, wenn von den Erben die Vorlage eines Erbscheins verlangt wird.[1117] Vielmehr muss zum Beleg der Erbenstellung jeder geeignete Nachweis ausreichen, sofern nicht begründete Zweifel an der Echtheit des entsprechenden Dokuments bestehen.[1118] In jedem Falle unwirksam sind demgegenüber AGB-Klauseln, wonach zwar die Vererbbarkeit des Nutzungsverhältnisses „an sich" nicht ausgeschlossen, der Zugang zum Nutzerkonto jedoch posthum gesperrt wird. So hat der Bundesgerichtshof – unter überwiegender Zustimmung der Literatur – die Zurückweisung des Zugangsanspruches der Erben unter Hinweis auf einen „Gedenkzustand" des Nutzerkontos zutreffend als unzulässig qualifiziert, da es sich hierbei um eine gesetzeswidrige Aushöhlung des Erbrechts handele (§ 307 Abs. 2

[1113] Vgl.: Praxis-Hdb ErbR/*Bock*, digitaler Nachlass, Rn. 20.129. Ebenso: NK-NachfolgeR/*Herzog*, Kap. 9, Rn. 129, die ein Interesse an der Eindämmung „digitaler Müll-Accounts" anerkennt.

[1114] MüKo-BGB/*Leipold*, § 1922, Rn. 47; MAH-ErbR/*Biermann*, § 50, Rn. 53; NK-NachfolgeR/*Herzog*, Kap. 9, Rn. 129.

[1115] MüKo-BGB/Leipold, § 1922, Rn. 47; MAH-ErbR/Biermann, § 50, Rn. 51; NK-NachfolgeR/*Herzog*, Kap. 9, Rn. 125; Röhricht/Graf v. Westphalen/Haas/Mock/Wöstmann-HGB/*Specht-Riemenschneider/Bernzen*, Plattformnutzungsverträge, Rn. 140; *Seidler*, NZFam, 2020, 141 (144).

[1116] BGH, Urt. v. 5.4.2016 – XI ZR 440/15, NJW 2016, 2409; Urt. v. 7.6.2005 – XI ZR 311/04, NJW 2005, 2779.

[1117] MAH-ErbR/*Biermann*, § 50, Rn. 51; MüKo-BGB/*Leupold*, § 1922, Rn. 47; Röhricht/Graf v. Westphalen/Haas/Mock/Wöstmann-HGB/*Specht-Riemenschneider/Bernzen*, Plattformnutzungsverträge, Rn. 140.

[1118] Röhricht/Graf v. Westphalen/Haas/Mock/Wöstmann-HGB/*Specht-Riemenschneider/Bernzen*, Plattformnutzungsverträge, Rn. 140 m.w.N.

Nr. 1 i.V.m. § 1922 BGB).[1119] Darüber hinaus liegt in diesem Falle eine unangemessene Benachteiligung nach § 307 Abs. 2 Nr. 2 BGB vor, da die wesentlichen Rechte aus dem Plattformnutzungsverhältnis, nämlich der Zugang zu dem Benutzerkonto sowie der Zugriff auf die dort gespeicherten Inhalte, entfallen, so dass die Erreichung des Vertragszwecks nicht mehr möglich.[1120]

5. Zwischenergebnis

Der erbrechtliche Übergang eines Plattformnutzungsverhältnisses im Metaversum richtet sich nach den vom Bundesgerichtshof aufgestellten Grundsätzen. Gemäß § 1922 BGB treten die Erben als Rechtsnachfolger des Verstorbenen in den Nutzungsvertrag mit dem Plattformbetreiber ein. Sie erwerben dadurch den Anspruch, von dem Konto selbst und von dessen gesamten Inhalt auf dieselbe Art und Weise Kenntnis nehmen zu können, wie dies der Erblasser konnte. Anders als bei „herkömmlichen“ Netzwerken, kann der Plattformbetreiber diesen Anspruch regelmäßig nicht durch einen „read only“-Zugang befriedigen, sondern muss den Erben aufgrund der Interaktivität des 3D-Metaversums auch die Möglichkeit gewähren, mit den virtuellen Inhalten des Erblassers interagieren zu können. Neben dem vollumfänglichen Zugangsanspruch zum Nutzerkonto erwerben die Erben nämlich auch sämtliche mit der Plattformnutzung verbundenen kommerziellen Immaterialgüter des Verstorbenen, insbesondere die durch NFT abgebildeten Vermögensrechte an virtuellen Grundstücken oder sonstigen virtuellen Gegenständen.

Die nach diesen Grundsätzen bestehende Vererbbarkeit des Plattformnutzungsverhältnisses kann durch den Erblasser im Wege einer individualvertraglichen Abrede mit dem Plattformbetreiber ausgeschlossen werden. Nicht zulässig ist hingegen der Ausschluss des Erbrechts qua Plattform-AGB, wird dem Erblasser insofern doch die freie Entscheidung über seinen Nachlass genommen, sodass solche Klauseln eine unangemessene Benachteiligung im Sinne von § 307 Abs. 1, Abs. 2 BGB darstellen. Zulässig ist hingegen die formularmäßige

---

[1119] Der BGH nimmt insofern eine unangemessene Benachteiligung der Erben i.S.v. § 307 Abs. 1, 2 BGB an, vgl.: BGH, Urt. v. 12.7.2018 – III ZR 183/17, NJW 2018, 3178, Rn. 28 m.w.N. Zustimmend u.a.: Röhricht/Graf v. Westphalen/Haas/Mock/Wöstmann-HGB/*Specht-Riemenschneider/Bernzen*, Plattformnutzungsverträge, Rn. 139; Hoeren/Sieber/Holznagel-HdbMMR/*Roos*, Teil 12, Rn. 150; NK-NachfolgeR/*Herzog*, Kap. 9, Rn. 127; MüKo-BGB/*Leupold*, § 1922, Rn. 45; *Ludyga*, ZEV 2018, 1 (3).

[1120] BGH, Urt. v. 12.7.2018 – III ZR 183/17, NJW 2018, 3178, Rn. 31.

Ausgestaltung des Zugangsanspruchs der Erben, etwa durch die Bestimmung einer angemessenen Zugangsfrist oder durch das Verlangen von Legitimationsnachweisen. Dabei ist jedoch zu beachten, dass ihnen der Zugang zum Nutzerkonto nicht übermäßig erschwert werden darf.

Erhalten die Erben vollumfänglichen Zugriff auf die Inhalte des Nutzerkontos, bedeutet dies nicht zwangsläufig, dass sie mit diesen Inhalten nach ihrem Belieben verfahren dürfen. Sowohl das postmortale Persönlichkeitsrecht des Erblassers als auch Persönlichkeitsrechte Dritter können den Erben diesbezüglich gewisse Schranken setzen.

II. Beschränkungen durch das postmortale Persönlichkeitsrecht des Erblassers

Das virtuelle Leben im Metaversum wird im Vergleich zur Nutzung „herkömmlicher" digitaler Plattformen eine neue Qualität erreichen. Das Metaversum gewährt seinen Nutzern ein bislang ungekanntes Maß an Immersion[1121] und begünstigt durch seinen interoperablen, persistenten und interaktiven Charakter in gewisser Weise eine „Verschmelzung" von virtueller und physischer Welt. Dies führt dazu, dass die digitalen Inhalte, welche die Nutzer mit ihrem Avatar im Metaversum produzieren, vielfältiger und individueller sind als jemals zuvor. Die virtuelle Welt ermöglicht u.a. die Gestaltung eigener virtueller Räume und Landschaften, die Teilnahme an virtuellen Aktivitäten jeglicher Art sowie die Etablierung sozialer Beziehungen mit anderen Avataren. Ein Nutzer kann sich dadurch mit seinem Avatar ein eigenes, virtuelles „Persönlichkeitsprofil" anlegen. Darüber hinaus dürften die nahezu unbegrenzten Möglichkeiten sowie die Anonymität, die das Metaversum verspricht, dazu führen, dass in der virtuellen Welt Beziehungen gepflegt oder Handlungen vorgenommen werden, die als „privat" oder gar „intim" einzustufen sind.[1122] Erhalten die Erben durch den Übergang des digitalen Nachlasses Zugriff auf diese datenmäßig festgehaltenen Informationen, etwa in Form des Avatars, durch persönliche Nachrichten und Aktivitätenprotokolle oder durch den Zugriff auf virtuelle Räumlichkeiten des Erblassers, kann der öffentliche Umgang mit diesen sensiblen Inhalten dazu führen, dass die persönliche Integrität des Verstorbenen posthum beeinträchtigt

---

[1121] Steege/Chibanguza-Metaverse/*Meder/Theissen*, § 19, Rn. 8.

[1122] Vgl.: Steege/Chibanguza-Metaverse/*Meder/Theissen*, § 19, Rn. 8.

wird. Im Folgenden soll daher untersucht werden, welche Schranken den Erben im Umgang mit dem digitalen Nachlass durch das postmortale Persönlichkeitsrecht des Verstorbenen gesetzt werden.

1. Grundlagen des postmortalen Persönlichkeitsrechts

Die ideellen Interessen eines Menschen werden über dessen Tod hinaus durch das postmortale Persönlichkeitsrecht geschützt.[1123] Seine rechtliche Grundlage findet das postmortale Persönlichkeitsrecht (allein) in Art. 1 Abs. 1 GG, da die Garantie der Menschenwürde nicht auf das Leben eines Menschen begrenzt ist, sondern auch über dessen Tod hinaus Wirkung entfaltet; Art. 2 Abs. 1 GG kann hingegen keine Schutzwirkung für Verstorbene entfalten.[1124] Der Schutzbereich des postmortalen Persönlichkeitsrechts ist daher nicht mit jenem des Allgemeinen Persönlichkeitsrechts identisch, sondern umfasst „lediglich“ den Schutz der den Tod überdauernden Würde des verstorbenen Menschen.[1125] Eine Verletzung des postmortalen Persönlichkeitsrechts kommt demnach in Betracht, wenn der durch die Lebensstellung erworbene Geltungsanspruch oder das entsprechende Lebensbild des Verstorbenen grob entstellt oder verfälscht werden.[1126] Dies kann insbesondere durch rufschädigende Meinungsäußerungen bzw. unwahre Tatsachenbehauptungen, aber auch durch die Offenbarung sensibler persönlicher Umstände erfolgen.[1127] Ist danach ein Eingriff in den Schutzgehalt des postmortalen Persönlichkeitsrechts gegeben, steht zugleich auch dessen Rechtswidrigkeit fest, da Verletzungen der Menschenwürde abwägungsresistent sind.[1128]

Sofern der Verstorbene nicht anderes bestimmt hat, obliegt die Wahrnehmung des ideellen postmortalen Persönlichkeitsschutzes nicht den Erben, sondern den

[1123] Grundlegend: BGH, Urt. v. 20.3.1968 – I ZR 44/66, NJW 1968, 1773 (1774); bestätigt durch: BVerfG, Beschl. v. 24.2.1971 – 1 BvR 435/68, NJW 1971, 1645 (1647).

[1124] BVerfG, Beschl. v. 24.2.1971 – 1 BvR 435/68, NJW 1971, 1645 (1647).

[1125] BVerfG, Beschl. v. 22.8.2006 – 1 BvR 1168/04, NJW 2006, 3409; BGH, Urt. v. 29.11.2021 – VI ZR 248/18, GRUR 2022, 407, Rn. 20 m.w.N. Für die Literatur vgl. u.a.: BeckOGK-BGB/*Specht-Riemenschneider*, § 823, Rn. 1192; BeckOK-BGB/Förster, § 12, Rn. 162; Erman-BGB/*Klass*, Anh. § 12, Rn. 69. Andere Ansicht: Staudinger-BGB/*Hager*, § 823, Rn. C.42.

[1126] BVerfG, Beschl. v. 22.8.2006 – 1 BvR 1168/04, NJW 2006, 3409; BGH, Urt. v. 29.11.2021 – VI ZR 248/18, GRUR 2022, 407, Rn. 20. Für die Literatur vgl. statt vieler: BeckOGK-BGB/*Specht-Riemenschneider*, § 823, Rn. 1192.

[1127] MüKo-BGB/*Rixecker*, Anh. § 12, Rn. 73.

[1128] BVerfG, Beschl. v. 22.8.2006 – 1 BvR 1168/04, NJW 2006, 3409; Beschl. v. 5.4.2001 – 1 BvR 932/94, NJW 2001, 2957 (2959); BGH, Urt. v. 29.11.2021 – VI ZR 248/18, GRUR 2022, 407, Rn. 20 m.w.N.

nächsten Angehörigen.[1129] Dies ergibt sich aus einer Gesamtanalogie zu § 22 S. 3 KUG, § 76 S. 4 UrhG sowie § 630g Abs. 3 S. 2 BGB, wonach der Gesetzgeber die Ausübung immaterieller Befugnisse ausdrücklich in die Hände der Angehörigen legt.[1130] Bei einer Verletzung der immateriellen Bestandteile des postmortalen Persönlichkeitsrechts können die Wahrnehmungsberechtigten Abwehrrechte in Form von Unterlassungs- und Widerrufsansprüchen, nicht jedoch Entschädigungsansprüche geltend machen, da die mit der Entschädigung verfolgten Genugtuungsfunktion dem Verstorbenen nicht mehr zugutekommen kann.[1131]

Der postmortale Schutz der materiellen Bestandteile des Allgemeinen Persönlichkeitsrechts obliegt hingegen den Erben, die diesbezüglich im Wege der Universalsukzession gemäß § 1922 BGB an die Stelle des Erblassers treten.[1132] Bei einer unerlaubten kommerziellen Verwendung von Persönlichkeitsmerkmalen des Verstorbenen können die Erben daher neben Abwehransprüchen auch Schadensersatz geltend machen.[1133] Sofern die Erben nicht gleichzeitig die nächsten Angehörigen sind, müssen sie jedoch für den Fall, dass sowohl kommerzielle als auch ideelle Interessen betroffen sind, mit den Angehörigen zusammenwirken.[1134] Da die vermögenswerten Bestandteile des Persönlichkeitsrechts nie gänzlich von dem „Image" der verstorbenen Person losgelöst werden können, führt dies dazu, dass die Erben die materiellen Rechte nur im Einklang mit den von den wahrnehmungsberechtigten Angehörigen verteidigten immateriellen Interessen des Verstorbenen verwerten dürfen.[1135] Dabei ist zu beachten, dass stets

---

[1129] BGH, Urt. v. 29.11.2021 – VI ZR 248/18, GRUR 2022, 407, Rn. 75 m.w.N.; MüKo-BGB/*Rixecker*, Anh. § 12, Rn. 66; Staudinger-BGB/*Hager*, § 823, Rn. C.40; BeckOGK-BGB/*Specht-Riemenschneider*, § 823, Rn. 1195; Erman-BGB/*Klass*, Anh. § 12, Rn. 76. Die Reihenfolge der Angehörigen orientiert sich dabei an § 22 S. 4 KUG und § 77 Abs. 2 StGB, vgl.: *Ludyga*, ZEV 2022, 693 (695) m.w.N.

[1130] MüKo-BGB/*Rixecker*, Anh. § 12, Rn. 66; Staudinger-BGB/*Hager*, § 823, Rn. C.40.

[1131] BGH, Urt. v. 5.10.2006 – I ZR 277/03, GRUR 2007, 167, Rn. 11; Urt. v. 6.12.2005 – VI ZR 265/04, GRUR 2006, 252, Rn. 11 m.w.N.; BeckOK-BGB/*Förster*, § 12, Rn. 164; Erman-BGB/*Klass*, Anh. § 12, Rn. 76. Davon zu trennen ist die Frage nach der Vererblichkeit eines noch zu Lebzeiten entstandenen Entschädigungsanspruches, vgl. dazu: BeckOGK-BGB/*Specht-Riemenschneider*, § 823, Rn. 1201 ff.

[1132] Grundlegend: BGH, Urt. v. 1.12.1999 – I ZR 49/97, NJW 2000, 2195 (2197 f.); bestätigt durch: BVerfG, Beschl. v. 22.8.2006 – 1 BvR 1168/04, NJW 2006, 3409.

[1133] BGH, Urt. v. 20.3.2012 – VI ZR 123/11, NJW 2012, 1728, Rn. 23; Urt. v. 6.12.2005 – VI ZR 265/04, NJW 2006, 605, Rn. 15 f. Vgl. ebenso: BeckOK-BGB/*Förster*, § 12, Rn. 165; Staudinger-BGB/*Hager*, § 823, Rn. C.47c; Erman-BGB/*Klass*, Anh. § 12, Rn. 74.

[1134] BeckOGK-BGB/*Specht-Riemenschneider*, § 823, Rn. 1195.

[1135] MüKo-BGB/*Rixecker*, Anh. § 12, Rn. 79. Ähnlich: Erman-BGB/*Klass*, Anh. § 12, Rn. 74.

die ausdrücklichen bzw. mutmaßlichen Interessen des Verstorbenen maßgebend sind.[1136]

2. Beschränkung der aktiven Weiternutzung durch die Erben

Erhalten die Erben mit dem Erbfall einen vollständigen Zugangsanspruch zum Nutzerkonto des Erblassers, stellt sich die Frage, ob sie – neben der Kenntnisnahme der Kontoinhalte – auch dazu berechtigt sind, das Nutzerkonto des Verstorbenen inklusive seines Avatars aktiv weiterzunutzen. Im Folgenden soll unter Heranziehung der BGH-Rechtsprechung (a)) sowie der Schutzwirkung des postmortalen Persönlichkeitsrechts (b)) eine Antwort darauf gegeben werden.

a) Keine Einschränkung aufgrund BGH-Rechtsprechung

Der Bundesgerichtshof hat in seinem Urteil zum „digitalen Nachlass" die Frage nach der Befugnis der Erben zur aktiven Weiternutzung eines Nutzerkontos ausdrücklich offengelassen.[1137] Gleichwohl lassen die Ausführungen des Gerichts, insbesondere dessen Verweis auf die erbrechtliche Rechtsprechung zum Girovertrag,[1138] einige Autoren darauf schließen, dass der Bundesgerichtshof die aktive Fortführung eines Nutzerkontos durch die Erben für unzulässig erachtet.[1139] Der Vergleich mit den Grundsätzen zur Vererbbarkeit eines Girokontos hinkt jedoch. Zwar hatte der 11. Senat entschieden, dass die Fortführung eines Giroverhältnisses nicht mehr dem Nachlass zuzurechnen ist.[1140] Dies wurde jedoch damit begründet, dass die Erben im Falle der Weiternutzung des Girokontos in eine eigene Rechtsbeziehung mit der Bank eintreten, sodass rechtlich nicht mehr von einer Fortführung des Giroverhältnisses des Erblassers ausgegangen werden kann.[1141] Die faktische Weiternutzung des Girokontos durch die Erben hat der Bundesgerichtshof hingegen gerade nicht als unzulässig angesehen.

[1136] BGH, Urt. v. 5.10.2006 – I ZR 277/03, GRUR 2007, 167, Rn. 13; Urt. v. 1.12.1999 – I ZR 49/97, NJW 2000, 2195 (2199); BeckOGK-BGB/*Preuß*, § 1922, Rn. 373 m.w.N.

[1137] Vgl.: BGH, Urt. v. 12.7.2018 – III ZR 183/17, NJW 2018, 3178, Rn. 36.

[1138] BGH, Urt. v. 12.7.2018 – III ZR 183/17, NJW 2018, 3178, Rn. 36 m.w.N.

[1139] Für dieses Verständnis vgl.: Röhricht/Graf v. Westphalen/Haas/Mock/Wöstmann-HGB/*Specht-Riemenschneider/Bernzen*, Plattformnutzungsverträge, Rn. 134; Steege/Chibanguza-Metaverse/*Meder/Theissen*, § 19, Rn. 13; *Herzog*, NJW 2018, 3146 (3148).

[1140] BGH, Urt. v. 18.1.2000 – XI ZR 160/99, NJW 2000, 1258; Urt. v. 10.10.1995 – XI ZR 263/94, NJW 1996, 190 (191).

[1141] BGH, Urt. v. 10.10.1995 – XI ZR 263/94, NJW 1996, 190 (191).

Eine Übertragung dieser Rechtsprechung auf Nutzungsverhältnisse mit digitalen Plattformen würde also bedeuten, dass die Erben das Nutzerkonto des Verstorbenen praktisch fortführen können und in diesem Zuge lediglich ein eigenes, neues Vertragsverhältnis mit dem Dienstanbieter begründen müssen.[1142] Die Aussagen des Bundesgerichtshofs eignen sich daher nicht als Begründung, um die aktive Fortführung des Nutzerkontos im Metaversum durch die Erben als rechtlich unzulässig ansehen zu können.[1143]

b) Unvereinbarkeit mit postmortalem Persönlichkeitsrecht des Erblassers

Die Weiternutzung des Nutzerkontos durch die Erben stellt jedoch eine Verletzung des postmortalen Persönlichkeitsrechts des Erblassers dar. Im Metaversum sind das Nutzerkonto sowie der dazugehörige Avatar eng mit der Identität und Persönlichkeit des dahinterstehenden Menschen verbunden. Die Art und Weise, wie ein Nutzer seinen Avatar gestaltet, wie er durch diesen mit anderen interagiert und wie er sich insgesamt in der virtuellen Welt verhält, ist Ausfluss seiner individuellen virtuellen Selbstrepräsentation. Durch die Interaktionen, Erfahrungen und Beziehungen, die im Metaversum durchlebt werden, hinterlässt ein Mensch mit seinem Avatar zu Lebzeiten digitale Spuren, die sich zu einem umfassenden Persönlichkeitsbild verdichten.[1144] Dieses Persönlichkeitsbild ist für jeden Nutzer einzigartig und kann nicht durch die Rechtsnachfolger fortgeführt werden, ohne dass es zu Veränderungen kommt. Vielmehr ist davon auszugehen, dass die postmortale Weiternutzung eines Nutzerkontos durch die Erben das virtuelle Persönlichkeitsbild des Verstorbenen „verwässern" würde. Darüber hinaus würde die fortlaufende Kontonutzung dazu führen, dass auch nach dem Tod eines Menschen noch eine Kommunikation mit dessen virtueller Präsenz möglich wäre. Dies würde gegenüber Dritten den Eindruck vermitteln, der Verstorbene sei noch lebendig. Das postmortale Persönlichkeitsrecht soll jedoch gerade

---

1142 *Naczinsky*, ZEV 2021, 227 (228).

1143 Ähnlich: BeckOGK-BGB/*Preuß*, § 1922, Rn. 393; *Seidler*, NZFam 2020, 141 (144); *Deusch*, ZEV 2020, 176 (180).

1144 Vgl.: BeckOGK-BGB/*Preuß*, § 1922, Rn. 394; *Deusch*, ZEV 2014, 2.

den sozialen Geltungswert in der Form schützen, wie ihn eine Person zu Lebzeiten erworben hat.[1145] Daraus folgt, dass die aktive Fortschreibung der „Geschichte“ eines Menschen mit dessen Tod ein Ende gefunden haben muss.[1146] Die Fortführung des Nutzerkontos eines Verstorbenen im Metaversum würde jedoch genau das Gegenteil bewirken: Indem der Avatar weiterhin in der virtuellen Welt präsent ist, für andere Nutzer „ansprechbar“ bleibt und am virtuellen Geschehen teilnimmt, wird das virtuelle Lebensbild eines Verstorbenen ohne seinen Einfluss fortgeführt und ggf. negativ beeinträchtigt. Dies verletzt den postmortalen Achtungsanspruch des Erblassers, indem die Grenzen von Leben und Tod – und damit die Totenwürde des Verstorbenen – missachtet werden.

Eine Ausnahme von diesem Grundsatz ist lediglich dort anzuerkennen, wo die Erben das Konto bzw. den Avatar des Verstorbenen verwenden, um andere Nutzer oder den Plattformbetreiber über den Todesfall zu informieren. Eine solche Information ist mit dem postmortalen Persönlichkeitsrecht des Verstorbenen vereinbar, da sie dessen virtuelles Lebensbild nicht nachträglich verändern kann. Allerdings sind diesbezüglich enge Grenzen zu ziehen: Um möglichen Identitätstäuschungen vorzubeugen, müssen sich die Erben als solche identifizieren und darauf hinweisen, dass sie das Profil anstelle des Verstorbenen nutzen. Darüber hinaus müssen sie die virtuelle „Präsenz“ des Avatars möglichst gering halten, indem sie etwa im Wege eines allgemeinen Hinweises in der Profilbeschreibung auf den Todesfall hinweisen. Handlungen, die über die bloße Information hinsichtlich des Todesfalles hinausgehen, können das virtuelle Lebensbild des Verstorbenen posthum beeinträchtigen und liegen daher nicht innerhalb der „Informationsbefugnis“ der Erben.

Im Ergebnis stellt die aktive Nutzung eines Nutzerkontos im Metaversum also ein höchstpersönliches Recht des Verstorbenen dar,[1147] dessen postmortale Ausübung durch die Erben gegen die ausschließliche Befugnis des Erblassers zur Schaffung eines eigenen virtuellen Persönlichkeitsbildes und daher gegen sein postmortales Persönlichkeitsrecht verstößt. Die Erben haben daher gegen den

---

[1145] BGH, Urt. v. 29.11.2021 – VI ZR 248/18, GRUR 2022, 407, Rn. 20 m.w.N.

[1146] *zu Hohenlohne*, GewA 2018, 169 (172).

[1147] So auch die h.M. zu „herkömmlichen“ digitalen Plattformen: BeckOK-BGB/*Müller-Christmann*, § 1922, Rn. 101; MüKo-BGB/*Leipold*, § 1922, Rn. 38; Röhricht/Graf v. Westphalen/Haas/Mock/Wöstmann-HGB/*Specht-Riemenschneider/Bernzen*, Plattformnutzungsverträge, Rn. 134; MAH-ErbR/*Biermann*, § 50, Rn. 25; *Naczinsky*, ZEV 2021, 227 (228); *Preuß*, NJW 2018, 3146 (3148).

Plattformbetreiber keinen Anspruch auf Einräumung eines aktiven Nutzungsrechts. Führen die Erben dennoch das Nutzerkonto des Verstorbenen aktiv weiter, können die nächsten Angehörigen einen Unterlassungsanspruch geltend machen.[1148] Eine – restriktiv zu behandelnde – Ausnahme von diesem Grundsatz gilt lediglich für die postmortale Verwendung des Nutzerkontos zum Zwecke der Information über den Todesfall.

3. Beschränkungen im Umgang mit den geerbten Kontoinhalten

Neben dem „Verbot" der aktiven Weiternutzung eines Nutzerkontos können sich aus dem postmortalen Persönlichkeitsrecht auch Beschränkungen für den Umgang mit den geerbten Kontoinhalten ergeben. Das postmortale Persönlichkeitsrecht beinhaltet den Schutz davor, dass die Erben besonders sensible Kontoinhalte gegenüber Dritten offenlegen, wodurch eine grobe Entstellung des Lebensbildes des Verstorbenen oder eine Schmälerung seines postmortalen Würdeanspruchs zu befürchten ist.[1149]

Da höchstpersönliche Inhalte nicht vom Erbrecht ausgeschlossen sind,[1150] erhalten die Erben mit dem Todesfall u.a. Zugriff auf Text- bzw. Audionachrichten, Aktivitätenprotokolle, gespeicherte Bilder sowie sonstige persönliche Inhalte, die mit dem Nutzerkonto verbunden sind. Handelt es sich dabei um Informationen, die der Privat- oder Intimsphäre zuzurechnen sind, verbietet der postmortale Würdeanspruch des Verstorbenen eine Weitergabe dieser Inhalte an Dritte. Dies betrifft zum einen besonders persönliche Nachrichten oder Bilder.[1151] Zum anderen kann dies jedoch auch für bestimmte Aktivitätsdaten aus dem Metaversum gelten: Hat der Erblasser etwa virtuelle sexuelle Dienstleistungen in Anspruch genommen oder ist er in der virtuellen Welt einer besonderen, persönlichen Vorliebe nachgegangen, ist die Veröffentlichung dieser Tatsachen geeignet, seinen Würdeanspruch posthum erheblich zu beeinträchtigen; das postmortale Persönlichkeitsrecht schützt den Verstorbenen daher vor der Offenlegung solcher Aktivitäten. Haben die Erben darüber hinaus Zugriff auf virtuelle Räumlichkeiten des Erblassers im Metaversum erhalten, dürfen auch diesbezügliche Details nur

[1148] *Seidler*, NZFam 2020, 141 (144).
[1149] BeckOGK-BGB/*Preuß*, § 1922, Rn. 394. Ähnlich: MüKo-BGB/*Leipold*, § 1922, Rn. 39.
[1150] Siehe oben G. I. 3.
[1151] MüKo-BGB/*Leipold*, § 1922, Rn. 39; Staudinger-BGB/*Kunz*, BGB § 1922, Rn. 611.

insofern mit der Öffentlichkeit geteilt werden, wie dadurch nicht besonders persönliche oder intime Umstände des Verstorbenen offengelegt werden.
Stellt der Avatar ein Bildnis des Verstorbenen dar und sind die Erben nicht gleichzeitig die nächsten Angehörigen, müssen sie sich an die Grenzen des Bildnisschutzes aus §§ 22, 23 KUG halten. Sie sind ohne die Einwilligung der Angehörigen (§ 22 S. 3 KUG) grundsätzlich nicht berechtigt, das Avatar-Bildnis an Dritte weiterzugeben bzw. zu veröffentlichen.[1152] Demgegenüber entfällt mit dem Tod des Erblassers der spezialgesetzliche Schutz seines Nutzernamens, da ein Verstorbener nicht mehr vor einem zuordnungsverwirrenden Gebrauch seines Namens geschützt werden muss.[1153] Da das Namensrecht jedoch im postmortalen Persönlichkeitsrecht aufgeht,[1154] dürfen die Erben den Nutzernamen posthum nicht dergestalt verunglimpfen oder missbrauchen, dass damit eine Würdeverletzung einhergeht.[1155]
Insgesamt setzt das postmortale Persönlichkeitsrecht den Erben im Umgang mit den geerbten Kontoinhalten also immer dort Grenzen, wo die Offenlegung bestimmter sensibler Informationen geeignet ist, das Persönlichkeitsbild bzw. den Würdeanspruch des Verstorbenen posthum zu beeinträchtigen. Die nächsten Angehörigen können als „Hüter" der ideellen postmortalen Persönlichkeitsbestandteile im Falle der Zuwiderhandlung Unterlassungs- und Beseitigungsansprüche gegen die Erben geltend machen.

III. Beschränkungen durch Persönlichkeitsrechte Dritter

Des Weiteren stellt sich die Frage, ob neben dem postmortalen Persönlichkeitsrecht des Verstorbenen auch Persönlichkeitsrechte Dritter den Erben im Umgang mit den geerbten Kontoinhalten gewisse Schranken setzen können. Indem die Erben mit dem Erbfall Zugriff auf die datenmäßig verkörperte Kommunikation des Verstorbenen erhalten, können sie im Einzelfall auch persönliche Inhalte Dritter einsehen, die mit dem Erblasser zu dessen Lebzeiten etwa in Form von Text- oder Audionachrichten geteilt wurden.

[1152] Vgl. zu Profilfotos in „herkömmlichen" sozialen Netzwerken: *Gloser*, MittBayNot 2016, 12 (17).
[1153] BGH, Urt. v. 5.10.2006 – I ZR 277/03, NJW 2006, 684, Rn. 8. Für die Literatur statt vieler: MüKo-BGB/*Rixecker*, § 12, Rn. 42.
[1154] BGH, Urt. v. 5.10.2006 – I ZR 277/03, NJW 2006, 684, Rn. 8.
[1155] Vgl.: BeckOK-BGB/*Förster*, § 12, Rn. 54; MüKo-BGB/*Rixecker*, § 12, Rn. 42.

Gegen die Kenntnisnahme solcher Inhalte können sich die Betroffenen (persönlichkeits-)rechtlich grundsätzlich nicht wehren. Mit dem Erbfall rücken die Erben an die Stelle des Verstorbenen und sind damit als Kommunikationspartner (nicht als „Fremde") anzusehen.[1156] Darüber hinaus gibt der betroffene Nutzer mit dem Absenden eines Inhalts die Kontrolle über dessen tatsächliche Kenntnisnahme ab. Der Bundesgerichtshof stellt für „herkömmliche" soziale Netzwerke zutreffend fest, dass der Absender einer Nachricht daher damit rechnen muss, dass neben dem Adressaten auch andere Personen Kenntnis vom Inhalt seiner Nachricht erhalten können.[1157] Nichts anderes gilt für die Kommunikation im Metaversum. Auch hier kann nicht ausgeschlossen werden, dass der Inhaber eines Nutzerkontos seine Zugangsdaten bzw. seine Kontoinhalte mit anderen Personen teilt, die nicht an der ursprünglichen Kommunikation beteiligt waren. Darüber hinaus muss ein Kommunikationspartner spätestens seit der BGH-Rechtsprechung zum „digitalen Nachlass" davon ausgehen, dass jedenfalls die Erben eines Kontoinhabers nach dessen Tod Zugriff auf die Kontoinhalte erlangen. Ein genereller rechtlicher Anspruch des Kommunikationspartners, der auf die Verhinderung der Kenntnisnahme persönlicher Inhalte durch die Erben gerichtet ist, existiert demnach nicht.

Haben die Erben durch den Übergang des Nutzerkontos Zugriff auf besonders private bzw. intime Inhalte Dritter, kann sich im Einzelfall jedoch eine abweichende Beurteilung ergeben. Der Bundesgerichtshof hat im Hinblick auf intime Fotoaufnahmen, die während einer Beziehung entstanden bzw. verschickt worden sind, einen Löschungsanspruch der abgebildeten Person nach Beziehungsende bejaht.[1158] Das Innehaben von Informationen aus dem höchstpersönlichen Kernbereich privater Lebensführung eines Anderen sei dazu geeignet, eine gewisse Herrschafts- bzw. Manipulationsmacht über diesen auszuüben, und stelle einen Eingriff in das Allgemeine Persönlichkeitsrecht dar.[1159] Die ursprünglich bestehende (konkludente) Einwilligung des Betroffenen könne nach den kun-

[1156] Im Hinblick auf § 88 Abs. 3 TKG a.F.: BGH, Urt. v. 12.7.2018 – III ZR 183/17, NJW 2018, 3178, Rn. 54 ff.
[1157] BGH, Urt. v. 12.7.2018 – III ZR 183/17, NJW 2018, 3178, Rn. 44.
[1158] BGH, Urt. v. 13.10.2015 – VI ZR 271/14, NJW 2016, 1094.
[1159] BGH, Urt. v. 13.10.2015 – VI ZR 271/14, NJW 2016, 1094, Rn. 35.

sturheberrechtlichen Grundsätzen im privaten Bereich jedoch beschränkt werden und gelte den Umständen entsprechend daher nur für die Dauer der Beziehung.[1160]

Überträgt man diese Grundsätze auf den „digitalen Nachlass“ im Metaversum, ergibt sich folgendes Bild: Haben Dritte besonders private oder intime Inhalte, die dem Kernbereich der privaten Lebensgestaltung zuzuordnen sind, mit dem Erblasser geteilt, greift die nunmehr ungewollte Verfügungsmacht der Erben über diese Inhalte in das Allgemeine Persönlichkeitsrecht der Kommunikationspartner ein. Es beeinträchtigt ihr Recht, selbst darüber entscheiden zu können, ob, in welcher Form und wem Einblicke in die engste Lebenssphäre gewährt werden.[1161] Im Metaversum kann es sich dabei um intime Bilder oder Audio- bzw. Textnachrichten handeln; es können jedoch auch datenmäßig fixierte Aktivitätsprotokolle betroffen sein, die etwa virtuelle geschlechtliche Handlungen zwischen den jeweiligen Avataren bezeugen. In dem Teilen solcher Inhalte kann eine mindestens konkludente Einwilligung in das Innehaben der Verfügungsmacht über diese Informationen durch den Erblasser gesehen werden. Aufgrund der Höchstpersönlichkeit dieser Inhalte kann jedoch regelmäßig nicht davon ausgegangen werden, dass sich diese Einwilligung auch auf andere Personen als den Kontoinhaber bezieht. Da der Kernbereich der privaten Lebensführung aufgrund seiner Nähe zur Menschenwürde besonderen Schutz verdient,[1162] muss die Einwilligung vielmehr restriktiv behandelt werden. Es kann daher nicht angenommen werden, dass die Einwilligung in die Verfügungsmacht über die in der virtuellen Welt geteilten, besonders persönlichen bzw. intimen Inhalte auch nach dem Ableben eines Nutzers für dessen Rechtsnachfolger gelten soll.[1163]

Ergibt sich aus den Umständen nichts Gegenteiliges, liegt im Hinblick auf diese Inhalte somit ein rechtswidriger Eingriff in das Allgemeine Persönlichkeitsrecht des Dritten vor. Dieser hat die Möglichkeit, den würdebeeinträchtigenden Zustand zu beenden, indem er Löschungs- und Herausgabeansprüche gegen die Erben geltend macht.[1164]

[1160] BGH, Urt. v. 13.10.2015 – VI ZR 271/14, NJW 2016, 1094, Rn. 37 ff.
[1161] Vgl.: BGH, Urt. v. 13.10.2015 – VI ZR 271/14, NJW 2016, 1094, Rn. 33.
[1162] BGH, Urt. v. 13.10.2015 – VI ZR 271/14, NJW 2016, 1094, Rn. 34.
[1163] Vgl.: *Pruns*, ErbR 2018, 550 (556).
[1164] MüKo-BGB/*Leupold*, § 1922, Rn. 39; *Pruns*, ErbR 2018, 614 (619).

IV. Ergebnis

Sofern die Vererbbarkeit nicht individualvertraglich zwischen Erblasser und Plattformbetreiber ausgeschlossen wurde, treten die Erben mit dem Todesfall gemäß § 1922 BGB als Rechtsnachfolger in den Plattformnutzungsvertrag ein und erwerben dadurch einen Anspruch auf Zugang zum vollständigen Nutzerkonto des Erblassers. Dieser Zugangsanspruch umfasst auch höchstpersönliche virtuelle Inhalte des Erblassers, da das Erbrecht insofern keine Differenzierung zulässt. Insgesamt müssen sich die Erben in dem geerbten Nutzerkonto im Metaversum so bewegen können, wie dies der Verstorbene konnte.

Das postmortale Persönlichkeitsrecht des Erblassers setzt den Erben im Umgang mit den Kontoinhalten jedoch gewisse Schranken. So sind die Rechtsnachfolger zum einen nicht dazu berechtigt, das Nutzerkonto des Verstorbenen aktiv weiterzuführen. Zum anderen dürfen die Erben keine besonders privaten bzw. intimen Informationen aus dem Nutzerkonto gegenüber Dritten offenlegen. Im Falle der Zuwiderhandlung können die nächsten Angehörigen des Verstorbenen als Wahrnehmungsberechtigte des postmortalen Persönlichkeitsschutzes Unterlassungs- sowie Beseitigungsansprüche geltend machen. Erhalten die Erben mit dem Nutzerkonto darüber hinaus besonders private bzw. intime Informationen über Dritte, die zu Lebzeiten des Verstorbenen mit diesem geteilt wurden, können die Betroffenen Löschungs- bzw. Herausgabeansprüche geltend machen, sofern die Inhalte dem Kernbereich ihrer privaten Lebensgestaltung zuzuordnen sind.

Insgesamt ist Folgendes festzuhalten: Die Tatsache, dass in der immersiven virtuellen Welt künftig deutlich mehr höchstpersönliche bzw. sensible Inhalte geteilt und gespeichert werden, schlägt sich in einer verstärkten Beschränkung der freien Verfügungsbefugnis der Erben nieder. Im Einzelfall ist stets sorgfältig abzuwägen, welche Informationen durch die Erben verwendet bzw. offengelegt werden dürfen und welche Inhalte aufgrund ihres engen Persönlichkeitsbezuges „unter Verschluss“ bleiben müssen.

KAPITEL 4 – Persönlichkeitsschutz de lege ferenda

Das vorangegangene Kapitel zeigt, dass die verschiedenen Schutzbereiche des Allgemeinen Persönlichkeitsrechts in einem gewissen Umfang auch für die Herausforderungen hinsichtlich des Schutzes der individuellen Persönlichkeitsentfaltung in der virtuellen Realität des Metaversums fruchtbar gemacht werden können. Gleichzeitig wird jedoch deutlich, dass der rechtliche Persönlichkeitsschutz *de lege lata* im Rahmen bestimmter Konstellationen in der virtuellen Welt an seine „Grenzen“ kommt bzw. nur eingeschränkte Wirkung entfalten kann.
Im folgenden Kapitel soll daher anhand einer Einordnung dieser Erkenntnisse analysiert werden, ob das gegenwärtige persönlichkeitsrechtliche Schutzniveau ausreichend ist (A.) oder ob eine Weiterentwicklung des Persönlichkeitsschutzes *de lege ferenda* notwendig ist, um einen effektiven Schutz der Persönlichkeit im Metaversum zu gewährleisten (B.).

A. Bewertung des persönlichkeitsrechtlichen Schutzniveaus *de lege lata*

Eine eigene Rechtsstellung und damit ein eigenes Persönlichkeitsrecht von Avataren kann *de lege lata* nicht konstruiert werden, sodass für die Gewährung bzw. Wirkung des Persönlichkeitsschutzes im Metaversum stets auf das Persönlichkeitsrecht der hinter dem Avatar stehenden Person oder Organisation zurückgegriffen werden muss.[1165]

I. Recht am Bild, Namensrecht und virtuelle Rückzugsräume

Im Hinblick auf einige Aspekte kann der rechtliche Persönlichkeitsschutz *de lege lata* in der virtuellen Realität des Metaversums eine (nahezu) wirkungsgleiche Schutzwirkung entfalten wie in der „echten“ Welt.
Das Recht am eigenen Bild gewährleistet auch im Metaversum umfassenden Persönlichkeitsschutz. Die erkennbare Darstellung einer natürlichen Person durch einen Avatar fällt in den Anwendungsbereich der §§ 22, 23 KUG, sodass für die Verbreitung und öffentliche Zurschaustellung dieses Bildnisses die kunsturheberrechtlichen Maßgaben in vollem Umfang zu beachten sind.[1166] Darüber

[1165] Zusammenfassend siehe oben Kap. 2 IV.
[1166] Siehe oben Kap. 3 E. II. 4.

M. Kern, *Persönlichkeitsschutz im Metaversum*, Juridicum – Schriften zum Medien-, Informations- und Datenrecht,
https://doi.org/10.1007/978-3-658-50982-8_5

hinaus bieten die DSGVO sowie das Allgemeine Persönlichkeitsrecht ergänzenden Schutz im Hinblick auf die Anfertigung bzw. den Besitz einer solchen Darstellung.[1167]

Auch für das Namensrecht ergeben sich keine signifikanten Unterschiede zur analogen Welt. Nutzernamen können als bürgerliche Namen, Pseudonyme oder Spitznamen vom Namensrecht gemäß § 12 BGB umfasst sein und sind daher ebenso gegen den zuordnungsverwirrenden Gebrauch durch Unbefugte geschützt, wie Namen in der „echten" Welt.[1168] Im geschäftlichen Bereich bieten darüber hinaus die zeichenrechtlichen Vorschriften der §§ 5, 15 MarkenG entsprechenden Schutz.[1169]

Selbst ein persönlichkeitsrechtlicher Schutz individueller Rückzugsräume kann *de lege lata* im Metaversum konstruiert werden, sofern ein Nutzer die virtuellen Räumlichkeiten für sich bzw. seinen Avatar nach individuellen Vorstellungen erschaffen hat, er den Zugang zu diesen kontrolliert und diese tatsächlich regelmäßig nutzt, um sich gegenüber der Metaversumsöffentlichkeit abzuschirmen.[1170]

Im Hinblick auf die vorgenannten Aspekte – das Recht am Bild, den Namensschutz sowie den Schutz räumlicher Rückzugsorte – ergibt sich also insgesamt ein zufriedenstellendes Schutzniveau für den virtuellen Raum. Es ist davon auszugehen, dass die Konzeption des Persönlichkeitsschutzes *de lege lata* ausreichend ist, um in dieser Hinsicht einen effektiven Persönlichkeitsschutz zu gewährleisten.

II. Ehrschutz, Schutz vor virtuellen Belästigungen und postmortaler Persönlichkeitsschutz

Anders verhält es sich jedoch für den persönlichkeitsrechtlichen Ehrschutz: Wird ein Angriff auf die persönliche Ehre mangels Kenntnis der wahren Identität des Nutzers unmittelbar „nur" an den Avatar gerichtet, ergibt sich aufgrund des Erfordernisses der individuellen Betroffenheit nicht aus jeder, für sich genommen ehrverletzenden, Handlung eine tatsächliche Persönlichkeitsverletzung des Betroffenen. Vielmehr muss hier *de lege lata* die – in der Praxis oft schwierige

[1167] Siehe oben Kap. 3 E. III. und IV.
[1168] Siehe oben Kap. 3 F. II. 5.
[1169] Siehe oben Kap. 3 F. II. 4.
[1170] Siehe oben Kap. 3 D. III.

– Abgrenzung zwischen innerer und äußerer Ehre erfolgen, wobei letztere nur im Falle der Existenz einer virtuellen Reputation überhaupt verletzt werden kann.[1171] Noch schwieriger wird die Beurteilung, wenn ein Avatar aufgrund seines Aussehens in zu missbilligender Art – z.B. rassistisch oder sexistisch – behandelt wird, der dahinterstehende Nutzer die entsprechenden Merkmale jedoch nicht aufweist bzw. sich nicht mit diesen identifiziert, sodass per se keine individuelle Betroffenheit angenommen werden kann. In solchen Fällen können Beleidigungen persönlichkeitsrechtlich nicht erfasst werden und im Übrigen nur in den engen Voraussetzungen des § 130 StGB geahndet werden.[1172]

Schwierigkeiten bei der Anwendung des zivilrechtlichen Persönlichkeitsschutz *de lege lata* ergeben sich auch im Hinblick auf virtuelle Belästigungen bzw. virtuelle Gewalt. Neben die bereits skizzierten Probleme bezüglich des Ehrschutzes tritt hier der Umstand, dass virtuelle Übergriffe in der Regel keine physischen Schäden hinterlassen. Psychische Folgen können demgegenüber zwar grundsätzlich über § 823 Abs. 1 BGB sanktioniert werden, setzen aber das Vorliegen eines pathologischen Zustandes sowie die Zurechenbarkeit des Verletzungserfolges voraus, was in der Praxis oftmals nur in wirklich schwerwiegenden Fällen zu bejahen sein wird.[1173] Virtuelle Übergriffe, die ein solches Niveau nicht erreichen, können lediglich als Verletzung der persönlichen Ehre bzw. der sexuellen Selbstbestimmung persönlichkeitsrechtlich geahndet werden;[1174] diesbezüglich wird es allerdings immer auf eine – in der Praxis mit Unsicherheiten verbundene – Abwägung im Einzelfall ankommen. Das Strafrecht erfasst virtuelle sexuelle Belästigungen bzw. virtuelle Gewalt ebenfalls nur in engen Grenzen.[1175]

Schließlich erweist sich auch der postmortale Persönlichkeitsschutz *de lege lata* für den Umgang mit den Inhalten eines Verstorbenen im Metaversums als nicht „optimal“. Im Gegensatz zu „herkömmlichen“ sozialen Netzwerken werden in der virtuellen Welt aufgrund der Immersion sowie der daraus folgenden besonderen Personalität deutlich mehr höchstpersönliche bzw. intime Inhalte produziert. *De lege lata* gehen sämtliche dieser Inhalte mit dem Tod jedoch auf die

[1171] Siehe oben Kap. 3 A. II. 3. c).
[1172] Siehe oben Kap. 3 A. II. 3. c) cc).
[1173] Siehe oben Kap. 3 B. I. 2. c) und C. I. 1. bzw. C. II. 1. b).
[1174] Siehe oben Kap. 3 B. 2. d) und C. I. 2.
[1175] Siehe oben Kap. 3 B. II. und C. II.

Erben über, ohne dass das postmortale Persönlichkeitsrecht des Verstorbenen dies verhindern könnte.[1176] Das postmortale Persönlichkeitsrecht kann *de lege lata* zwar Grenzen für den Umgang der Erben mit den vererbten Inhalten setzen.[1177] Ein postmortales „Recht auf Vergessen“ dergestalt, dass nach dem Ableben eines Nutzers sein Konto in der virtuellen Welt bzw. sein Avatar gelöscht werden müssten, existiert jedoch nicht.

Es wird also deutlich, dass immer dort, wo virtuelle und tatsächliche Identität in besonderer Weise divergieren, der Persönlichkeitsschutz *de lege lata* an seine Grenzen kommt. Bislang vorgenommene Wertungen aus der „echten“ Welt können in diesen Fällen nur sehr eingeschränkt auf Sachverhalte in der virtuellen Welt übertragen werden. Daraus ergeben sich nicht nur Unsicherheiten in der rechtlichen Umsetzung des Persönlichkeitsschutzes. Vielmehr wird die geltende Rechtslage auch den besonderen Herausforderungen, die die virtuelle Realität des Metaversums für die freie Entfaltung individueller Persönlichkeiten mit sich bringt, nicht (mehr) gerecht.

Im Sinne eines effektiven (zivilrechtlichen) Persönlichkeitsschutzes sollte also für die oben genannten Fallgruppen – virtuelle Ehrverletzungen, virtuelle Belästigungen bzw. Gewalt sowie virtuelles „Sterben“ – *de lege ferenda* ein neues Konzept für den Persönlichkeitsschutz im Metaversum entwickelt werden.

B. Persönlichkeitsrechtliches Schutzkonzept *de lege ferenda*

Für die Weiterentwicklung des persönlichkeitsrechtlichen Schutzkonzeptes hinsichtlich der oben genannten Bereiche stehen *de lege ferenda* zwei Möglichkeiten offen: Zum einen könnten Avatare als neue Rechtssubjekte anerkannt und mit eigenen (Persönlichkeits-)Rechten ausgestattet werden (I.), sodass es für die Frage des Persönlichkeitsschutzes nicht mehr auf eine individuelle Betroffenheit der (natürlichen oder juristischen) Person „hinter“ dem Avatar ankommen würde. Zum anderen könnte der persönlichkeitsrechtliche Schutzbereich für „herkömmliche“ Rechtssubjekte derart erweitert werden, dass die spezifischen Gefahren der avatarbasierten Interaktion im Metaversum erfasst werden, ohne dass neue Rechtssubjekte anerkannt werden müssten (II.).

[1176] Siehe oben Kap. 3 G. I. 3.
[1177] Siehe oben Kap. 3 G. II.

I. Keine Anerkennung von „Avatarpersönlichkeitsrechten“

Um einen effektiven Persönlichkeitsschutz virtueller Identitäten zu garantieren, drängt sich *de lege ferenda* die Überlegung auf, Avatare als Rechtsubjekte anzuerkennen und mit eigenen Persönlichkeitsrechten auszustatten. Eine Verletzung dieser „Avatarpersönlichkeitsrechte“ könnte in diesem Falle durch die dahinterstehenden Nutzer als „Wahrnehmungsberechtigte“ geltend gemacht werden, ohne dass es auf deren individuelle Betroffenheit ankäme.[1178]

Die Anerkennung neuer Rechtssubjekte und die darauf beruhende Verleihung individueller Rechtspositionen sind zwar grundsätzlich verfassungsrechtlich zulässig.[1179] Dennoch sprechen im Hinblick auf Avatare im Metaversum gewichtige Gründe gegen ein solches Vorgehen. Bestehen bereits gegen die Einführung nicht-menschlicher Rechtssubjekte im Allgemeinen erhebliche rechtsethische Bedenken,[1180] erweist sich im Besonderen die Verleihung von Persönlichkeitsrechten an Avatare als dogmatisch nicht begründbar.

Die generelle Notwendigkeit des rechtlichen Schutzes von Persönlichkeitsrechten ergibt sich daraus, dass das Wertesystem des Grundgesetzes seinen Mittelpunkt in der innerhalb der sozialen Gemeinschaft sich frei entfaltenden menschlichen Persönlichkeit und ihrer Würde findet.[1181] Der Verfassung liegt ein Menschenbild zugrunde, welches maßgeblich durch die Achtung individueller Selbstbestimmung und persönlicher Autonomie geprägt ist.[1182] Menschenwürde und Selbstbestimmung sind dabei zwei Seiten derselben Medaille: Die (potentielle) Fähigkeit des Menschen zur autonomen Selbstbestimmung konstituiert seine Einzigartigkeit als Lebewesen und verlangt eine dieser Fähigkeit gemäße Behandlung, die sich wiederum in der Anerkennung der individuellen Menschenwürde niederschlägt.[1183] In rechtlicher Hinsicht führt dies dazu, dass dem Einzelnen nicht nur die „äußere“ Freiheit, beliebige Handlungen vorzunehmen

---

1178 Als Vorbild könnte das sogenannte Unternehmenspersönlichkeitsrecht dienen, welches Organisationen einen eigenen Ehrschutz bzw. Schutz des sozialen Geltungsanspruchs gewährt, der unabhängig einer individuellen Rechtsverletzung der einzelnen Mitglieder besteht. Vgl. zusammenfassend: BeckOGK-BGB/*Specht-Riemenschneider*, § 823, Rn. 1207 ff. m.w.N.

1179 Siehe oben Kap. 2 B. III. 2. d) bb) (1).

1180 Siehe oben Kap. 2 B. III. 2. d) bb) (3).

1181 Grundlegend: BVerfG, Beschl. v. 14.2.1973 – 1 BvR 112/65, GRUR 1974, 44 (47). Vgl. ebenso: BVerfG, Urt. v. 26.2.2020 – 2 BvR 2347/15 u.a., NJW 2020, 905, Rn. 205. Für die Literatur vgl.: *Baston-Vogt*, S. 31 ff.; Huber/Voßkuhle-GG/*Eichberger*, Art. 2, Rn. 146; Sachs-GG/*Rixen*, Art. 2, Rn. 60; Dürig/Herzog/Scholz-GG/*Di Fabio*, Art. 2 Abs. 1, Rn. 127.

1182 Statt vieler: Dürig/Herzog/Scholz-GG/*Herdegen*, Art. 1 Abs. 1, Rn. 28.

1183 Zum Zusammenspiel von Menschenwürde und Selbstbestimmung vgl. ausführlich: *Baston-Vogt*, S. 31 ff.

oder zu lassen, gewährt wird (Art. 2 Abs. 1 GG), sondern auch die „innere" Freiheit, aus eigener Selbstbestimmung heraus zu entscheiden bzw. zu planen, verfassungsrechtlich garantiert werden muss.[1184] Hier kommt der Persönlichkeitsschutz ins Spiel: Erst durch den Schutz der Integrität der menschlichen Persönlichkeit in ihrer geistig-seelischen Dimension[1185] wird die praktische Ausübung eines selbstbestimmten Lebensentwurfs überhaupt möglich. Die Anerkennung individueller Persönlichkeitsrechte sichert die Grundbedingungen dafür, dass der Einzelne seine Individualität selbstbestimmt wahren und entwickeln kann.[1186]

Der (verfassungs-)rechtliche Schutz von Persönlichkeitsrechten basiert demnach maßgeblich auf der Fähigkeit, das Leben nach eigenen Vorstellungen zu gestalten. Ohne diese Autonomie wäre ein Persönlichkeitsschutz hinfällig, da es in Abwesenheit von Selbstbestimmung nichts geben würde, was es zu schützen gälte.

Nutzergesteuerte Avatare sind im Wesentlichen lediglich „Hüllen" für die dahinterstehenden Personen. Sie besitzen weder eigenständige Handlungsfähigkeit noch verfügen sich gar über eine individuelle Psyche oder die Fähigkeit zu eigenem, selbstbestimmtem Handeln. Folglich fehlt es für die Zuerkennung individueller Persönlichkeitsrechte diesbezüglich von vornherein an einem Schutzobjekt in Form einer autonomen „Avatarpersönlichkeit".

Bei KI-gesteuerten Avataren lässt sich die Entwicklung einer eigenen „Persönlichkeit" hingegen nicht pauschal ausschließen, da sie – abhängig ihres technischen Autonomisierungsgrades – ein gewisses „Eigenleben" entwickeln können, welches auf der Grundlage (teil-)autonomer Entscheidungen bestimmte Verhaltensmuster hervorbringt. Doch auch bei solchen Avataren ist die vermeintliche Autonomie letztlich durch den Programmiercode determiniert; sie ist nicht intrinsisch, sondern von außen gegeben. Ein eigenständiges Handeln, das die eigenen Grenzen verschieben kann und individuellen Vorstellungen folgt, existiert hier nicht in dem Sinne, wie es für die Zuerkennung von Persönlichkeitsrechten erforderlich wäre.[1187] Insgesamt fehlt es also auch im Hinblick auf KI-gesteuerte

[1184] *Britz*, NVwZ 2019, 672 (673).
[1185] Zur Begrifflichkeit vgl.: Sachs-GG/*Rixen*, Art. 2, Rn. 61.
[1186] BVerfG, Beschl. v. 10.10.2017 – 1 BvR 2019/16, NJW 2017, 3643, Rn. 38; Urt. v. 13.02.2007 – 1 BvR 421/05, NJW 2007, 753, Rn. 59; Beschl. v. 26.4.1994 – 1 BvR 1299/89 u.a., NJW 1994, 2475 (2475).
[1187] Vgl.: *Britz*, NVwZ 2019, 672 (673).

Avatare an einer selbstbestimmten, entwicklungsoffenen Persönlichkeit, welche die Verleihung eigenständiger „Avatarpersönlichkeitsrechte" begründen könnte. Im Ergebnis wird deutlich, dass die Anerkennung von Persönlichkeitsrechten mit der Existenz von selbstbestimmten Menschen und ihrer Fähigkeit zur autonomen Entwicklung eines individuellen Lebensbildes verbunden ist. Avatare verfügen als rein virtuelle Entitäten nicht über solche Eigenschaften, die eine Verleihung ähnlicher Rechte rechtfertigen könnten. Eine Zuerkennung eigener „Avatarpersönlichkeitsrechte" *de lege ferenda* ist somit abzulehnen.

II. Entwicklung eines neues persönlichkeitsrechtlichen Schutzbereichs

Persönlichkeitsschutz im Metaversum kann also auch in Zukunft nur aufgrund einer Verletzung des Persönlichkeitsrechts der hinter dem Avatar stehenden (natürlichen oder juristischen) Person gewährt werden. Als Reaktion auf die Gefahren der virtuellen Realität des Metaversums für die individuelle Persönlichkeitsentfaltung kommt *de lege ferenda* daher nur die Weiterentwicklung des persönlichkeitsrechtlichen Schutzbereichs in Betracht.

1. Dogmatische Grundlagen

Das Allgemeine Persönlichkeitsrecht zeichnet sich dadurch aus, dass es in seinem verfassungsrechtlichen Ursprung als „Auffanggrundrecht"[1188] fungiert. Es schützt jene Elemente der Persönlichkeit, die nicht Gegenstand besonderer Freiheitsgarantien sind, diesen aber in ihrer konstituierenden Bedeutung für die Persönlichkeitsentfaltung nicht nachstehen.[1189] Dies hat zur Folge, dass der Schutzbereich des Allgemeinen Persönlichkeitsrechts nicht abschließend bestimmt werden kann, sondern sich durch eine gewisse Entwicklungsoffenheit auszeichnet.[1190] Dadurch gelingt es, den persönlichkeitsrechtlichen Schutzbereich im

---

[1188] Zu dieser Formulierung vgl. u.a.: Sachs-GG/*Rixen*, Art. 2, Rn. 66; *Martini*, JA 2009, 839 (840).

[1189] So das BVerfG in seiner stRspr, vgl. u.a.: BVerfG, Urt. v. 26.2.2020 – 2 BvR 2347/15 u.a., NJW 2020, 905, Rn. 205; Beschl. v. 10.10.2017 – 1 BvR 2019/16, NJW 2017, 3643, Rn. 38; Urt. v. 27.2.2008 – 1 BvR 370/07 u.a., NJW 2008, 822, Rn. 169; Beschl. v. 3.6.1980 – 1 BvR 185/77, NJW 1980, 2070 (2070). Vgl. ebenso für die Literatur: Sachs-GG/*Rixen*, Art. 2, Rn. 66; BeckOK-GG/*Lang*, Art. 2, Rn. 74; Huber/Voßkuhle-GG/*Eichberger*, Art. 2, Rn. 148; *Martini*, JA 2009, 839 (840).

[1190] Dürig/Herzog/Scholz-GG/*Di Fabio*, Art. 2 Abs. 1, Rn. 147; BeckOK-GG/*Lang*, Art. 2, Rn. 74; Huber/Voßkuhle-GG/*Eichberger*, Art. 2, Rn. 148; *Martini*, JA 2009, 839 (840).

Wege richterliche Einzelfallentscheidungen an neuartige Entwicklungen anzupassen, die bisher ungekannte Gefährdungen für die individuelle Persönlichkeitsentfaltung mit sich bringen.[1191]
Insbesondere der technische Fortschritt hat die Rechtsprechung in der Vergangenheit veranlasst, neue Gewährleistungsdimensionen des Allgemeinen Persönlichkeitsrechts anzuerkennen. Als Reaktion auf die Etablierung der automatisierten Datenverarbeitung entwickelte das Bundesverfassungsgericht in seinem „Volkszählungsurteil" das sogenannte Recht auf informationelle Selbstbestimmung, welches dem Einzelnen Schutz gegen unbegrenzte Erhebung, Speicherung, Verwendung und Weitergabe seiner persönlichen Daten gewährt.[1192] Circa 15 Jahre später veranlassten der Erfolgszug des Computers sowie die damit verbundenen Möglichkeiten zum unbefugten Zugriff auf das Betriebssystem bzw. zur Auslesung des Speichermediums die Richter zur Genese des Rechts auf „Gewährleistung der Vertraulichkeit und Integrität informationstechnischer Systeme".[1193] Zuletzt hat das Gericht die ubiquitäre Verbreitung personenbezogener Berichte durch Suchmaschinen zum Anlass genommen, ein „Recht auf Vergessenwerden" im digitalen Raum anzuerkennen.[1194]
Die Entwicklung dieser Gewährleistungsdimensionen beruht auf dem Umstand, dass durch die Nutzung neuartiger Technologien gleichzeitig neue bzw. verstärkte Gefährdungen für die freie Persönlichkeitsentfaltung entstehen, welche bis dato nicht vom persönlichkeitsrechtlichen Schutzbereich erfasst werden.[1195] Soweit kein hinreichender Schutz vor solchen Persönlichkeitsgefährdungen besteht, trägt das Allgemeine Persönlichkeitsrecht diesem Schutzbedarf in seiner lückenfüllenden Funktion dadurch Rechnung, dass es über seine bisher anerkannten Ausprägungen hinaus eine neue, angepasste Gewährleistungsdimension entfaltet.[1196] Das Bundesverfassungsgericht formuliert diesen Grundsatz wie

1191 Vgl.: BVerfG, Urt. v. 27.2.2008 – 1 BvR 370/07 u.a., NJW 2008, 822, Rn. 169; Urt. v. 31.1.1989 – 1 BvL 17/87, NJW 1989, 891 (891); Urt. v. 15.12.1983 – 1 BvR 209/83 u.a., NJW 1984, 419 (421 f.). Für die Literatur vgl. ebenso: Dürig/Herzog/Scholz-GG/*Di Fabio*, Art. 2 Abs. 1, Rn. 147; Sachs-GG/*Rixen*, Art. 2, Rn. 66.

1192 BVerfG, Urt. v. 15.12.1983 – 1 BvR 209/83 u.a., NJW 1984, 419.

1193 BVerfG, Urt. v. 27.2.2008 – 1 BvR 370/07 u.a., NJW 2008, 822. In der Literatur wurde indes vermehrt Kritik an der Entscheidung geübt, vgl. u.a.: *Eifert*, NVwZ 2008, 521 (521 ff.); *Britz*, DÖV 2008, 411 (412 f.); *Sachs/Krings*, JuS 2008, 481 (483).

1194 BVerfG, Beschl. v. 6.11.2019 – 1 BvR 16/13, NJW 2020, 300, Rn. 75 ff.

1195 Vgl.: BVerfG, Beschl. v. 6.11.2019 – 1 BvR 16/13, NJW 2020, 300, Rn. 101 ff.; Urt. v. 27.2.2008 – 1 BvR 370/07 u.a., NJW 2008, 822, Rn. 170 ff.; Urt. v. 15.12.1983 – 1 BvR 209/83 u.a., NJW 1984, 419 (421 f.).

1196 Vgl.: BVerfG, Urt. v. 27.2.2008 – 1 BvR 370/07 u.a., NJW 2008, 822, Rn. 201.

folgt: „*Es ist nicht Aufgabe des Verfassungsrechts, solche Entwicklungen insgesamt aufzuhalten und alle Vor- und Nachteile der damit verbundenen Folgen zu neutralisieren. Soweit jedoch spezifische Gefährdungen der freien Entfaltung der Persönlichkeit erwachsen, ist dem bei der Auslegung und Anwendung des Grundgesetzes Rechnung zu tragen.*“[1197]

2. Neuer Schutzbereich: Integrität der virtuellen Identität

Auf dieser Grundlage sollte angesichts der Persönlichkeitsgefährdungen, die von der avatarbasierten Nutzung des VR-Metaversums ausgehen, eine neue persönlichkeitsrechtliche Gewährleistungsdimension anerkannt werden: *das Recht auf Integrität der virtuellen Identität.*

a) Erforderlichkeit des Schutzbereichs

Die Nutzung von Avataren und der VR-Technologie sowie die Entwicklung des Metaversums stecken derzeit noch in den „Kinderschuhen“. Es ist jedoch davon auszugehen, dass sich schon bald große Teile des wirtschaftlichen, politischen und sozialen Lebens in virtuellen Welten abspielen werden. Menschen werden in verschiedensten virtuellen Kontexten mit ihren Avataren im VR-Metaversum auftreten. Das virtuelle Leben im Metaversum wird somit einen nicht unerheblichen Teil der individuellen Persönlichkeitsentfaltung darstellen.

Der Lauf dieser Untersuchung hat gezeigt, dass die Nutzung von Avataren im VR-Metaversum neue Gefährdungen mit sich bringt, die viele Aspekte der individuellen Persönlichkeitsentfaltung betreffen. In einigen Bereichen ist der Persönlichkeitsschutz *de lege lata* nicht bzw. nicht hinreichend auf diese neuartigen Gefährdungen vorbereitet.[1198] Der verfassungsrechtliche Auftrag zum Schutz der Persönlichkeit (Art. 1 Abs. 1 i.V.m. Art. 2 Abs. 1 GG) macht es jedoch erforderlich, dass die Rechtsordnung auch im Metaversum einen ausreichenden Persönlichkeitsschutz der jeweiligen Rechtsträger gewährleistet.

[1197] BVerfG, Beschl. v. 6.11.2019 – 1 BvR 16/13, NJW 2020, 300, Rn. 104.

[1198] Siehe oben A. II.

Das Allgemeine Persönlichkeitsrecht schützt die freie Entfaltung der Persönlichkeit in allen ihren Facetten. Die dadurch umfasste individuelle Selbstbestimmung muss auch in digitalen Kontexten effektiv gewährleistet werden.[1199] In einer Gesellschaft, die zunehmend durch die Nutzung virtueller Räume geprägt ist, gehört dazu die Möglichkeit, sich ungestört in virtuellen Welten zu bewegen und dort zu agieren. Avatare sind Ausdruck der persönlichen Identität ihrer Nutzer in der virtuellen Welt und somit ein wesentlicher Bestandteil ihrer Persönlichkeitsentfaltung. Störungen oder Eingriffe in diese virtuelle Identität können die Betroffenen ebenso beeinträchtigen wie Verletzungen der realen Identität. Gleichzeitig sind die Nutzer im virtuellen Raum auf die Verwendung von Avataren angewiesen, da sie als digitale Zurechnungsobjekte oftmals erst die „Eintrittskarte" in die virtuelle Realität des Metaversums darstellen. Eine freie und autonome Persönlichkeitsentfaltung im Metaversum ist daher nur möglich, wenn die jeweiligen Rechtsträger auch vor Angriffen auf ihre virtuellen Stellvertreter geschützt werden.

Die verfassungsrechtlich garantierte Freiheit der Persönlichkeit muss somit auch die Möglichkeit umfassen, sich mit einer virtuellen Repräsentation des eigenen Ichs – dem Avatar – ungestört in virtuellen Welten entfalten zu können. Dies wird durch die bestehende Rechtslage jedoch nicht hinreichend gewährleistet. Mit dem Recht auf Integrität der virtuellen Identität kann auf die bestehenden Schutzlücken reagiert und der persönlichkeitsrechtliche Schutzbereich an die neuen technischen Gegebenheiten angepasst werden.

b) Inhalt des Schutzbereichs

In diesem Sinne soll das Recht auf Integrität der virtuellen Identität den einzelnen Nutzer davor schützen, dass sein Avatar Gegenstand von Angriffen wird, welche die freie Persönlichkeitsentfaltung des Nutzers in der virtuellen Welt beeinträchtigen können.

[1199] Grundlegende Ausführungen dazu sind dem „Volkszählungsurteil" zu entnehmen: BVerfG, Urt. v. 15.12.1983 – 1 BvR 209/83 u.a., NJW 1984, 419 (421 f.). Vgl. ebenso: BVerfG, Urt. v. 27.2.2008 – 1 BvR 370/07 u.a., NJW 2008, 822, Rn. 206.

aa) Äußerungsrechtlicher Schutz

Dazu gehört zunächst der Schutz vor abwertenden oder diffamierenden Äußerungen gegenüber dem Avatar, ohne dass es auf eine individuelle Ehrverletzung der dahinterstehenden Person ankäme. Auch solche Äußerungen, die sich etwa allein am Aussehen oder an einer spezifischen Handlung des Avatars aufhängen, sind nämlich dazu geeignet, die freie Persönlichkeitsentfaltung des jeweiligen Nutzers dergestalt einzuschränken, dass er aus Sorge vor weiteren Äußerungen bestimmte Personen, Orte oder Verhaltensweisen im virtuellen Raum fortan meidet.

Darüber hinaus umfasst die Integrität der virtuellen Identität ebenso den Schutz vor unwahren Tatsachenbehauptungen über den eigenen Avatar – und zwar unabhängig davon, ob eine gewisse virtuelle Bekanntheit existiert oder nicht. Auch falsche Aussagen über einen „unbekannten" Avatar können unrichtige Vorurteile innerhalb einer virtuellen „Community" erzeugen, sodass die Interaktion des betroffenen Nutzers mit den dortigen Avataren erheblich erschwert wird, was wiederum die freie Persönlichkeitsentfaltung im Metaversum empfindlich beeinträchtigt.

bb) Schutz vor virtuellen Übergriffen

Neben diesen „äußerungsrechtlichen" Aspekten beinhaltet das Recht auf Integrität der virtuellen Identität weiterhin Schutz vor virtuellen Übergriffen gegen einen Avatar. Auch wenn beim dahinterstehenden Nutzer keine pathologischen physischen oder psychischen Schäden entstehen, können solche Übergriffe die freie Persönlichkeitsentfaltung im virtuellen Raum sehr stark beeinflussen. Insbesondere wird dadurch die Autonomie des betroffenen Nutzers bezüglich der Einbeziehung in virtuelle Geschehnisse erheblich beeinträchtigt.

Die Immersion der VR-Technologie verstärkt diese Verletzungswirkung. Indem Betroffenen das Gefühl vermittelt wird, sich tatsächlich „in" der bedrohlichen Situation zu befinden, erhalten virtuelle Übergriffe eine realistische Dimension. Dies trägt dazu bei, dass die Folgen solcher Handlungen schwerwiegender und langanhaltender sind als in „herkömmlichen" Medien. Das Empfinden, willenloses „Objekt" einer virtuellen Aggression zu sein, ist sogar in der Lage, einen Eingriff in die individuelle Würde des betroffenen Nutzers zu begründen.

Daher ist es unerlässlich, dass das Allgemeine Persönlichkeitsrecht derartige Gefährdungen erfasst und den Rechtsträger zuverlässig davor schützt. Das Recht auf Integrität der virtuellen Identität entfaltet demnach immer dort persönlichkeitsschützende Wirkung, wo ein Nutzer mit seinem Avatar gegen seinen Willen in virtuell-physische Sexual- bzw. Gewalthandlungen einbezogen wird.

cc) Recht auf postmortale Löschung des Avatars

Schließlich gewährt das Recht auf Integrität der virtuellen Identität auch postmortalen Persönlichkeitsschutz. Die Bedeutung des Avatars als Ausdruck der virtuellen Identität eines Nutzers kann im Metaversum nämlich weit über das physische Leben hinausreichen. Im Gegensatz zu Nutzerprofilen in „herkömmlichen" sozialen Netzwerken besteht der Avatar nicht nur aus einem Profilbild oder einer Sammlung von Inhalten, sondern er stellt einen interaktiven, dreidimensionalen virtuellen Repräsentanten des jeweiligen Nutzers dar. Durch den Avatar wird dem Nutzer eine erweiterte Form der Selbstentfaltung und -darstellung im virtuellen Raum ermöglicht, die weit über das hinausgeht, was in „herkömmlichen" sozialen Netzwerken möglich ist. Die Kombination von Avatarnutzung und VR-Technologie führt zu einer neuen Form virtueller Kommunikation, durch welche ökonomische und insbesondere private Interaktionen ungekannter Qualität erlebbar werden.[1200] Die Nutzer können mit ihren Avataren Teil von sozialen, kulturellen oder wirtschaftlichen Gruppen innerhalb des Metaversums werden und damit wiederum ihrer virtuellen Identität Konturen verleihen. Insgesamt ist der Avatar also weitaus mehr als ein bloßes Nutzerprofil; er ist eine digitale Repräsentation des Lebenswerks einer Person. Erst durch den postmortalen Schutz dieses Lebenswerkes wird jedoch die freie (virtuelle) Persönlichkeitsentfaltung zu Lebzeiten garantiert.[1201] Ebenso wie im analogen Umfeld, muss ein Verstorbener daher im virtuellen Raum vor posthumen Veränderungen oder Entstellungen seines Lebensbildes geschützt werden.[1202] Dies umfasst das Recht der nächsten Angehörigen, nach dem Tod die Löschung des Ava-

---

[1200] Steege/Chibanguza-Metaverse/*Meder/Theissen*, § 19, Rn. 8.

[1201] Vgl.: Erman-BGB/*Klass*, Anh. § 12, Rn. 69; *Ludyga*, ZEV 2022, 693 (694); *Rapp*, ZfPW 2022, 106 (111).

[1202] Zu den Grundlagen des postmortalen Persönlichkeitsrechts s. oben Kap. 3 G. II. 1.

tars bzw. des gesamten Nutzerprofils zu verlangen. Nur dadurch kann sichergestellt werden, dass die digitale Präsenz sowie das virtuelle „Vermächtnis“ eines Nutzers nach dessen Ableben vollständig respektiert werden.

Zwar hat der Bundesgerichtshof in seiner Entscheidung zum „Recht auf Vergessen“ klargestellt, dass ein solches nicht in einem allein vom Betroffenen beherrschbaren Sinne existiert, sondern nur in Abwägung mit den Rechten Dritter durchgesetzt werden kann.[1203] Dies gilt nach dem Kontext des Urteils jedoch nur im Zusammenhang mit öffentlich zugänglichen Informationen über eine Person, da daran jedenfalls ein öffentliches Informationsinteresse bestehen kann. Das hier beschriebene Recht auf Löschung des Avatars soll jedoch gerade nicht die von Dritten eingestellten Informationen über einen Avatar betreffen, sondern nur den Avatar selbst. An der postmortalen Existenz des Avatars selbst kann jedoch kein öffentliches Informationsinteresse oder sonst ein (berechtigtes) Interesse Dritter bestehen, da es sich dabei allein um die zur aktiven Persönlichkeitsentfaltung genutzte virtuelle Repräsentation eines Verstorbenen handelt. Dem Recht auf Löschung des Avatars stehen die Ausführungen des Bundesgerichtshofs daher nicht entgegen.

Das Recht auf Integrität der virtuellen Identität umfasst somit auch das postmortale Recht auf Löschung des Avatars. Die erweiterten Möglichkeiten der Persönlichkeitsentfaltung, die ein Avatar im Metaversum bietet, machen diese Gewährleistungsdimension zu einem unverzichtbaren Bestandteil des modernen Persönlichkeitsschutzes.

C. Ergebnis

Der Persönlichkeitsschutz im Metaversum stößt *de lege lata* immer dort an seine Grenzen, wo Angriffe unmittelbar gegen den Avatar als virtuelle Identität eines Nutzers erfolgen. Bislang vorgenommene Wertungen aus der „echten“ Welt können in diesen Fällen nur sehr eingeschränkt auf Sachverhalte in der virtuellen Welt übertragen werden, wodurch Gefährdungen für die individuelle Persönlichkeitsentfaltung im virtuellen Raum nicht bzw. nicht hinreichend durch den persönlichkeitsrechtlichen Schutzbereich erfasst werden. Gleichwohl verpflichtet der verfassungsrechtliche Schutzgehalt des Allgemeinen Persönlichkeitsrechts

[1203] BVerfG, Beschl. v. 6.11.2019 – 1 BvR 16/13, NJW 2020, 300, Rn. 107.

(Art. 1 Abs. 1 i.V.m. Art. 2 Abs. 1 GG) die Rechtsordnung, auf neuartige Gefahren für die freie Entfaltung der Persönlichkeit zu reagieren und den rechtlichen Persönlichkeitsschutz insbesondere an technologische Entwicklungen anzupassen. Im Hinblick auf die Gefährdungen in der virtuellen Realität des Metaversums muss der individuelle Persönlichkeitsschutz daher *de lege ferenda* weiterentwickelt werden.

Die Verleihung eigener Persönlichkeitsrechte an Avatare scheitert an dem Umstand, dass die Anerkennung von Persönlichkeitsrechten mit der Existenz von selbstbestimmten Menschen sowie ihrer Fähigkeit zur autonomen Entwicklung eines individuellen Lebensbildes verbunden ist und Avatare als rein virtuelle Entitäten nicht über solche Eigenschaften – und damit nicht über einen „Anknüpfungspunkt“ für Persönlichkeitsrechte – verfügen.

Den neuartigen Gefährdungen für die freie Persönlichkeitsentfaltung im Metaversum kann daher nur mit der Erweiterung des persönlichkeitsrechtlichen Schutzbereichs des jeweiligen Nutzers um ein Recht auf Integrität der virtuellen Identität begegnet werden. Dieses Recht gewährleistet sowohl Schutz vor herabsetzenden und diffamierenden Äußerungen unmittelbar gegenüber einem Avatar als auch Schutz vor virtuell-physischen Übergriffen. Darüber hinaus garantiert es dem jeweiligen Nutzer ein postmortales Recht auf Löschung des eigenen Avatars, welches durch die nächsten Angehörigen wahrgenommen werden kann.

Mit dem Recht auf Integrität der virtuellen Identität wird dem Bedürfnis nach einem umfassenden Schutz der Persönlichkeit auch im virtuellen Raum Rechnung getragen und sichergestellt, dass die freie Persönlichkeitsentfaltung auch im virtuellen Raum gewährleistet wird.

KAPITEL 5 – Zusammenfassung der Untersuchungsergebnisse in 30 Thesen

In der zugrundeliegenden Arbeit galt es die Frage zu untersuchen, auf welche Art und Weise der rechtliche Persönlichkeitsschutz zwischen Privaten in der virtuellen Realität des Metaversums seine Wirkung entfaltet und ob dieses Schutzniveau zur Gewährleistung der freien Persönlichkeitsentfaltung in der virtuellen Welt ausreichend ist.

Zur Beantwortung dieser Forschungsfrage war es zunächst erforderlich, das Konzept des Metaversums, die Funktionsweise der VR-Technologie sowie die Bedeutung von Avataren zu erläutern und die Auswirkungen dieser Elemente auf die individuelle Persönlichkeitsentfaltung im virtuellen Raum darzustellen. Dabei wurde aufgezeigt, dass die neuen technischen Möglichkeiten gleichzeitig neuartige bzw. intensivierte Gefährdungen für die Persönlichkeitssphäre der jeweiligen Nutzer mit sich bringen (Kapitel 1). Um die Wirkung des Persönlichkeitsschutzes im Metaversum zu untersuchen, war daraufhin – nach einer Darstellung der dogmatischen Grundlagen des verfassungs- sowie zivilrechtlichen Allgemeinen Persönlichkeitsrechts – die Frage zu eruieren, ob – neben den natürlichen sowie juristischen Personen – auch nutzer- bzw. KI-gesteuerte Avatare eigene Persönlichkeitsrechte haben können. Dies wurde mit Blick auf die bei Avataren fehlenden besonderen Voraussetzungen einer Rechts- bzw. Grundrechtsträgerschaft abgelehnt (Kapitel 2). Auf der Grundlage dieses Ergebnisses wurde im Folgenden untersucht, wie der persönlichkeitsrechtliche Schutzbereich anerkannter, insbesondere menschlicher, Rechtsträger *de lege lata* für die Persönlichkeitsgefährdungen in der virtuellen Realität des Metaversums fruchtbar gemacht werden kann. Zu diesem Zwecke wurden verschiedenste Schutzbereiche des Allgemeinen Persönlichkeitsrechts sowie einschlägige besondere Persönlichkeitsrechte dargestellt und vor dem Hintergrund virtueller Gefährdungen im Metaversum auf ihre diesbezügliche Wirkung hin untersucht. Dabei wurde deutlich, dass einige Gefahren für die virtuelle Persönlichkeitsentfaltung bereits zufriedenstellend durch den bestehenden Rechtsrahmen erfasst sind, während andere Risiken nicht ausreichend rechtlich abgebildet werden (Kapitel 3). Diese Feststellung wurde schließlich zum Anlass genommen, als Reaktion auf die bestehenden Schutzlücken eine Erweiterung des persönlichkeitsrechtlichen

M. Kern, *Persönlichkeitsschutz im Metaversum*, Juridicum – Schriften zum Medien-, Informations- und Datenrecht,
https://doi.org/10.1007/978-3-658-50982-8_6

Schutzbereichs *de lege ferenda* vorzuschlagen, welche auf der Anerkennung eines Rechts auf Integrität der virtuellen Identität fußt (Kapitel 4).

Die wesentlichen Ergebnisse dieser Arbeit werden im Folgenden thesenartig zusammengefasst:

1. Das Metaversum, die VR-Technologie und die Nutzung individualisierter Avatare bringen neue Möglichkeiten der sozialen, wirtschaftlichen sowie politischen Interaktion im digitalen Umfeld hervor und werden die zwischenmenschliche Kommunikation im Internet nachhaltig verändern. Durch die neuen Interaktions- sowie Kommunikationsformen entstehen neuartige bzw. intensivierte Gefährdungen für die freie Persönlichkeitsentfaltung der jeweiligen Nutzer im virtuellen Raum. Dies gilt insbesondere hinsichtlich der Möglichkeit virtueller Ehrverletzungen sowie virtueller Übergriffe gegenüber einem Avatar, der Etablierung einer virtuellen Privat- bzw. Intimsphäre, des Missbrauchspotentials von Avatardarstellungen oder Nutzernamen sowie der Frage nach dem postmortalen „Schicksal" eines Nutzerprofils.
2. Im Metaversum fungiert der Avatar als virtuelle Repräsentation seines Nutzers und stellt das zentrale Zurechnungsobjekt für virtuelle Handlungen dar. Eigene Persönlichkeitsrechte können dem Avatar indes nicht zukommen. Einem nutzergesteuerten Avatar fehlt es diesbezüglich an der erforderlichen Autonomie bzw. an der für die Anerkennung als juristische Person maßgeblichen kollektiven sowie organisierten Grundrechtsausübung, da er lediglich eine fremdbestimmte „Hülle" für die virtuelle Handlungen seines Nutzers darstellt. Demgegenüber verfügen KI-gesteuerte Avatare zwar über eine gewisse (technische) Autonomie, ihnen fehlt es jedoch an einem menschlichen Handlungseinfluss, welcher als Anknüpfungspunkt für die Konstituierung eigener Rechte dienen könnte. Auch die Verleihung einer funktionalen Teilrechtsfähigkeit kann jedenfalls im Hinblick auf den (zivilrechtlichen) Persönlichkeitsschutz nicht verfangen, da KI-Systeme nicht über eine selbstbestimmte „Persönlichkeit" verfügen, welche die Verleihung eigener Persönlichkeitsrechte notwendig erscheinen ließe.
3. Rechtsträger im Metaversum sind die natürlichen oder juristischen Personen als Inhaber der Nutzerprofile. Persönlichkeitsschutz im Metaversum erfolgt daher nur insoweit, wie die Nutzer „hinter" dem Avatar durch eine virtuelle Handlung in einem ihrer Persönlichkeitsrechte verletzt werden.

4. Im Hinblick auf herabsetzende oder diffamierende Äußerungen gegenüber einem Avatar muss, wenn der dahinterstehende Nutzer dem Äußernden unbekannt ist, für das Vorliegen einer Persönlichkeitsrechtsverletzung zwischen der inneren und der äußeren Ehre differenziert werden. Bezweckt eine Äußerung die Schmälerung individueller Selbstachtung (Angriff auf die innere Ehre), entfaltet sie Bezugswirkung für den betroffenen Nutzer und begründet dadurch regelmäßig eine Beeinträchtigung dessen innerer Ehre. Soll die Äußerung den Betroffenen mit seinem Avatar hingegen in den Augen anderer Nutzer herabsetzen (Angriff auf die äußere Ehre), kann die äußere Ehre des Rechtsträger nur verletzt sein, wenn dieser mit seinem Avatar bzw. seinem Nutzerprofil in der virtuellen Welt eine gewisse Reputation besitzt.
5. Verfügt der Avatar über Eigenschaften (z.B. Hautfarbe oder Geschlecht), welche die dahinterstehende natürliche Person im „echten" Leben nicht aufweist und mit denen sie sich auch nicht (glaubhaft) identifiziert, wirken die daran anknüpfenden, herabsetzenden Äußerungen nur innerhalb des „Spielsystems" und können keine Verletzung der inneren Ehre des jeweiligen Rechtsträgers begründen. Eine Verletzung der virtuellen Reputation des Betroffenen (äußere Ehre) bleibt in diesen Fällen jedoch möglich.
6. Erfolgen Ehrverletzungen mittels szenetypischer Begriffe, ist es entscheidend, welcher Aspekt der persönlichen Ehre betroffen ist. Bei einem Angriff auf die innere Ehre ist das Verständnis des Betroffenen vom ehrenrührigen Inhalt der Äußerung erforderlich. Anderenfalls kann ein Ehrschutz nicht stattfinden. Demgegenüber kommt es im Hinblick auf die äußere Ehre lediglich darauf an, dass andere Nutzer die Ehrverletzung als solche erfassen können. Ein Verständnis des Betroffenen ist in diesem Falle nicht zu verlangen.
7. Virtuell-physische sexuelle Übergriffe gegenüber einem Avatar können Ansprüche wegen einer Gesundheitsverletzung i.S.v. § 823 Abs. 1 BGB begründen, sofern das virtuelle Ereignis beim betroffenen Nutzer psychische bzw. psychosomatische Folgen mit Krankheitswert hinterlässt, die sich im Einzelfall nicht als unverhältnismäßige Reaktion darstellen. Darüber hinaus können solche Übergriffe eine Verletzung des Allgemeinen Persönlichkeitsrechts darstellen. Dies gilt zum einen im Hinblick auf die persönliche Ehre, da mit dem unerwünschten Übergriff regelmäßig die Missachtung des betroffenen Nutzers und damit eine Verletzung dessen innerer Ehre verbunden

sind. Zum anderen stellen virtuell-physische sexuelle Übergriffe einen Angriff auf die sexuelle Selbstbestimmung des Nutzers dar, die auch im virtuellen Raum das Recht gewährleistet, frei über die Einbeziehung in sexuelle Geschehnisse zu entscheiden.

8. Teilweise gewährt auch das Strafrecht Persönlichkeitsschutz gegen virtuell-physische sexuelle Übergriffe. Nutzer unter 14 Jahren sind als Kinder im strafrechtlichen Sinne vor der akustischen Wahrnehmung tatsächlicher sexueller Handlungen via Voice-Chat geschützt, da solche Handlungen als „sexuelle Handlungen vor einem Kind" i.S.v. § 176a Abs. 1 Nr. 1 StGB sanktioniert werden können. Zudem kann die Vornahme virtueller sexueller Handlungen von Avataren vor den Augen anderer (minderjähriger) Nutzer als Zugänglichmachen eines pornographischen bzw. kinder- oder jugendpornographischen Inhalts nach §§ 184 Abs. 1 Nr. 1, 184b Abs. 1 Nr. 1, 184c Abs. 1 Nr. 1 StGB strafrechtlich geahndet werden.
9. Virtuelle Gewalthandlungen gegenüber einem Avatar stellen – ebenso wie virtuell-physische Übergriffe – eine Gesundheitsschädigung i.S.v. § 823 Abs. 1 BGB dar, wenn sie beim betroffenen Nutzer psychische bzw. psychosomatische Folgen mit Krankheitswert hinterlassen, die sich im Einzelfall nicht als unverhältnismäßige Reaktion auf ein virtuelles Bagatellverhalten darstellen. Es muss jedoch geprüft werden, ob der angegriffene Nutzer durch seine Anwesenheit auf einer (thematisch einschlägigen) virtuellen Plattform konkludent in die Rechtsgutverletzung eingewilligt hat. Darüber hinaus kann in dem virtuellen Gewaltakt eine Verletzung des Allgemeinen Persönlichkeitsrechts zu sehen sein, wenn damit gleichzeitig eine Geringschätzung bzw. Missachtung des hinter dem Avatar stehenden Nutzers und somit ein Angriff auf dessen persönliche Ehre verbunden ist. Auch diesbezüglich sind die Eigenarten der jeweiligen Plattform in den Blick zu nehmen.
10. In strafrechtlicher Hinsicht können durch einen virtuellen Gewaltakt vermittelte psychosomatische Folgen von gewisser Erheblichkeit als körperliche Misshandlung i.S.v. § 223 Abs. 1 StGB gelten. Zudem stellen nach der hier vertretenen Ansicht rein psychische Schädigungen mit Krankheitswert – entgegen der Rechtsprechung des Bundesgerichtshofs – eine Gesundheitsschädigung i.S.v. § 223 Abs. 1 StGB dar. In beiden Fällen kann der tatbestandliche Erfolg dem Täter jedoch nur objektiv zugerechnet werden, wenn er nicht

im groben Missverhältnis zum virtuellen Ereignis steht (kein atypischer Kausalverlauf). Darüber hinaus muss stets geprüft werden, ob der betroffene Nutzer durch seine Anwesenheit auf der jeweiligen Plattform zumindest konkludent in die Rechtsgutgefährdung eingewilligt hat.

11. In der virtuellen Realität des Metaversums müssen virtuell-räumliche Schutzbereiche anerkannt werden. Es ist nämlich davon auszugehen, dass Menschen aus privaten oder beruflichen Gründen zukünftig (zumindest teilweise) auf die Anwesenheit im Metaversum angewiesen sein werden. In solchen Fällen droht eine psychische Überforderung der Nutzer, wenn keine virtuellen Bereiche definiert werden, in welche sie sich mit ihren Avataren – geschützt vor den Blicken Anderer – zurückziehen können. Ein virtuell-räumlicher Persönlichkeitsschutz erstreckt sich daher insbesondere auf virtuelle Wohnräume, die ein Nutzer für sich bzw. seinen Avatar nach individuellen Vorstellungen erschaffen hat, zu denen er den Zugang kontrolliert und die er tatsächlich regelmäßig nutzt, um sich gegenüber der Metaversumsöffentlichkeit abzuschirmen.

12. Avatare sind Bildnisse i.S.v. § 22 S. 1 KUG, sofern sie das Erscheinungsbild eines Menschen in erkennbarer Weise abbilden. Zwar wird die Erkennbarkeit bei einer „manuellen" Gestaltung des Avatars aus vorgegebenen Gestaltungsoptionen nur in Ausnahmefällen erreicht. Durch den Einsatz von KI-Programmen ist jedoch die Schaffung fotorealistischer Avatare möglich geworden, die immer öfter zu einer Erkennbarkeit der Avatar-Darstellung führt. Dabei stellt nicht nur der Avatar selbst, sondern auch dessen bildliche Reproduktion in Form eines Screenshots ein Bildnis im kunsturheberrechtlichen Sinne dar.

13. Eine Verbreitung des Avatar-Bildnisses i.S.v. § 22 S. 1 KUG liegt vor, wenn der Kontoinhaber Dritten uneingeschränkten Zugang zu seinem Profil gewährt, sodass diese die Verfügungsgewalt über den Avatar erhalten, oder wenn ein Screenshot des Avatars in körperlicher oder digitaler Form an Dritte weitergegeben wird. Auch das Zur-Verfügung-Stellen eines Bildnisses an eine künstliche Intelligenz zwecks Herstellung eines fotorealistischen Avatars stellt eine Bildnisverbreitung i.S.v. § 22 S. 1 KUG dar. Demgegenüber handelt es sich um eine öffentliche Zurschaustellung i.S.v. § 22 S. 1 KUG, wenn der Avatar auf einer Plattform in Erscheinung verwendet

wird und zwischen den Nutzern, denen der Avatar sichtbar gemacht wird, kein besonderes Vertrauensverhältnis besteht. Eine öffentliche Zurschaustellung des Screenshots liegt vor, wenn dieser auf einer frei verfügbaren Webseite bzw. innerhalb eines sozialen Netzwerks hochgeladen wird oder für die öffentliche Berichterstattung genutzt wird. Auch das bloße Herumzeigen des Screenshots, etwa auf einem Smartphone, kann eine öffentliche Zurschaustellung darstellen, sofern zwischen den Beteiligten wiederum kein besonderes Vertrauensverhältnis existiert.

14. Verwendet ein Nutzer sein eigenes Bildnis als Avatar auf einer Plattform, liegt darin gleichzeitig die (konkludente) Einwilligung gegenüber dem Plattformbetreiber, das Avatar-Bildnis gegenüber anderen Nutzern und gemäß den ggf. bestehenden Sichtbarkeitseinstellungen während der Zeit der Plattformnutzung für plattforminternen Zwecke zu verwenden. Dies gilt auch hinsichtlich der Bildnisverwendung durch andere Nutzer, sofern sie im Rahmen der Plattformfunktionalitäten erfolgt. Nicht von der Einwilligung des abgebildeten Nutzers gedeckt ist hingegen die Veröffentlichung bzw. Verbreitung des Avatar-Bildnisses außerhalb der jeweiligen Plattform – dies betrifft auch die Verwendung des Bildnisses in der externen Medienberichterstattung. Etwas anderes dürfte nur für prominente Personen gelten, die im Einzelfall mit ihrem Auftritt in der virtuellen Welt aus objektiver Sicht die Erregung öffentlicher Aufmerksamkeit und Bekanntheit bezwecken und daher auch von der Veröffentlichung ihres Avatar-Bildnisses in den Medien ausgehen müssen. Zudem ist auch die Darstellung des Avatar-Bildnisses als „Vorschaubild“ durch Suchmaschinen zulässig, sofern für den Betroffenen die Möglichkeit existiert, die Suchmaschinenindexierung zu blockieren und er nicht von dieser Möglichkeit Gebrauch gemacht hat.

15. Jedenfalls im Hinblick auf Prominente dürfte die Verwendung des Avatar-Bildnisses durch die Medien in vielen Fällen auch ohne Einwilligung des Abgebildeten nach § 23 Abs. 1 Nr. 1 KUG zulässig sein, da ein großer Teil der öffentlichen Meinungsbildung künftig im Metaversum stattfinden wird und somit ein grundsätzliches Informationsinteresse an den Avatar-Bildnissen Prominenter anzunehmen ist. Hinsichtlich unbekannter Privatpersonen

ist eine Bildnisveröffentlichung nach diesen Grundsätzen dagegen nur zulässig, wenn es im Rahmen einer öffentlich relevanten Diskussion gerade auf die Identität der abgebildeten Person ankommt.

16. Wird ein Avatar-Bildnis in der virtuellen Welt gegen den Willen des Abgebildeten durch einen Dritten genutzt, ist die Reproduktion der Avatarabbildung durch den Plattformbetreiber oder externe Medien unzulässig. Zwar kann in einigen Fällen ein Ausnahmetatbestand nach § 23 Abs. 1 Nr. 1 bzw. Nr. 2 KUG eingreifen. Die Verbreitung bzw. öffentliche Zurschaustellung des Bildnisses verstößt jedoch gegen die berechtigten Interessen des Abgebildeten (§ 23 Abs. 2 KUG), da die ursprünglich unzulässige Bildnisverwendung durch den den Avatar steuernden Nutzer nicht in zulässiger Weise durch andere Akteure reproduziert werden darf.
17. Handelt es sich um den reinen Herstellungsakt eines Avatar-Bildnisses, ist das KUG nicht anwendbar. Die Erstellung von Avataren bzw. das Anfertigen von Screenshots sind dann an den Voraussetzungen der DSGVO zu messen. Liegt keine Einwilligung des Betroffenen vor, kann sich die Rechtmäßigkeit der Bildnisherstellung (z.B. durch Aufnahme eines Screenshots) insbesondere für die Medienberichterstattung aus Art. 6 Abs. 2 lit. f DSGVO ergeben, sofern die Presse- bzw. Meinungsfreiheit das Persönlichkeitsrecht des Abgebildeten nach den Umständen des Einzelfalles überwiegt. Treten aus dem Avatar-Bildnis besonders sensible Informationen über den Abgebildeten hervor, kann sich im Hinblick auf die Anfertigung von Screenshots eine Rechtmäßigkeit der Datenverarbeitung nach Art. 9 Abs. 2 lit. e DSGVO ergeben, sofern der Nutzer hinter dem Avatar selbst der Abgebildete ist.
18. Fehlt es der Avatardarstellung an der Erkennbarkeit, kann unter gewissen Umständen Persönlichkeitsschutz nach dem Allgemeinen Persönlichkeitsrecht gewährt werden. Dies betrifft zum einen solche Fälle, in denen durch den Kontext einer nicht erkennbaren bildlichen Darstellung ein (persönlichkeitsverletzender) geistiger Bezug zu einer Person hergestellt wird. Zum anderen kann sich ein Betroffener in Ausnahmefällen mit dem Allgemeinen Persönlichkeitsrecht – genauer gesagt: mit dem Recht auf Achtung seiner Intimsphäre – gegen die fotorealistische Darstellung seiner Geschlechtsteile durch einen Avatar wehren.

19. Nutzernamen im Metaversum erfüllen durch ihre zuordnende Funktion Kennzeichnungswirkung und können daher Gegenstand des Namensrechts nach § 12 BGB sein. Bürgerlichen Namen sind als Nutzernamen unabhängig einer tatsächlichen „Präsenz" im Metaversum durch das Namensrecht geschützt, während Pseudonyme und Spitznamen Namensschutz hingegen nur für sich beanspruchen können, wenn sie in den relevanten Verkehrskreisen Kennzeichnungskraft durch Verkehrsgeltung erlangt haben. Im Metaversum sind die Verkehrskreise zunächst nach den Nutzern einer Plattform zu bilden, auf denen der Namensinhaber mit seinem Avatar auftritt. Als zusätzliche Differenzierungskriterien können die genutzte Sprache sowie die thematische Ausrichtung der Nutzeraktivität herangezogen werden. Gleichzeitig muss die originäre Unterscheidungskraft des jeweiligen Namens berücksichtigt werden: Je unterscheidungskräftiger der Nutzername ist, desto geringere Anforderungen sind an dessen Verkehrsdurchsetzung zu stellen.
20. Ein Eingriff in das Namensrecht stellt die Benennung eines Nutzerprofils bzw. eines Avatars mit einem fremden, geschützten Namen dar. Bei der Verwendung von „Allerweltsnamen", die keine individualisierende Kennzeichnungskraft besitzen, scheidet ein Eingriff mangels Zuordnungswirkung indes aus, es sei denn, sie werden in einem Kontext verwendet, der Hinweise auf eine bestimmte Person zulässt. Werden Nutzernamen verwendet, die sich nur geringfügig von geschützten Namen unterscheiden, kommt es für die Beurteilung der Zuordnungsverwirrung auf die originäre Unterscheidungskraft des geschützten Namens an: Je größer dessen Unterscheidungskraft ist, desto weniger können kleine Änderungen eine Zuordnungsverwirrung ausräumen. Wird ein Nutzername hingegen erkennbar zu parodistischen bzw. satirischen Zwecken genutzt, scheidet eine Zuordnungsverwirrung auch dann aus, wenn sich der Name nur geringfügig von dem geschützten Namen unterscheidet.
21. Für die Unbefugtheit der Namensnutzung kommt es darauf an, ob dem Verwender ein eigenes Nutzungsrecht an dem Namen zusteht. Ein solches kann sich insbesondere aufgrund eines originären eigenen Namensrechts ergeben. Demnach ist die außergeschäftliche Verwendung des eigenen bürgerlichen Namens als Nutzername grundsätzlich erlaubt, sofern die Namensnutzung nicht in unredlicher Weise, etwa zum Zwecke der Rufschädigung eines anderen Namensträgers, erfolgt. Dort, wo Plattformen im Metaversum nur die

einmalige Registrierung eines Nutzernamens zulassen, gilt das Prioritätsprinzip: Derjenige Nutzer, der sich zuerst mit seinem Namen registriert, darf diesen ungestört nutzen. Für die Träger von Wahlnamen gelten ähnliche Grundsätze; der einzige Unterschied: Kann ein Nutzername nur einmalig vergeben werden, darf es bei der Bestimmung des relevanten Zeitpunkts nach dem Prioritätsprinzip nicht auf die erstmalige Registrierung des Nutzernamens ankommen, sondern alleine darauf, wann dieser Verkehrsgeltung erlangt hat.

22. Werden Nutzernamen im Metaversum durch Nichtberechtigte genutzt, ohne dass es zu einer Zuordnungsverwirrung kommt, bleibt dem Namensinhaber ein Rückgriff auf das Allgemeine Persönlichkeitsrecht. Danach kann der Betroffene – nach Abwägung der widerstreitenden Interessen – Anspruch darauf haben, dass sein Name nicht in Zusammenhang mit ehrverletzenden bzw. rufschädigenden Äußerungen genannt wird. Ebenso kann eine Persönlichkeitsverletzung vorliegen, wenn der Nutzername gegen den Willen des Namensinhabers zu Werbezwecken kommerzialisiert wird.
23. Nach dem Tod eines Nutzers treten die Erben gemäß § 1922 BGB als Rechtsnachfolger in den Nutzungsvertrag mit dem Plattformbetreiber ein. Sie erwerben dadurch den Anspruch, von dem Konto selbst und von dessen gesamten Inhalt auf dieselbe Art und Weise Kenntnis nehmen zu können, wie dies der Erblasser konnte. Anders als bei „herkömmlichen" Netzwerken, kann der Plattformbetreiber diesen Anspruch regelmäßig nicht durch einen „read only"-Zugang befriedigen, sondern muss den Erben aufgrund der Interaktivität des 3D-Metaversums auch die Möglichkeit gewähren, mit den virtuellen Inhalten des Erblassers interagieren zu können.
24. Die Vererbbarkeit des Plattformnutzungsverhältnisses kann durch den Erblasser im Wege einer individualvertraglichen Abrede mit dem Plattformbetreiber ausgeschlossen werden. Nicht zulässig ist hingegen der Ausschluss des Erbrechts qua Plattform-AGB, da dem Erblasser damit die freie Entscheidung über seinen Nachlass genommen wird, weshalb solche Klauseln eine unangemessene Benachteiligung im Sinne von § 307 Abs. 1, Abs. 2 BGB darstellen. Zulässig ist demgegenüber die formularmäßige Ausgestal-

tung des Zugangsanspruchs der Erben, etwa durch die Bestimmung einer angemessenen Zugangsfrist oder durch das Verlangen von Legitimationsnachweisen.

25. Das postmortale Persönlichkeitsrecht des Erblassers setzt den Erben im Umgang mit den Kontoinhalten gewisse Schranken. So sind die Rechtsnachfolger zum einen nicht dazu berechtigt, das Nutzerkonto des Verstorbenen aktiv weiterzuführen. Zum anderen dürfen die Erben keine besonders privaten bzw. intimen Informationen aus dem Nutzerkonto gegenüber Dritten offenlegen. Im Falle der Zuwiderhandlung können die nächsten Angehörigen des Verstorbenen als Wahrnehmungsberechtigte des postmortalen Persönlichkeitsschutzes Unterlassungs- sowie Beseitigungsansprüche geltend machen.
26. Erhalten die Erben mit dem Nutzerkonto besonders private bzw. intime Informationen über Dritte, die zu Lebzeiten des Verstorbenen mit diesem geteilt wurden, können die Betroffenen Löschungs- bzw. Herausgabeansprüche geltend machen, sofern die Inhalte dem Kernbereich ihrer privaten Lebensgestaltung zuzuordnen sind.
27. Der (zivilrechtliche) Persönlichkeitsschutz entfaltet *de lege lata* in der virtuellen Realität des Metaversums weitreichende Wirkung und kann für zahlreiche neuartige Persönlichkeitsgefährdungen fruchtbar gemacht werden. Gleichzeitig wird jedoch deutlich, dass die Anwendung herkömmlicher persönlichkeitsrechtlicher Grundsätze immer dort an ihre Grenzen stößt, wo Angriffe unmittelbar gegen den Avatar als virtuelle Identität eines Nutzers erfolgen. Bislang vorgenommene Wertungen aus der „echten" Welt können in diesen Fällen nur sehr eingeschränkt auf Sachverhalte in der virtuellen Welt übertragen werden, wodurch Gefährdungen für die individuelle Persönlichkeitsentfaltung im virtuellen Raum nicht bzw. nicht hinreichend durch den persönlichkeitsrechtlichen Schutzbereich erfasst werden.
28. Der verfassungsrechtliche Schutzgehalt des Allgemeinen Persönlichkeitsrechts (Art. 1 Abs. 1 i.V.m. Art. 2 Abs. 1 GG) verpflichtet die Rechtsordnung, auf neuartige Gefahren für die freie Entfaltung der Persönlichkeit zu reagieren und den rechtlichen Persönlichkeitsschutz insbesondere an technologische Entwicklungen anzupassen. Dies gilt insbesondere dort, wo Gefährdungen nicht mehr durch die herkömmliche Perzeption des Persönlichkeits-

rechts erfasst werden können. Um einen effektiven Rechtsschutz im Metaversum zu garantieren, muss der individuelle Persönlichkeitsschutz daher *de lege ferenda* weiterentwickelt werden.

29. Eine Zuerkennung eigener „Avatarpersönlichkeitsrechte“ *de lege ferenda* ist abzulehnen. Die Anerkennung von Persönlichkeitsrechten ist mit der Existenz von selbstbestimmten Menschen und ihrer Fähigkeit zur autonomen Entwicklung eines individuellen Lebensbildes verbunden. Avatare verfügen als rein virtuelle Entitäten nicht über solche Eigenschaften. Für eine Verleihung eigener Persönlichkeitsrechte fehlt es daher an einem dogmatischen Anknüpfungspunkt.
30. Den neuartigen, bisher nicht bzw. nicht hinreichend erfassten Gefährdungen für die freie Persönlichkeitsentfaltung im Metaversum kann daher nur mit der Erweiterung des persönlichkeitsrechtlichen Schutzbereichs der jeweiligen Nutzer um ein *Recht auf Integrität der virtuellen Identität* begegnet werden. Dieses Recht gewährleistet sowohl Schutz vor herabsetzenden und diffamierenden Äußerungen unmittelbar gegenüber einem Avatar als auch Schutz vor virtuell-physischen Übergriffen. Darüber hinaus garantiert es dem jeweiligen Nutzer ein postmortales Recht auf Löschung des eigenen Avatars, welches durch die nächsten Angehörigen wahrgenommen werden kann. Mit dem Recht auf Integrität der virtuellen Identität wird dem Bedürfnis nach einem umfassenden Schutz der Persönlichkeit im virtuellen Raum Rechnung getragen und sichergestellt, dass die freie Persönlichkeitsentfaltung auch im virtuellen Raum gewährleistet wird.

Literaturverzeichnis

Götting, Horst-Peter/Lauber-Rönsberg, Anne/Rauer, Nils
Beck´scher Online-Kommentar Urheberrecht, 35. Edition, München, 1.5.2024
(zit.: BeckOK-UrhR/*Bearbeiter*, §, Rn.)

Apel, Simon
Anmerkung zu BGH, Urt. v. 12.7.2018 – III ZR 183/17, ZD 2018, S. 477 ff.
(zit.: *Apel*, ZD 2018, S.)

Assmus, Ubbo/Winzer, Florian
Mitarbeiterfotos im Intranet, auf Webseiten und in sozialen Netzwerken – Anforderungen an Einwilligung und Widerruf nach dem KUG und der DS-GVO, ZD 2018, S. 508 ff.
(zit.: *Assmus/Winzer*, ZD 2018, S.)

Ball, Matthew
Das Metaverse – Und wie es alles revolutionieren wird, München, 2022
(zit.: *Ball*, S.)

Baston-Vogt, Marion
Der sachliche Schutzbereich des zivilrechtlichen allgemeinen Persönlichkeitsrechts, Tübingen, 1997
(zit.: *Baston-Vogt*, S.)

Bauerschmidt, Jonathan
Die Sperrwirkung im Europarecht, EuR 2014, S. 277 ff.
(zit.: *Bauerschmidt*, EuR 2014, S.)

Baumann, Anastasia
Persönlichkeitsverletzungen im eSport, SpoPrax 2023, S. 40 ff.
(zit.: *Baumann*, SpoPrax 2023, S.)

Beck, Susanne/Günther, Jan-Philipp (Hrsg.)/Hilgendorf, Eric (Hrsg.)
Über Sinn und Unsinn von Statusfragen – zu Vor- und Nachteilen der Einführung einer elektronischen Person, in: Günther/Hilgendorf, Robotik und Gesetzgebung, Band 2, 1. Auflage, Baden-Baden, 2013
(zit.: *Beck*, in: Günther/Hilgendorf, Robotik und Gesetzgebung, S.)

Benedikt, Kristin/Kranig, Thomas
DS-GVO und KUG – ein gespanntes Verhältnis, ZD 2019, S. 4 ff.
(zit.: *Benedikt/Kranig*, ZD 2019, S.)

Bienemann, Linda
Reformbedarf des Kunsturhebergesetzes im digitalen Zeitalter, Baden-Baden, 2021
(zit.: *Bienemann*, S.)

Bitkom e.V.
Augmented und Virtual Reality – Potenzial und praktische Anwendung immersiver Technologien, Berlin, 2021
(zit.: *Bitkom e.V.*, Augmented und Virtual Reality, S.)

M. Kern, *Persönlichkeitsschutz im Metaversum*, Juridicum – Schriften zum Medien-, Informations- und Datenrecht,
https://doi.org/10.1007/978-3-658-50982-8

Bitkom e.V. Wegweiser in das Metaverse – Technologische und rechtliche Grundlagen, geschäftliche Potenziale, gesellschaftliche Bedeutung, Berlin, 2022
(zit.: *Bitkom e.V.*, Wegweiser in das Metaverse, S.)

Bosch, Sebastian Straftaten in der virtuellen Welt – Eine materiellrechtliche Untersuchung, Berlin, 2018
(zit.: *Bosch*, S.)

Brinkert, Maike/Stolze, Michael/Heidrich, Joerg Der Tod und das soziale Netzwerk – Digitaler Nachlass in Theorie und Praxis, ZD 2013, S. 153 ff.
(zit.: *Brinkert/Stolze/Heidrich*, ZD 2013, S.)

Britz, Gabriele Freie Entfaltung der Persönlichkeit (Art. 2 I 1 GG) – Verfassungsversprechen zwischen Naivität und Hybris?, NVwZ 2019, S. 672 ff.
(zit.: *Britz*, NVwZ 2019, S.)

Britz, Gabriele Vertraulichkeit und Integrität informationstechnischer Systeme – Einige Fragen zu einem „neuen“ Grundrecht, DÖV 2008, S. 411 ff.
(zit.: *Britz*, DÖV 2008, S.)

Brosius-Gersdorf, Frauke (Hrsg.) Grundgesetz-Kommentar, Band 1, 4. Auflage, Tübingen, 2023
(zit.: Dreier-GG/*Bearbeiter*, Art., Rn.)

Brost, Lucas/Frank, Malte Drei Engel für Mats – Die Selbstöffnung als Grenze des Persönlichkeitsschutzes von Sportlern und Influencern in Deutschland, Österreich und der Schweiz, ZUM 2022, S. 700 ff.
(zit.: *Brost/Frank*, ZUM 2022, S.)

Brost, Lucas/Hassel, Dominik Der Anspruch auf Geldentschädigung bei Persönlichkeitsverletzungen, NJW 2020, S. 2214 ff.
(zit.: *Brost/Hassel*, NJW 2020, S.)

Brüggemann, Sebastian Urheberrechtlicher Schutz von Computer- und Videospielen – Ein gordischer Knoten bzw. eine Aufgabe für den Gesetzgeber, CR 2015, S. 697 ff.
(zit.: *Brüggemann*, CR 2015, S.)

Bullinger, Winfried/Czychowski, Christian Digitale Inhalte: Werk und/oder Software? – Ein Gedankenspiel am Beispiel von Computerspielen, GRUR 2011, S. 19 ff.
(zit.: *Bullinger/Czychowski*, GRUR 2011, S.)

Calliess, Christian/Ruffert, Matthias EUV/AEUV – Das Verfassungsrecht der Europäischen Union mit Europäischer Grundrechtecharta, 6. Auflage, München, 2022
(zit.: Calliess/Ruffert/*Bearbeiter*, Art., Rn.)

Chibanguza, Kuuya/Kuß, Christian/Steege, Hans	Künstliche Intelligenz – Recht und Praxis automatisierter und autonomer Systeme, 1. Auflage, Baden-Baden, 2022 (zit.: Chibanguza/Kuß/Steege-KI/*Bearbeiter*, §, Rn.)
Chibanguza, Kuuya/Steege, Hans	Metaverse Rechtshandbuch, 1. Auflage, Baden-Baden, 2023 (zit.: Chibanguza/Steege-Metaverse/*Bearbeiter*, §, Rn.)
Conraths, Timo/Krüger, Stefan	Das virtuelle Hausrecht des Online-Spiel-Betreibers – Wirksame Rechtsschutzmöglichkeiten für Online-Spiel-Anbieter abseits des Vertragsrechts, MMR 2016, S. 310 ff. (zit.: *Conraths/Krüger*, MMR 2016, S.)
Dallmann, Michael/Busse, Philipp	Verarbeitung von öffentlich zugänglichen personenbezogenen Daten – Datenschutzrechtliche Voraussetzungen und Grenzen, ZD 2019, S. 394 ff. (zit.: *Dallmann/Busse*, ZD 2019, S.)
Dao, Emily/Muresan, Andrea/Hornbaek, Kasper/Knibbe, Jarrod	Bad Breakdowns, Useful Seams, and Face Slapping: Analysis of VR Fails on YouTube, in: Proceedings of the 2021 CHI Conference on Human Factors in Computing Systems, Article 526 (zit.: *Dao/Muresan/Hornbaek/Knibbe*, Bad Breakdowns, Useful Seams, and Face Slapping: Analysis of VR Fails on YouTube, in: Proceedings of the 2021 CHI Conference on Human Factors in Computing Systems, Art. 526)
Deusch, Florian	Digitales Sterben: Das Erbe im Web 2.0, ZEV 2014, S. 2 ff. (zit.: *Deusch*, ZEV 2014, S.)
Diemer, Julia/Alpers, Gerog/Peperkorn, Henrik/Shiban, Youssef/Mühlberger, Andreas	The impact of perception and presence on emtional reactions: a review of research in virtual reality, Frontiers in Psychology (2015), Volume 6 Article 26 (zit.: *Diemer et al.*, Frontiers in Psychology (2015), Vol. Art.)
Doerbeck, Caprice	Zum Erfordernis des pathologischen, somatisch objektivierbaren Zustandes bei Verletzungen der psychischen Gesundheit, JR 2020, S. 134 ff. (zit.: *Doerbeck*, JR 2020, S.)
Dregelies, Max	Fotografieren in der Öffentlichkeit und Datenschutz, AfP 2019, S. 298 ff. (zit.: *Dregelies*, AfP 2019, S.)

Dregelies, Max — Digital Services Act – Überblick über den neuen Rechtsrahmen für das Internet, MMR 2022, S. 1033 ff. (zit.: *Dregelies*, MMR 2022, S.)

Dreier, Thomas/Schulze, Gernot (Hrsg.) — Urheberrechtsgesetz, 7. Auflage, München, 2022 (zit.: Dreier/Schulze-UrhG/*Bearbeiter*, §, Rn.)

Dürr, Paul — Social Bots – Digitale Manipulation und Verfassungsrecht, 1. Auflage, Tübingen, 2024 (*zit.*: Dürr, S.)

Ebers, Martin (Hrsg.) — StichwortKommentar Legal Tech, 1. Auflage. Baden-Baden, 2023 (zit.: Ebers-SWK Legal Tech/*Bearbeiter*, Stichwort, Rn.)

Eifert, Martin — Informationelle Selbstbestimmung im Internet – Das BVerfG und die Online-Durchsuchung, NVwZ 2008, S. 521 ff. (zit.: *Eifert*, NVwZ 2008, S.)

Eifert, Martin — Informationelle Selbstbestimmung im Internet – Das BVerfG und die Online-Durchsuchungen, NVwZ 2008, S. 521 ff. (zit.: *Eifert*, NVwZ 2008, S.)

Eisenreich, Georg — Digital Services Act – ein wirksames Instrument gegen Hass und Hetze im NetzDG?, RDi 2021, S. 289 ff. (zit.: *Eisenreich*, RDi 2021, S.)

Epping, Volker/Hillgruber, Christian (Hrsg.) — Beck´scher Online-Kommentar Grundgesetz, 57. Edition, München, 15.06.2024 (zit.: BeckOK-GG/*Bearbeiter*, Art., Rn.)

Erb, Volker/Schäfer, Jürgen (Hrsg.) — Münchener Kommentar zum Strafgesetzbuch, Band 3, 4. Auflage, München, 2021 (zit.: MüKo-StGB/*Bearbeiter*, §, Rn.)

Erb, Volker/Schäfer, Jürgen (Hrsg.) — Münchener Kommentar zum StGB, Band 4, 4. Auflage, München, 2021 (zit.: MüKo-StGB/*Bearbeiter*, §, Rn.)

Feldmann, Thorsten — Zum Referentenentwurf eines NetzDG: Eine kritische Betrachtung, K&R 2017, S. 292 ff. (zit.: *Feldmann*, K&R 2017, S.)

Fezer, Karl-Heinz (Hrsg.) Beck´scher Kurz-Kommentar Markenrecht, 5. Auflage, München, 2023
(zit.: Fezer-MarkenR/*Bearbeiter*, §, Rn.)

Fischer, Veronika/Hoppe, Peter J./Wimmers, Jörg (Hrsg.) DGRI Jahrbuch 2018 – Informationstechnik und Recht, 1. Auflage, Köln, 2019
(zit.: *Autor*, in: Fischer/Hoppe/Wimmers, DGRI Jahrbuch 2018, Kapitel, Rn.)

Franks, Mary Anne The Desert of the Unreal: Inequality in Virtual and Augmented Reality, University of Miami School of Law Institutional Repository, 2017
(zit: *Franks*, The Desert of the Unreal: Inequality in Virtual and Augmented Reality, 51 U.C.D. L. Rev. 499)

Freeman, Guo/Zamanifard, Samaneh/Maloney, Divine/Acena, Dane Disturbing the Peace: Experiencing and Mitigating Emerging Harassment on Social Virtual Reality, Proceedings of the ACM on Human-Computer Interaction, Volume 6, Number CSCW1, Article 85
(zit.: *Freeman/Zamanifard/Maloney/Acena*, PACM on Human-Computer Interaction Vol. 6, No., Art.)

Frey, Dieter (Hrsg.) eSport und Recht – Handbuch, 1. Auflage, Baden-Baden, 2021
(zit.: Frey-eSportR/*Bearbeiter*, §, Rn.)

Fritzsche, Jörg/Knapp, Jonas Bildnisse von Kindern im Internet und in sozialen Medien, FamRZ 2019, S. 1905 ff.
(zit.: *Fritzsche/Knapp*, FamRZ 2019, S.)

Frömming, Jens Die Einwilligung im Medienrecht, NJW 1996, S. 958 ff.
(zit.: *Frömming*, NJW 1996, S.)

Fülbier, Ulrich Web 2.0 – Haftungsprivilegierungen bei MySpace und YouTube, CR 2007, S. 515 ff.
(zit.: *Fülbier*, CR 2007, S.)

Gaff, Lava Datenschutz bei Virtual und Augmented Reality, Wiesbaden, 2022
(zit.: *Gaff*, S.)

Geis, Ivo/Geis, Esther Rechtsaspekte des virtuellen Lebens, CR 2007, S. 721 ff.
(zit.: *Geis/Geis*, CR 2007, S.)

Geminn, Christian Die Regulierung Künstlicher Intelligenz – Anmerkungen zum Entwurf eines Artificial Intelligence Act, ZD 2021, S. 354 ff.
(zit.: *Geminn*, ZD 2021, S.)

Gercke, Marco Die Entwicklung des Internetstrafrechts im Jahr 2006, ZUM 2007, S. 282 ff.
(zit.: *Gercke*, ZUM 2007, S.)

Gerdemann, Simon/Spindler, Gerald Das Gesetz über digitale Dienste (Digital Services Act) (Teil 1) – Grundlegende Strukturen und Regelungen für Vermittlungsdienste und Host-Provider, GRUR 2023, S. 3 ff.
(zit.: *Gerdemann/Spindler*, GRUR 2023, S.)

Gerecke, Martin Teilen, Retweeten und Reposten – Zur urheber- und persönlichkeitsrechtlichen Zulässigkeit der Nutzung digitaler Inhalte auf Social-Media-Kanälen, GRUR 2019, S. 1120 ff.
(zit.: *Gerecke*, GRUR 2019, S.)

Gerecke, Martin (Hrsg.) Handbuch Social-Media-Recht, 1. Auflage, München, 2023
(zit.: Gerecke-HdbSocialMedia/*Bearbeiter*, Kap., Rn.)

Gerecke, Martin/Stark, Gabriele Ein neues Medienrecht für Deutschland, GRUR 2021, S. 816 ff.
(zit.: *Gerecke/Stark*, GRUR 2021, S.)

Gerpott, Torsten J. Das Gesetz über digitale Dienste nach den Trilog-Verhandlungen, CR 2022, S. 516 ff.
(zit.: *Gerpott*, CR 2022, S.)

Gersdorf, Hubertus Hate Speech in sozialen Netzwerken – Verfassungswidrigkeit des NetzDG-Entwurfs und grundrechtliche Einordnung der Anbieter sozialer Netzwerke, MMR 2017, S. 439 ff.
(zit.: *Gersdorf*, MMR 2017, S.)

Gersdorf, Hubertus/Paal, Boris (Hrsg.) Beck´scher Online-Kommentar Informations- und Medienrecht, 44. Edition, München, 1.5.2024
(zit.: BeckOK-InfoMedienR/*Bearbeiter*, §, Rn.)

Gielen, Nico/Uphues, Steffen Digital Markets Act und Digital Services Act – Regulierung von Markt- und Meinungsmacht durch die Europäische Union, EuZW 2021, S. 627 ff.
(zit.: *Gielen/Uphues*, EuZW 2021, S.)

Glaser, Andreas Grundrechtlicher Schutz der Ehre im Internetzeitalter, NVwZ 2012, S. 1432 ff.
(zit.: *Glaser*, NVwZ 2012, S.)

Gloser, Stefan Anmerkung zu BGH, Urt. v. 12.7.2018 – III ZR 183/17, DNotZ 2018, S. 846 ff.
(zit.: *Glaser*, DNotZ 2018, S.)

Gloser, Stefan „Digitaler Erblasser" und „digitale Vorsorgefalle" – Herausforderungen der Online-Welt in der notariellen Praxis – Teil I, MittBayNot 2016, S. 12 ff.
(zit.: *Gloser*, MittBayNot 2016, S.)

Gola, Peter/Heckmann, Dirk (Hrsg.) Datenschutz-Grundverordnung – Bundesdatenschutzgesetz, 3. Auflage, München, 2022
(zit.: Gola/Heckmann/*Bearbeiter*, §/Art., Rn.)

Golla, Sebastian/Herbort, Nina Elisabeth Zivilrechtlicher Bildnisschutz im Vorfeld von Weitergabe und Veröffentlichung, GRUR 2015, S. 648 ff.
(zit.: *Golla/Herbort*, GRUR 2015, S.)

Gössl, Susanne Lilian Der „digitale Nachlass" im Rechtsvergleich, ZfPW 2021, S. 105 ff.
(zit.: *Gössl*, ZfPW 2021, S.)

Götting, Horst-Peter/Schertz, Christian/Seitz, Walter (Hrsg.) Handbuch Persönlichkeitsrecht – Presse- und Medienrecht, 2. Auflage, München, 2019
(zit.: Götting/Schertz/Seitz-HdbPersR/*Bearbeiter*, §, Rn.)

Grapentin, Justin Vertragsschluss und vertragliches Verschulden beim Einsatz von künstlicher Intelligenz und Softwareagenten, Baden-Baden, 2018
(zit.: *Grapentin*, S.)

Gruber, Malte-Christian/Beck, Susanne Jenseits von Mensch und Maschine – Ethische und rechtliche Fragen zum Umgang mit Robotern, Künstlicher Intelligenz und Cyborgs, in: Beck, Jenseits von Mensch und Maschine, 1. Auflage, Baden-Baden, 2012
(zit.: *Gruber,* in: Beck, Jenseits von Mensch und Maschine, S.)

Grünwald, Andreas/Nüßing, Christoph Vom NetzDG zum DSA: Wachablösung beim Kampf gegen Hate Speech – Diskussionsstand zu den beiden Gesetzesvorhaben und deren Vereinbarkeit, MMR 2021, S. 283 ff.
(zit.: *Grünwald/Nüßing*, MMR 2021, S.)

Gsell, Beate/Krüger, Wolfgang/Lorenz, Stephan/Reymann, Christoph (Hrsg.) Beck-online Grosskommentar BGB, München, Stand: 1.6.2023
(zit.: BeckOGK-BGB/*Bearbeiter*, §, Rn.)

Guggenberger, Nikolas Das Netzwerkdurchsetzungsgesetz in der Anwendung, NJW 2017, S. 2577 ff.
(zit.: *Guggenberger*, NJW 2017, S.)

Guntermann, Lisa Marleen Non Fungible Token als Herausforderung für das Sachenrecht, Rdi 2022, S. 200 ff.
(zit.: *Guntermann*, RDi 2022, S.)

Guntermann, Marleen — Non Fungible Token als Herausforderung für das Sachenrecht, RDi 2022, S. 200 ff.
(zit.: Guntermann, RDi 2022, S.)

Haas, Ulrich/Noack, Ulrich/Servatius, Wolfgang (Hrsg.) — Gesetz betreffend die Gesellschaften mit beschränkter Haftung, 23. Auflage, München, 2022
(zit.: Noack/Servatius/Haas-GmbHG/*Bearbeiter*, §, Rn.)

Häberle, Peter (Hrsg.) — Erbs/Kohlhaas Strafrechtliche Nebengesetzes, Band 1, 243. Ergänzungslieferung, München, 2022
(zit.: Erbs/Kohlhaas/*Bearbeiter*, §, Rn.)

Härting, Niko — Internetrecht, 7. Auflage, Köln, 2023
(zit.: *Härting*, Rn.)

Hau, Wolfgang/Poseck, Roman (Hrsg.) — Beck´scher Online-Kommentar BGB, 70. Edition, München, 1.5.2024
(zit.: BeckOK-BGB/*Bearbeiter*, §, Rn.)

Heckmann, Dirk/Paschke, Anne (Hrsg.) — Juris Praxis-Kommentar Internetrecht, 7. Auflage, Saarbrücken, 2021
(zit.: jurisPK-InternetR/*Bearbeiter*, Kapitel, Rn.)

Heckmann, Dirk/Wimmers, Jörg — Stellungnahme des DGRI zum Entwurf eines Gesetzes zur Verbesserung der Rechtsdurchsetzung in sozialen Netzwerken (NetzDG), CR 2017, S. 310 ff.
(zit.: *Heckmann/Wimmers*, CR 2017, S.)

Heet, Felizitas/Kalbhenn, Jan Christopher — Metaversum und Plattformregulierung, MMR-Aktuell 2021, S. 442089
(zit.: *Heet/Kalbhenn*, MMR-Aktuell 2021, S.)

Heger, Martin (Hrsg.) — Strafgesetzbuch – Kommentar, 30. Auflage, München, 2023
(zit.: Lackner/Kühl/Heger-StGB/*Bearbeiter*, §, Rn.)

Heine, Robert/Stang, Felix — Weiterverkauf digitaler WEkre mittels Non-Fungible-Token aus urheberrechtlicher Sicht – Funktionsweise von NFT und Betrachtung der urheberrechtlichen Nutzungshandlung, MMR 2021, S. 755 ff.
(zit.: *Heine/Stang*, MMR 2021, S.)

Hennemann, Moritz/Heldt, Amelie — Prozedurale Vermessung: Das Kuratieren kommunikativer Räume durch soziale Netzwerke, ZUM 2021, S. 981 ff.
(zit.: *Hennemann/Heldt*, ZUM 2021, S.)

Herberger, Maximilian — „Künstliche Intelligenz" und Recht – Ein Orientierungsversuch, NJW 2018, S. 2825 ff.
(zit.: *Herberger*, NJW 2018, S.)

Herold, Sophie Vertragsschlüsse unter Einbeziehung automatisiert und autonom agierender Systeme, Hürth, 2020
(zit.: *Herold*, Rn.)

Herzog, Roman/Scholz, Rupert/Herdegen, Matthias/Klein, Hans H. (Hrsg.) Grundgesetz Kommentar, 103. Ergänzungslieferung, München, 2024
(zit.: Dürig/Herzog/Scholz-GG/*Bearbeiter*, GG, Art., Rn.)

Herzog, Stephanie Der digitale Nachlass – ein bisher kaum gesehenes und häufig missverstandenes Problem, NJW 2013, S. 3745 ff.
(zit.: *Herzog*, NJW 2013, S.)

Heyers, Johannes Namensrechtlicher Schutz von Pseudonymen im Internet, JR 2006, S. 94 ff.
(zit.: *Heyers*, JR 2006, S.)

Hirsch, Burkhard Das Grundrecht auf Gewährleistung der Vertraulichkeit und Integrität informationstechnischer Systeme – Zugleich Anmerkung zu BVerfG, NJW 2008, 822, NJOZ 2008, S. 1907 ff.
(zit.: *Hirsch*, NJOZ 2008, S.)

Hochrathner, Uwe Hidden Camera – Ein zulässiges Einsatzwerkzeug des investigativen Journalismus?, ZUM 2001, S. 669 ff.
(zit.: *Hochrathner*, ZUM 2001, S.)

Hoeren, Thomas Was ist das „Grundrecht auf Integrität und Vertraulichkeit informationstechnischer Systeme"?, MMR 2008, S. 365 f.
(zit.: *Hoeren*, MMR 2008, S.)

Hoeren, Thomas Der Tod und das Internet – Rechtliche Fragen zur Verwendung von E-Mail und WWW-Accounts nach dem Tode des Inhabers, NJW 2005, S. 2133 ff.
(zit.: *Hoeren*, NJW 2005, S.)

Hoeren, Thomas/Sieber, Ulrich/Holznagel, Bernd (Hrsg.) Handbuch Multimedia-Recht, 61. Ergänzungslieferung, München, 2024
(zit.: Hoeren/Sieber/Holznagel-HdbMMR/*Bearbeiter*, Teil, Rn.)

Höld, Florian Das Vorabentscheidungsverfahren nach dem neuen NetzDG – Rechtlichen Neuland bei der Bekämpfung von Kriminalität in sozialen Netzwerken, MMR 2017, S. 791 ff.
(zit.: *Höld*, MMR 2017, S.)

Hopf, Kristina/Braml, Birgit — Virtuelle Kinderpornographie vor dem Hintergrund des Online-Spiels „Second Life“, ZUM 2007, S. 354 ff.
(zit.: *Hopf/Braml*, ZUM 2007, S.)

Horner, Susanne/Kaulartz, Markus — Haftung 4.0 – Verschiebung des Sorgfaltsmaßstabes bei Herstellung und Nutzung autonomer Systeme, CR 2016, S. 7 ff.
(zit.: *Horner/Kaulartz*, CR 2016, S.)

Hornung, Gerrit/Müller-Terpitz, Ralf (Hrsg.) — Rechtshandbuch Social Media, 2. Auflage, Berlin, 2021
(zit.: Hornung/Müller-Terpitz-HdbSocialMedia/*Bearbeiter*, Kapitel, Rn.)

Huber, Peter/Voßkuhle, Andreas (Hrsg.) — Grundgesetz Kommentar, Band 1, 8. Auflage, München, 2024
(zit.: Huber/Voßkuhle-GG/*Bearbeiter*, Art., Rn.)

Humm, Bernhard/Buxmann, Peter/Schmidt, Jan — Grundlagen und Anwendungen von KI, in: Künstliche Intelligenz in der Forschung, hrsg. v. Carl Friedrich Gethmann, Michael Quante, Björn Niehaves und Holger Schönherr, Berlin, 2022.
(zit.: *Humm/Buxmann/Schmidt*, Grundlagen und Anwendungen von KI, in: Künstliche Intelligenz in der Forschung, S.)

Ingold, Albert — Grundrechtsschutz sozialer Emergenz: Eine Neukonfiguration juristischer Personalität in Art. 19 Abs. 3 GG angesichts webbasierter Kollektivitätsformen, Der Staat 2014, Vol. 53, No. 2, S. 193 ff.
(zit.: *Ingold*, Der Staat 53 (2014), S.)

Janal, Ruth — Haftung und Verantwortung im Entwurf des Digital Services Act, ZEuP 2021, S. 227 ff.
(zit.: *Janal*, ZEuP 2021, S.)

Jangl, Jana — Berichten ja, Bebildern nein? Presseberichterstattung über das nicht öffentliche Scheidungsverfahren einer prominenten deutschen Schauspielerin mit Blick auf das Verhältnis von KUG und DSGVO, ZUM 2021, S. 103 ff.
(zit.: *Jangl*, ZUM 2021, S.)

Jarass, Hans/Pieroth, Bodo/Kment, Martin (Hrsg.) — Grundgesetz für die Bundesrepublik Deutschland – Kommentar, 18. Auflage, München, 2024
(Jarass/Pieroth-GG/*Bearbeiter*, Art., Rn.)

John, Robert — Haftung für Künstliche Intelligenz – Rechtliche Beurteilung des Einsatzes intelligenter Softwareagenten im E-Commerce, Hamburg, 2007
(zit.: *John*, S.)

Jones, Ted/Moore, Todd/Choo, James — The impact of Virtual Reality on Chronic Pain, PLoS ONE (2016), Volume 11 Issue 12, e0167523
(zit.: *Jones/Moore/Choo*, PLoS ONE (2016), Volume 11 Issue 12, e0167523)

Junker, Markus/Beckmann, Michael/Rüßmann, Helmut (Hrsg.) — Juris Praxiskommentar BGB, Band 2 – Schuldrecht, 9. Auflage, Saarbrücken, 2020
(zit.: jurisPK-BGB/*Bearbeiter*, §, Rn.)

Kainer, Friedemann/Förster, Lydia — Autonome Systeme im Kontext des Vertragsrechts, ZfPW 2020, S. 275 ff.
(zit.: *Kainer/Förster*, ZfPW 2020, S.)

Kalscheuer, Fiete/Hornung, Christian — Das Netzwerkdurchsetzungsgesetz – Ein verfassungswidriger Schnellschuss, NVwZ 2017, S. 1721 ff.
(zit.: *Kalscheuer/Hornung*, NVwZ 2017, S.)

Kaulartz, Markus/Schmid, Alexander/Müller-Eising, Felix — Das Metaverse – eine rechtliche Einführung; RDi 2022, S. 521 ff.
(zit.: *Kaulartz/Schmid/Müller-Eising*, RDi 2022, S.)

Kersten, Jens — Relative Rechtssubjektivität – Über autonome Automaten und emergente Schwärme, ZfRS 2017, S. 8 ff.
(zit.: *Kersten*, ZfRS 2017, S.)

Kind, Sonja/Bovenschulte, Marc/Ehrenberg-Silies, Simone/Jetzke, Tobias/Weide, Sebastian — Social-Bots – Thesenpapier zum öffentlichen Fachgespräch „Social-Bots – Diskussion und Validierung der Zwischenergebnisse“ am 26. Anuar 2017 im Deutschen Bundestag, Büro für Technikfolgen-Abschätzung beim Deutschen Bundestag, Berlin, 2017
(zit.: *Kind et al.*, Social Bots, S.)

Kind, Sonja/Ferdinand, Jan-Peter/Jetzke, Tobias/Richter, Stephan/Weide, Sebastian — Virtual und Augmented Reality – Status quo, Herausforderungen und zukünftige Entwicklungen, Büro für Technikfolgen-Abschätzung beim Deutschen Bundestag, Arbeitsbericht Nr. 180, Berlin, 2019
(zit.: *Kind et al.*, in: Büro für Technikfolgen-Abschätzung beim Deutschen Bundestag, Arbeitsbericht Nr. 180, S.)

Kindhäuser, Urs — Straf-Recht und ultima-ratio-Prinzip, ZStW 2017, S. 382 ff.
(zit.: *Kindhäuser*, ZStW 2017, S.)

Kindhäuser, Urs/Hilgendorf, Eric (Hrsg.) — Strafgesetzbuch – Lehr- und Praxiskommentar, 9. Auflage, Baden-Baden, 2022
(zit.: LPK-StGB/*Bearbeiter*, §, Rn.)

Kindhäuser, Urs/Neumann, Ulfrid/Paeffgen, Hans-Ullrich (Hrsg.) — Nomos-Kommentar Strafgesetzbuch, 6. Auflage, Baden-Baden, 2023
(zit.: NK-StGB/*Bearbeiter*, §, Rn.)

Kleiner, Cornelius Die elektronische Person – Entwurf eines Zurechnungs- und Haftungsobjekts für den Einsatz autonomer Systeme im Rechtsverkehr, Baden-Baden, 2021
(zit.: *Kleiner*, S.)

Klickermann, Paul H. Virtuelle Welt ohne Rechtsansprüche?, MMR 2007, S. 766 ff.
(zit.: *Klickermann*, MMR 2007, S.)

Klingbeil, Stefan Schuldnerhaftung für Roboterversagen – Zum Problem der Substitution von Erfüllungsgehilfen durch Maschinen, JZ 2019, S. 718 ff.
(zit.: *Klingbeil*, JZ 2019, S.)

Kluge, Vanessa/Müller, Anne-Kathrin Autonome Systeme – Überlegungen zur Forderung nach einer „Roboterhaftung", InTeR 2017, S. 24 ff.
(zit.: *Kluge/Müller*, InTeR 2017, S.)

Koreng, Ansgar Entwurf eines Netzwerkdurchsetzungsgesetzes: Neue Wege im Kampf gegen „Hate Speech"?, GRUR-Prax 2017, S. 203 ff.
(zit.: *Koreng*, GRUR-Prax 2017, S.)

Krasemann, Henry Identitäten in Online-Spielen, DuD 2008, S. 194 ff.
(zit.: *Krasemann*, DuD 2008, S.)

Krasemann, Henry Onlinespielrecht – Spielwiese für Juristen, MMR 2006, S. 351 ff.
(zit.: *Krasemann*, MMR 2006, S.)

Kroiß, Ludwig/Horn, Claus-Henrik/Solomon, Dennis (Hrsg.) Nomos-Kommentar Nachfolgerecht, 3. Auflage, Baden-Baden, 2023
(zit.: NK-NachfolgeR/*Bearbeiter*, Kapitel, Rn.)

Krüger, Stefan/Wiencke, Julia Bitte recht freundlich – Verhältnis zwischen KUG und DS-GVO, MMR 2019, S. 76 ff.
(zit.: *Krüger/Wiencke*, MMR 2019, S.)

Kudlich, Hans Enge Fesseln für „Landes- und Bundestrojaner" – Anforderungen an die Zulässigkeit einer (sicherheitsrechtlichen) Online-Durchsuchung, JA 2008, S. 475 ff.
(zit.: *Kudlich*, JA 2008, S.)

Kühling, Jürgen „Fake News" und „Hate Speech" – Die Verantwortung der Medienintermediäre zwischen neuen NetzDG, MStV und Digital Services Act, ZUM 2021, S. 461 ff.
(zit.: *Kühling*, ZUM 2021, S.)

Kumkar, Lea Katharina Klarnamenpflicht in sozialen Netzwerken unter der Datenschutz-Grundverordnung und § 19 TTDSG, ZUM 2022, S. 489 ff.
(zit.: *Kumkar*, ZUM 2022, S.)

Lauber-Rönsberg, Anne	Das Recht am eigenen Bild in sozialen Netzwerken, NJW 2016, S. 744 ff. (zit.: *Lauber-Rönsberg*, NJW 2016, S.)
Lauber-Rönsberg, Anne/Hartlaub, Anneliese	Personenbildnisse im Spannungsfeld zwischen Äußerungs- und Datenschutzrecht, NJW 2017, S. 1057 ff. (zit.: *Lauber-Rönsberg/Hartlaub*, NJW 2017, S.)
Laude, Lennart	Automatisierte Meinungsbeeinflussung – Der Schutz des Kommunikationsprozesses in sozialen Online-Netzwerken, 1. Auflage, Tübingen, 2021 (zit.: *Laude*, S.)
Lehmann, Matthias	Der Begriff der Rechtsfähigkeit, AcP Bd. 207 (2007), S. 225 ff. (zit.: *Lehmann*, AcP 2007, S.)
Leipold, Klaus/Tsambikakis, Michael/Zöller, Mark (Hrsg.)	AnwaltKommentar StGB, 3. Auflage, Heidelberg, 2020 (zit.: AnwK-StGB/*Bearbeiter*, §, Rn.)
Leupold, Andreas/Wiebe, Andreas/Glossner, Silke (Hrsg.)	IT-Recht, 4. Auflage, München, 2021 (zit.: Leupold/Wiebe/Glossner-ITR/*Bearbeiter*, Teil, Rn.)
Libertus, Michael	Die Einwilligung als Voraussetzung für die Zulässigkeit von Bildnisaufnahmen und deren Verbreitung, ZUM 2007, S. 621 ff. (zit.: *Libertus*, ZUM 2007, S.)
Libertus, Michael	Rechtliche Aspekte des Einsatzes von Social Bots de lege lata und de lege ferenda, ZUM 2018, S. 20 ff. (zit.: *Libertus*, ZUM 2018, S.)
Liesching, Marc	Die Durchsetzung von Verfassungs- und Europarecht gegen das NetzDG – Überblick über die wesentlichen Kritikpunkte, MMR 2018, S. 26 ff. (zit.: *Liesching*, MMR 2018, S.)
Linke, Christian	Die elektronische Person – Erforderlichkeit einer Rechtspersönlichkeit für autonome Systeme, MMR 2021, S. 200 ff. (zit.: *Linke*, MMR 2021, S.)
Litzenburger, Wolfgang	Digitale Benutzerkonten sind vererblich, FD-ErbR 2018, S. 407688 ff. (zit.: *Litzenburger*, FD-ErbR, S.)
Loewenheim, Ulrich/Leistner, Matthias/Ohly, Ansgar (Hrsg.)	Urheberrecht Kommentar, 6. Auflage, München, 2020 (zit.: Schricker/Loewenheim-UrhR/*Bearbeiter*, §, Rn.)

Ludyga, Hannes	Verbreitung oder öffentliche „Zurschaustellung" von Bildnissen aus sozialen Netzwerken in Online- und Printmedien, AfP 2017, S. 196 ff. (zit.: *Ludyga*, AfP 2017, S.)
Ludyga, Hannes	Widerruf einer Einwilligung zur Verbreitung und Veröffentlichung von eigenen Bildnissen durch Dritte, MMR 2017, S. 158 ff. (zit.: *Ludyga*, MMR 2017, S.)
Ludyga, Hannes	Digitales „Update" für das Erbrecht im BGB?, ZEV 2018, S. 1 ff. (zit.: *Ludyga*, ZEV 2018, S.)
Ludyga, Hannes	Anmerkung zu BGH, Urt. v. 12.7.2018 – III ZR 183/17, ZEV 2018, S. 582 ff. (zit.: *Ludyga*, ZEV 2018, S.)
Ludyga, Hannes	Das postmortale allgemeine Persönlichkeitsrecht, ZEV 2022, S. 693 ff. (zit.: *Ludyga*, ZEV 2022, S.)
Madary, Michael/Metzinger, Thomas	Real Virtual Reality: A Code of Ethical Conduct. Recommendations for Good Scientific Practice and the Consumers of VR-Techology, Frontiers in Robotics and AI (2016), Volume 3 Article 3 (zit.: *Madary/Metzinger*, Frontiers of Robotics and AI, Vol. 3 Art. 3)
Madiega, Tambiama/Car, Polona/Niestadt, Maria/Van de Pol, Louise	Metaverse – Opportunities, risks and policy implications, Wissenschaftlicher Dienst des Europäischen Parlaments, PE 733.557, S. 1 ff. (zit.: *WD des Europäischen Parlaments*, PE 733.557, S.)
Martini, Mario	Das allgemeine Persönlichkeitsrecht im Spiegel der jüngeren Rechtsprechung des Bundesverfassungsgerichts, JA 2009, S. 839 ff. (zit.: *Martini*, JA 2009, S.)
Martini, Mario	Der digitale Nachlass und die Herausforderungen postmortalen Persönlichkeitsschutzes im Internet, JZ 2012, S. 1145 ff. (zit.: *Martini*, JZ 2012, S.)
Martini, Mario/Kienle, Thomas	Facebook, die Lebenden und die Toten, JZ 2019, S. 235 ff. (zit.: *Martini/Kienle*, JZ 2019, S.)

Matamala-Gomez, Marta/Donegan, Tony/Bottiroli, Sara/Sandrini, Giorgio/Sanchez-Vives, Maria/Tassorelli, Cristina — Immersive Virtual Reality and Virtual Embodiment for Pain Relief, Frontiers in Human Neuroscience (2019), Volume 13 Article 279
(zit.: *Matamala-Gomez et al.*, Frontiers in Human Neuroscience (2019), Vol. 13 Art. 279)

Maties, Martin (Hrsg.) — StichwortKommentar eSport-Recht, 1. Auflage, Baden-Baden, 2023
(zit.: Maties-SWK eSportR/*Bearbeiter*, Stichwort, Rn.)

Matthias, Andreas — Automaten als Träger von Rechten – Plädoyer für eine Gesetzesänderung, 2. Auflage, Berlin, 2010
(zit.: *Matthias*, S.)

Maume, Philipp — Bestehen und Grenzen des virtuelles Hausrechts, MMR 2007, S. 620 ff.
(zit.: *Maume*, MMR 2007, S.)

Mayinger, Samantha — Die künstliche Person – Untersuchung rechtlicher Veränderungen durch die Installation von Softwareagenten im Rahmen von Industrie 4.0, unter besonderer Berücksichtigung des Datenschutzes, Franfurt a.M., 2017
(zit.: *Mayinger*, S.)

Meyer, Julia — Identität und virtuelle Identität natürlicher Personen im Internet, 1. Edition, Baden-Baden, 2011
(zit.: *Meyer*, S.)

Milker, Jens — „Social Bots" im Meinungskampf, ZUM 2017, S. 216 ff.
(zit.: *Milker*, ZUM 2017, S.)

Müller-Franken. Sebastian — Netzwerkdurchsetzungsgesetz: Selbstbehauptung des Rechts oder erster Schritt in die selbstregulierte Vorzensur? – Verfassungsrechtliche Fragen, AfP 2018, S. 1 ff.
(zit.: *Müller-Franken*, AfP 2018, S.)

Müller-Glöge, Rudi/Preis, Ulrich/Schmidt, Ingrid (Hrsg.) — Erfurter Kommentar zum Arbeitsrecht, 24. Auflage, München, 2024
(zit.: ErfK/*Bearbeiter*, §, Rn.)

Müller-Hengstenberg, Claus D./Kirn, Stefan — Intelligente (Software-)Agenten: Eine neue Herausforderung unseres Rechtssystems – Rechtliche Konsequenzen der „Verselbstständigung" technischer Systeme, MMR 2014, S. 307 ff.
(zit.: *Müller-Hengstenberg/Kirn*, MMR 2014, S.)

Münch, Stefan — Der Schutz von Verletzungen der Persönlichkeitsrechte in den Neuen Medien, Berlin, 2004
(zit.: *Münch*, S.)

Murmann, Uwe Grundkurs Strafrecht – Allgemeiner Teil, Tötungsdelikte, Körperverletzungsdelikte, 7. Auflage, München, 2022
(zit.: *Murmann*, §, Rn.)

Naczinsky, Magdalena Möglichkeiten der Nachlassbeteiligten im Hinblick auf den digitalen Nachlass, ZEV 2021, S. 227 ff.
(zit.: *Naczinsky*, ZEV 2021, S.)

Nettesheim, Martin Datenschutz und Meinungsäußerungsfreiheit – Zur Reichweiter der Freistellung allgemeiner Meinungsäußerungen nach Art. 85 Abs. 1 DSGVO, AfP 2019, S. 473 ff.
(zit.: *Nettesheim*, AfP 2019, S.)

Neuhöfer, Stefan Grundrechtsfähigkeit Künstlicher Intelligenz, Berlin, 2023
(zit.: *Neuhöfer*, S.)

Nolte, Georg Hate-Speech, Fake-News, das „Netzwerkdurchsetzungsgesetz und Vielfaltsicherung durch Suchmaschinen, ZUM 2017, S. 552 ff.
(zit.: *Nolte*, ZUM 2017, S.)

Oberreuter, Heinrich/Haring, Sophie/Schreyer, Bernhard (Hrsg.) Staatslexikon – Recht, Wirtschaft, Gesellschaft, 5. Band, 8. Auflage, Freiburg, 2021
(zit.: *Bearbeiter*, in: Oberreuter Staatslexikon, Band, Kapitel)

Ohly, Ansgar Zwölf Thesen zur Einwilligung im Internet, GRUR 2012, S. 983 ff.
(zit.: *Ohly*, GRUR 2012, S.)

Otto, Harro Der strafrechtliche Schutz vor ehrverletzenden Meinungsäußerungen, NJW 2006, S. 575 ff.
(zit.: *Otto*, NJW 2006, S.)

Paal, Boris/Pauly, Daniel (Hrsg.) Datenschutz Grundverordnung – Bundesdatenschutzgesetz, 3. Auflage, München, 2021
(zit.: Paal/Pauly/*Bearbeiter*, §/Art., Rn.)

Paschke, Marian/Berlit, Wolfgang/Meyer, Claus/Kröner, Lars (Hrsg.) Hamburger Kommentar – Gesamtes Medienrecht, 4. Auflage, Baden-Baden, 2021
(zit.: HK-MedienR/*Bearbeiter*, §, Rn.)

Pausch, Markus J./Matten, Sven J. Trauma und Traumafolgestörung in Medien, Management und Öffentlichkeit, Wiesbaden, 2018
(zit.: *Pausch/Matten*, S.)

Peifer, Karl-Nikolaus — Netzwerkdurchsetzungsgesetz: Selbstbehauptung des Rechts oder erster Schritt in die selbstregulierte Vorzensur? – Zivilrechtliche Aspekte, AfP 2018, S. 14 ff.
(zit.: *Peifer*, AfP 2018, S.)

Pieper, Fritz-Ulli — Wenn Maschinen Verträge schließen: Willenserklärungen beim Einsatz künstlicher Intelligenz, GRUR-Prax 2019, S. 298 ff.
(zit.: *Pieper*, GRUR-Prax 2019, S.)

Plum, Isabel — Autonomisierung des Öffentlichkeitsbegriffs in § 22 S. 1 Alt. 2 KUG – Eine rechtsdogmatische Untersuchung unter besonderer Berücksichtigung von § 15 Abs. 3 UrhG und Art. 3 Abs. 1 InfoSoc-RL, Wiesbaden, 2022
(zit.: *Plum*, S.)

Pörner, Till — Das sog. Catcalling – Strafwürdiges Unrecht oder bloße Bagatelle?, NStZ 2021, S. 336 ff.
(zit.: *Pörner*, NStZ 2021, S.)

Preuß, Nicola — Digitaler Nachlass – Vererbbarkeit eines Kontos bei einem sozialen Netzwerk, NJW 2018, S. 3146 ff.
(zit.: *Preuß*, NJW 2018, S.)

Pruns, Matthias — Der digitale Nachlass in der Beratungspraxis nach dem Facebook-Urteil des BGH – Teil 2: Soziale Netzwerke - rechtliche Durchsetzung - Vorsorge, ErbR 2018, S. 614 ff.
(zit.: *Pruns*, ErbR 2018, S.)

Pruns, Matthias — Der digitale Nachlass in der Beratungspraxis nach dem Facebook-Urteil des BGH – Teil 1: Die Grundlagen der Rechtsnachfolge in das digitale Vermögen, ErbR 2018, S. 550 ff.
(zit.: *Pruns*, ErbR 2018, S.)

Raji, Behrang — Auswirkungen der DS-GVO auf nationales Fotorecht, ZD 2019, S. 61 ff.
(zit.: *Raji*, ZD 2019, S.)

Rapp, Julian — Die „postmortale Persönlichkeit“ – Status quo und Zukunftsperspektiven, ZfPW 2022, S. 106 ff.
(zit.: *Rapp*, ZfPW 2022, S.)

Raude, Karin — Rechtsprobleme des digitalen Nachlasses: Der Anspruch der Erben auf Zugang zum Account des Erblassers in sozialen Netzwerken, ZEV 2017, S. 433 ff.
(zit.: *Raude*, ZEV 2017, S.)

Raude, Karin — Der digitale Nachlass in der notariellen Praxis, RNotZ 2017, S. 17 ff.
(zit.: *Raude*, RNotZ 2017, S.)

Raue, Benjamin — Haftung für unsichere Software, NJW 2017, S. 1841 ff.
(zit.: *Raue*, NJW 2017, S.)

Raue, Benjamin/Heesen, Hendrik — Der Digital Services Act, NJW 2022, S. 3537 ff.
(zit.: *Raue/Heesen*, NJW 2022, S.)

Rauer, Nils/Bibi, Alexander — Non-fungible Tokens – Was können sie wirklich?, ZUM 2022, S. 20 ff.
(zit.: *Rauer/Bibi*, ZUM 2022, S.)

Redeker, Helmut — Rechtsgeschäftliche Handlungen, Fotos und Äußerungen in WhatsApp – Eine Einordnung spezifischer Fragestellungen im Rechtsleben, CR 2021, S. 284 ff.
(zit.: *Redeker*, CR 2021, S.)

Redeker, Helmut (Hrsg.) — IT-Recht, 7. Auflage, München, 2020
(zit.: Redeker-ITR/*Bearbeiter*, Rn.)

Reinholz, Fabian — Metaverse und Recht: Das Recht des Metaverse – ein Überblick, GRUR-Prax 2023, S. 478 ff.
(zit.: *Reinholz*, GRUR-Prax 2023, S., Rn.)

Reuter, Wiebke/Schwarz, Johanna — Der Umgang mit Personenbildnissen nach Inkrafttreten der DSGVO, ZUM 2020, S. 31 ff.
(zit.: *Reuter/Schwarz*, ZUM 2020, S.)

Riehm, Thomas — Nein zur ePerson! – Gegen die Anerkennung einer digitalen Rechtspersönlichkeit, Rdi 2020, S. 42 ff.
(zit.: *Riehm*, RDi 2020, S.)

Rippert, Stephan/Weimer, Katharina — Rechtsbeziehungen in der virtuellen Welt, ZUM 2007, S. 272 ff.
(zit.: *Rippert/Weimer*, ZUM 2007, S.)

Ritlewski, Kristoff — Virtuelle Kinderpornographie in Second Life, K&R 2008, S. 94 ff.
(zit.: *Ritlewski*, K&R 2008, S.)

Rockstroh, Sebastian — Impressumspflicht auf Facebook-Seiten – Wann werden Telemedien „in der Regel gegen Entgelt“ angeboten?, MMR 2013, S. 627 ff.
(zit.: *Rockstroh*, MMR 2013, S.)

Graf v. Westphalen, Friedrich/Haas, Ulrich/Mock, Sebastian/Wöstmann, Heinz (Hrsg.) — Handelsgesetzbuch Kommentar, 6. Auflage, Köln, 2023
(zit.: Röhricht/Graf v. Westphalen/Haas/Mock/Wöstmann-HGB/*Bearbeiter*, §/Kapitel, Rn.)

Rössel, Markus — Digital Services Act: Haftungsprivilegierungen, Überwachung und Blockadeanordnungen – Sezierung verabschiedeter Änderungen aus dem Trilog-Verfahren in drei Akten – Teil 1, ITRB 2023, S, 12 ff.
(zit.: *Rössel*, ITRB 2023, S.)

Sachs, Michael (Hrsg.) — Grundgesetz Kommentar, 9. Auflage, München, 2021
(zit.: Sachs-GG/*Bearbeiter*, Art., Rn.)

Sachs, Michael/Krings, Thomas — Das neue „Grundrecht auf Gewährleistung der Vertraulichkeit und Integrität informationstechnischer Systeme", JuS 2008, S. 481 ff.
(zit.: *Sachs/Krings*, JuS 2008, S.)

Säcker, Jürgen/Rixecker, Roland/Oetker, Hartmut/Limperg, Bettina (Hrsg.) — Münchener Kommentar zum Bürgerlichen Gesetzbuch, Band 7, 9. Auflage, München, 2024
(zit.: MüKo-BGB/*Bearbeiter*, §, Rn.)

Säcker, Jürgen/Rixecker, Roland/Oetker, Hartmut/Limperg, Bettina (Hrsg.) — Münchener Kommentar zum Bürgerlichen Gesetzbuch, Band 1, 9. Auflage, München, 2021
(zit.: MüKo-BGB/*Bearbeiter*, §, Rn.)

Säcker, Jürgen/Rixecker, Roland/Oetker, Hartmut/Limperg, Bettina (Hrsg.) — Münchener Kommentar zum Bürgerlichen Gesetzbuch, Band 11, 9. Auflage, München, 2022
(zit.: MüKo-BGB/Bearbeiter, §, Rn.)

Sajuntz, Sascha — Die aktuellen Entwicklungen des Presse- und Äußerungsrechts, NJW 2015, S. 595 ff.
(zit.: *Sajuntz*, NJW 2015, S.)

Scherer, Stephan (Hrsg.) — Münchener Anwalts-Handbuch Erbrecht, 5. Auflage, München, 2018
(zit.: MAH-ErbR/*Bearbeiter*, §, Rn.)

Schiff, Alexander — Meinungsfreiheit in mediatisierten digitalen Räumen – Das NetzDG auf dem Prüfstand des Verfassungsrechts, MMR 2018, S. 366 ff.
(zit.: *Schiff*, MMR 2018, S.)

Schindler, Stephan — Neues vom NetzDG, ZD-Aktuell, S. 05097
(zit.: *Schindler*, ZD-Aktuell, S.)

Schirmer, Jan-Erik — Rechtsfähige Roboter?, JZ 2016, S. 660 ff.
(zit.: *Schirmer*, JZ 2016, S.)

Schirmer, Jan-Erik — Rechtspersönlichkeit für autonome Systeme, in: Arnold/Wangermann, Digitalisierung und künstliche Intelligenz: Orientierungspunkte, S. 83 ff.
(zit.: *Schirmer*, in: Arnold/Wangermann, Digitalisierung und Künstliche Intelligenz: Orientierungspunkte, S.)

Schönke, Adolf/Schröder, Horst/Eser, Albin (Hrsg.) Strafgesetzbuch Kommentar, 30. Auflage, München, 2019
(zit.: Schönke/Schröder-StGB/*Bearbeiter*, §, Rn.)

Schulz, Thomas Verantwortlichkeit bei autonom agierenden Systemen, Baden-Baden, 2015
(zit.: *Schulz*, S.)

Schulz, Wolfgang/Heilmann, Stefan Reales Recht und virtuelle Welten, Friedrich-Ebert-Stiftung, 1. Auflage, Berlin, 2009
(zit.: *Schulz/Heilmann*, S.)

Schulze, Gernot Urheber- und leistungsschutzrechtliche Fragen virtueller Figuren, ZUM 1997, S. 77 ff.
(zit.: *Schulze*, ZUM 1997, S.)

Schulze, Reiner (Hrsg.) Bürgerliches Gesetzbuch – Handkommentar, 12. Auflage, Baden-Baden, 2024
(zit.: Schulze-BGB/*Bearbeiter*, §, Rn.)

Schumann, Heribert/Mosbacher, Andreas/König, Stefan (Hrsg.) NomosKommentar Medienstrafrecht, 1. Auflage, Baden-Baden, 2023
(zit.: NK-MedienStrafR/*Bearbeiter*, §, Rn.)

Schwartmann, Rolf/Benedikt, Kristin/Reif, Yvette Entwurf zum TTDSG: Für einen zeitgemäßen Online-Datenschutz? – Ein Zwischenruf, MMR 2021, S. 99 ff.
(zit.: *Schwartmann/Benedikt/Reif*, MMR 2021, S.)

Schwartmann, Rolf/Mühlenbeck, Robin NetzDG und virtuelles Hausrecht sozialer Netzwerke, ZRP 2020, S. 170 ff.
(zit.: *Schwartmann/Mühlenbeck*, ZRP 2020, S.)

Seidler, Katharina Der digitale Nachlass – ein Zwischenstand, NFamZ 2020, S. 141 ff.
(zit.: *Seidler*, NFamZ 2020, S.)

Siara, Carsten Der Medienstaatsvertrag und die „neuen“ Medien – Rundfunk und rundfunkähnliche Telemedien im Internet, MMR 2020, S. 370 ff.
(zit.: *Siara*, MMR 2020, S.)

Siebrecht, Ingid Der Schutz der Ehre im Zivilrecht, JuS 2001, S. 337 ff.
(zit: *Siebrecht*, JuS 2001, S.)

Slater, Mel Immersion and the illusion of presence in virtual reality, British Journal of Psychology (2018), Volume 109, Issue 3, S. 431 ff.
(zit.: *Slater*, British Journal of Psychology (2018), S.)

Slater, Mel/Perez-Marcos, Daniel/Ehrsson, Henrik/Sanchez-Vives, Maria — Towards a digital body: the virtual arm illusion, Frontiers in Human Neuroscience, Volume 2, Article 6 (zit.: *Slater/Perez-Marcos/Ehrsson/Sanchez-Vives*, Frontiers in Human Neuroscience, Volume, Article)

Slater, Mel/Spanlang, Bernhard/Sanchez-Vives, Maria/Blanke, Olaf — First Person Experience of Body Transfers in Virtual Reality, PloS ONE (2010), Volume 5 Issue 5, e10564 (zit.: *Slater/Spanlang/Sanchez-Vives/Blanke*, PloS ONE (2010), Vol. 5 Issue 5, e10564)

Soehring, Jörg/Hoene, Verena (Hrsg.) — Presserecht – Recherche, Darstellung, Haftung im Recht der Presse. Des Rundfunks und der neuen Medien, 6. Auflage, Köln, 2019 (zit.: Soehring/Hoene-PresseR/*Bearbeiter*, §, Rn.)

Specht, Louisa — Reformbedarf des Kunsturheberrechts im digitalen Zeitalter, MMR 2017, S. 577 ff. (zit.: *Specht*, MMR 2017, S.)

Specht, Louisa/Herold, Sophie — Roboter als Vertragspartner? – Gedanken zu Vertragsabschlüssen unter Einbeziehung automatisiert und autonom agierender Systeme, MMR 2018, S. 40 ff. (zit.: *Specht/Herold,* MMR 2018, S.)

Spindler, Gerald — Der Regierungsentwurf zum Netzwerkdurchsetzungsgesetz – europarechtswidrig?, ZUM 2017, S. 473 ff. (zit.: *Spindler*, ZUM 2017, S.)

Spindler, Gerald/Schuster, Fabian (Hrsg.) — Recht der elektronischen Medien – Kommentar, 4. Auflage, München, 2019 (zit.: Spindler/Schuster-eMedienR/*Bearbeiter*, §, Rn.)

Spickhoff, Andreas (Hrsg.) — Medizinrecht, 4. Auflage, München, 2022 (zit.: Spickhoff-MedizinR/*Bearbeiter*, §, Rn.)

Steiner, Anton (Hrsg.) — Praxis-Handbuch Erbrechtsberatung, 5. Auflage, Köln, 2019 (zit.: Praxis-HdB ErbR/*Bearbeiter*, Teil, Rn.)

Stern, Klaus/Sodan, Helge/Möstl, Markus (Hrsg.) — Das Staatsrecht der Bundesrepublik Deutschland im europäischen Staatenverbund, Band 4 – Die einzelnen Grundrechte, 2. Auflage, München, 2022 (zit.: Stern/Sodan/Möstl/*Bearbeiter*, §, Rn.)

Stürner, Rolf (Hrsg.) — Jauernig Bürgerliches Gesetzbuch – Kommentar, 19. Auflage, München, 2023 (zit.: Jauernig-BGB/*Bearbeiter*, §, Rn.)

Sydow, Gernot/Marsch, Nikolaus (Hrsg.) — DS-GVO/BDSG Handkommentar, 3. Auflage, Baden-Baden, 2022 (zit.: Sydow/Marsch/*Bearbeiter*, Art., Rn.)

Tausch, Sebastian Persönlichkeitsverletzungen durch die Veröffentlichung von Fotos im Internet – Rechtsanalyse anhand repräsentativer Beispiele, Baden-Baden, 2016
(zit.: *Tausch*, S.)

Teubner, Gunther Digitale Rechtssubjekte? – Zum privatrechtlichen Status autonomer Softwareagenten, AcP 2018, S. 155 ff.
(zit.: *Teubner*, AcP 2018, S.)

Thelen, Martin Konstantin Kryptowerte in der notariellen Praxis, RNotZ 2023, S. 425 ff.
(zit.: *Thelen*, RNotZ 2023, S.)

Thiele, Daniel/Ehrenberg-Silies, Simone Digitale Nachlassverwaltung, Büro für Technikfolgen-Abschätzung beim Deutschen Bundestag, Themenkurzprofil Nr. 3, Berlin, 2016
(zit.: *Thiele/Ehrenberg-Silies*, Digitale Nachlassverwaltung, S.)

Tonikidis, Stelios Die Grundrechtsfähigkeit und Grundrechtsberechtigung natürlicher Personen, JA 2013, S. 38 ff.
(zit.: *Tonikidis*, JA 2013, S.)

v. Oertzen, Christian/Biermann, Bastian/Lindermann, Florian Kryptowährung und Kryptokunst – Eine erb- und steuerrechtliche Analyse – Teil 1: Grundlagen, Erbrecht und erbschaftssteuerliche Implikationen für Kryptowährungen, ErbR 2022, S. 762 ff.
(zit.: *v. Oertzen/Biermann/Lindermann*, ErbR 2022, S.)

Volkmann, Viktor Hate Speech durch Social Bots – Strafrechtliche Zuordnung von Volksverhetzungen gem. § 130 Abs. 1 StGB, MMR 2018, S. 58 ff.
(zit.: *Volkmann*, MMR 2018, S.)

Von Heintschel-Heinegg, Bernd (Hrsg.) Beck´scher Online-Kommentar StGB, 53. Edition, München, 2022
(zit.: BeckOK-StGB/*Bearbeiter*, §, Rn.)

Von Münch, Ingo/Kunig, Philip Grundgesetz Kommentar, Band 1, 7. Auflage, München, 2021
(zit.: v. Münch/Kunig-GG/*Bearbeiter*, Art., Rn.)

Von Staudinger, Julius (Hrsg.) Kommentar zum Bürgerlichen Gesetzbuch, AGG, Neubearbeitung, Köln, 2022
(zit.: Staudinger-BGB/*Bearbeiter*, §, Rn.)

Von Staudinger, Julius (Hrsg.) Kommentar zum Bürgerlichen Gesetzbuch, Einleitung zum BGB; §§ 1-14; VerschG, Neubearbeitung, Köln, 2024
(zit.: Staudinger-BGB/*Bearbeiter*, §, Rn.)

Von Staudinger, Julius (Hrsg.) Kommentar zum Bürgerlichen Gesetzbuch, § 823 A-D, Neubearbeitung, Köln, 2017
(zit.: Staudinger-BGB/Bearbeiter, §, Rn.)

Von Staudinger, Julius (Hrsg.) Kommentar zum Bürgerlichen Gesetzbuch, Einleitung zum Erbrecht; §§ 1922-1966, Neubearbeitung, Köln, 2017
(zit.: Staudinger-BGB/*Bearbeiter*, §, Rn.)

Wagner, Eric/Holm-Hadulla, Moritz/Ruttloff, Marc (Hrsg.) Metaverse und Recht, 1. Auflage, München, 2023
(zit.: Wagner/Holm-Hadulla/Ruttloff-Metaverse und Recht/*Bearbeiter*, §, Rn.)

Wandtke, Arthur Axel Persönlichkeitsschutz versus Internet – Politiker und Prominenten im Fadenkreuz der Persönlichkeitsrechte, MMR 2019, S. 142 ff.
(zit.: *Wandtke*, MMR 2019, S.)

Wandtke, Artur-Axel/Bullinger, Winfried (Hrsg.) Praxiskommentar Urheberrecht, 6. Auflage, München, 2022
(zit.: Wandtke/Bullinger/*Bearbeiter*, §, Rn.)

Weber, Klaus (Hrsg.) Rechtswörterbuch, 29. Edition, München, 2022
(zit.: *Bearbeiter*, Weber-Rechtswörterbuch, Begriff)

Wenzel, Karl Egbert/Burkhardt, Emanuel/Gamer, Waldemar/Peifer, Karl-Nikolaus/von Strobl-Albeg, Joachim (Hrsg.) Wenzel, Das Recht der Wort- und Bildberichterstattung – Handbuch des Äußerungsrechts, 6. Auflage, Köln, 2018
(zit.: Wenzel-WortuBildR/*Bearbeiter*, Kapitel, Rn.)

Westermann, Harm Peter/Grunewald, Barbara/ Maier-Reimer/Georg (Hrsg.) Erman Bürgerliches Gesetzbuch Handkommentar, 17. Auflage, Köln, 2023
(zit.: Erman-BGB/*Bearbeiter*, §, Rn.)

Wettig, Steffen Vertragsschluss mittels elektronischer Agenten, Berlin, 2010
(zit.: *Wettig*, S.)

Willems, Constantin „Zutrittsrecht" des Vermieters zur Mietwohnung, NZM 2015, S. 353 ff.
(zit.: *Willems*, NZM 2015, S.)

Wimmers, Jörg/Heymann, Britta Zum Referentenentwurf eines Netzwerkdurchsetzungsgesetzes (NetzDG) – eine kritische Stellungnahme, AfP 2017, S. 93 ff.
(zit.: *Wimmers/Heymann*, AfP 2017, S.)

Wischmeyer, Thomas Regulierung intelligenter Systeme, AöR 2018, S. 1 ff.
(zit.: *Wischmeyer*, AöR 2018, S.)

Wolff, Heinrich Amadeus/Brink, Stefan/von Ungern-Sternberg, Antje (Hrsg.)
Beck´scher Online-Kommentar Datenschutzrecht, 48. Edition, München, 1.5.2024
(zit.: BeckOK-DatenschutzR/*Bearbeiter*, Art./§, Rn.)

Wulf, Hans Markus/Burgenmeister, Clemens
Industrie 4.0 in der Logistik – Rechtliche Hürden beim Einsatz neuer Vernetzungs-Technologien, CR 2015, S. 404 ff.
(zit.: *Wulf/Burgenmeister*, CR 2015, S.)

Zabel, Christian/Heisenberg, Gernot/Telkmann, Verena
Cross Reality in Deutschland – Entwicklung der Branchen- und Netzwerkstruktur der XR-Unternehmen in Deutschland, Köln, 2021
(zit.: *Zabel/Heisenberg/Telkmann*, Cross Reality in Deutschland, S.)

Zagouras, Georgios/Körber, Thomas
Rechtsfragen des Game-Designs – Die Gestaltung von Computerspielen und –animationen aus medien- und markenrechtlicher Sicht, WRP 2006, S. 680 ff.
(zit.: *Zagouras/Körber*, WRP 2006, S.)

Zentai, Susanna
Das Recht auf eine originalgetreue Darstellung des eigenen Bildnisses?, ZUM 2003, S. 363 ff.
(zit.: *Zentai*, ZUM 2003, S.)

Ziebarth, Lennart/Elsaß, Lennart
Neue Maßstäbe für die Rechtmäßigkeit der Nutzung von Personenbildnissen in der Unternehmenskommunikation?, ZUM 2018, S. 578 ff.
(zit.: *Ziebarth/Elsaß*, ZUM 2018, S.)

zu Hohenlohne, Diana
Schutz der postmortalen Menschenwürde, der Totenfürsorge und der Trauerbewältigung: Neue Ansätze in der Rechtsprechung?, GewA 2018, S. 169 ff.
(zit.: *zu Hohenlohne*, GewA 2018, S.)

Internetquellen:

Becher, Brooke „What Is Decentraland? – An introduction to Decentraland, the NFT-based marketplace offering ownership in a shared virtual world“ https://builtin.com/nft-non-fungible-token/what-is-decentraland (zit.: *Becher*, „What Is Decentraland?“, URL, Abrufdatum)

Bovermann, Philipp „Online-Belästigungen im Metaverse – Am eigenen Leib“ https://www.sueddeutsche.de/kultur/metaverse-vr-virtual-reality-microsoft-sexuelle-belaestigung-1.5519527 (zit.: *Bovermann*, „Am eigenen Leib“, URL, Abrufdatum)

Buckingham, Angela „Murder in virtual reality should be illegal“ https://qz.com/943931/murder-in-virtual-reality-video-games-should-be-illegal (zit.: *Buckingham*, „Murder in virtual reality should be illegal“, URL, Abrufdatum)

Duden Eintrag: „meta-, Meta“ https://www.duden.de/rechtschreibung/meta_ (zit.: „Meta“ auf Duden online, URL, Abrufdatum)

Erl, Josef „Meta Avatare bekommen Beine und bessere Grafik“ https://mixed.de/meta-avatare-bekommen-beine-und-bessere-grafik/ (zit.: *Erl*, „Meta Avatare bekommen Beine und bessere Grafik“, URL, Abrufdatum)

Hamann, Götz „Second Life - Die nächste Kolonie des Kapitalismus“ https://www.zeit.de/2007/02/Second-Life (zit.: *Hamann*, „Die nächste Kolonie des Kapitalismus“, URL, Abrufdatum)

Janssen, Jan-Keno „Was Sie über Virtual Reality wissen müssen“ https://www.heise.de/ct/artikel/Was-Sie-ueber-Virtual-Reality-wissen-muessen-3112792.html (zit.: *Janssen*, „Was Sie über Virtual Reality wissen müssen“, URL, Abrufdatum)

Jhala, Kabir „Crypto-crazed Sotheby′s launches first virtual gallery in digital metaverse Decentraland“ https://www.theartnewspaper.com/2021/06/07/crypto-crazed-sothebys-launches-first-virtual-gallery-in-digital-metaverse-decentraland (zit.: *Jhala*, „Crypto-crazed Sotheby′s launches first virtual gallery in digital metaverse Decentraland“, URL, Abrufdatum)

Kreienbrink, Matthias „Wie das Metaverse unser Leben verändern könnte" https://t3n.de/magazin/metaverse-was-ist-moeglich-leben-veraendern-251455/
(zit.: *Kreienbrink*, „Wie das Metaverse unser Leben verändern könnte", URL, Abrufdatum)

Langschwager, Marit „Virtual sexual harassment raises concerns about emerging metaverse'"
https://www.nzz.ch/english/virtual-sexual-harassment-raises-concerns-about-metaverse-ld.1669132
(zit.: *Langschwager*, „Virtual sexual harassment raises concerns about emerging metaverse", URL, Abrufdatum")

Petereit, Dieter „Grundstücke für 100 Millionen Dollar im Metaverse gekauft – allein letzte Woche"
https://t3n.de/news/grundstuecke-fuer-100-millionen-1434087/
(zit.: *Petereit*, „Grundstücke für 100 Millionen Dollar im Metaverse gekauft – allein letzte Woche", URL, Abrufdatum)

Piegeler, Tobias/Müller, Michael "Real Estate Sector Briefing: Immobilien im Metaverse – Chance oder Risiko?"
https://www2.deloitte.com/de/de/blog/sector-briefings/2022/real-estate-sector-briefing-immobilien-im-metaverse.html
(zit.: *Piegeler/Müller*, "Immobilien im Metaverse – Chance oder Risiko?", URL, Abrufdatum)

Schreiner, Maximilian „Google KI generiert glaubhafte 3D-Avatare aus einzelnem Foto"
https://the-decoder.de/google-ki-generiert-glaubhafte-3d-avatare-aus-einem-foto/
(zit.: *Schreiner*, „Google KI generiert glaubhafte 3D-Avatare aus einzelnem Foto", URL, Abrufdatum)

Simanowski, Roberto „Immobilienboom im Metaverse"
https://www.deutschlandfunkkultur.de/metaverse-immobilien-boom-virtuell-welt-100.html
(zit.: *Simanowski*, „Immobilienboom im Metaverse", URL, Abrufdatum)

Wikipedia – Die freie Enzyklopädie Eintrag: „Metaversum"
https://de.wikipedia.org/wiki/Metaversum
(zit.: „Metaversum" auf Wikipedia, URL, Abrufdatum)

Wolfnagel, Eva „Digitaler Grapscher"
https://www.zeit.de/2016/38/virtual-reality-sexuelle-uebergriffe-internet-social-vr
(zit.: *Wolfnagel*, „Digitaler Grapscher", URL, Abrufdatum)

zukunftsinstitut GmbH „Virtual Reality: Die Erschaffung neuer Welten“
https://www.zukunftsinstitut.de/zukunftsthemen/virtual-reality-die-erschaffung-neuer-welten
(zit.: *Zukunftsinstitut*, „Virtual Reality: Die Erschaffung neuer Welten“, URL, Abrufdatum)

Kolibri 360 GmbH
Ferdinand-Jühlke-Straße 7
99095 Erfurt, Deutschland
produktsicherheit@kolibri360.de